SCHÄFFER
POESCHEL

Grundkurs des Steuerrechts
Band 14

Steuerrecht in Übungsfällen/ Klausurentraining

von

Jörg Ramb

Diplom-Finanzwirt
Dozent an der Hochschule für Finanzen
Rheinland-Pfalz in Edenkoben

Josef Schneider

Diplom-Finanzwirt
Ehemaliger Dozent an der Hochschule für Finanzen
Rheinland-Pfalz in Edenkoben

Martin Durm

Diplom-Finanzwirt
Dozent an der Hochschule für Finanzen
Rheinland-Pfalz in Edenkoben

David Jauch

Diplom-Finanzwirt
Dozent an der Hochschule für Finanzen
Rheinland-Pfalz in Edenkoben

13., aktualisierte Auflage

2017
Schäffer-Poeschel Verlag Stuttgart

Bearbeiterübersicht:
Durm: Teil A
Jauch: Teil C
Ramb: Teile D und E
Schneider: Teile B, F und G

MIX
Papier aus verantwortungsvollen Quellen
FSC® C103849

Gedruckt auf chlorfrei gebleichtem, säurefreiem und alterungsbeständigem Papier

Bibliografische Information Der Deutschen Nationalbibliothek
Die Deutsche Nationalbibliothek verzeichnet diese Publikation in der Deutschen Nationalbiografie; detaillierte bibliografische Daten sind im Internet über http://dnb.d-nb.de abrufbar.

Print	ISBN 978-3-7910-3815-5	Bestell-Nr. 20200-0003
EPDF	ISBN 978-3-7910-3816-2	Bestell-Nr. 20200-0152

www.schaeffer-poeschel.de
service@schaeffer-poeschel.de

Umschlagentwurf: Goldener Westen, Berlin
Umschlaggestaltung: Kienle gestaltet, Stuttgart
Satz: primustype Hurler, Notzingen
Druck und Bindung: Schätzl Druck & Medien GmbH & Co. KG, Donauwörth

Printed in Germany
August 2017

Schäffer-Poeschel Verlag Stuttgart
Ein Tochterunternehmen der Haufe Gruppe

Vorwort zur 13. Auflage

In diesem Buch finden Sie Übungsfälle aus den wichtigsten Steuergebieten. Die Übungsfälle sind nach Themenbereichen gegliedert, wobei eine Anlehnung an den Stoffgliederungsplan des Grundstudiums der Ausbildung des gehobenen Dienstes in der Finanzverwaltung erfolgte.

Die Übungen haben den Zweck, den Lehrstoff, der in der Reihe »Grundkurs des Steuerrechts« behandelt wird, anhand zusätzlicher Übungen zu vertiefen. Aus diesem Grund ist der vorliegende Band zum einen als Ergänzung zur Lehrbuchreihe und zum anderen zur Klausur- und Prüfungsvorbereitung sehr gut geeignet.

Dieses Übungsbuch will alle Einsteiger ins Steuerrecht ansprechen, insbesondere:

- die Anwärter des gehobenen und mittleren Dienstes der Finanzverwaltung,
- Studierende an den Universitäten bzw. Fachhochschulen,
- Rechtsreferendare mit Schwerpunkt Steuerrecht,
- Steuerfachanwälte,
- Steuerfachassistenten,
- Steuerfachangestellte,
- Bilanzbuchhalter und
- Praktiker zur Überprüfung ihres steuerlichen Wissens.

Die Ausbildung der Steuerbeamten des gehobenen Dienstes der Finanzverwaltung ist im Steuerbeamten-Ausbildungsgesetz (StBAG) geregelt. Einzelregelungen zu Ausbildung und Prüfung enthält die Ausbildungs- und Prüfungsordnung für die Steuerbeamten (StBAPO). Nach § 18 Abs. 7 StBAPO ist während des Grundstudiums aus jedem Gebiet der Zwischenprüfung mindestens eine Aufsichtsarbeit zu fertigen. Nach § 38 Abs. 1 Nr. 2 StBAPO umfasst die Zwischenprüfung fünf Aufgaben aus folgenden Gebieten:

- Abgabenordnung (ohne Vollstreckungs- und Steuerstrafrecht),
- Steuern vom Einkommen und Ertrag,
- Umsatzsteuer,
- Bilanzsteuerrecht, Betriebliches Rechnungswesen,
- Öffentliches Recht.

Durch unsere langjährige Dozententätigkeit wissen wir aus eigener Erfahrung, wie notwendig das Lösen von Klausuraufgaben zur Vorbereitung auf die Zwischenprüfung ist. Die ausgewählten Übungs- und Zwischenprüfungsklausuren sind speziell für die Finanzanwärter im Grundstudium I konzipiert. Aber auch für andere Benutzer des Bandes stellen die Klausuren eine wertvolle Überprüfungsmöglichkeit ihres Wissens dar. Das Fach »Bewertungsrecht und Vermögensbesteuerung« ist ab Juli 2012 nicht mehr Gegenstand der Zwischenprüfung. Im weiteren Verlauf des Grundstudiums sind jedoch auch in diesem Fach Aufsichtsarbeiten zu fertigen. Aus diesem Grund enthält der Band auch diesbzgl. Übungsklausuren.

Durch das Üben der Klausuren soll auch ein Zeitgefühl vermittelt werden, da jede Klausur unter Zeitdruck geschrieben wird. Die Bearbeitungszeit sämtlicher Klausuren ist auf drei Zeitstunden festgelegt. Sie sollten daher versuchen, die Klausuren innerhalb der vorgegebenen Zeit und nur mit den vorgegebenen Hilfsmitteln zu lösen.

Bevor Sie mit der Bearbeitung der Klausuren beginnen, empfehlen wir Ihnen, unsere Anleitung zur Anfertigung von Klausurlösungen zu beachten. Hierbei werden wichtige Tipps zum Aufbau und zur Begründung der Lösungsschritte gegeben.

Die Übungsfälle und die Klausuren entsprechen dem Rechtsstand Juni 2017; alle bis zu diesem Zeitpunkt in Kraft getretenen Rechtsvorschriften sind berücksichtigt.

Durch die Übungsfälle einerseits und das Klausurentraining andererseits steht dem Benutzer dieses Buches eine optimale Überprüfungsmöglichkeit der erlernten fachtheoretischen Kenntnisse zur Verfügung, die für den Erfolg unerlässlich ist.

Wir wünschen allen Lesern für die Ausbildung und Prüfung viel Erfolg.

Edenkoben, im August 2017 Die Autoren

Inhaltsverzeichnis

Teil C Buchführungstechnik und Bilanzsteuerrecht

Teil D Umsatzsteuer

Teil E Bewertung/Grundsteuer/Erbschaftsteuer

Teil F Lohnsteuer

Teil G Gewerbesteuer

Abkürzungsverzeichnis

A	Abschnitt
a.a.O.	am angeführten Ort
AEAO	Anwendungserlass zur Abgabenordnung
AEB	Altersentlastungsbetrag
a.F.	alte Fassung
AfA	Absetzung für Abnutzung
AK	Anschaffungskosten
AO	Abgabenordnung
a.o. Aufwand	außerordentlicher Aufwand
a.o. Ertrag	außerordentlicher Ertrag
ArbG	Arbeitgeber
ArbN	Arbeitnehmer
BAföG	Bundesausbildungsförderungsgesetz
BauGB	Baugesetzbuch
BewG	Bewertungsgesetz
BewRGr	Bewertungsrichtlinien Grundvermögen
BFH	Bundesfinanzhof
BGA	Betriebs- und Geschäftsausstattung
BGB	Bürgerliches Gesetzbuch
BGBl	Bundesgesetzblatt
BMF	Bundesministerium der Finanzen
BStBl	Bundessteuerblatt
Buchst.	Buchstabe
BV	Betriebsvermögen
bzgl.	bezüglich
DFB	Deutscher Fußballbund
DStR	Zeitschriftentitel: Deutsches Steuerrecht
EBK	Eröffnungsbilanzkonto
EK	Eigenkapital
ErbSt	Erbschaftsteuer
ErbStG	Erbschaftsteuergesetz
ErbStR	Erbschaftsteuer-Richtlinien
ESt	Einkommensteuer
EStDV	Einkommensteuer-Durchführungsverordnung
EStG	Einkommensteuergesetz
EStH	Einkommensteuer-Hinweise
EStR	Einkommensteuer-Richtlinien
ETW	Eigentumswohnung
EU	Europäische Union
EUSt	Einfuhrumsatzsteuer
EW	Einheitswert
FA	Finanzamt
ff.	fortfolgende
FGO	Finanzgerichtsordnung

GewSt	Gewerbesteuer
GewStG	Gewerbesteuergesetz
GewStR	Gewerbesteuer-Richtlinien
GG	Grundgesetz
grds.	grundsätzlich
GrESt	Grunderwerbsteuer
GrSt	Grundsteuer
GrStG	Grundsteuergesetz
G+V	Gewinn und Verlust
GWG	Geringwertiges Wirtschaftsgut
H	Hinweis
HGB	Handelsgesetzbuch
HS	Halbsatz
i.d.F.	in der Fassung
i.d.R.	in der Regel
i.H.d.	in Höhe der/des
i.H.v.	in Höhe von
InvZulG	Investitionszulagegesetz
i.S.d.	im Sinne des
i.U.	im Umkehrschluss
i.V.m.	in Verbindung mit
KapESt	Kapitalertragsteuer
KfzStG	Kraftfahrzeugsteuergesetz
Kj.	Kalenderjahr
KSt	Körperschaftsteuer
KStG	Körperschaftsteuergesetz
KStR	Körperschaftsteuer-Richtlinien
LSt	Lohnsteuer
LStH	Lohnsteuer-Hinweise
LStR	Lohnsteuer-Richtlinien
LVA	Landesversicherungsanstalt
m.E.	meines Erachtens
n.F.	neue Fassung
OFD	Oberfinanzdirektion
OHG	Offene Handelsgesellschaft
PartGG	Partnerschaftsgesellschaftsgesetz
Pkw	Personenkraftwagen
qm	Quadratmeter
R	Richtlinie
RAP	Rechnungsabgrenzungsposten
Rz.	Randziffer
s.a.	siehe auch
SBK	Schlussbilanzkonto
sog.	sogenannte
SolZ	Solidaritätszuschlag
SolZG	Solidaritätszuschlaggesetz
StGB	Strafgesetzbuch

StI	Steuerinspektor
StOI	Steueroberinspektor
Stpfl.	Steuerpflichtiger
StSenkG	Steuersenkungsgesetz
ü	Übungen
u. a.	unter anderem
USt	Umsatzsteuer
UStAE	Umsatzsteuer-Anwendungserlass
UStDV	Umsatzsteuer-Durchführungsverordnung
UStG	Umsatzsteuergesetz
USt-VA	Umsatzsteuer-Voranmeldung
vEK	verwendbares Eigenkapital
VermBG	Vermögensbildungsgesetz
vGA	verdeckte Gewinnausschüttung
v.T.	vom Tausend
vv	Vervielfältiger
WBK	Warenbestandskonto
WEK	Wareneinkaufskonto
WG	Wirtschaftsgut
Wj.	Wirtschaftsjahr
WoBP	Wohnungsbauprämie
WoPG	Wohnungsbauprämiengesetz
WVK	Warenverkaufskonto
z. B.	zum Beispiel

Anleitung zur Lösung von Klausuren

1 Bestandteile der Klausur

Ein Klausurtext enthält in der Regel Sachverhalt, Aufgabenstellung, Bearbeitungshinweise und Anlagen.

Verschaffen Sie sich zunächst einen Überblick über sämtliche Teile der Klausur. Sollte die Arbeit aus mehreren völlig selbständigen Fällen bestehen, so ist die Reihenfolge der Bearbeitung in Ihr Belieben gestellt.

2 Erarbeiten der Aufgabe

2.1 Sachverhalt lesen

Lesen Sie vollständig und gründlich den Sachverhalt (Fallschilderung oder Aktenauszug). Versuchen Sie nicht, den Fall sogleich zu lösen.

2.2 Erfassen der Fragestellung

Lesen Sie genau die Fragestellung und die Bearbeitungshinweise. Beantworten Sie nur die tatsächlich gestellten Fragen. Gehen Sie nicht auf Probleme ein, nach denen gar nicht gefragt ist. Sie verlieren dadurch nur Zeit und schaffen zusätzliche Fehlerquellen.

2.3 Das zweite Lesen des Sachverhalts

Nachdem Sie die Fragestellung erfasst haben und das Ziel der verlangten Lösungen kennen, lesen Sie den Sachverhalt nochmals unter Berücksichtigung der Fragestellung durch, wobei Sie komplizierte Sachverhalte wie folgt ordnen sollten:

- die Sachverhalte, die Ihrer Ansicht nach auf jeden Fall rechtserheblich für die Lösung sind, und
- die Sachverhalte, deren Bedeutung Sie noch nicht einschätzen können.
- Bei mehreren Beteiligten oder bei mehreren Orten oder bei mehreren Lieferungen oder Rechtsbeziehungen fertigen Sie eine Skizze an.

Mit dem zweiten Lesen ist die Arbeit am Sachverhalt noch nicht abgeschlossen. Sie müssen auch bei Ihren folgenden rechtlichen Überlegungen und beim Niederschreiben Ihrer Lösung immer wieder den Sachverhalt und die Fragestellung heranziehen.

3 Erarbeiten der Lösung

Sind Sie sich über Sachverhalt und Aufgabenstellung im Klaren, so brauchen Sie noch nicht die Lösung sofort bei der Hand zu haben. Die Aufgaben sind gewöhnlich so gewählt, dass sie Nachdenken erfordern. Sie haben deshalb keinen Grund zur Unruhe, wenn Sie eine gestellte

Frage nicht sofort beantworten können. Gehen Sie vielmehr ruhig und überlegt an die Lösung heran.

3.1 Aufbau und Darstellung

Fertigen Sie wegen der beschränkten Zeit nicht zuerst eine Lösung im Konzept und dann in Reinschrift an, sondern beginnen Sie, wenn Ihnen der Lösungsweg in Gedanken klar ist, sogleich mit der Niederschrift.

Bearbeiten Sie die Fragen in der vorgegebenen Reihenfolge, da die Aufgabenteile häufig logisch aufeinander aufbauen; es sei denn, die Aufgabe besteht aus voneinander unabhängigen (Teil-)Sachverhalten. Wenn die Aufgabe eine bestimmte Gliederung der Lösung vorschreibt, halten Sie sich an diese Gliederung.

Gliedern Sie Ihre Lösung durch Überschriften, damit der Leser sofort erkennt, welche Sachverhalte bzw. Vorschriften Sie prüfen. Ebenso ist es zweckmäßig, die Gliederung des Aufgabentextes nach Ziffern oder Buchstaben in die Lösung zu übernehmen.

Stellen Sie kurz vor Abgabe fest, dass in Ihrer Lösung ein Fehler enthalten ist, so sollten Sie dies in der Arbeit auf alle Fälle kenntlich machen, auch wenn es Ihnen zeitlich nicht mehr gelingt, die entsprechenden Folgeänderungen durchzuführen.

3.2 Das Auffinden der Vorschrift

Ihre Aufgabe besteht darin, den Lebenssachverhalt unter bestimmte Rechtsnormen zu subsumieren, um entscheiden zu können, ob und welche Rechtsfolgen die Sachverhaltselemente nach sich ziehen. Sie müssen daher zunächst die gesetzlichen Bestimmungen und Verwaltungsanweisungen finden und erörtern, ob sie für die Lösung erheblich sind oder sein können.

Fällt Ihnen keine passende Bestimmung ein, helfen Ihnen die Überschriften zu den Abschnitten der in Betracht kommenden Gesetze sowie die Sachregister der Gesetze und der Richtlinien. Lesen Sie auch die Normen, auf die verwiesen wird.

3.3 Prüfung und Anwendung der Normen

Nachdem Sie nun die zutreffenden Vorschriften gefunden haben, die für Ihre Lösung bedeutsam sein könnten, beginnt Ihre eigentliche Arbeit: Sie prüfen anschließend, ob alle Tatbestandsmerkmale der Norm durch den Lebenssachverhalt erfüllt sind (Subsumtion).

Glauben Sie nicht, dass Sie den Wortlaut irgendeiner Norm auswendig kennen. Überprüfen Sie Ihr Wissen durch Nachlesen der Norm. Ihr Argument, Sie hätten in der Klausur keine Zeit zum Nachlesen, zeigt nur, dass Sie ohne Konzept an die Lösung herangehen, nicht exakt arbeiten wollen und bereit sind, viele vermeidbare Fehler in Ihre Lösung aufzunehmen. Beschränken Sie Ihre Untersuchung auf das Wesentliche.

Was Sie erörtern, muss zu der gestellten Frage in Beziehung stehen und der Lösung dienen. Sie sollten nicht zeigen, was Sie alles wissen. Sie sollten nur zeigen, dass Sie

- die Frage verstanden und
- das Problem erkannt haben,
- die Lösung geben und
- diese auch begründen können.

3.4 Die schlüssige Begründung

Zur richtigen Lösung gehört, dass Sie schlüssig (folgerichtig) darlegen, warum die geprüfte Norm zutrifft oder nicht anzuwenden ist. Der Sachverhalt wird als bekannt vorausgesetzt und braucht von Ihnen nicht wiederholt zu werden. Sie müssen Ihre Lösung begründen, sonst ist sie fehlerhaft. Es genügt nicht, einfach Behauptungen niederzuschreiben.

Die Begründung geben Sie dadurch, dass Sie die oben beschriebene Subsumtion auch schriftlich in Ihrer Lösung durchführen. Hierbei muss auf die Beziehung der jeweiligen Teile des Sachverhalts zu dem maßgeblichen Tatbestandsmerkmal eingegangen werden.

Liegt ein Tatbestandsmerkmal zweifelsfrei vor, ist die Begründung knapp, dagegen muss die Begründung bei Zweifeln ausführlicher sein. Wenn Sie unsicher sind, erörtern Sie alle Tatbestandsmerkmale.

Begründen Sie Ihre Lösung mit einem genauen Zitat gesetzlicher Vorschriften. Hat der Steuerpflichtige bestimmte Ansichten geäußert, muss in der Begründung darauf eingegangen werden.

3.5 Das Überarbeiten der Lösung

Wenn Sie eine Lösung niedergeschrieben haben, müssen Sie sie darauf überprüfen, ob Ihre Aussage nicht in Widerspruch zu Ihren früheren oder späteren Aussagen in der Lösung steht.

Führt Ihre Lösung dazu, dass Sie größere Teile des Klausurfalles »abschneiden«, d. h., dass es auf diese gar nicht mehr ankommt, so sollten Sie noch einmal genau überdenken, ob Ihre Lösung richtig ist. Nur ausnahmsweise sollten Sie zu einem Hilfsgutachten kommen, d. h. erörtern, wie der Fall zu lösen wäre, wenn Sie die entscheidende, die Fall-Lösung abschneidende Vorschrift anders anwenden bzw. auslegen würden.

Auch bei rechnerischen Ergebnissen sollten Sie prüfen, ob Ihr Ergebnis stimmen kann.

Sollten Sie wesentlich vor Abgabeschluss mit der Klausurbearbeitung fertig sein, so überprüfen Sie noch einmal genau, ob Sie nichts übersehen haben.

3.6 Schlussbemerkung

Diese Anleitung allein kann Sie nicht befähigen, gute Klausuren zu schreiben. Dazu gehört eine gewisse Sicherheit des steuerlichen Wissens und auch eine Arbeitstechnik, die nur durch ständiges Üben erworben werden kann. Es ist deshalb zwingend erforderlich, über die offiziellen Übungsklausuren während der Ausbildung hinaus viele weitere Klausuren und Fälle zu lösen, wobei Ihnen der vorliegende Band eine wertvolle Hilfe sein soll.

Teil A Abgabenordnung

I Übungen

Anwendungsbereich der Abgabenordnung

ÜBUNG 1

AUFGABE

Prüfen Sie, ob die Abgabenordnung (AO) in folgenden Fällen nach § 1 AO anwendbar ist!

1. Ist die AO uneingeschränkt für die ESt bzw. den ESt-Erstattungsanspruch anwendbar?
2. Gilt die AO für die Wohnungsbauprämie und die Investitionszulage?
3. Gilt die AO auch für steuerliche Nebenleistungen?
4. Ist die AO für die Realsteuern anwendbar?
5. Gilt die AO auch bei Leistung von Rechts- oder Amtshilfe?

LÖSUNG

1. Die AO gilt für alle Steuern (§ 3 Abs. 1 AO), die durch Bundesrecht (oder Recht der EU) geregelt sind, soweit sie durch Bundes- oder Landesfinanzbehörden verwaltet werden. Die ESt ist eine Bundessteuer, die durch Landesfinanzbehörden verwaltet wird. Gem. § 1 Abs. 1 AO ist die Abgabenordnung für die ESt uneingeschränkt anwendbar. Die AO gilt auch für Steuererstattungen; diese sind als Umkehr der Steuerentrichtung bereits durch den Begriff der Steuer in den Anwendungsbereich mit einbezogen (AEAO zu § 1 Nr. 1).
2. Für die von den Landesfinanzbehörden verwalteten, durch Bundesrecht geregelten übrigen öffentlich-rechtlichen Abgaben, Prämien und Zulagen wird die Geltung der AO durch die jeweiligen Rechtsvorschriften bestimmt. Gem. § 8 WoPG sind auf die WoBP die für die Steuervergütungen geltenden Vorschriften der AO, mit gewissen Einschränkungen, entsprechend anzuwenden.
   Die Anwendung der AO für die InvZul ergibt sich aus § 14 InvZulG 2010 (s. a. AEAO zu § 1 Nr. 2).
3. Gem. § 1 Abs. 3 AO sind die Vorschriften der AO grundsätzlich sinngemäß auf die steuerlichen Nebenleistungen (§ 3 Abs. 4 AO) anzuwenden. Ausgenommen sind die Bestimmungen über die Festsetzung, Außenprüfung, Steuerfahndung und Steueraufsicht in besonderen Fällen (§§ 155 bis 217 AO), soweit sie nicht ausdrücklich für anwendbar erklärt worden sind (§ 155 Abs. 3 Satz 2, § 156 Abs. 2 AO).
4. Für die Realsteuern (§ 3 Abs. 2 AO) gilt die AO gem. § 1 Abs. 2 nur für die dort abschließend aufgeführten Bestimmungen. Soweit die Realsteuern von den Landesfinanzbehörden verwaltet werden, ist die AO nach § 1 Abs. 1 in vollem Umfang anzuwenden.
5. Für die Durchführung der Amtshilfe durch die Finanzbehörde ist gem. § 114 die AO anwendbar.

Einteilung der Steuern

ÜBUNG 2

AUFGABE

1. Welches Gesetz regelt die Einteilung der Steuern nach der Steuerhoheit? Nennen Sie die entsprechenden Vorschriften.
2. Nennen Sie darüber hinaus weitere Einteilungskriterien mit jeweils zwei Beispielen.

LÖSUNG

1. Das Grundgesetz (GG) regelt die Einteilung der Steuern nach der Steuerhoheit:
- im Art. 105 GG die Gesetzgebungshoheit,
- im Art. 106 GG die Ertragshoheit,
- im Art. 108 GG die Verwaltungshoheit.
2. Steuern werden nach verschiedenen Kriterien eingeteilt:

a) Besitzsteuern:
- Steuern vom Besitz: Erbschaftsteuer.
- Steuern vom Ertrag: Einkommensteuer, Gewerbesteuer, Körperschaftsteuer.

b) Verkehrssteuern:
- Umsatzsteuer,
- Grunderwerbsteuer. Nach Art. 105 Abs. 2 a GG haben die Länder die Befugnis zur Bestimmung des Steuersatzes bei der Grunderwerbsteuer (Gesetz zur Änderung des Grundgesetzes vom 28. 08. 2006, BGBl I 2006, 2034).
- Kraftfahrzeugsteuer,
- Versicherungsteuer.

c) Zölle.

d) Verbrauchsteuern: Kaffee-, Tabak-, Mineralöl-, Strom-, Biersteuer.

e) Personensteuern: Einkommensteuer, Körperschaftsteuer.

f) Sachsteuern: Realsteuern.

g) Direkte Steuern: Steuerschuldner und Steuerträger sind identisch; Besitzsteuern.

h) Indirekte Steuern: Steuerschuldner und Steuerträger sind verschiedene Personen; USt, Verbrauchsteuern.

i) Festsetzungssteuern: Hierunter fallen die meisten Steuern.

j) Abzugssteuern: Lohnsteuer, Kapitalertragsteuer, Zinsabschlagsteuer.

ÜBUNG 3 Steuerpflicht- und Steuerschuldverhältnis

SACHVERHALT

ArbG A beschäftigt in seinem Gewerbebetrieb 20 ArbN. A selbst ist gem. § 238 HGB zur Buchführung verpflichtet und wird zur ESt veranlagt.

AUFGABE

Welche Steuerpflicht- und Steuerschuldverhältnisse werden für A begründet?

Hinweis:
Zum Betriebsvermögen des A gehört u. a. ein Pkw.

LÖSUNG

Zu den Pflichten, die nach § 33 Abs. 1 AO dem Stpfl. A auferlegt werden, gehören:
- eine Steuer als Steuerschuldner, Haftender oder für Rechnung eines anderen zu entrichten,
- die Verpflichtung zur Abgabe von Steuererklärungen gem. § 149 AO.

Gem. § 43 AO bestimmen die Steuergesetze, wer Steuerschuldner oder Gläubiger einer Steuervergütung ist. Sie bestimmen auch, ob ein Dritter die Steuer für Rechnung des Steuerschuldners zu entrichten hat.

Steuerschuldner und somit Steuerpflichtiger ist A aufgrund der von ihm abzugebenden Steuererklärungen:

- ESt-Erklärung § 25 Abs. 3 EStG, § 56 EStDV. Steuerschuldner ist gem. § 36 Abs. 4 EStG der Stpfl. A.
- USt-Voranmeldungen bzw. USt-Erklärung § 18 Abs. 1 und Abs. 3 UStG. Steuerschuldner ist gem. § 13 a Abs. 1 Nr. 1 UStG der Unternehmer A.
- GewSt-Erklärung § 14 a GewStG. Steuerschuldner ist gem. § 5 GewStG der Gewerbetreibende A.
- Kfz-Steuer. Steuerschuldner ist gem. § 7 KfzStG die Person, für die das Fahrzeug zum Verkehr zugelassen ist.
- LSt-Anmeldungen. Gem. § 38 Abs. 3 EStG hat der ArbG die LSt für Rechnung des ArbN bei jeder Lohnzahlung vom Arbeitslohn einzubehalten und abzuführen (§ 41 a EStG). Der ArbN ist jedoch Schuldner der LSt (§ 38 Abs. 2 EStG); eine Ausnahme besteht bei pauschaliertem Arbeitslohn (vgl. § 40 Abs. 3 EStG).

Die Folgen der nicht fristgerechten und der unterlassenen Abgabe der Steuererklärungen ergeben sich aus § 152 AO (Verspätungszuschlag), § 162 AO (Schätzung von Besteuerungsgrundlagen) und §§ 328 ff. AO (Zwangsmittel). Die Folgen der nicht fristgerechten bzw. unterlassenen Zahlung ergeben sich aus § 240 AO (Säumniszuschläge) und aus den Vorschriften über die Vollstreckung (§§ 249 ff. AO).

Zur Steuerpflicht des A gehört weiterhin, dass er zur Mitwirkung und Auskunft in eigener Steuersache (§§ 90, 93, 200 AO) verpflichtet ist. Zur Steuerpflicht des A gehört auch die Führung von Büchern und Aufzeichnungen (§§ 140 ff. AO), die ordnungsgemäße Kontenführung (§ 154 AO) und die Pflicht zur Sicherheitsleistung (§ 241 AO). Gem. § 42 d. EStG haftet A als ArbG für die LSt, die er einzubehalten und abzuführen hat.

Nicht unter den Begriff des Steuerpflichtigen fällt (§ 33 Abs. 2 AO), wer in einer für ihn fremden Steuersache tätig wird oder werden soll (s. a. AEAO zu § 33 Nr. 2).

Steuergeheimnis — ÜBUNG 4

SACHVERHALT

Toni Trappa (T. T.), ein Fußballtrainer, ist unbeschränkt ESt-pflichtig. Am 11. 11. 07 schickt er seine ESt-Erklärung 06 mit der Post an sein zuständiges FA in Mannheim. Am 13. 11. 07 erhalten der zuständige Sachbearbeiter, StOI Huddel und sein Mitarbeiter, der Angestellte Schlupf, die Erklärungen. Der Amtsbote, Amtsmeister A, hat den Auftrag, die Steuerakten des T. T. vom Teilbezirk zum Sachgebietsleiter, Oberregierungsrat Eilig, zu bringen. A blättert dabei in den Steuerakten und erfährt erstmalig die Einkünfte des T. T. Beim abendlichen Stammtisch erzählt A die Neuigkeiten.

Eilig lässt abends die Akten des T. T. auf seinem Schreibtisch liegen. Die Putzfrau Reinig nimmt während der Reinigungsarbeiten Einsicht in die Akten.

Am nächsten Morgen fragt ein Zeitungsreporter bei Eilig an, ob es stimme, dass T. T. 500 000 € pro Jahr verdiene. Nach einem Blick in die Steuerakten des T. T. bestätigt Eilig diese Vermutung.

Während des Dienstes erörtert Eilig mit dem Kollegen Blitz unter Namensnennung die steuerlichen Probleme des T. T. Blitz erzählt dies alles seiner Frau.

Da T. T. mit ca. 100 000 € Steuerschulden rückständig ist, versucht der Vollziehungsbeamte Ruck gem. §§ 285 ff. AO die Pfändung. Trotz mehrmaliger Aufforderung der Vollstreckungsstelle war die Wohnung des T. T. jedes Mal verschlossen und T. T. nicht anzutreffen. Aus diesem Grund erwirkt die Vollstreckungsstelle beim zuständigen Amtsgericht gem. § 287 Abs. 4 AO eine richterliche Anordnung zur Durchsuchung der Wohnung des T. T. Bei der daraufhin durchgeführten Wohnungsöffnung hat der Vollziehungsbeamte den Polizeibeamten Scharf als Zeugen zugezogen (§ 288 AO). Nach der durchgeführten Pfändung erzählt Scharf im Kollegenkreis von der luxuriösen Wohnung des T. T.

Während der Durchsuchung der Wohnung des T. T. findet der Vollziehungsbeamte Ruck Unterlagen über beträchtliche Schmiergeldzahlungen an diverse Fußballspieler anderer Vereine. Er meldet diesen Fund dem zuständigen Sachgebietsleiter Eilig. Eilig überlegt, ob er diese Bestechungen (Schmiergeldzahlungen) an den DFB und die Staatsanwaltschaft weiterleiten soll.

Weiterhin findet der Vollziehungsbeamte Unterlagen über nicht erklärte Einnahmen des T. T., die aus Erpressungen stammen. Der Vollziehungsbeamte fertigt eine Kontrollmitteilung für den Veranlagungsbezirk und die Steuerstrafsachenstelle. Diese eröffnet daraufhin ein Ermittlungsverfahren gegen T. T. (§§ 385 ff. AO).

Im Ermittlungsverfahren der Steuerstrafsachenstelle wird aufgrund eigener Ermittlungen bekannt, dass T. T. Mitglied einer Hehlerbande ist, die gestohlene Fahrzeuge ins Ausland verschiebt. Die Steuerstrafsachenstelle meldet diesen Vorfall der zuständigen Staatsanwaltschaft.

Am 05. 03. 08 geht beim FA Mannheim ein Schreiben des ehemaligen Geschäftsführers Flachs des Fußballvereins ein, bei dem T. T. zurzeit als Trainer beschäftigt ist. In diesem Schreiben beschuldigt Flachs den Verein, an T. T. Schwarzgelder i. H. v. 200 000 € gezahlt zu haben. Nach Ermittlungen des FA handelt es sich dabei um nachweislich falsche Anschuldigungen (vgl. § 165 StGB). Der Sachgebietsleiter Eilig möchte daraufhin Flachs der Staatsanwaltschaft melden.

Ein weiterer Denunziant bezichtigt T. T. in einem Schreiben vom 04. 04. 08 an den Veranlagungsbezirk des FA Mannheim, verschiedene außersteuerliche Straftaten begangen zu haben. StOI Huddel möchte diese Straftaten der zuständigen Staatsanwaltschaft anzeigen.

Im Zuge weiterer Ermittlungen im Verwaltungsverfahren in Steuersachen des T. T. bittet StOI Huddel den Bruder des T. T., Herrn Paul Trappa (P. T.) und den Steuerberater des Herrn T. T. um Auskunft (vgl. § 93 AO). Durch die Aussagen beider Befragten kommen weitere außersteuerliche Straftaten des T. T. zu Tage. Die Befugten wurden nicht über Auskunftsverweigerungsrechte belehrt.

AUFGABE

Prüfen Sie, ob die im Sachverhalt genannten Personen das Steuergeheimnis verletzt haben und ob ggf. ein befugtes bzw. unbefugtes Offenbaren vorliegt.

LÖSUNG

1. Amtsbote A: Der Amtsbote (Amtsmeister = Beamter) ist Amtsträger gem. § 7 Nr. 1 AO (s. a. AEAO zu § 7 Nr. 1) und muss nach § 30 Abs. 1 AO das Steuergeheimnis wahren (AEAO zu § 30 Nr. 2.1). Ausgangspunkt für die Kenntniserlangung war die dienstliche Tätigkeit des A. Mit Weitergabe dieser Kenntnisse hat A unbefugt offenbart und deshalb das Steuergeheimnis verletzt (§ 30 Abs. 2 Nr. 1 Buchst. a AO).
   Durch das Steuergeheimnis wird alles geschützt, was dem Amtsträger bekannt geworden ist. Dabei macht es keinen Unterschied, ob diese Tatsachen für die Besteuerung von Bedeutung sind oder nicht (s. a. AEAO zu § 30 Nr. 1).
2. ORR Eilig:

a) Eilig hat, als Amtsträger i. S. d. § 7 Nr. 1 AO, durch Liegenlassen der Akten unbefugt offenbart und dadurch das Steuergeheimnis verletzt. Offenbaren ist jedes Verhalten, durch das eine Bekanntgabe an einen anderen tatsächlich erfolgt oder ermöglicht wird (AEAO zu § 30 Nr. 3). Dies kann durch Tun, Dulden oder Unterlassen geschehen.
   Offenbarung ist jedes ausdrückliche oder konkludente Verhalten, auf Grund dessen Ver-

hältnisse eines anderen bekannt werden können. Eine Offenbarung kann sich aus mündlichen, schriftlichen oder elektronischen Erklärungen, aber auch aus anderen Handlungen (z. B. Gewährung von Akteneinsicht, Kopfnicken usw.) oder Unterlassungen ergeben.

b) Mit der Bestätigung des Gerüchts verletzt Eilig das Steuergeheimnis (§ 30 Abs. 2 Nr. 1 AO). Er hat unbefugt offenbart.

c) Eilig verletzt das Steuergeheimnis durch unbefugtes Offenbaren, indem er mit Kollege Blitz, unter Namensnennung, die steuerlichen Probleme des T. T. erläutert. Auf den Offenbarungswillen des Eilig kommt es nicht an. Ein Offenbaren liegt demnach auch vor, wenn der zur Geheimhaltung Verpflichtete nicht offenbaren wollte.

3. Blitz: Blitz hat das Steuergeheimnis nicht verletzt, da er die Verhältnisse des T. T. nicht in einem Verwaltungsverfahren in Steuersachen erfahren hat.
4. Polizist Scharf: Scharf ist Amtsträger gem. § 7 Nr. 1 AO. Der Polizist hat die Kenntnisse in Ausübung der dienstlichen Verpflichtung erlangt; er ist im Vollstreckungsverfahren tätig (Verwaltungsverfahren in Steuersachen). Scharf verletzt das Steuergeheimnis, da er unbefugt im Kollegenkreis von der Wohnungseinrichtung des T. T. erzählt. Die Wohnungseinrichtung ist u. a. ein durch § 30 AO geschütztes Verhältnis eines anderen.
5. Vollziehungsbeamter Ruck: Ruck hat durch die Meldung der Schmiergeldzahlungen an den zuständigen Sachgebietsleiter Eilig das Steuergeheimnis nicht verletzt, da das Offenbaren gem. § 30 Abs. 4 Nr. 1 AO steuerlich notwendig war. § 30 Abs. 4 Nr. 1 lässt eine Offenbarung zur Durchführung eines steuerlichen Verfahrens oder eines Steuerstraf- oder Bußgeldverfahrens zu. Es genügt, dass das Offenbaren für die Einleitung oder den Fortgang dieses Verfahrens nützlich sein könnte (AEAO zu § 30 Nr. 4.1).
6. Weiterleitung an den DFB und Staatsanwaltschaft: Eilig darf die Schmiergeldzahlungen nicht mitteilen, weil er die Kenntnisse im Verwaltungsverfahren in Steuersachen und nicht in einem Steuerstraf- oder Ordnungswidrigkeitsverfahren erlangt hat (kein Rechtfertigungsgrund gem. § 30 Abs. 4 Nr. 4 Buchst. a AO; AEAO zu § 30 Nr. 7.1).
7. Meldung der Steuerstrafsachenstelle an die Staatsanwaltschaft: Die Mitgliedschaft in einer Hehlerbande wurde gem. § 30 Abs. 2 Nr. 1 Buchst. b AO in einem Steuerstrafverfahren bekannt. In diesem Fall ist ein Offenbaren an die Staatsanwaltschaft gem. § 30 Abs. 4 Nr. 4 Buchst. a AO zulässig.
8. Anschuldigungen des Flachs: Eine Meldung an die Staatsanwaltschaft wegen einer falschen Anschuldigung (§ 165 StGB) ist gem. § 30 Abs. 5 AO zulässig. Auch der Name des Denunzianten darf bekannt gegeben werden (AEAO zu § 30 Nr. 9). § 30 Abs. 5 AO lässt eine Offenbarung nur gegenüber den Strafverfolgungsbehörden zu.
9. Schreiben vom 04. 04. 08: Diese außersteuerlichen Straftaten dürfen nach § 30 Abs. 4 Nr. 4 Buchst. a AO nicht an die Staatsanwaltschaft offenbart werden, da sie nicht im Steuerstrafverfahren erlangt worden sind. Auch der Name des Anzeigenden ist als Teil der Verhältnisse eines anderen (§ 30 Abs. 2 Nr. 1 AO) geschützt und darf nicht offenbart werden (AEAO zu § 30 Nr. 1.4). Nach § 30 Abs. 4 Nr. 4 Buchst. b und Abs. 5 AO kann allerdings eine Durchbrechung des Steuergeheimnisses zulässig und in besonders gelagerten Einzelfällen sogar geboten sein (vgl. AEAO zu § 30 Nr. 10).
10. Aussagen des Bruders und des Steuerberaters: Die Aussage des Bruders Paul darf für Strafverfolgungszwecke nicht an die Staatsanwaltschaft weitergeleitet werden. Paul ist nach § 15 Abs. 1 Nr. 4 AO Angehöriger. Angehörige können gem. § 101 Abs. 1 AO die Auskunft verweigern. Sie sind aber über das Auskunftsverweigerungsrecht zu belehren. Die durch die Aussage des Bruders bekannt gewordenen außersteuerlichen Straftaten können nur gem. § 30 Abs. 4 Nr. 4 Buchst. b AO befugt offenbart werden, wenn sie unter Verzicht auf das

Auskunftsverweigerungsrecht erlangt worden sind. Da Paul über sein Auskunftsverweigerungsrecht nicht belehrt wurde, hat er auch nicht darauf verzichtet (AEAO zu § 30 Nr. 7.2). Dem Steuerberater steht ein Auskunftsverweigerungsrecht gem. § 102 Abs. 1 Nr. 3 Buchst. b AO zu, ohne allerdings darüber belehrt worden zu sein. Die Aussage des Steuerberaters kann gem. § 30 Abs. 4 Nr. 4 Buchst. b AO der Staatsanwaltschaft offenbart werden, da der Steuerberater mit seiner Aussage auf sein Auskunftsverweigerungsrecht verzichtet hat.

ÜBUNG 5 Angehörige

AUFGABE

1. In welchen Vorschriften der AO ist der Angehörigenbegriff von Bedeutung?
2. StI Schlumpf liegen die USt-Erklärungen folgender Personen zur Bearbeitung vor:

- der ehemaligen Verlobten des Schlumpf, Paule Peters,
- seines Vaters,
- von dem Ehegatten des Bruders seiner Frau,
- von dem unehelichen Kind seiner Frau,
- von dem Kind aus der ersten Ehe seines Vaters,
- von dem Ehegatten des Bruders seiner Mutter.

Prüfen Sie, ob StI Schlumpf gem. § 82 Abs. 1 Nr. 2 AO die Veranlagungen der o. g. Personen durchführen darf.

LÖSUNG

1. § 82 Abs. 1 Nr. 2 und 4 AO: In einem Verwaltungsverfahren darf nicht tätig werden, wer Angehöriger eines Beteiligten ist bzw. wer Angehöriger einer Person ist, die für einen Beteiligten in diesem Verfahren Hilfe in Steuersachen leistet.
   § 101 AO: Auskunfts- und Eidesverweigerungsrecht der Angehörigen (vgl. Lösung Nr. 10 zu Übung 4).
   § 103 AO: Auskunftsverweigerungsrecht bei Gefahr der Verfolgung wegen einer Straftat oder einer Ordnungswidrigkeit.
   Wegen der Rechtsfolgen bei einem Verstoß gegen § 82 AO wird auf §§ 125 und 127 AO hingewiesen (AEAO zu § 82 Nr. 1).
2. Angehörige ist gem. § 15 Abs. 1 Nr. 1 AO nur die Verlobte, nicht die ehemalige Verlobte. Schlumpf darf nach § 82 Abs. 1 Nr. 2 AO die Veranlagung durchführen. Beachte allerdings § 83 AO. Zur Besorgnis der Befangenheit siehe AEAO zu § 83.
   Der Vater ist mit Schlumpf 1. Grades gerader Linie (§§ 1589 und 1590 BGB) verwandt und somit Angehöriger gem. § 15 Abs. 1 Nr. 3 AO.
   Verschwägert ist man mit den Ehegatten seiner Verwandten und mit den Verwandten seines Ehegatten (§ 1590 BGB). Schlumpf ist mit dem Ehegatten des Bruders seiner Frau nicht verschwägert (Schwippschwager) und darf ihn somit veranlagen.
   Verschwägert ist man mit den Verwandten seines Ehegatten. Das Kind ist mit Schlumpfs Frau verwandt 1. Grades gerader Linie. Somit ist Schlumpf mit diesem Kind verschwägert 1. Grades gerader Linie (Stiefkind) und Angehöriger nach § 15 Abs. 1 Nr. 3 AO. Schlumpf darf sein Stiefkind nicht veranlagen.
   Schlumpf und das Kind aus der ersten Ehe seines Vaters sind Halbgeschwister, da sie einen Elternteil gemeinsam haben. Schlumpf ist daher gem. § 15 Abs. 1 Nr. 4 AO Angehöriger und darf Geschwister nicht veranlagen.

Verschwägert ist man mit den Ehegatten seiner Verwandten. Der Bruder von Schlumpfs Mutter ist sein Onkel. Mit ihm ist Schlumpf im 3. Grad Seitenlinie verwandt. Mit dessen Frau ist Schlumpf im 3. Grad Seitenlinie verschwägert. Eine Angehörigeneigenschaft gem. § 15 AO liegt nicht vor; Schlumpf ist gem. § 82 AO nicht vom Verwaltungsverfahren ausgeschlossen.

Verwaltungsakt

ÜBUNG 6

SACHVERHALT

1. Trude Tümpel erhält vom FA Stuttgart ein Schreiben, in dem Trude aufgefordert wird, innerhalb eines Monats eine ESt-Erklärung für das Kj. 17 abzugeben. Die ESt-Formulare sind beigefügt.
2. Aufgrund eines Computerfehlers erhält der Stpfl. Berni Bambel den vom Rechenzentrum erstellten ESt-Bescheid 17 ohne Rechtsbehelfsbelehrung. Der Bescheid enthält keine Unterschrift eines zuständigen Beamten. Im Anschriftenfeld ist Berni Bambel genannt und die ESt 17 ist richtig i. H. v. 10 000 € im Bescheid ausgewiesen. Aufgrund des Computerfehlers ist die Ermittlung des zu versteuernden Einkommens und der Absender des Bescheids nicht zu erkennen.

AUFGABE

Prüfen Sie,

a) ob bei beiden Sachverhalten ein Verwaltungsakt vorliegt und
b) ob bei Sachverhalt 2 Fehler gegeben sind und welche Auswirkungen diese Fehler auf den Verwaltungsakt haben.

LÖSUNG

1. Das Schreiben des FA stellt einen Verwaltungsakt gem. § 118 Satz 1 AO dar. Es handelt sich um eine hoheitliche Maßnahme einer Behörde (FA). Die Maßnahme beruht auf dem Gebiet des öffentlichen Rechts (§ 149 AO). Sie ist auf einen Einzelfall bezogen, da sie eine bestimmte Person und einen konkreten Sachverhalt betrifft (Aufforderung, dass Trude eine Steuererklärung abzugeben hat). Die Regelung hat unmittelbare Außenwirkung (Bekanntgabe).
2.

a) Der ESt-Bescheid ist ein Verwaltungsakt gem. § 118 Satz 1 AO. Es handelt sich um eine hoheitliche Maßnahme einer Behörde auf dem Gebiet des öffentlichen Rechts zur Regelung eines Einzelfalls mit unmittelbarer Rechtswirkung nach außen.
b) Die ESt-Festsetzung ist ein Steuerbescheid, § 155 Abs. 1 Satz 1 AO, für den die Form- und Inhaltsvorschriften des § 157 AO gelten. Ein Steuerbescheid muss nach § 157 Abs. 1 Satz 1 AO schriftlich erlassen werden; diese Voraussetzung ist erfüllt.
Verwaltungsakte müssen nach § 119 Abs. 1 AO inhaltlich hinreichend bestimmt sein. Für Steuerbescheide gelten die Inhaltsbedingungen des § 157 Abs. 1 Satz 2 AO. Danach muss die festgesetzte Steuer nach Art und Betrag angegeben sein; hier: ESt 17 10 000 €. Der Steuerschuldner muss ersichtlich sein; hier: Berni Bambel.
Nach § 121 Abs. 1 AO sind schriftliche Verwaltungsakte zu begründen, soweit dies zu ihrem Verständnis erforderlich ist. In einem Steuerbescheid stellt die Ermittlung des zu versteuernden Einkommens die Begründung dar. Die Feststellung der Besteuerungsgrundlagen ist gem. § 157 Abs. 2 AO ein unselbständiger Teil des Steuerbescheids. Die

fehlende Begründung macht den Steuerbescheid nicht nichtig, sondern nur fehlerhaft (kein Fall des § 125 Abs. 1 und 2 AO). Der Fehler kann nach § 126 Abs. 1 Nr. 2 AO geheilt werden.
Dem Steuerbescheid ist gem. § 157 Abs. 1 Satz 3 AO eine Rechtsbehelfsbelehrung beizufügen. Die fehlende Rechtsbehelfsbelehrung hat keine Auswirkung auf den Steuerbescheid selbst. Dies hat lediglich zur Folge, dass gem. § 356 Abs. 1 AO die Einspruchsfrist nicht beginnt und gem. § 356 Abs. 2 AO ein Einspruch innerhalb eines Jahres seit Bekanntgabe des Steuerbescheids eingelegt werden kann.
Nach § 119 Abs. 3 Satz 1 AO muss ein schriftlicher Verwaltungsakt die erlassende Behörde erkennen lassen und die Unterschrift oder die Namenswiedergabe des Behördenleiters, seines Vertreters oder seines Beauftragten enthalten. Bei einem schriftlichen Verwaltungsakt, der formularmäßig oder mit Hilfe automatischer Einrichtungen erlassen wird, können aber Unterschrift und Namenswiedergabe fehlen (§ 119 Abs. 3 Satz 2 AO). Da der ESt-Bescheid mit Hilfe der elektronischen Datenverarbeitung erstellt wurde, konnte zu Recht auf die Unterschrift verzichtet werden.
Der Steuerbescheid lässt allerdings die erlassende Behörde nicht erkennen (§ 119 Abs. 3 AO). Der Steuerbescheid ist daher nach § 125 Abs. 2 Nr. 1 AO nichtig und gem. § 124 Abs. 3 AO unwirksam.

ÜBUNG 7 Handlungsfähigkeit und Bekanntgabe an Minderjährige I

SACHVERHALT

Klaus Bübchen, geb. am 11. 11. 05, betreibt seit März 22 mit Zustimmung seiner Eltern und mit Genehmigung des Vormundschaftsgerichts in Landau/Pfalz einen Teeladen »Zum runden Beutel«. Die ESt- und USt-Erklärung für das Jahr 22 geht am 15. 05. 23 beim FA Landau ein. Aus der ESt-Erklärung ergeben sich folgende Einkünfte:

Einkünfte aus Gewerbebetrieb:	2 000 €
Einkünfte aus Kapitalvermögen:	1 234 €
Einkünfte aus Vermietung und Verpachtung:	7 200 €

Hinsichtlich der Einkünfte aus Kapitalvermögen wird nach § 32 d Abs. 6 EStG die Günstigerprüfung beantragt.

Beide Erklärungen wurden von den Eltern unterschrieben. Beide Steuerbescheide wurden mit einfachem Brief am 15. 09. 23 zur Post gegeben. Aufgrund einer vorliegenden Kontrollmitteilung wird die ESt- und USt-Veranlagung abweichend von den Erklärungen durchgeführt.

AUFGABE

Welche abgabenrechtlichen Überlegungen sind im Zusammenhang mit den abgegebenen Steuererklärungen und der Bekanntgabe der Steuerbescheide anzustellen?

Wie müssen die Steuerbescheide adressiert werden?

LÖSUNG

Zum Zeitpunkt der Abgabe der Steuererklärungen am 15. 05. 23 ist Bübchen noch nicht 18 Jahre alt (Vollendung des 18. Lebensjahres mit Ablauf des 10. 11. 23: §§ 187 Abs. 2, 188 Abs. 2 BGB). Bübchen ist daher nicht handlungsfähig nach § 79 Abs. 1 Nr. 1 AO. Die Abgabe von Steuererklärungen und die Bekanntgabe von Steuerbescheiden (Verfahrenshandlungen) sind daher nur möglich, wenn die Voraussetzungen des § 79 Abs. 1 Nr. 2 AO, § 112 BGB vorliegen.

USt-Erklärung:

Bübchen könnte handlungsfähig sein, soweit er durch Ermächtigung zum Betreiben des Teeladens für die USt als partiell geschäftsfähig anzusehen ist. Gem. § 112 BGB umfasst die Ermächtigung den gesamten betrieblichen Bereich. Da die USt aber auch die steuerfreien Vermietungsumsätze erfasst, ist Bübchen für die USt nicht handlungsfähig. Folglich war es richtig, dass die Eltern als gesetzliche Vertreter des Bübchen (§ 34 Abs. 1 AO, § 1629 BGB) die USt-Erklärung 22 unterschrieben haben. Eine Steuererklärung ist gem. § 150 Abs. 3 AO eigenhändig zu unterschreiben.

ESt-Erklärung:

Die ESt erfasst über den rein betrieblichen Bereich hinaus auch die Einkünfte aus Kapitalvermögen und aus Vermietung von Verpachtung. Bübchen ist auch für die ESt nicht partiell geschäftsfähig und somit auch nicht nach § 79 Abs. 1 Nr. 2 AO handlungsfähig. Folglich war es richtig, dass die Eltern die ESt-Erklärung 22 unterschrieben haben (s. a. AEAO zu § 122 Nr. 2.2.3 Abs. 2).

Beide Bescheide sind an die Eltern als den gesetzlichen Vertretern bekannt zu geben (vgl. AEAO zu § 122 Nr. 2.2). Dies muss in der Adressierung zum Ausdruck kommen, da sonst der Bescheid gegenüber Bübchen unwirksam ist.

Anschriftenfeld:

Herrn Paul Bübchen
Frau Paula Bübchen
Kurbrunnenweg 15
76829 Landau

Bescheidkopf: Als gesetzliche Vertreter (Bekanntgabeadressaten) von Klaus Bübchen (Steuerschuldner und Inhaltsadressat).

Anmerkung zum USt-Bescheid:

Steuern werden grundsätzlich gem. § 155 Abs. 1 AO durch Steuerbescheid festgesetzt. Nach § 167 Abs. 1 AO ist bei Steueranmeldungen (§ 150 Abs. 1 Satz 2 AO) eine Steuerfestsetzung durch Steuerbescheid nur erforderlich, wenn die Festsetzung zu einer abweichenden Steuer führt. Ansonsten wirkt eine Steueranmeldung gem. § 168 Satz 1 AO, mit Eingang beim FA, wie eine Steuerfestsetzung unter Vorbehalt der Nachprüfung.

Handlungsfähigkeit und Bekanntgabe an Minderjährige II — ÜBUNG 8

SACHVERHALT

Die ESt-Erklärungen des Lorenz Liebling (L), geb. am 02. 01. 02, für die Kj. 18 und 19 werden von den Eltern des L am 20. 01. 19 und am 30. 01. 22 beim FA Landau abgegeben. Sie enthalten Einkünfte aus Kapitalvermögen und aus Vermietung und Verpachtung. Der Steuerbescheid für das Kj. 18 ging am 12. 06. 19 und der Bescheid für das Kj. 19 am 12. 12. 22 zur Post. Beide Bescheide wurden an L adressiert. Den Bescheid 18 gab L sofort nach Erhalt an seine Eltern weiter, den Bescheid 19 behielt er selbst.

AUFGABE

a) Ist die Abgabe der Steuererklärungen 18 und 19 durch die Eltern des L zulässig?
b) Wurden die Steuerbescheide 18 und 19 wirksam bekannt gegeben?

LÖSUNG

a) L vollendet erst mit Ablauf des 01. 01. 20 sein 18. Lebensjahr (§ 188 Abs. 2 i. V. m. § 187 Abs. 2 Satz 2 BGB). In den Veranlagungszeiträumen 18 und 19 war er noch minderjährig. L ist für die Abgabe der ESt-Erklärungen nicht handlungsfähig. Die Pflichten des L sind von seinen gesetzlichen Vertretern (Eltern) nach § 34 Abs. 1 AO zu erfüllen. Die ESt-Erklärung für das Kj. 18 konnte nur von den Eltern des L abgegeben werden.
Besteht das Einkommen eines Minderjährigen ausschließlich aus Einkünften aus nichtselbständiger Arbeit und hat der gesetzliche Vertreter den Minderjährigen zur Eingehung des Dienstverhältnisses ermächtigt (§ 113 BGB), ist bei einer Veranlagung nach § 46 EStG der Steuerbescheid an den Minderjährigen bekannt zu geben (AEAO zu § 122 Nr. 2.2.3 Satz 3).
Mit Ablauf des 01. 01. 20 ist L volljährig und somit unbeschränkt geschäftsfähig. Er hätte die Erklärung für das Kj. 19 nach § 79 Abs. 1 Nr. 1 AO selbst wirksam abgeben können. Die Vertretungsmacht der Eltern ist mit Eintritt der Volljährigkeit erloschen. Das Erlöschen der Vertretungsmacht lässt jedoch gem. § 36 AO die nach § 34 AO entstandenen Pflichten unberührt, soweit diese einen Zeitraum betreffen, in dem die Vertretungsmacht bestanden hat und soweit der Verpflichtete sie auch tatsächlich erfüllen kann. Die Abgabe der Steuererklärung durch die Eltern war zulässig.

b) Eine wirksame Bekanntgabe setzt voraus, dass sie an den Adressaten erfolgt (§ 122 Abs. 1 AO). Im Kj. 19 ist L für die Inempfangnahme des Steuerbescheids 18 nicht handlungsfähig. Bekanntgabeadressat sind die Eltern als gesetzliche Vertreter. Die Bekanntgabe an L (Steuerschuldner und Inhaltsadressat) ist unwirksam. Der Bekanntgabemangel kann auch nicht dadurch geheilt werden, dass L seinen Eltern den Bescheid aushändigte.
Im Jahr der Bekanntgabe des ESt-Bescheids 19 war L bereits volljährig und handlungsfähig (§ 79 Abs. 1 Nr. 1 AO). Die an ihn erfolgte Bekanntgabe ist somit wirksam.

ÜBUNG 9 Steuerschuldner, Adressat, Empfänger

SACHVERHALT

Die Eltern (Anton und Maria Huber) als gesetzliche Vertreter eines Minderjährigen (Hans Huber) haben einen Steuerberater (Anton Schulz) bevollmächtigt, den Steuerbescheid in Empfang zu nehmen.

AUFGABE

a) Unter welchen Voraussetzungen kann an einen Bevollmächtigten (z. B. Steuerberater) bekannt gegeben werden?

b) Wer ist Steuerschuldner, Adressat und Empfänger und wer ist im Anschriftenfeld des Bescheids zu benennen?

c) Welche Rechtsfolge tritt ein, wenn im Anschriftenfeld nicht die richtige Person bezeichnet ist?

LÖSUNG

a) Gem. § 122 Abs. 1 Satz 3 AO kann (Ermessen § 5 AO) ein Verwaltungsakt auch gegenüber einem Bevollmächtigten bekannt gegeben werden. Der einem Steuerberater erteilte Auftrag zur Erstellung und Einreichung der Steuererklärungen schließt in der Regel seine Bestellung als Empfangsbevollmächtigten nicht ein. Hat der Stpfl. dem FA ausdrücklich mitgeteilt, dass er seinen Vertreter auch zur Entgegennahme von Steuerbescheiden ermächtigt, sind diese grundsätzlich dem Bevollmächtigten bekannt zu geben, so dass die Ermessensentscheidung auf Null reduziert ist (AEAO zu § 122 Nr. 1.7.2).

b) Steuerschuldner und damit Inhaltsadressat ist der Minderjährige. Er muss im Bescheid so eindeutig bezeichnet werden, dass keine Zweifel über die Identität bestehen (§ 122 Abs. 1 AO).
Die Person, der ein Verwaltungsakt bekannt zu geben ist, wird als Bekanntgabeadressat bezeichnet. Im Normalfall ist der Steuerschuldner auch Bekanntgabeadressat. Als Adressat kommen aber auch Dritte in Betracht, wenn sie für den Steuerschuldner steuerliche Pflichten zu erfüllen haben (gesetzliche Vertreter, Eltern). Ist der Adressat nicht mit dem Steuerschuldner identisch, so ist er zusätzlich zum Steuerschuldner anzugeben.
Als Empfänger wird derjenige bezeichnet, dem der schriftliche Verwaltungsakt tatsächlich zugehen soll, damit er durch Bekanntgabe wirksam wird. In der Regel ist der Steuerschuldner nicht nur Adressat, sondern auch Empfänger des Verwaltungsaktes.
Im Anschriftenfeld ist der Empfänger zu benennen.
Anschriftenfeld:
Herrn Steuerberater
Anton Schulz
Poststraße 15
67480 Edenkoben
Im Bescheid:
Für Herrn Anton Huber und Frau Maria Huber (Bekanntgabeadressaten) als gesetzliche Vertreter des Hans Huber (Steuerschuldner und Inhaltsadressat).

c) Wird ein Verwaltungsakt dem betroffenen Steuerpflichtigen bekannt gegeben und hierdurch eine von ihm erteilte Bekanntgabevollmacht zugunsten seines Bevollmächtigten ohne besondere Gründe nicht beachtet, wird der Bekanntgabemangel durch die Weiterleitung des Verwaltungsaktes an den Bevollmächtigten geheilt. Die Frist für einen außergerichtlichen Rechtsbehelf beginnt in dem Zeitpunkt, in dem der Bevollmächtigte den Verwaltungsakt nachweislich erhalten hat (AEAO zu § 122 Nr. 1.7.3).

Bekanntgabe von Einkommensteuerbescheiden an Ehegatten und Bekanntgabe ins Ausland

ÜBUNG 10

SACHVERHALT

Die von beiden Ehegatten unterschriebene ESt-Erklärung 22 für Adam und Eva Parade, Weinstraße 50, 67480 Edenkoben, geht am 15. 05. 23 beim zuständigen FA Landau ein. Der Erklärung beigefügt ist ein Schreiben der Eheleute, in dem sie dem FA mitteilen, dass sie seit 13. 03. 23 getrennt leben. Ab 13. 03. 23 lebt der Ehemann in Cannes (Frankreich) unter folgender Anschrift: Rue de l'Adverge 14, 08015 Cannes. Die Ehefrau wohnt weiterhin unter der dem FA bekannten Adresse. Mit Einwilligung der Ehefrau beantragt der Ehemann, den Steuerbescheid an seine Adresse in Frankreich zu schicken.

AUFGABE

a) Wie viele Steuerbescheide liegen rechtlich vor?
b) Adressieren Sie und erläutern Sie den Steuerbescheid 22 für die Eheleute Parade.
c) Wann und aufgrund welcher Handlung wurde der Steuerbescheid wirksam?

LÖSUNG

a) Die Ehegatten sind im Fall der ESt-Zusammenveranlagung stets Gesamtschuldner (§ 44 AO). Gem. § 155 Abs. 3 Satz 1 AO kann daher gegen sie ein zusammengefasster Steuerbescheid erlassen werden. Dabei handelt es sich formal um die Zusammenfassung zweier Bescheide zu einer nur äußerlich gemeinsamen Festsetzung.

b) **Anschrift:**
Herrn
Adam Parade
Rue de l'Adverge 14
08015 Cannes (Frankreich)
Erläuterung im Bescheid:
Der Bescheid ergeht an Sie zugleich mit Wirkung für und gegen Ihre Ehefrau Eva Parade. Eine Bekanntgabe nach § 122 Abs. 7 AO kann nicht erfolgen, weil die Ehegatten keine gemeinsame Anschrift haben. Da die Ehefrau mit der Bekanntgabe an den Ehemann Adam einverstanden ist, ist die Übermittlung des Steuerbescheids an einen der Ehegatten zugleich mit Wirkung für und gegen den anderen Ehegatten gem. § 122 Abs. 6 AO zulässig.

c) Der Steuerbescheid wird mit Bekanntgabe wirksam (§ 124 Abs. 1 AO). Eine Bekanntgabe nach Frankreich ist mit einfachem Brief möglich (AEAO zu § 122 Nr. 1.8.4). Gem. § 122 Abs. 2 Nr. 2 AO gilt der Steuerbescheid einen Monat nach Aufgabe zur Post als bekannt gegeben.

ÜBUNG 11 Fristberechnung, Säumniszuschlag

SACHVERHALT

Die Steuerbescheide 22 in Übung 7 wurden lt. Absendevermerk des FA am 15. 09. 23 mit einfachem Brief zur Post gegeben. Klaus Bübchen überweist die festgesetzte USt und ESt am 19. 11. 23 (ESt-Zahlung 4798 €). Die Gutschrift auf dem Konto der Finanzkasse erfolgte am 24. 11. 23.

Am 19. 11. 23 legt Bübchen gegen den ESt-Bescheid Einspruch ein und beantragt zu Recht weitere Betriebsausgaben. Weiterhin legt er in diesem Schreiben dar, dass der ESt-Bescheid erst am 18. 10. 23 zugegangen ist. Auf dem Briefumschlag, der dem Schreiben beiliegt, ist das Datum des Poststempels der 16. 10. 23.

AUFGABE

a) Ist der Einspruch fristgerecht eingegangen?
b) Fallen zur ESt-Abschlusszahlung 22 Säumniszuschläge an?

LÖSUNG

a) Gegen den Steuerbescheid ist gem. § 347 Abs. 1 Nr. 1 AO der Einspruch gegeben. Zum Zeitpunkt der Einlegung des Einspruchs (Eingang beim FA Landau am 19. 11. 23) war Bübchen handlungsfähig gem. § 79 Abs. 1 Nr. 1 AO. Die Einspruchsfrist beträgt gem. § 355 Abs. 1 Satz 1 AO einen Monat nach Bekanntgabe des Verwaltungsaktes.
Aufgabe zur Post lt. Absendevermerk: 15. 09. 23
Bekanntgabe, § 122 Abs. 2 Nr. 1 AO: 18. 09. 23
Ende der Rechtsbehelfsfrist
(§ 108 Abs. 1 AO i. V. m. § 188 Abs. 2 BGB): 18. 10. 23

Bübchen behauptet, dass der Bescheid erst am 18. 10. 23 zugegangen ist. Nach § 122 Abs. 2 AO hat das FA im Zweifel den Zugang des Verwaltungsaktes und den Zeitpunkt des Zugangs nachzuweisen. Allerdings wird bei einem Zugang nach der Drei-Tage-Regelung die Beweislast umgekehrt. Der Stpfl. muss den untypischen Geschehensablauf darlegen. Diesen Beweis konnte Bübchen mit dem Briefumschlag führen. Somit kann der 15. 09. 23 nicht als Tag der Aufgabe zur Post angesehen werden. Es ist für die weitere Beurteilung davon auszugehen, dass die Bekanntgabe am 18. 10. 23 erfolgte. Das Ende der Rechtsbehelfsfrist ist daher der 18. 11. 23. Da der Einspruch erst am 19. 11. 23 beim Finanzamt eingeht, ist er verspätet. Gründe für eine Wiedereinsetzung in den vorigen Stand gem. § 110 AO liegen nicht vor. Dagegen spricht auch nicht, dass bis zum Ablauf des 10. 11. 23 noch die Eltern als gesetzliche Vertreter einspruchsbefugt waren. Gem. § 110 Abs. 1 Satz 2 AO ist das Verschulden eines Vertreters dem Vertretenen zuzurechnen.

b) Der ESt-Bescheid wird am 18. 10. 23 mit der Bekanntgabe wirksam (§ 124 Abs. 1 AO). Gem. § 220 Abs. 1 AO i. V. m. § 36 Abs. 4 EStG ist die ESt-Abschlusszahlung i. H. v. 4 798 € am 18. 11. 23 fällig. Da der Überweisungsbetrag dem Konto der Finanzkasse erst am 24. 11. 23 gutgeschrieben wird, gilt die Zahlung nach § 224 Abs. 2 Nr. 2 AO erst an diesem Tag als entrichtet und der ESt-Anspruch nach § 47 AO als erloschen.
Die Säumnis beginnt daher am 19. 11. 23. Für den angefangenen Monat der Säumnis ist nach § 240 Abs. 1 Satz 1 AO 1 % von 4 750 € = 47,50 € Säumniszuschlag zu entrichten. Der Säumniszuschlag wird jedoch nach § 240 Abs. 3 AO bei einer Säumnis von 3 Tagen nicht erhoben. Die Schonfrist beginnt am 19. 11. 23 und endet am 21. 11. 23. Da die Zahlung nach Ablauf der Schonfrist erfolgte, ist der Säumniszuschlag i. H. v. 47,50 € zu erheben.

Berechnung von Säumniszuschlägen

ÜBUNG 12

SACHVERHALT

Der ESt-Bescheid für das Kj. 22 der Eheleute Jupp und Ursula Schnieder wurde am Mittwoch, dem 28. 08. 24, zur Post gegeben und am 29. 08. 24 vom Briefträger in den Hausbriefkasten der Schnieders eingeworfen. Jupp öffnete den Brief sofort und stellte fest, dass das FA Landau eine Steuernachforderung i. H. v. 3 330 € forderte.

Am Freitag, den 04. 10. 24, ging bei der Finanzkasse Landau ein Scheck des Jupp Schnieder i. H. v. 1 330 € ein, der am 08. 10. 24 seinem Bankkonto belastet wurde. Den Restbetrag über 2 000 € überwies Jupp. Den entsprechenden Überweisungsauftrag erteilte er seiner Bank bereits am Donnerstag, dem 31. 10. 24, die diesen auch umgehend ausführte. Dennoch wurde der Betrag erst am Dienstag, dem 05. 11. 24 auf dem Konto der Finanzkasse gutgeschrieben.

AUFGABE

Prüfen Sie, ob und ggf. in welcher Höhe Säumniszuschläge zur ESt 22 zu erheben sind.

LÖSUNG

Gem. § 240 Abs. 1 Satz 1 AO ist ein Säumniszuschlag verwirkt, wenn die Steuer nicht bis zum Ablauf des Fälligkeitstages entrichtet wird. Die ESt-Abschlusszahlung ist einen Monat nach Bekanntgabe des ESt-Bescheids fällig (§ 220 Abs. 1 AO i. V. m. § 36 Abs. 4 Satz 1 EStG). Der durch die Post übermittelte ESt-Bescheid gilt am dritten Tag nach seiner Aufgabe zur Post als bekannt gegeben (§ 122 Abs. 2 Nr. 1 AO).

- Postaufgabetag: 28. 08. 24 (Mittwoch)
- Bekanntgabetag: 31. 08. 24 (Samstag)

Die Dreitagesfrist zwischen der Aufgabe eines Verwaltungsaktes zur Post und seiner vermuteten Bekanntgabe (§ 122 Abs. 2 Nr. 1 AO) verlängert sich (§ 108 Abs. 3 AO), wenn das Fristende auf einen Sonntag, gesetzlichen Feiertag oder Samstag fällt, bis zum nächstfolgenden Werktag (BFH-Urteil vom 14. 10. 2003, IX R 68/98, BStBl II 2003, 898; AEAO zu § 108 AO Nr. 2).

- Bekanntgabetag somit: 02. 09. 24 (Montag)

Der Umstand, dass Jupp den Steuerbescheid tatsächlich früher erhalten hat, spielt bei der Bekanntgabevermutung des § 122 Abs. 2 Nr. 1 AO, zugunsten des Stpfl., keine Rolle.

Berechnung der Zahlungsfrist (Fälligkeit)

Beginn: 03. 09. 24 (Dienstag), 0.00 Uhr	(§ 108 Abs. 1 AO i. V. m. § 187 Abs. 1 BGB)
Dauer: 1 Monat	(§ 36 Abs. 4 Satz 1 EStG)
Ende: 02. 10. 24 (Mittwoch), 24.00 Uhr	(§ 108 Abs. 1 i. V. m. §§ 188 Abs. 2 und Abs. 3 BGB)

Da Jupp die ESt-Abschlusszahlung nach Ablauf des Fälligkeitstages (02. 10. 24) entrichtete, sind Säumniszuschläge entstanden. Sie betragen für jeden angefangenen Monat der Säumnis 1 % des rückständigen abgerundeten Steuerbetrages. Abzurunden ist auf den nächsten durch 50 € teilbaren Betrag. Zu beachten ist jedoch, dass bei einer Säumnis bis zu drei Tagen ein (entstandener) Säumniszuschlag nicht erhoben wird (Zahlungsschonfrist, § 240 Abs. 3 AO).

Berechnung der Zahlungsschonfrist

Beginn: 03. 10. 24 (Donnerstag), 00.00 Uhr
Dauer: 3 Tage (§ 240 Abs. 3 AO)
Ende: 06. 10. 24 (Sonntag), 24.00 Uhr (§ 188 Abs. 1 BGB)

Da der 06. 10. 24 ein Sonntag ist, endet die Zahlungsschonfrist gem. § 188 Abs. 1 BGB mit Ablauf des nächstfolgenden Werktages, hier am 07. 10. 24 (Montag), 24.00 Uhr (§ 108 Abs. 3 AO).

Die Scheck-(Teil-)zahlung i. H. v. 1 300 € gilt nach § 224 Abs. 2 Nr. 1 AO drei Tage nach dem Tag des Eingangs des Schecks am 07. 10. 24 als entrichtet. An sich liegt eine Teilzahlung innerhalb der Zahlungsschonfrist vor. Die Säumnisschonfrist gilt aber nicht bei einer Zahlung nach § 224 Abs. 2 Nr. 1 AO (Übergabe oder Übersendung von Zahlungsmitteln). Da die Scheckzahlung zwei Tage nach der Fälligkeit (02. 10. 24) erfolgte, ist der entstandene Säumniszuschlag von 33 € (1 % von 3 300 €) zu erheben.

Der erste Säumnismonat beginnt am 03. 10. 24 und endet am 02. 11. 24. Zu Beginn des zweiten Säumnismonats am 03. 11. 24 ist noch ein Betrag i. H. v. 2 000 € offen.

Die Restzahlung über 2 000 € erfolgte am 05. 11. 24 (Gutschrift auf dem Konto der Finanzkasse, § 224 Abs. 2 Nr. 2 AO). Zu diesem Zeitpunkt hatte bereits ein weiterer Säumnismonat (vom 03. 11. 24 – 02. 12. 24) zu laufen begonnen, weshalb ein weiterer Säumniszuschlag i. H. v. 20 € (1 % von 2 000 €) verwirkt ist. Die zur ESt 02 insgesamt zu entrichtenden Säumniszuschläge belaufen sich demnach auf 53 €. Die Eheleute Schnieder schulden diesen Betrag als Gesamtschuldner (§§ 44 Abs. 1, 240 Abs. 4 AO i. V. m. §§ 26, 26 b EStG).

ÜBUNG 13 Steuerfestsetzung unter Vorbehalt der Nachprüfung gem. § 164 AO I

AUFGABE

1. Welche Verwaltungsakte stehen kraft Gesetzes unter Vorbehalt der Nachprüfung?
2. Gegen eine Steuerfestsetzung unter Vorbehalt der Nachprüfung legt der Stpfl. form- und fristgerecht Einspruch ein. Nehmen Sie kurz zu a) und b) Stellung.

a) Der Stpfl. macht in seinem Einspruch nur Einwände gegen den Vorbehalt geltend.
b) Der Stpfl. wendet sich gegen den Grund und die Höhe der Steuerfestsetzung.
3. Nach einer Außenprüfung hebt das FA den Vorbehalt gem. § 164 Abs. 3 Satz 3 AO auf. Welche verfahrensrechtlichen Möglichkeiten hat der Stpfl. nach der erfolgten Vorbehaltsaufhebung?

LÖSUNG

1. Kraft Gesetzes stehen unter Vorbehalt der Nachprüfung
- die Vorauszahlungsbescheide (§ 37 Abs. 3 EStG, § 164 Abs. 1 Satz 2 AO),
- die Bildung der Lohnsteuerabzugsmerkmale (§ 39 Abs. 1 Satz 4 EStG) sowie
- die Steueranmeldungen (§ 18 UStG; § 41 a EStG; § 164 Abs. 1 Satz 2 AO).

2.

a) Der Vorbehaltsvermerk ist eine unselbständige Nebenbestimmung und kann daher nicht selbständig mit dem Einspruch angefochten werden (§ 120 Abs. 1 AO). Der Stpfl. muss deshalb, wenn er eine endgültige Steuerfestsetzung erreichen will, den Bescheid insgesamt mit der Begründung anfechten, dass die Voraussetzungen für eine Vorbehaltsfestsetzung nicht vorlägen (BFH vom 25. 10. 1989, BStBl II 1990, 278). In den meisten Fällen wird ein Einspruch gegen die Vorbehaltsfestsetzung mit dem Ziel einer endgültigen Steuerfestsetzung zwar zulässig, aber unbegründet sein, es sei denn, der Vorbehaltsvermerk des angefochtenen Bescheids war rechtswidrig, weil im Zeitpunkt der Veranlagung der Steuerfall bereits abschließend geprüft war.

b) Der Stpfl. wendet sich in diesem Fall nicht gegen den Vorbehalt, sondern gegen die Steuer selbst. Gem. § 367 Abs. 2 Satz 1 AO ist die Sache vom FA in vollem Umfang erneut zu prüfen; das bedeutet, dass auch der aufgrund der Einspruchserledigung ergehende Verwaltungsakt wieder unter dem Vorbehalt der Nachprüfung ergehen kann. Auch die Einspruchsentscheidung kann unter dem Vorbehalt der Nachprüfung ergehen (§ 365 Abs. 1 AO). Im Einspruchsverfahren gelten die für den angefochtenen Verwaltungsakt maßgebenden Vorschriften sinngemäß, also auch § 164 AO. Wird im Einspruchsverfahren der Steuerbescheid geändert, so ist die maßgebliche Änderungsvorschrift nicht der § 172 Abs. 1 Nr. 2 a AO, sondern der § 164 Abs. 2 AO.
Nach § 367 Abs. 2 a AO kann das FA vorab über Teile des Einspruchs entscheiden, wenn dies sachdienlich ist. Das FA hat in dieser Entscheidung zu bestimmen, hinsichtlich welcher Teile Bestandskraft nicht eintreten soll.

3. Gegen die Aufhebung des Vorbehalts ist der Einspruch möglich, denn nach § 164 Abs. 3 Satz 2 AO steht die Aufhebung einer Steuerfestsetzung ohne Vorbehalt der Nachprüfung gleich. Es gelten die Regelungen der §§ 155, 157 AO. In einem Einspruch kann der Stpfl. alle bisher zurückgehaltenen Argumente nunmehr letztmals ohne Einschränkungen vortragen.

Steuerfestsetzung unter Vorbehalt der Nachprüfung gem. § 164 AO II

ÜBUNG 14

SACHVERHALT

Claus Thaler (C. T.) ist Wirt der Gaststätte »Zum blauen Jupp« in Landau. C. T. gibt seine USt-Voranmeldungen monatlich beim FA Landau ab. Bei der USt-Voranmeldung (USt-VA) für den Monat Mai 22 (05/22) hat sich Folgendes ereignet:

C. T. hat die USt-VA 05/22 fristgerecht am 10. 06. 22 beim FA Landau eingereicht. Die Zahllast betrug 6 300 €. Anfang Juli 22 stellte C. T. fest, dass er die Vorsteuer aus den im Mai angeschafften neuen Küchengeräten für seine Gaststättenküche in der USt-VA 05/22 nicht geltend gemacht hatte. Er reichte daraufhin am 12. 07. 22 eine berichtigte USt-VA beim FA ein. Die Zahllast in dieser USt-VA betrug 3 700 €. Die Rechnung über die Küchengeräte legte er in Kopie bei. Das FA erstattete den zu viel bezahlten Betrag i. H. v. 2 600 € am 21. 07. 22.

Anfang August fiel dem zuständigen Bearbeiter beim FA Landau zufällig auf, dass C. T. die Vorsteuer aus dem Rechnungsbetrag vor Abzug eines Preisnachlasses abgezogen hatte. Nach Berechnung des Bearbeiters beträgt die Zahllast für den Monat Mai 3 900 € (zutreffend!).

AUFGABE

a) Schildern Sie den verfahrensrechtlichen Ablauf unter Angabe der gesetzlichen Bestimmungen ab Eingang der ersten Voranmeldung am 10. 06. 22 bis zur Entdeckung des Fehlers Anfang August.

b) Kann das FA den vom zuständigen Bearbeiter aufgedeckten Fehler korrigieren? Wenn ja, wie?

LÖSUNG

a) Die USt-VA 05/22 ist eine Steueranmeldung (Selbstberechnungserklärung gem. § 150 Abs. 1 Satz 3 AO). C. T. ist zur Selbstberechnung der USt nach § 18 Abs. 1 UStG gesetzlich verpflichtet. Mit Eingang der USt-VA am 10. 06. 22 liegt eine Steuerfestsetzung unter Vorbehalt der Nachprüfung vor (§ 168 Satz 1 AO), da es sich um eine nicht zustimmungsbedürftige Steueranmeldung handelt (Schuld gegenüber dem FA).
Die berichtigte USt-VA vom 12. 07. 22 ist ein Antrag auf Änderung der Steuerfestsetzung (§ 164 Abs. 2 Satz 2 AO). Die berichtigte USt-VA ist zustimmungspflichtig, da eine Herabsetzung der bisher zu entrichtenden Steuer i. H. v. 2 600 € angemeldet wird (§ 168 Satz 2 AO).
Mit der Überweisung der 2 600 € am 21. 07. 22 wird dem o. g. Antrag zugestimmt, denn die Zustimmung kann formlos erfolgen (§ 168 Satz 3 AO). Mit der Zustimmung liegt eine Steuerfestsetzung unter Vorbehalt der Nachprüfung vor und gleichzeitig ist eine Änderung der bisherigen Steuerfestsetzung nach § 164 Abs. 2 AO erfolgt.

b) Der Fehler kann korrigiert werden. Das FA kann nach § 164 Abs. 2 AO ändern, da die Steueranmeldungen unter dem gesetzlichen Vorbehalt der Nachprüfung stehen (§ 168 Satz 1 AO). Hierzu muss das FA einen Steuerbescheid mit einer Zahllast i. H. v. 3 900 € erlassen (§ 167 Abs. 1 Satz 1 AO i. V. m. § 155 Abs. 1 AO; Bescheid über die USt-Vorauszahlung Mai 22).
Der geänderte Vorauszahlungsbescheid für Mai 22 steht unter dem gesetzlichen Vorbehalt der Nachprüfung (§ 164 Abs. 1 Satz 2 AO), da es sich um eine Vorauszahlung handelt. Zur Vorbehaltsfestsetzung einer Änderung der Steuerfestsetzung siehe AEAO zu § 164 Nr. 6.

Für den Erhöhungsbetrag i. H. v. 200 € ist eine Zahlungsfrist einzuräumen (§ 220 Abs. 2 AO; Fälligkeit wegen des Leistungsgebots mindestens eine Woche § 254 Abs. 1 AO).

ÜBUNG 15 Gesonderte und einheitliche Feststellung und Zuständigkeit

SACHVERHALT

Chris Kind (C. K.) lebt seit Jahren mit seiner Ehefrau Berta (B. K.) in einer gemieteten 4-Zimmer-Wohnung in Landau. C. K. ist Privatdetektiv. Sein Büro befindet sich in angemieteten Räumen in Ludwigshafen.

Nebenbei schreibt C. K. noch Kriminalromane. Seine schriftstellerische Tätigkeit übt er in seiner Mietwohnung in Landau aus. Für seine Manuskripte konnte er keinen Verlag finden. Er hat daher mit seinem Onkel Donald Duck (D. D.) den »Chris-Duck«-Verlag in Rechtsform einer OHG gegründet. Geschäftsführer der OHG ist D. D. Er führt die Geschäfte von seinem Wohnort in Koblenz aus. C. K. erhält eine jährliche Gewinnbeteiligung von 25 %. Weiterhin erhält C. K. 25 000 € im Jahr für seine Aufsichtsratstätigkeit bei der X-AG in Bingen.

B. K. betreibt ein Ehevermittlungsinstitut in Landau. Das Institut befindet sich in einem Bungalow, den B. K. bei der Geschäftsgründung gekauft hatte. Aus einer Erbschaft gehören B. K. mit drei weiteren Miterben eine vermietete Eigentumswohnung (ETW) in einem Studentenwohnheim in Mannheim. Die Verwaltung bezüglich der ETW hat der Miterbe Georg Dall (G. D.) übernommen. Er erledigt diese Arbeiten von seinem Wohnort in Heidelberg aus.

AUFGABE

Ermitteln Sie

a) das örtlich zuständige FA hinsichtlich der ESt, USt und der Realsteuern,
b) die Besteuerungsgrundlagen zur ESt und entscheiden Sie dabei, ob gesonderte bzw. einheitlich und gesonderte Feststellungen durchzuführen sind,
c) die örtlich zuständigen Finanzämter zu b).

Hinweise:

C. K. und B. K. werden zusammen zur ESt veranlagt. Jeder im Sachverhalt genannte Ort hat ein eigenes FA.

LÖSUNG

a) Für die ESt ist gem. § 19 Abs. 1 AO das Wohnsitz-FA in Landau zuständig.
Zum Rahmen des Unternehmens des C. K. gehört die Detektei und die schriftstellerische Tätigkeit (§ 2 Abs. 1 Satz 2 UStG). Zuständig für die USt ist gem. § 21 Abs. 1 Satz 1 AO das FA, von dessen Bezirk aus der Unternehmer sein Unternehmen ganz oder vorwiegend betreibt. Da er die schriftstellerische Tätigkeit in Landau nur nebenbei betreibt, ist für die USt das FA Ludwigshafen zuständig (Detektei). Lässt sich bei mehreren Betrieben eines Unternehmens in verschiedenen Finanzamtsbezirken nicht feststellen, von wo aus das Unternehmen ganz oder vorwiegend betrieben wird, ist nach § 25 AO (mehrfache örtliche Zuständigkeit) zu entscheiden. Eine Lösungsmöglichkeit könnte sich aus der Höhe der Umsätze ergeben.
Für die USt der OHG ist das FA Koblenz zuständig (§ 21 Abs. 1 AO).
Für die USt der B. K. ist das FA Landau zuständig.
Für die eventuelle USt der Erbengemeinschaft ist das FA Heidelberg zuständig.
Für die Festsetzung und Zerlegung der Grundsteuermessbeträge ist das Lage-FA zuständig (§ 22 Abs. 1 i. V. m. § 18 Abs. 1 Nr. 1 AO). Zuständig für den Grundsteuermessbescheid des Bungalows ist das Lage-FA in Landau; für die ETW das Lage-FA Mannheim.
Für die Festsetzung und Zerlegung der Gewerbesteuermessbeträge ist das Betriebs-FA zuständig (§ 22 Abs. 1 i. V. m. § 18 Abs. 1 Nr. 2 AO). Zuständig für den Gewerbesteuermessbescheid der Detektei ist das FA Ludwigshafen; für die Verlags-OHG das FA Koblenz; für das Ehevermittlungsinstitut das FA Landau.
In den meisten Bundesländern ist die Festsetzung, Erhebung und Beitreibung der Realsteuern den hebeberechtigten Gemeinden übertragen worden (vgl. Art. 108 Abs. 4 GG).

§ 22 Abs. 2 AO ist daher eine Ausnahmeregelung, die nur in den Bundesländern Hamburg und Berlin gilt.

b) und c) Besteuerungsgrundlagen zur ESt:
- Gewerbliche Einkünfte als Privatdetektiv (§ 15 Abs. 1 Nr. 1 EStG).
- Gesonderte Feststellung nach § 180 Abs. 1 Nr. 2 Buchst. b AO, zuständig ist das Betriebs-FA in Ludwigshafen (§ 18 Abs. 1 Nr. 2 AO).
- Freiberufliche Einkünfte als Schriftsteller (§ 18 Abs. 1 Nr. 1 EStG).
- Unselbständiger Teil der Steuerfestsetzung (§ 157 Abs. 2 AO), insbesondere kein § 180 Abs. 1 Nr. 2 Buchst. b AO. Die Besteuerungsgrundlagen sind vom Wohnsitz-FA in Landau zu ermitteln.
- Gewerbliche Einkünfte aus Verlags-OHG (§ 15 Abs. 1 Nr. 2 EStG).
- Einheitliche und gesonderte Feststellung nach § 180 Abs. 1 Nr. 2 Buchst. a AO i. V. m. § 179 Abs. 2 Satz 2 AO, zuständig ist das Betriebs-FA in Koblenz (§ 18 Abs. 1 Nr. 2 AO).
- Gewerbliche Einkünfte aus Ehevermittlungsinstitut (§ 15 Abs. 1 Nr. 1 EStG).
- Unselbständiger Teil der Steuerfestsetzung (§ 157 Abs. 2 AO), insbesondere kein § 180 Abs. 1 Nr. 2 Buchst. b AO. Die Besteuerungsgrundlagen sind vom Wohnsitz-FA in Landau zu ermitteln.
- Vermietungseinkünfte der Erbengemeinschaft (§ 21 Abs. 1 Nr. 1 EStG).
- Einheitliche und gesonderte Feststellung (§ 180 Abs. 1 Nr. 2 Buchst. a AO i. V. m. § 179 Abs. 2 Satz 2 AO), zuständig ist das Verwaltungs-FA in Heidelberg (§ 18 Abs. 1 Nr. 4 AO).
- Einkünfte als Aufsichtsrat (§ 18 Abs. 1 Nr. 3 EStG).
- Unselbständiger Teil der Steuerfestsetzung (§ 157 Abs. 2 AO), insbesondere kein § 180 Abs. 1 Nr. 2 Buchst. b AO, da die Einkünfte nicht aus freiberuflicher Tätigkeit gem. § 18 Abs. 1 Nr. 1 EStG stammen.

ÜBUNG 16 Aufrechnung

SACHVERHALT

Die ESt-Abschlusszahlung des Gewerbetreibenden Karl Lauer (K. L.) i. H. v. 2 000 € ist am 18. 08. 24 fällig. Aufgrund der am 10. 09. 24 eingereichten USt-Voranmeldung für August 24 steht K. L. ein USt-Erstattungsanspruch i. H. v. 3 000 € zu. Die Zustimmung des FA gem. § 168 Satz 2 AO erfolgte am 15. 09. 24. Da K. L. die ESt i. H. v. 2 000 € bisher nicht entrichtet hat, verrechnete das FA am 15. 09. 24 die USt-Erstattung mit der ESt-Nachzahlung und überwies lediglich den Differenzbetrag von 1 000 €.

AUFGABE

a) War das FA berechtigt die Aufrechnung gem. § 226 AO durchzuführen?
   Gehen Sie ein auf die Voraussetzungen und auf die Wirkung der Aufrechnung.
b) Kann auch der Steuerpflichtige die Aufrechnung erklären? Wenn ja, ab wann?

LÖSUNG

a) Die Möglichkeit, durch Aufrechnung einen Anspruch aus dem Steuerschuldverhältnis zu tilgen, lässt die AO in § 226 zu. Für die Aufrechnung gelten sinngemäß die Vorschriften aus dem BGB (§§ 387 bis 396). Die Voraussetzungen der Aufrechnung sind:

Gegenseitigkeit der Forderungen
Dieses Merkmal ist erfüllt, da die gegenüberliegenden Forderungen (ESt und USt) zwischen denselben Personen (K. L. und FA). bestehen.

Erfüllbarkeit der Hauptforderung
Die Hauptforderung ist die Forderung des Aufrechnungsgegners, hier die USt des Stpfl. K. L. Die Hauptforderung ist erfüllbar, wenn sie entstanden ist. Die USt entsteht gem. § 38 AO i. V. m. § 13 Abs. 1 Nr. 1 Buchst. a UStG mit Ablauf des Voranmeldungszeitraums, in dem die Leistungen ausgeführt worden sind (hier mit Ablauf August 24).

Fälligkeit der Gegenforderung
Die Gegenforderung ist die Forderung des Aufrechnenden, hier die ESt-Forderung des FA. Die ESt wird einen Monat nach Bekanntgabe des ESt-Bescheids fällig (§ 36 Abs. 4 EStG), hier am 18. 08. 04.
Die Aufrechnung bewirkt, dass die gegenseitigen Ansprüche in dem Zeitpunkt als erloschen gelten, in dem sie sich erstmals aufrechenbar gegenüberstanden (§ 389 BGB). Auf den Zeitpunkt der Abgabe der Aufrechnungserklärung kommt es nicht an. Die Aufrechnungsvoraussetzungen wären im o. g. Beispiel mit Ablauf des 31. 08. 24 erfüllt.
Der Anwendungserlass zur AO bestimmt aber, dass die Rückwirkung der Aufrechnung nach § 389 BGB nicht über den Zeitpunkt der Fälligkeit der Schuld des Aufrechnenden hinausgeht (AEAO zu § 226 Nr. 2). Die Fälligkeit ist abhängig von der Zustimmung des FA (§ 168 Satz 2 AO), hier am 15. 09. 24. Rechnet das FA mit einer Steuerforderung gegen eine später als die Steuerforderung fällig gewordene Erstattungsforderung auf, so bleiben Säumniszuschläge hinsichtlich der zur Aufrechnung gestellten Steuerforderung für die Zeit vor der Fälligkeit der Erstattungsforderung bestehen. Zur Vermeidung von unbilligen Härten ist deshalb in der AEAO zu § 226 Nr. 2 für die Erhebung von Säumniszuschlägen aus Billigkeitsgründen bestimmt, dass bei der Umbuchung von Ansprüchen auf Steuererstattungen oder Steuervergütungen, die sich aus Steueranmeldungen ergeben, als Fälligkeitstag der Tag des Eingangs der Steueranmeldung gilt, frühestens jedoch der erste Tag des auf den Anmeldungszeitraum folgenden Monats. Diese Regelung führt im o. g. Beispiel zu folgendem Ergebnis:
Die am 18. 08. 24 fällige ESt-Abschlusszahlung gilt mit Eingang der USt-Voranmeldung am 10. 09. 24 und damit erst nach Ablauf der Schonfrist als getilgt. Säumniszuschläge sind deshalb vom 19. 08. 24 bis 10. 09. 24 zu erheben, und zwar 1 % von 2 000 € = 20 €.

b) Der Stpfl. kann ebenfalls die Aufrechnung erklären. Die Hauptforderung, hier die ESt, ist mit Ablauf des Veranlagungszeitraums entstanden (§ 36 Abs. 1 EStG). Die Gegenforderung, hier die USt, ist mit Zustimmung am 15. 09. 24 fällig. Der Stpfl. kann frühestens am 15. 09. 24 aufrechnen. Aus Billigkeitsgründen gilt aber auch hier als Fälligkeitstag der Tag des Eingangs der Steueranmeldung.

Festsetzungsverjährung, Änderungsvorschriften — ÜBUNG 17

SACHVERHALT

StOI Paul Miesepeter (M) ist Sachbearbeiter einer Veranlagungsstelle beim FA St. Goarshausen am Rhein. Am 18. 06. 08 geht endlich die ESt-Erklärung 01 des ledigen Stpfl. Heio Schlampert (S) beim FA St. Goarshausen ein. In seiner ESt-Erklärung macht S folgende Angaben:

Einkünfte aus nichtselbständiger Arbeit:	31 520 €
Verlust aus Vermietung und Verpachtung:	5 870 €
Die abzugsfähigen Sonderausgaben betragen:	4 212 €

Am 23. 11. 08 beginnt Miesepeter mit der Überprüfung der ESt-Erklärung des S. Dabei stellt M noch Folgendes fest:

Als Lohnsteuerabzugsmerkmal ist ein Freibetrag wegen Verlusten aus Vermietung und Verpachtung i. H. v. 4 000 € vom FA ermittelt worden. In der Anlage V erklärt S weiterhin Erhaltungsaufwand für sein Haus in St. Goarshausen i. H. v. 1 870 € in einer Summe. Belege hat S versehentlich nicht eingereicht. Vom 24. 11. 08 bis 15. 12. 08 ist M an Ziegenpeter erkrankt. Ab 18. 12. 08 führt der Rhein ein solches Hochwasser, dass das FA bis einschließlich 23. 12. 08 nicht erreicht werden kann und somit geschlossen ist. Am 27. 12. 08 endlich kann M die manuelle ESt-Veranlagung des S durchführen.
M weicht nicht von der Erklärung ab. Die Aufgabe zur Post erfolgte am 02. 01. 09.
S erhält den Bescheid am 04. 01. 09.

Am 05. 02. 09 legt S gegen den ESt-Bescheid 01 Einspruch ein. Dabei macht er einen Erhaltungsaufwand i. H. v. 2 870 € geltend, da ihm bei der Zusammenstellung ein Rechenfehler unterlaufen ist. Die Belege fügt er als Anlage bei.

Bei der Überprüfung stellt M fest, dass S tatsächlich Erhaltungsaufwand in dieser Höhe getätigt hat und dass kein grobes Verschulden am nachträglichen Bekanntwerden des erhöhten Erhaltungsaufwands vorliegt.

AUFGABE

a) Durfte das FA am 02. 01. 09 den ESt-Bescheid erlassen?
b) Prüfen Sie, ob eine in Betracht kommende Vorschrift zur Berichtigung oder Änderung des ESt-Bescheids erfüllt ist.
c) Darf das FA im Jahre 09 einen geänderten ESt-Bescheid erteilen, wenn eine Änderungsvorschrift der AO erfüllt ist?

LÖSUNG

a) Gem. § 169 Abs. 2 Nr. 2 AO beträgt die Festsetzungsfrist vier Jahre. Die Festsetzungsfrist beginnt grundsätzlich mit Ablauf des Kj., in dem die Steuer entstanden ist (§ 170 Abs. 1 AO). S ist allerdings nach § 56 Abs. 1 Nr. 2 Buchst. b EStDV i. V. m. § 46 Abs. 2 Nr. 4 EStG zur Abgabe der ESt-Erklärung verpflichtet, da für S gem. § 39 a Abs. 1 Nr. 5 Buchst. b EStG ein Freibetrag ermittelt worden ist. Für den Beginn der Festsetzungsfrist gilt die Anlaufhemmung des § 170 Abs. 2 Nr. 1 AO. Die Festsetzungsfrist beginnt mit Ablauf des Kj. in dem die Steuererklärung eingereicht wird, spätestens jedoch mit Ablauf des dritten Kj. das auf das Kj. folgt, in dem die Steuer entstanden ist. Die ESt 01 ist gem. § 36 Abs. 1 EStG mit Ablauf des Veranlagungszeitraums 01 entstanden. Die Abgabe der Erklärung war am 18. 06. 08. Die Festsetzungsfrist beginnt daher mit Ablauf des 31. 12. 04. Die Frist würde normalerweise mit Ablauf des 31. 12. 08 enden. Durch das Hochwasser des Rheins war aber das FA St. Goarshausen wegen höherer Gewalt für sechs Tage geschlossen. Da die höhere Gewalt innerhalb der letzten sechs Monate des Fristlaufes vorlag, tritt die Ablaufhemmung des § 171 Abs. 1 AO ein. Die Festsetzungsfrist endet daher mit Ablauf des 06. 01. 09. Der ESt-Bescheid durfte daher am 02. 01. 09 erlassen werden.
b) Als Korrekturvorschriften kommen die §§ 129 und 173 Abs. 1 Nr. 2 AO in Betracht.
Nach § 129 AO sind Rechenfehler zu berichtigen, die bei Erlass eines Verwaltungsaktes unterlaufen sind. Es muss sich grundsätzlich um einen Fehler des FA handeln. Ein Fehler

des FA liegt vor, wenn die Unrichtigkeit i. S. d. § 129 AO offenbar ist, also entweder ohne weiteres aus den maßgeblichen Steuerakten oder dem Steuerbescheid erkennbar ist und das FA den Fehler des Stpfl. nachvollzogen hat. Das ist hier nicht der Fall. Eine Berichtigung nach § 129 AO ist nicht möglich.

Dem FA war im Zeitpunkt der Veranlagung nicht bekannt, dass die Werbungskosten aus Vermietung und Verpachtung höher waren als erklärt. Insoweit liegt eine neue Tatsache vor, die zu einer niedrigeren Steuer führt. Der Änderungstatbestand des § 173 Abs. 1 Nr. 2 AO ist erfüllt, da auch kein grobes Verschulden vorliegt.

c) Das FA hat einen Änderungsbescheid gem. § 173 Abs. 1 Nr. 2 AO zu erteilen, wenn die Festsetzungsfrist noch nicht abgelaufen ist (§ 169 Abs. 1 Satz 1 AO). Die Festsetzungsfrist endet aufgrund der Ablaufhemmung des § 171 Abs. 1 AO mit Ablauf des 06. 01. 09. Die Bekanntgabe erfolgte am 05. 01. 09 und damit innerhalb der Festsetzungsfrist. Die Einspruchsfrist beträgt nach § 355 Abs. 1 AO einen Monat. Die Einspruchsfrist beginnt am 06. 01. 09 und endet mit Ablauf des 05. 02. 09 (§ 108 Abs. 1 AO i. V. m. §§ 187 Abs. 1, 188 Abs. 2 BGB). Der Einspruch ist form- und fristgerecht eingelegt.

   Es greift die Ablaufhemmung des § 171 Abs. 3 a AO. Die Festsetzungsfrist läuft insoweit nicht ab, bevor über den Einspruch unanfechtbar entschieden worden ist. Das FA hat einen Änderungsbescheid nach § 173 Abs. 1 Nr. 2 bzw. § 172 Abs. 1 Nr. 2 Buchst. a AO zu erteilen.

Rechtsbehelfsverfahren, Fristberechnung, Änderungsvorschriften — ÜBUNG 18

SACHVERHALT

Am 04. 04. 06, dem Donnerstag vor Ostern, wird der ESt-Bescheid 03 an den Stpfl. Karl Doll (K. D.) zur Post gegeben. Nach der Abrechnung in diesem Bescheid hat K. D. spätestens am 07. 05. 06 (Dienstag) 517 € ESt zu zahlen. In der Rechtsbehelfsbelehrung zum ESt-Bescheid wurde der Stpfl. lediglich darüber belehrt, dass gegen die ESt-Festsetzung der Einspruch gegeben ist und dass die Einspruchsfrist einen Monat nach Bekanntgabe des Bescheids abgelaufen ist.

Mit Schreiben vom 09. 05. 06, eingegangen beim FA am Montag, dem 13. 05. 06, legt K. D. Einspruch ein. Seinen Einspruch begründet er wie folgt:

1. Bei den Einkünften aus nichtselbständiger Arbeit wurden die Werbungskosten um 100 € zu niedrig angesetzt. Bei meiner Werbungskostenaufstellung, die Ihnen mit den Belegen ja vorliegt, ist mir ein Rechenfehler unterlaufen, den Sie offensichtlich nicht bemerkt haben (zutreffend).
2. Die Zahlungsfrist ist falsch berechnet worden. Ich muss wegen Ostern erst später zahlen.

Das FA antwortet am 21. 05. 06 (Dienstag) wie folgt:

1. Soweit die Werbungskosten aus nichtselbständiger Arbeit betroffen sind, ist der Einspruch zu spät eingelegt worden.
2. Soweit die Zahlungsaufforderung betroffen ist, ist kein Einspruch möglich, vgl. hierzu die dem Steuerbescheid beigefügte Rechtsbehelfsbelehrung.

Mit Schreiben vom 31. 05. 06 (Freitag) nimmt K. D. daraufhin den Einspruch zurück.

AUFGABE

a) Ist der Einspruch fristgerecht eingelegt worden?

b) Ist ein Einspruch gegen die Zahlungsaufforderung möglich?
Wenn ja, ist der Einspruch zulässig und wer entscheidet über diesen Einspruch?
Wenn nein, begründen Sie Ihre Entscheidung.
c) Kann der Fehler im ESt-Bescheid nach Rücknahme des Einspruchs durch K. D. noch korrigiert werden?
d) Wann ist die ESt-Nachzahlung i. H. v. 517 € fällig?
e) Unterstellen Sie, dass der Einspruch gegen den ESt-Bescheid 03 zulässig ist. Wie hat das FA über den Einspruch zu entscheiden?

LÖSUNG

a) Die Einspruchsfrist gegen den ESt-Bescheid 03 beträgt einen Monat nach Bekanntgabe des Bescheids (§ 355 Abs. 1 AO). Nach § 122 Abs. 2 Nr. 1 AO gilt ein schriftlicher Verwaltungsakt, der durch die Post übermittelt wird, am dritten Tag nach Aufgabe zur Post als bekannt gegeben, außer wenn er nicht oder zu einem späteren Zeitpunkt zugegangen ist. Der dritte Tag nach Aufgabe zur Post ist der 07. 04. 06 (Sonntag). § 108 Abs. 3 AO gilt auch für die Dreitage-Regelung (AEAO zu § 108 Nr. 2). Wegen des Feiertags (Ostermontag) gilt der Bescheid erst am 09. 04. 06 (Dienstag) als bekannt gegeben.
Fristberechnung:
Bekanntgabe: 09. 04. 06.
Fristbeginn nach § 108 Abs. 1 AO, § 187 Abs. 1 BGB: 10. 04. 06, 0.00 Uhr.
Dauer: ein Monat (§ 355 Abs. 1 AO).
Fristende: § 108 Abs. 1 AO, § 188 Abs. 2 BGB: 09. 05. 06, 24.00 Uhr.
Das Einspruchsschreiben ist erst am 13. 05. 06 beim FA eingegangen. Der Einspruch ist nicht fristgerecht eingelegt worden. Wiedereinsetzungsgründe i. S. d. § 110 AO sind nicht ersichtlich.

b) Voraussetzung für einen Einspruch ist, dass ein wirksamer Verwaltungsakt in Abgabenangelegenheiten vorliegt (§ 347 Abs. 1 Nr. 1 AO). Die Zahlungsaufforderung im ESt-Bescheid 03 ist ein eigenständiger Verwaltungsakt i. S. d. § 118 AO (Leistungsgebot). Dieser Verwaltungsakt ist mit Bekanntgabe am 09. 04. 06 wirksam geworden (§ 124 Abs. 1 Satz 1 AO). Gegen die Zahlungsaufforderung ist nach § 347 Abs. 1 AO der Einspruch gegeben.
Der Einspruch ist schriftlich einzureichen (§ 357 Abs. 1 Satz 1 AO). Die unrichtige Bezeichnung des Einspruchs schadet dabei nicht (§ 357 Abs. 1 Satz 4 AO). Der Stpfl. hat somit formgerecht Einspruch eingelegt. Ebenso ist der Stpfl. zum Einlegen des Einspruchs befugt, da er von der Zahlungsaufforderung betroffen ist und nach § 79 AO handlungsfähig ist. Die Beschwer i. S. d. § 350 AO ist ebenfalls gegeben, da der Stpfl. eine Rechtsverletzung (hier falsche Fälligkeit) geltend macht.
Die Einspruchsfrist beträgt nach § 355 Abs. 1 AO einen Monat nach Bekanntgabe der Zahlungsaufforderung. Hier ist jedoch zu beachten, dass für die Zahlungsaufforderung keine Rechtsbehelfsbelehrung beigefügt worden ist. Die Monatsfrist ist somit nach § 356 Abs. 1 AO ohne Bedeutung. Der Stpfl. kann innerhalb eines Jahres nach Bekanntgabe der Zahlungsaufforderung, also bis zum 09. 04. 07, zulässigerweise Einspruch einlegen. Der Einspruch gegen die Zahlungsaufforderung ist demnach zulässig.

c) Die ESt für 03 ist aufgrund eines Rechenfehlers in der Steuererklärung zu hoch festgesetzt worden. Nach § 129 Satz 1 AO kann das FA Rechenfehler, die beim Erlass eines Verwaltungsaktes unterlaufen sind, jederzeit berichtigen. Es können grundsätzlich nur offenbare Unrichtigkeiten der Finanzbehörde korrigiert werden. Offenbare Unrichtigkeiten des Stpfl. sind grundsätzlich nicht nach § 129 AO berichtigungsfähig, es sei denn, es handelt

sich um einen sog. aktenkundigen Übernahmefehler.
Hier hat sich das FA die offenbare Unrichtigkeit des Stpfl. zu Eigen gemacht, indem es den Rechenfehler in der eingereichten Werbungskostenaufstellung unbeanstandet übernommen hat. Die Voraussetzungen zur Berichtigung des Fehlers nach § 129 AO liegen somit vor. Das FA ist zur Berichtigung des ESt-Bescheids verpflichtet, da der Stpfl. ein berechtigtes Interesse an der Fehlerbeseitigung hat (§ 129 Satz 2 AO).

d) Nach § 220 Abs. 1 AO richtet sich die Fälligkeit von Steueransprüchen nach den Vorschriften der Einzelsteuergesetze. Nach § 36 Abs. 4 EStG ist die ESt-Nachzahlung einen Monat nach Bekanntgabe des Bescheids fällig. Die Zahlungsfrist berechnet sich analog zur Einspruchsfrist (vgl. a). Die Nachzahlung ist somit nach § 108 Abs. 1 AO, § 188 Abs. 2 AO am 09. 05. 06 fällig.

e) Grundsätzlich entscheidet die Finanzbehörde über den Einspruch durch Einspruchsentscheidung (§ 367 Abs. 1 Satz 1 AO). Einer Einspruchsentscheidung bedarf es jedoch nur insoweit, als die Finanzbehörde dem Einspruch nicht abhilft (§ 367 Abs. 2 Satz 3 AO). Der Einspruch des Stpfl. ist im vollen Umfang begründet. Das FA hat demnach dem Einspruch durch einen nach § 132 Satz 1 i. V. m. § 172 Abs. 1 Nr. 2 Buchst. a AO geänderten Steuerbescheid abzuhelfen (sog. Abhilfebescheid).

II Klausuren

1 Übungsklausur

Hilfsmittel:

- Beck'sche Textausgaben:
- – Steuergesetze
- – Steuerrichtlinien
- BGB

Vorbemerkung:

Die Klausur besteht aus drei Sachverhalten und vier Aufgaben, die unabhängig voneinander gelöst werden können.

SACHVERHALT

Sachverhalt 1

Steuerinspektor Huddel (H) ist im Finanzamt Koblenz Sachbearbeiter eines Teilbezirks. Dieser ist für die Veranlagung des Steuerpflichtigen Toni Tabs (T), welcher in Koblenz ein Bauunternehmen betreibt, zuständig. Nach der Bearbeitung von T's Steuererklärungen für das Kj. 22 ereignen sich folgende Vorfälle:

1. Ein Zeitungsreporter fragt bei H an, ob es stimme, dass T 500 000 € pro Jahr verdiene. Nach einem Blick in die Steuerakten des T bestätigt H diese Vermutung.
2. Die Industrie- und Handelskammer (IHK) Koblenz fragt nach der Höhe von T's Gewerbesteuermessbetrag für das Kj. 22, nach dem die IHK die Kammerbeiträge bemisst. H sendet der IHK eine Kopie des Einkommensteuerbescheides für das Kj. 22.
3. In einem Schreiben des ehemaligen Geschäftsführers des T, Herrn Klug, das an H gerichtet ist, beschuldigt der ehemalige Geschäftsführer Klug den T, Schwarzgelder i. H. v. 100 000 € an einen Sportverein gezahlt zu haben. Nach den Ermittlungen des FA Koblenz handelt es sich dabei um nachweislich falsche Anschuldigungen (s. a. § 165 StGB). H teilt daraufhin der Staatsanwaltschaft Koblenz die falschen Anschuldigungen des Klug mit.
4. Im Zuge der Ermittlungen im Verwaltungsverfahren in Steuersachen des T bittet H den Steuerberater des T um Auskunft (§ 93 AO). Durch die Aussage des Steuerberaters kommen außersteuerliche Straftaten des T zu Tage. Der Steuerberater wurde nicht über sein Auskunftsverweigerungsrecht belehrt. H teilt die Straftaten der Staatsanwaltschaft mit.
5. Das BAföG-Amt der Uni Koblenz fragt zur Bearbeitung eines BAföG-Antrags von T's studierender Tochter nach T's positiven Einkünften des Jahres 22. N gibt die gewünschte Auskunft.

   § 21 Abs. 4 Sozialgesetzbuch X (SGB X) ist auf Verfahren nach dem Bundesausbildungsförderungsgesetz (BAföG) anzuwenden. § 21 Abs. 4 SGB X lautet:

   »Die Finanzbehörden haben (. . .) Auskunft über die ihnen bekannten Einkommens- oder Vermögensverhältnisse des Antragstellers, Leistungsempfängers, Erstattungspflichtigen, Unterhaltsverpflichteten, Unterhaltsberechtigten oder der zum Haushalt rechnenden Familienmitglieder zu erteilen.«
6. Um den seinem Bezirk zur Ausbildung zugewiesenen Finanzanwärter Faul (F) zu beschäftigen, gibt H diesem die Steuerakten des T zu lesen. F, der in der Nachbarschaft des T wohnt, berichtet abends im Freundeskreis, was er in den Akten gelesen hat.

Sachverhalt 2

Der im Amt ergraute StOI Kuno Weich ist Bearbeiter einer Amtsprüfstelle beim Finanzamt Speyer/Rhein. Es liegen ihm vor:

1. die Einkommensteuererklärung des Kj. 22 seiner geschiedenen Ehefrau Kleo Weich geb. Zart;
2. die Umsatzsteuer- und Gewerbesteuererklärung des Kj. 22 seiner Stiefmutter Klara Weich geb. Soft, verwitwete Sanft;
3. die Einkommensteuererklärung des Kj. 22 seiner jüngeren Stiefschwester Tina Sanft (Tochter von Klara Weich aus erster Ehe – vgl. Nr. 2);
4. die Einkommensteuererklärung des Kj. 22 seiner Nichte Dolly sowie deren Ehemann;
5. die Einkommensteuererklärung des Kj. 22 seiner inzwischen verheirateten Pflegetochter Susi sowie deren Ehemann. Beide haben die Zusammenveranlagung nach §§ 26, 26 b EStG beantragt.

Sachverhalt 3

Huschke Hektik (H) hat am 13. 08. 23 in aller Eile die gemeinsame Einkommensteuererklärung 22 für sich und seine Ehefrau fertiggestellt. Da sich seine Ehefrau an diesem Tag mit einer Freundin auf einem Einkaufstrip in London befand, hat nur er die Einkommensteuererklärung unterzeichnet und noch am gleichen Tag in den Hausbriefkasten des Finanzamts eingeworfen.

In der Anlage V zur Einkommensteuererklärung 22 hat H bei dem ihm allein gehörenden vermieteten Zweifamilienhaus ohne nähere Erläuterungen Erhaltungsaufwendungen i. H. v. 15 000 € als Werbungskosten abgesetzt; entsprechende Belege sind auch nicht beigefügt worden.

Bei Bearbeitung der Steuererklärung bittet deshalb der zuständige Bearbeiter, StI Karl Korrekt (K), den H telefonisch um Auskunft über die betreffenden Aufwendungen. Da sich H in Terminschwierigkeiten befindet, bittet er K um ein schriftliches Auskunftsersuchen, damit er sich in aller Ruhe mit der Sache befassen könne.

K fordert daher H unter Hinweis auf die gemeinsame Einkommensteuererklärung 22 mit Schreiben vom 14. 09. 23 auf, die Erhaltungsaufwendungen näher zu erläutern und die entsprechenden Belege an Amtsstelle vorzulegen.

AUFGABE

Aufgabe 1 zu Sachverhalt 1

Prüfen Sie, ob H das Steuergeheimnis verletzt hat.

Aufgabe 2 zu Sachverhalt 2

Nehmen Sie bitte unter Angabe der einschlägigen gesetzlichen Vorschriften ausführlich dazu Stellung, ob StOI Weich die Veranlagungen durchführen darf.

Soweit im Einzelfall Verwandtschaft bzw. Schwägerschaft gegeben ist, ist auch Linie und Grad der Verwandtschaft bzw. Schwägerschaft zu bestimmen.

Aufgabe 3 zu Sachverhalt 3

1. Ist die Einkommensteuererklärung 22 der Eheleute H form- und fristgerecht beim Finanzamt eingegangen?
2. Ist die Ermittlungsmaßnahme des Finanzamts gegen H rechtmäßig?
3. Konnte – die Rechtmäßigkeit der Ermittlungsmaßnahme unterstellt – H die gewünschte Mitwirkung verweigern?

Aufgabe 4

Es gibt eine Vielzahl von Einteilungsmöglichkeiten für Steuern.

Nennen Sie die Einteilungsmöglichkeit der Steuern

1. nach dem Grundgesetz.
   Nennen Sie dabei mindestens drei Verbrauchsteuern, die dem Bund allein zustehen;
2. nach der Auswirkung beim Steuerschuldner.
   Begründen Sie diese Einteilungsmöglichkeit und nennen Sie jeweils eine Steuer;
3. nach dem Festsetzungs- bzw. Erhebungsverfahren.
   Nennen Sie zu der jeweiligen Einteilungsmöglichkeit mindestens zwei Steuern.

LÖSUNG

Aufgabe 1 zu Sachverhalt 1

1. Verletzung des Steuergeheimnisses durch H
   Amtsträger haben gem. § 30 Abs. 1 AO das Steuergeheimnis zu wahren.
   H ist als Steuerinspektor Beamter und somit Amtsträger i. S. v. § 7 Nr. 1 AO. Das Steuergeheimnis verbietet insbesondere das unbefugte Offenbaren von Verhältnissen eines anderen, die dem Amtsträger im Rahmen eines Verwaltungsverfahrens (§ 30 Abs. 2 Nr. 1 Buchst. a AO) bekannt geworden sind. Die Verhältnisse des T (Vermögens-, Einkommensverhältnisse etc., Einzelheiten siehe unten) sind dem H im Rahmen des Veranlagungsverfahrens bekannt geworden. Mit der Bestätigung des Gerüchts verletzt H das Steuergeheimnis (§ 30 Abs. 2 Nr. 1 AO).
2. Bekanntgabe von ESt-Bescheid an IHK
   Bei den im Einkommensteuerbescheid enthaltenen Daten (Einkünfte, Sonderausgaben, außergewöhnliche Belastungen, Kinder etc.) handelt es sich um durch das Steuergeheimnis geschützte Daten (Verhältnisse) eines anderen. Nach § 30 Abs. 4 Nr. 2 i. V. m. § 31 Abs. 1 AO können der IHK als Körperschaft des Öffentlichen Rechts Besteuerungsgrundlagen zur Festsetzung ihrer Abgaben mitgeteilt werden, an welche diese Abgaben knüpfen. Die Mitteilung des Gewerbesteuermessbetrages wäre durch § 31 Abs. 1 AO gedeckt. Mit dem ESt-Bescheid hat H der IHK jedoch andere und weitergehende Daten des M offenbart.
   Ergebnis: H hat das Steuergeheimnis verletzt.
3. Meldung an die Staatsanwaltschaft wegen nachweislich falscher Angaben
   Eine Meldung an die Staatsanwaltschaft wegen einer falschen Anschuldigung (§ 165 StGB) ist gem. § 30 Abs. 5 AO zulässig. Auch der Name des Denunzianten darf bekannt gegeben werden.
4. Meldung an die Staatsanwaltschaft unter den Voraussetzungen des § 30 Abs. 4 Nr. 4 Buchst. b AO
   Nach § 93 Abs. 1 AO ist der Steuerberater zur Auskunft verpflichtet. Dem Steuerberater steht ein Auskunftsverweigerungsrecht gem. § 102 Abs. 1 Nr. 3 Buchst. b AO zu, ohne allerdings darüber belehrt worden zu sein. Eine Belehrung über das Auskunftsverweigerungsrecht sieht § 102 AO für die dort genannten Personen nicht vor (siehe dagegen die ausdrückliche Regelung in § 101 Abs. 1 AO). Mit seiner Aussage hat der Steuerberater auf sein Auskunftsverweigerungsrecht verzichtet. Die Aussage des Steuerberaters kann gem. § 30 Abs. 4 Nr. 4 Buchst. b AO der Staatsanwaltschaft offenbart werden.
5. Mitteilung an BAföG-Amt
   Die Offenbarung der Einkünfte ist gem. § 30 Abs. 4 Nr. 2 AO befugt, da dies durch Gesetz zugelassen ist. Nach § 21 Abs. 4 SGB X ist das Finanzamt gegenüber dem BAföG-Amt zur

Auskunft über die Einkommensverhältnisse der gegenüber dem Antragsteller unterhaltsverpflichteten Person verpflichtet.
Ergebnis: Die Offenbarung war befugt.

6. Überlassen der Akten an F
   Mit der Überlassung der Akten offenbart H dem F geschützte Verhältnisse des T. Die Offenbarung dient jedoch Ausbildungszwecken innerhalb der Finanzbehörde und somit im weiteren Sinn der Durchführung eines Verfahrens i. S. v. § 30 Abs. 2 Nr. 1 Buchst. a AO.
   Ergebnis: Die Offenbarung war befugt gem. § 30 Abs. 4 Nr. 1 AO.

Aufgabe 2 zu Sachverhalt 2

Gem. § 82 Abs. 1 Nr. 2 AO darf ein Amtsträger in einem Verwaltungsverfahren für eine Finanzbehörde nicht tätig werden, wenn er Angehöriger eines Beteiligten ist.

StOI Weich (W) ist Beamter und damit Amtsträger nach § 7 Abs. 1 AO. Das Veranlagungsverfahren ist Teil eines Verwaltungsverfahrens in Steuersachen.

Durch das Überprüfen der Steuererklärungen und die (abschließende) Zeichnung nimmt W Einfluss auf die Gestalt von Verwaltungsakten; er wird damit »tätig« i. S. d. § 82 AO.

Die Steuerpflichtigen, die er zu veranlagen hat, sind Beteiligte nach 78 AO. Es ist deshalb zu prüfen, ob Angehörigeneigenschaft vorliegt:

1. Kleo Weich geb. Zart
   W ist Angehöriger seiner geschiedenen Ehefrau nach § 15 Abs. 1 Nr. 2 i. V. m. Abs. 2 Nr. 1 AO; er darf die Veranlagung nicht durchführen.
2. Stiefmutter Klara Weich
   W ist Angehöriger nach § 15 Abs. 1 Nr. 3 AO. Sie ist mit W in gerader Linie im 1. Grad verschwägert (§§ 1590 i. V. m. 1589 BGB). Die Veranlagung bzw. die Festsetzung des einheitlichen Gewerbesteuermessbetrages darf W nicht durchführen.
3. Stiefschwester Tina Sanft (S)
   Es liegt keine Angehörigeneigenschaft i. S. d. § 15 Abs. 1 Nr. 4 AO vor, da S aus der ersten Ehe der Stiefmutter stammt und beide somit keinen Elternteil gemeinsam haben; sie stammt also nicht »von derselben dritten Person« ab (§ 1589 Satz 2 BGB).
   W darf die Veranlagung durchführen.
4. Nichte Dolly
   W ist Angehöriger seiner Nichte gem. § 15 Abs. 1 Nr. 5 AO. Es liegt Verwandtschaft in der Seitenlinie 3. Grades vor (§ 1589 BGB).
   W darf die Veranlagung seiner Nichte und deren Ehemann nicht durchführen.
5. Pflegetochter Susi
   W ist Angehöriger der Susi gem. § 15 Abs. 1 Nr. 8 i. V. m. Abs. 2 Nr. 3 AO. Er darf die Veranlagung seiner Pflegetochter und deren Ehemann nicht durchführen.

Aufgabe 3 zu Sachverhalt 3

1. Gem. § 150 Abs. 3 Satz 1 AO sind Steuererklärungen vom Steuerpflichtigen eigenhändig zu unterschreiben, wenn die Einzelsteuergesetze dies anordnen. Nach § 25 Abs. 3 Satz 4 EStG ist die Einkommensteuererklärung vom Steuerpflichtigen – in den Fällen der gemeinsamen Erklärung von den Ehegatten – eigenhändig zu unterschreiben. Da die Einkommensteuererklärung nur vom Steuerpflichtigen – nicht jedoch von der Ehefrau – unterschrieben worden ist, entspricht die Erklärung nicht der vorgeschriebenen Form.
   Steuererklärungen, die sich auf ein Kalenderjahr beziehen, sind spätestens fünf Monate danach abzugeben (§ 149 Abs. 2 Satz 1 AO). Die Einkommensteuererklärung 22 war somit

bis zum 31. 05. 23 abzugeben. Die Erklärung ist mithin nicht fristgerecht beim Finanzamt eingereicht worden.

2. H ist als Beteiligter nach § 78 AO zur Mitwirkung verpflichtet (§§ 90 Abs. 1, 93 Abs. 1 und 97 Abs. 1 AO).
   Da Auskunftsersuche grundsätzlich formfrei sind, konnte K den H telefonisch um Auskunft bitten. Verlangt der Auskunftspflichtige jedoch Schriftform, so hat das Auskunftsersuchen schriftlich zu ergehen (§ 93 Abs. 2 Satz 2 AO).
   Im Schreiben vom 14. 09. 22 hat K angegeben, worüber Auskunft verlangt wird bzw. welche Urkunden vorzulegen sind und dass die Aufforderung die eigene Steuerangelegenheit des H betrifft (§§ 93 Abs. 2 Satz 1, 97 Abs. 1 Satz 2 AO).
   Zwar soll das Finanzamt grundsätzlich die Vorlage von Urkunden erst verlangen, wenn der Beteiligte eine Auskunft nicht oder nicht ausreichend erteilt (§ 97 Abs. 2 Satz 1 AO), aber ein Verstoß gegen diese Vorschrift liegt hier nicht vor, da H eine steuerliche Vergünstigung (Abzug von Werbungskosten) begehrt (§ 97 Abs. 2 Satz 2 AO).
   Die Ermittlungsmaßnahme des Finanzamts war somit rechtmäßig.
3. H steht als dem Beteiligten kein Auskunftsverweigerungsrecht nach §§ 101 ff. AO zu. Folglich kann er auch die Vorlage von Urkunden nicht verweigern (§ 104 Abs. 1 AO).

Aufgabe 4

1. Einteilung nach dem Grundgesetz:
- nach der Gesetzgebungshoheit (Art. 105 GG),
- nach der Ertragshoheit (Art. 106 GG) und
- nach der Verwaltungshoheit (Art. 108 GG).

Verbrauchsteuern, die dem Bund allein zustehen: Schaumweinsteuer, Mineralölsteuer, Tabaksteuer, Kaffeesteuer.

2. Einteilung nach der Auswirkung beim Steuerschuldner:
- direkte Steuern und
- indirekte Steuern.

Die Unterscheidung erfolgt danach, ob der Steuerschuldner die Steuer wirtschaftlich selbst trägt, oder ob er sie auf andere überwälzen kann.
Die Einkommensteuer ist nicht abwälzbar, also ist sie eine direkte Steuer.
Die Umsatzsteuer wird vom Steuerschuldner, dem Unternehmer, über die Preise auf die Endverbraucher abgewälzt, ist also eine indirekte Steuer.

3. Einteilung nach dem Festsetzung- bzw. Erhebungsverfahren:
- Veranlagungssteuern und
- Abzugssteuern.

Die Einkommensteuer ist eine Veranlagungssteuer, da sie in einem Steuerbescheid gegen den Steuerschuldner festgesetzt wird.
Bei Abzugssteuern wird gegen den Steuerschuldner regelmäßig kein Bescheid erlassen. Die Steuer wird »an der Einkunftsquelle« bei einem Abzugsverpflichteten erhoben. Abzugssteuern sind die Lohnsteuer und die Kapitalertragsteuer.

Punktetabelle

	Punkte
Aufgabe 1 zu Sachverhalt 1	
Verletzung des Steuergeheimnisses durch H	
§ 30 Abs. 1 AO	1
H ist als Steuerinspektor Beamter und Amtsträger gem. § 7 Nr. 1 AO	2
§ 7 Nr. 1 AO	3
§ 30 Abs. 2 Nr. 1 Buchst. a AO: Unbefugtes offenbaren von Verhältnissen eines anderen (Verhältnisse des T)	4
Verhältnisse des T sind H im Rahmen des Veranlagungsverfahren bekannt geworden	5
Verletzung Steuergeheimnis durch Bestätigung des Gerüchts	6
Bekanntgabe des Steuerbescheids an IHK	
Persönliche Daten im Einkommensteuerbescheid durch Steuergeheimnis geschützt	7
§ 30 Abs. 2 Nr. 2 i. V. m. § 31 AO	8
Mitteilung an IHK möglich	9
Durch die Weiterleitung des kompletten Steuerbescheids wird Steuergeheimnis verletzt	10
Meldung an Staatsanwaltschaft	
Zulässig nach § 30 Abs. 5 AO	11
Auch Name des Denunzianten	12
Meldung an Staatsanwaltschaft wegen Aussage des Steuerberaters	
§ 93 Abs. 1 AO: Steuerberater zur Auskunft verpflichtet	13
Auskunftsverweigerungsrecht nach § 102 Abs. 1 Nr. 3 AO	14
Belehrung darüber nicht erforderlich	15
Durch die Aussage hat der Steuerberater auf sein Auskunftsverweigerungsrecht verzichtet	16
§ 30 Abs. 4 Nr. 4 Buchst. b AO: Offenbaren zulässig	17
Mitteilung an BAföG-Amt	
§ 30 Abs. 4 Nr. 2 AO	18
Offenbaren zulässig	19
Überlassen der Akten an F	
Überlassung der Akten führt zur Offenbarung	20
Dient der Durchführung eines Verfahrens i. S. d. § 30 Abs. 2 Nr. 1 Buchst. a AO	21
Offenbarung ist befugt gem. § 30 Abs. 4 Nr. 1 AO	22
Aufgabe 2 zu Sachverhalt 2	
§ 82 Abs. 1 Nr. 2 AO	23

Amtsträger darf in einem Verwaltungsverfahren nicht tätig werden, wenn er Angehöriger eines Beteiligten ist	**24**
W ist als Beamter Amtsträger nach § 7 Abs. 1 AO	**25**
Das Veranlagungsverfahren ist ein Verwaltungsverfahren	**26**
Die Steuerpflichtigen sind Beteiligte i. S. d. § 78 AO	**27**
Zu 1 Geschiedene Ehefrau, § 15 Abs. 1 Nr. 2 i. V. m. Abs. 2 Nr. 1 AO	**28**
Zu 2 Stiefmutter ist Angehörige nach § 15 Abs. 1 Nr. 3 AO	**29**
Verschwägert 1. Grad gerader Linie	**30**
Zu 3 Keine Angehörigeneigenschaft nach § 15 Abs. 1 Nr. 4 AO	**31**
Kein gemeinsamer Elternteil	**32**
Zu 4 Angehöriger i. S. d. § 15 Abs. 1 Nr. 5 AO	**33**
Verwandt 3. Grad Seitenlinie	**34**
Zu 5 Angehöriger i. S. d. § 15 Abs. 1 Nr. 8 i. V. m. Abs. 2 Nr. 3 AO	**35**
Aufgabe 3 zu Sachverhalt 3	
Teil 1	
§ 150 Abs. 3 Satz 1 AO: eigenhändige Unterschrift	**36**
§ 25 Abs. 3 Satz 4 EStG: beide Ehegatten müssen eigenhändig unterschreiben	**37**
Die Einkommensteuererklärung ist nicht formgerecht	**38**
Abgabe Erklärung bis 31. 05. 2001, § 149 Abs. 2 Satz 1 AO	**39**
Die Abgabe erfolgt nicht fristgerecht	**40**
Teil 2	
H ist Beteiligter nach § 78 AO	**41**
Mitwirkungspflicht nach § 90 Abs. 1 AO	**42**
Auskunftsersuchen ist grundsätzlich formfrei	**43**
Auf Verlangen schriftlich, § 93 Abs. 2 Satz 2 AO	**44**
Voraussetzungen des § 93 Abs. 2 Satz 1 AO sind erfüllt	**45**
Grundsatz für die Vorlage von Urkunden, § 97 Abs. 2 Satz 1 AO	**46**
Ausnahme § 97 Abs. 2 Satz 2 AO	**47**
Teil 3	
Als Beteiligter hat H kein Auskunftsverweigerungsrecht nach § 110 ff. AO	**48**
Vorlage von Urkunden nicht verweigern, § 104 Abs. 1 AO	**49**
Aufgabe 4	
Teil 1	
Gesetzgebungshoheit, Art. 105 GG	**50**

Ertragshoheit, Art. 106 GG	**51**
Verwaltungshoheit, Art. 108 GG	**52**
Drei Verbrauchsteuern	**53**
Teil 2	
Direkte Steuer	**54**
Steuerschuldner trägt sie wirtschaftlich selbst	**55**
Einkommensteuer	**56**
Indirekte Steuer	**57**
Steuer wird über die Preise auf den Endverbraucher weitergegeben	**58**
Umsatzsteuer	**59**
Teil 3	
Veranlagungssteuer	**60**
Einkommensteuer, Umsatzsteuer	**61**
Abzugssteuer	**62**
Lohnsteuer	**63**
Kapitalertragsteuer	**64**

Notentabelle

Korrekturpunkte	Punkte nach § 6 Abs. 1 StBAPO	Note
64 – 61 60 – 58	15 14	1
57 – 55 54 – 52 51 – 49	13 12 11	2
48 – 47 46 – 44 43 – 41	10 9 8	3
40 – 38 37 – 35 34 – 32	7 6 5	4
31 – 26 25 – 19 18 – 13	4 3 2	5
12 – 6 5 – 0	1 0	6

2 Prüfungsklausur

Hilfsmittel:

- Beck'sche Textausgaben:
- – Steuergesetze
- – Steuerrichtlinien
- BGB

Vorbemerkung:

Die Klausur besteht aus zwei Sachverhalten, die unabhängig voneinander gelöst werden können.

SACHVERHALT

Sachverhalt 1

Hubertus Stiel (H) lebt seit Jahren zusammen mit seiner Ehefrau Selma (S) in einer eigenen 4-Zimmer-Eigentumswohnung in Landau/Pfalz. Eigentümer dieser Wohnung sind die Ehegatten je zur Hälfte.

H ist Privatdetektiv. Sein Büro liegt in seinem eigenen Grundstück in Ludwigshafen. In diesem Grundstück befindet sich neben seinem Büro (100 qm) noch ein Ladengeschäft (40 qm), in dem Kunigunde Krams (K) einen Secondhand-Laden betreibt. Die monatliche Miete i. H. v. 1 000 € überweist K immer pünktlich an H.

In seiner Freizeit schreibt H Kriminalromane. Seine schriftstellerische Tätigkeit übt er in seinem Arbeitszimmer seiner Eigentumswohnung aus. Zum Verlegen seiner Romane hat H mit seinem Freund Jörg Blüte (B) den Verlag Stiel-Blüte OHG gegründet. H erhält daraus eine jährliche Gewinnbeteiligung von 60 %. B führt die Geschäfte des Verlages von seinem Wohnort in Mannheim aus.

Für seine Aufsichtsrattätigkeit bei der X-AG in Stuttgart erhält H eine jährliche Vergütung von 10 000 €.

Die Ehefrau des H, Selma (S), ist selbständige Rechtsanwältin in Landau. Ihre Kanzlei befindet sich dort in angemieteten Räumen.

Sachverhalt 2

Die Eheleute Josef und Josefine Jäger (J und J) werden zusammen zur Einkommensteuer veranlagt. Mit Schreiben vom 12. 02. 09 erhalten die Eheleute von ihrem zuständigen Wohnsitzfinanzamt Freiburg die Einkommensteuerformulare zugesandt. Gleichzeitig werden sie aufgefordert, die jährliche Einkommensteuererklärung für das Kj. 08 bis zum 31. 05. 09 beim Finanzamt Freiburg abzugeben. Zum 01. 03. 09 ziehen die Eheleute von Freiburg nach Mainz um. In der Einkommensteuererklärung 08, die sie am 15. 05. 09 beim Finanzamt Freiburg abgeben, erklären die Eheleute unter anderem Einkünfte aus Vermietung und Verpachtung aus einem Mietwohngrundstück in Stuttgart. Wie im Vorjahr erklären sie Einkünfte i. H. v. insgesamt 70 000 €, die jeweils zur Hälfte auf den Ehemann und die Ehefrau entfallen. Neben den Eheleuten J und J (jeweils 25 % Beteiligung) sind auch die Geschwister der Ehegatten mit jeweils 25 % an den Einkünften aus dem Mietwohngrundstück beteiligt. Der Bruder des Ehemanns verwaltet das Mietwohngrundstück von seinem Wohnort Stuttgart aus und ist auch als Empfangsbevollmächtigter bestellt.

Mit Datum vom 22. 10. 09 erlässt das zuständige Finanzamt Stuttgart einen Feststellungsbescheid für das Kj. 08 über die gesonderte und einheitliche Feststellung der Einkünfte aus Vermietung und Verpachtung. Danach entfallen auf die Eheleute jeweils Einkünfte i. H. v. 25 000 €. Der Feststellungsbescheid wird vom Finanzamt Stuttgart ordnungsgemäß an den Bruder des Ehemanns (Empfangsbevollmächtigter) an seine Stuttgarter Anschrift durch die Post am 23. 10. 09 übermittelt. Eine diesbezügliche Mitteilung versendet das Finanzamt Stuttgart auch an das Finanzamt Mainz, die dort am 23. 10. 09 eingeht.

Mit Datum vom 21. 09. 09 erlässt das Finanzamt Freiburg den Einkommensteuerbescheid 08 an die Eheleute J und J Jäger in Freiburg. Am 29. 09. 09 kommt der Steuerbescheid mit dem Vermerk »unbekannt verzogen« an das Finanzamt Freiburg zurück. Nach einem erneuten Blick in die Steuererklärung 08 der Eheleute Jäger fällt dem Sachbearbeiter die neue Anschrift der Eheleute in Mainz auf. Nach telefonischer Rücksprache mit dem zuständigen Sachbearbeiter beim Finanzamt Mainz vom 25. 10. 09 wird vereinbart, dass das Finanzamt Freiburg die Einkommensteuerveranlagung 08 der Eheleute Jäger noch durchführt und danach die Akten an das Finanzamt Mainz abgibt.

Mit Datum vom 05. 11. 09 erlässt das Finanzamt Freiburg erneut den Einkommensteuerbescheid 08 an die Eheleute Jäger. Darin werden die Einkünfte aus Vermietung und Verpachtung erklärungsgemäß i. H. v. 70 000 € veranlagt (jeweils 35 000 € je Ehegatten). Diesen Bescheid erhalten die Eheleute am 06. 11. 09 durch Einwurf in ihren Hausbriefkasten in Mainz.

Mit Schreiben vom 07. 12. 09 (eingegangen beim Finanzamt Freiburg am 08. 12. 09) beantragen die Eheleute die Änderung des Bescheids vom 05. 11. 09 mit dem Ziel, die Einkünfte aus Vermietung und Verpachtung auf 40 000 € herabzusetzen.

Das Schreiben hat folgenden Wortlaut:

Einspruch gegen den Einkommensteuerbescheid vom 05. 11. 09 und gegen den Feststellungsbescheid vom 22. 10. 09

1. Mit Feststellungsbescheid vom 22. 10. 09 hat das Finanzamt Stuttgart die Einkünfte auf 50 000 € festgestellt.
2. Bei dieser Feststellung hat das Finanzamt Stuttgart Werbungskosten aus Vermietung und Verpachtung nicht berücksichtigt. Sämtliche Rechnungen wurden mit einer Sammelaufstellung dem Finanzamt Stuttgart vorgelegt. Bei der Addition der Rechnungen ist meinem Bruder dann in der Sammelaufstellung leider ein Zahlendreher passiert. Auf Grund dieses Zahlendrehers wurden insgesamt 10 000 € anteilige Werbungskosten bei meiner Ehefrau und bei mir zu wenig berücksichtigt. Mein Bruder hat es leider versäumt, diesen Fehler beim Finanzamt Stuttgart anzuzeigen.
3. Ich habe mich darüber informiert, dass nach meinem Umzug im März 09 nicht mehr das Finanzamt Freiburg, sondern das Finanzamt Mainz für meine Einkommensteuerveranlagung für das Kj. 08 zuständig ist. Wegen Verletzung der örtlichen Zuständigkeit bitte ich um Feststellung der Nichtigkeit meines Einkommensteuerbescheids vom 05. 11. 09.

AUFGABE

Aufgabe 1 zu Sachverhalt 1

Welche Finanzämter sind für einheitliche und gesonderte bzw. gesonderte Feststellungen zuständig?

Hinweis:

In allen genannten Städten befinden sich Finanzämter.

Gehen Sie dabei auch auf die Gründe für einheitliche und gesonderte bzw. gesonderte Feststellungen ein.

Aufgabe 2 zu Sachverhalt 2

Nehmen Sie zu den Einsprüchen der Eheleute vom 07. 12. 09 Stellung.

Gehen Sie dabei bitte insbesondere auf folgende Fragen ein:

1. Welches Finanzamt bzw. welche Finanzämter sind für die steuerlichen Angelegenheiten der Eheleute zuständig?
2. Prüfen Sie die Zulässigkeit und die Begründetheit der Einsprüche gegen den Einkommensteuer- und den Feststellungsbescheid.
3. Können die Finanzämter Freiburg, Stuttgart und Mainz zu Gunsten der Eheleute prüfen und eventuell auch entscheiden und welche verfahrensrechtlichen Konsequenzen ergeben sich daraus?

Begründen Sie Ihre Entscheidungen unter Angabe der einschlägigen Vorschriften. Auf genaue Zitate wird Wert gelegt.

LÖSUNG

Aufgabe 1 zu Sachverhalt 1

Eigentumswohnung in Landau

Gesonderte Feststellung eines Einheitswerts nach § 180 Abs. 1 Nr. 1 AO i. V. m. § 19 Abs. 1 BewG. Nach § 179 Abs. 2 Satz 2 AO ist die gesonderte Feststellung auch einheitlich vorzunehmen, da der Gegenstand der Feststellung den Eheleuten und damit mehreren Personen zuzurechnen ist.

Zuständig ist nach § 18 Abs. 1 Nr. 1 AO das Lagefinanzamt Landau.

Detektei

Nach den Angaben im Sachverhalt handelt es sich bei dem Grundstück in Ludwigshafen um ein Betriebsgrundstück i. S. d. § 99 Abs. 2 BewG. Den Einheitswert für das Betriebsgrundstück stellt das Lagefinanzamt Ludwigshafen (§ 18 Abs. 1 Nr. 1 AO) gesondert fest (§ 180 Abs. 1 Nr. 1 AO i. V. m. § 19 Abs. 1 Nr. 1 BewG).

H hat Einkünfte aus Gewerbebetrieb nach § 15 Abs. 1 Nr. 1 EStG. Die gewerblichen Einkünfte werden nach § 180 Abs. 1 Nr. 2 Buchst. b AO vom Betriebsfinanzamt Ludwigshafen (§ 18 Abs. 1 Nr. 2 AO) gesondert festgestellt. Zuständig für die Einkommensteuerveranlagung der Eheleute ist nach § 19 Abs. 1 AO das Wohnsitzfinanzamt Landau.

Schriftstellerische Tätigkeit

H erzielt Einkünfte aus freiberuflicher Tätigkeit nach § 18 Abs. 1 Nr. 1 EStG. Hierfür ist keine gesonderte Feststellung nach § 180 Abs. 1 Nr. 2 Buchst. b AO vorzunehmen, da das Tätigkeitsfinanzamt Landau (§ 18 Abs. 1 Nr. 3 AO) auch für die Einkommensteuerveranlagung zuständig ist. Diese Einkünfte bilden einen unselbständigen Teil der Steuerfestsetzung nach § 157 Abs. 2 AO. Diese Besteuerungsgrundlage ist vom Wohnsitzfinanzamt Landau im Rahmen der Einkommensteuerveranlagung zu ermitteln.

Beteiligung an der OHG

Als Mitunternehmer erzielt H Einkünfte nach § 15 Abs. 1 Nr. 2 EStG. Nach § 180 Abs. 1 Nr. 2 Buchst. a AO werden diese Einkünfte gesondert und einheitlich festgestellt. Zuständig ist das Betriebsfinanzamt Mannheim (§ 18 Abs. 1 Nr. 2 AO), da von hier aus die Geschäftsführung durch B erfolgt.

Aufsichtsratstätigkeit

H erzielt Einkünfte nach § 18 Abs. 1 Nr. 3 EStG. Diese Einkünfte bilden einen unselbständigen Teil der Steuerfestsetzung nach § 157 Abs. 2 AO. Diese Besteuerungsgrundlage ist vom Wohnsitzfinanzamt Landau im Rahmen der Einkommensteuerveranlagung zu ermitteln. Insbesondere ist keine gesonderte Feststellung nach § 180 Abs. 1 Nr. 2 Buchst. b AO durchzuführen, da die Einkünfte nicht aus freiberuflicher Tätigkeit i. S. d. § 18 Abs. 1 Nr. 1 EStG stammen (siehe AEAO zu § 180 Nr. 2.2).

Rechtsanwältin

Siehe Ausführungen zur schriftstellerischen Tätigkeit.

Aufgabe 2 zu Sachverhalt 2

Das Schreiben vom 07. 12. 09 wird vom Steuerpflichtigen als Einspruch gegen den Einkommensteuerbescheid vom 05. 11. 09 bezeichnet. Gemäß § 347 Abs. 1 Satz 1 Nr. 1 AO ist gegen Verwaltungsakte in Abgabenangelegenheiten, auf die die AO Anwendung findet, der Einspruch statthaft. Bei der Einkommensteuer handelt es sich um eine Abgabenangelegenheit, auf die die AO Anwendung findet (§ 1 Abs. 1 i. V. m. § 3 Abs. 1 AO).

Die Einspruchsfrist beträgt nach § 355 Abs. 1 Satz 1 AO einen Monat. Für die Fristberechnung gelten die Vorschriften des BGB (§ 108 Abs. 1 AO).

	Einkommensteuerbescheid	**Feststellungsbescheid**
Die Bekanntgabe erfolgt nach § 122 Abs. 2 Nr. 1 AO am dritten Tag nach Aufgabe zur Post:	08. 11. 09	25. 10. 09
Fristbeginn (Ereignisfrist) nach § 187 Abs. 1 BGB:	09. 11. 09	26. 10. 09
Fristdauer ein Monat; Fristende nach § 188 Abs. 2 BGB:	mit Ablauf des 08. 12. 09	mit Ablauf des 25. 11. 09

Der Einspruch gegen den Einkommensteuerbescheid ist fristgerecht eingegangen. Nach § 350 AO machen die Eheleute geltend, durch den Einkommensteuerbescheid beschwert zu sein. Der Einspruch wurde auch schriftlich eingereicht (§ 357 Abs. 1 Satz 1 AO). Nach § 357 Abs. 2 Satz 1 AO ist der Einspruch bei der Behörde anzubringen, deren Verwaltungsakt angefochten wird.

Nach § 19 Abs. 1 Satz 1 AO ist für die Einkommensteuerveranlagung der Eheleute das Finanzamt örtlich zuständig, in dessen Bezirk die Eheleute ihren Wohnsitz haben. Für die Einkommensteuerveranlagung 08 ist somit das Wohnsitzfinanzamt Mainz zuständig. Nach § 26 Satz 1 AO tritt der Wechsel der Zuständigkeit in dem Zeitpunkt ein, in dem eine der beiden Finanzbehörden hiervon erfährt. Mit Abgabe der Steuererklärung am 15. 05. 09 erfährt das Finanzamt Freiburg von dem Zuständigkeitswechsel. Mit Eingang der Mitteilung über die gesonderte und einheitliche Feststellung der Einkünfte aus Vermietung und Verpachtung wird dem Finanzamt Mainz der Zuständigkeitswechsel bekannt. Bei der Zuständigkeitsvereinbarung vom 25. 10. 09 zwischen den Finanzämtern Mainz und Freiburg handelt es sich nicht um eine zulässige Vereinbarung i. S. d. § 26 Satz 2 AO. Danach könnte das Finanzamt Freiburg mit Zustimmung des Finanzamts Mainz ein Verwaltungsverfahren fortführen. Fortführung bedeutet, dass ein bereits begonnenes Verwaltungsverfahren zu Ende gebracht wird. Da aber das

Finanzamt Freiburg bereits am 15. 05. 09 von dem Zuständigkeitswechsel erfuhr, hätte das Finanzamt Freiburg erst gar nicht mit dem Veranlagungsverfahren beginnen dürfen. Auch wurde versäumt, den Steuerpflichtigen zu benachrichtigen. Er soll darüber gehört werden (AEAO zu § 26 Nr. 2).

Bei der Zuständigkeitsvereinbarung vom 25. 10. 09 handelt es sich um eine solche nach § 27 AO. Danach kann die Zuständigkeit einer an sich nicht zuständigen Finanzbehörde begründet werden. Voraussetzung ist die Zustimmung des Betroffenen (AEAO zu § 27 Nr. 1). Da die Zustimmung nicht eingeholt und auch nicht nachträglich erteilt wurde, ist das Finanzamt Freiburg für den Erlass des Einkommensteuerbescheids örtlich unzuständig.

Die Auswirkungen eines Zuständigkeitswechsels auf das Einspruchsverfahren regelt § 367 Abs. 1 AO. Nach § 367 Abs. 1 Satz 1 AO entscheidet über den Einspruch die Finanzbehörde, die den Verwaltungsakt erlassen hat (Finanzamt Freiburg). Ist für den Steuerfall **nachträglich** eine andere Finanzbehörde zuständig geworden, so entscheidet diese Finanzbehörde (§ 367 Abs. 1 Satz 2 AO). Nachträglich bedeutet, dass der Zuständigkeitswechsel nach dem Erlass des Verwaltungsaktes oder während eines anhängigen Einspruchsverfahrens eingetreten ist (AEAO zu § 367 Nr. 1). Da der Zuständigkeitswechsel bereits vor Erlass des Einkommensteuerbescheids eingetreten ist, hat das Finanzamt Freiburg die Einspruchsvorgänge mit den übrigen Akten an das Finanzamt Mainz abzugeben. Auch eine Zuständigkeitsvereinbarung i. S. d. § 26 Satz 2 AO ist nicht zulässig (s. o.).

Nach § 367 Abs. 1 und Abs. 2 AO hat nun das Finanzamt Mainz über den Einspruch zu entscheiden und die Sache in vollem Umfang erneut zu prüfen. Dabei hat auch das Finanzamt Mainz über den Antrag auf Feststellung der Nichtigkeit (Punkt 3 des Einspruchs) zu entscheiden.

Ein Verwaltungsakt ist nicht schon deshalb nichtig, weil Vorschriften über die örtliche Zuständigkeit nicht eingehalten worden sind (§ 125 Abs. 3 Nr. 1 AO). Nach § 124 Abs. 1 und Abs. 2 AO ist der Einkommensteuerbescheid danach wirksam, aber formell fehlerhaft. Nach § 127 AO kann die Aufhebung eines Verwaltungsaktes nicht allein wegen eines Verstoßes gegen die Vorschriften über die örtliche Zuständigkeit beansprucht werden, wenn keine andere Entscheidung in der Sache hätte getroffen werden können.

Mit ihrem Einspruch rügen die Eheleute aber auch die materielle Unrichtigkeit des Einkommensteuerbescheids. Das örtlich unzuständige Finanzamt Freiburg hat beim Erlass des Einkommensteuerbescheids das Ergebnis der gesonderten und einheitlichen Feststellung des Finanzamts Stuttgart nicht berücksichtigt. Dies war auch nicht möglich, da das Finanzamt Stuttgart die diesbezügliche Mitteilung an das mittlerweile örtlich zuständige Finanzamt Mainz versendet hat. Nach § 155 Abs. 2 AO darf der Einkommensteuerbescheid aber auch dann erteilt werden, wenn ein Grundlagenbescheid noch nicht erlassen wurde. Hätte jedoch das örtlich zuständige Finanzamt Mainz den Einkommensteuerbescheid 08 am 05. 11. 09 erlassen, hätte es die Einkünfte aus Vermietung und Verpachtung i. H. v. 50 000 € angesetzt (Eingang der Mitteilung vom Finanzamt Stuttgart am 23. 10. 09). In diesem Fall erkennt § 127 AO dem Betroffenen ausdrücklich das Recht zu, die Aufhebung des von der örtlich unzuständigen Behörde erlassenen Verwaltungsaktes zu verlangen (BFH vom 02. 07. 1980, BStBl II 1980, 684). Der Einspruch ist somit zulässig und begründet. Nach § 365 Abs. 1 i. V. m. § 172 Abs. 1 Nr. 2 Buchst. a AO hat das Finanzamt Mainz den Einkommensteuerbescheid 08 aufzuheben (Abhilfebescheid).

Das Finanzamt Mainz wird einen erstmaligen Einkommensteuerbescheid für das Kj. 08 erlassen und darin die Einkünfte aus Vermietung und Verpachtung i. H. v. 50 000 € festsetzen.

Für die gesonderte und einheitliche Feststellung der Einkünfte aus Vermietung und Verpachtung (§ 180 Abs. 1 Nr. 2 Buchst. a AO) ist nach § 18 Abs. 1 Nr. 4 AO das Verwaltungsfinanzamt Stuttgart zuständig. Eine Kopie des Einspruchs ist an das Finanzamt Stuttgart weiterzuleiten. Der Steuerpflichtige ist darüber zu informieren.

Der Einspruch gegen den Feststellungsbescheid kann auch zulässigerweise beim Finanzamt Freiburg eingereicht werden (§ 357 Abs. 2 Satz 2 AO). Der Einspruch vom 07. 12. 09 gegen den Feststellungsbescheid vom 22. 10. 09 ist aber verspätet.

Nach § 88 Abs. 2 AO hat das Finanzamt Stuttgart alle für den Steuerpflichtigen günstigen Umstände zu berücksichtigen. Nach § 172 Abs. 1 Nr. 2 Buchst. d AO ist ein Steuerbescheid zu ändern, soweit dies gesetzlich zugelassen ist. Nach § 181 Abs. 1 AO gelten für die gesonderte Feststellung die Vorschriften über die Durchführung der Besteuerung sinngemäß. Der Feststellungsbescheid ist einem Steuerbescheid gleichgestellt. Nach § 129 AO kann die Finanzbehörde Schreibfehler, Rechenfehler und ähnliche offenbare Unrichtigkeiten, die beim Erlass eines Verwaltungsaktes unterlaufen sind, jederzeit berichtigen. Der Rechenfehler ist jedoch nicht dem Finanzamt beim Erlass des Feststellungsbescheids, sondern dem Steuerpflichtigen unterlaufen und ist ihm zuzurechnen. Das Finanzamt hat jedoch den Fehler übernommen und seinem eigenen gemacht (sog. aktenkundiger Übernahmefehler). Der Fehler i. S. d. § 129 AO ist aus den eingereichten Unterlagen ohne großes Nachforschen ersichtlich. Das Finanzamt Stuttgart hat den Feststellungsbescheid gem. § 129 AO zu ändern. Die anteiligen Einkünfte aus Vermietung und Verpachtung der Eheleute sind i. H. v. 40 000 € festzustellen.

Punktetabelle

	Punkte
Aufgabe 1 zu Sachverhalt 1	
Eigentumswohnung in Landau	
§ 180 Abs. 1 Nr. 1 AO i. V. m. § 19 Abs. 1 BewG	1
§ 179 Abs. 2 Satz 2 AO	2
§ 18 Abs. 1 AO Lagefinanzamt Landau	3
Detektei	
Betriebsgrundstück, § 99 Abs. 2 BewG	4
Einheitswert durch Lagefinanzamt Ludwigshafen	5
Einkünfte gem. § 15 Abs. 1 Nr. 1 EStG	6
§ 180 Abs. 1 Nr. 2 Buchst. b AO	7
§ 18 Abs. 1 Nr. 2 AO: Betriebsfinanzamt Ludwigshafen	8
Einkommensteuerveranlagung der Eheleute durch das Wohnsitzfinanzamt Landau, § 19 Abs. 1 AO	9
Schriftstellerische Tätigkeit	
Einkünfte gem. § 18 Abs. 1 Nr. 1 EStG	10
§ 157 Abs. 2 AO	11
Beteiligung an der OHG	
Einkünfte gem. § 15 Abs. 1 Nr. 2 AO	12
§ 180 Abs. 1 Nr. 2 Buchst. a AO	13

	Punkte
Betriebsfinanzamt Mannheim	14
Aufsichtsratstätigkeit	
Einkünfte gem. § 18 Abs. 1 Nr. 3 EStG	15
§ 157 Abs. 2 AO	16
Begründung: nicht § 180 Abs. 1 Nr. 2 Buchst. b AO	17
Rechtsanwältin	
Richtige Behandlung; siehe schriftstellerische Tätigkeit	18
Aufgabe 2 zu Sachverhalt 2	
Schreiben vom 07. 12. 09	
§ 347 Abs. 1 Satz 1 Nr. 1 AO	19
Fristberechnung	
Frist gem. § 355 Abs. 1 AO: ein Monat	20
Einkommensteuerbescheid	
Bekanntgabe, § 122 Abs. 2 Nr. 1 AO	21
08. 11. 09	22
Fristbeginn: § 108 Abs. 1 AO i. V. m. § 187 Abs. 1 BGB am 09. 11. 09	23
Fristende: § 188 Abs. 2 BGB mit Ablauf des 08. 12. 09	24
Fristberechnung Feststellungsbescheid	
Richtiges Ergebnis (Begründung siehe Fristberechnung zum Einkommensteuerbescheid)	25
Einspruch gegen Einkommensteuerbescheid	
Fristgerecht	26
§ 350 AO, Beschwer gegeben	27
Schriftform, § 357 Abs. 1 Satz 1 AO	28
§ 357 Abs. 2 Satz 1 AO	29
§ 19 Abs. 1 Satz 1 AO: für Einkommensteuerveranlagung FA Mainz	30
§ 26 Satz 1 AO	31
Zeitpunkt des Zuständigkeitswechsels	32
15. 05. 09: Finanzamt Freiburg erfährt den Umzug	33
Vereinbarung vom 25. 10. 09 kein Fall des § 26 Satz 2 AO	34
Begründung	35
§ 27 AO	36
Voraussetzung: Zustimmung des Steuerpflichtigen	37
Ergebnis: Finanzamt Freiburg örtlich nicht zuständig	38
Zuständigkeitswechsel im Einspruchsverfahren, § 367 Abs. 1 AO	39
Grundsätzlich entscheidet Finanzamt Freiburg	40

	Punkte
Problem § 367 Abs. 1 Satz 2 AO	41
Finanzamt Mainz nicht nachträglich zuständig geworden	42
§ 26 Satz 2 AO nicht möglich	43
Freiburg muss Einspruch nach Mainz abgeben	44
Entscheidung Finanzamt Mainz	
§ 125 Abs. 3 Nr. 1 AO	45
Steuerbescheid nicht nichtig	46
§ 124 AO wirksam aber fehlerhaft	47
§ 127 AO	48
Keine Aufhebung wegen Verstoß gegen örtliche Zuständigkeit	49
Einkommensteuerbescheid ist auch materiell fehlerhaft	50
Grundsatz, § 155 Abs. 2 AO	51
Begründung für materiellen Fehler	52
§ 172 Abs. 1 Nr. 2 Buchst. a AO	53
Finanzamt Mainz muss Einkommensteuerbescheid aufheben	54
Einspruch gegen Feststellungsbescheid	
§ 180 Abs. 1 Nr. 2 Buchst. a AO	55
§ 18 Abs. 1 Nr. 4 AO	56
Einspruch an Finanzamt Stuttgart weiterleiten	57
Einspruch beim Finanzamt Freiburg ist zulässig	58
§ 357 Abs. 2 Satz 2 AO	59
Einspruch verspätet	60
Offenbare Unrichtigkeit	
§ 172 Abs. 1 Nr. 2 Buchst. d AO	61
§ 181 Abs. 1 AO: Feststellungsbescheid ist Steuerbescheid gleichgestellt	62
§ 129 AO	63
Fehler beim Erlass Verwaltungsakt unterlaufen	64
Rechenfehler ist Fehler des Steuerpflichtigen	65
Finanzamt hat Fehler übernommen	66
Fehler ist aus Unterlagen leicht ersichtlich	67
Feststellungsbescheid nach § 129 AO ändern	68

Notentabelle

Korrekturpunkte	Punkte nach § 6 Abs. 1 StBAPO	Note
68 – 65 64 – 62	15 14	**1**
61 – 59 58 – 56 55 – 53	13 12 11	**2**
52 – 49 48 – 46 45 – 43	10 9 8	**3**
42 – 40 39 – 37 36 – 34	7 6 5	**4**
33 – 27 26 – 20 19 – 14	4 3 2	**5**
13 – 7 6 – 0	1 0	**6**

Teil B Einkommensteuer

I Übungen

1 Veranlagungsformen und Tarif

Eheschließung

ÜBUNG 1

SACHVERHALT

Aus der Einkommensteuerakte des steuerpflichtigen Clever Smart (Clever) ergaben sich für den Veranlagungszeitraum 2016 folgende Angaben:

Clever (40) ist alleinstehend und von Beruf Tierarzt. Bis zum 30. 11. 2016 lebte er in einer Mietwohnung in Theley (Saarland). Durch einen glücklichen Zufall lernte er im Sommer 2016 die »Frau seines Lebens« kennen, als er im Zuge seiner beruflichen Tätigkeit eine vom Dach der Universität Saarbrücken heruntergefallene Katze behandeln musste. Dabei begegnete er auf dem Unigelände der ledigen Studentin Jeanine Tiger (28). Es war »Liebe auf den ersten Blick«.

Jeanine war sehr glücklich darüber, dass sie Clever kennenlernte. Sie war seit zwei Monaten mit Theodor Schenk (Theodor), einem 30-jährigen Finanzbeamten, verlobt, dessen Ehefrau im Kalenderjahr 2015 durch einen Hubschrauberabsturz ums Leben gekommen war. Theodor konnte den Tod seiner geliebten Frau, mit der er bis zu ihrem Tode eine glückliche Ehe geführt hatte, nicht verkraften, so dass Jeanine für ihn nur eine moralische Stütze war. Aus diesem Grund war sie über die Trennung von Theodor sehr froh.

Im November 2016 fanden dann die standesamtliche und die kirchliche Trauung von Clever und Jeanine statt.

AUFGABE

Gehen Sie für die im Sachverhalt genannten Personen auf die Veranlagungsart und den maßgeblichen Tarif ein.

LÖSUNG

Allgemeiner Hinweis

Ehegatten, die beide unbeschränkt einkommensteuerpflichtig sind und nicht dauernd getrennt leben und bei denen diese Voraussetzungen zu Beginn des Veranlagungszeitraums vorgelegen haben oder im Laufe des Veranlagungszeitraums eingetreten sind, können zwischen

- Einzelveranlagung (§ 26 a EStG) oder
- Zusammenveranlagung (§ 26 b EStG)

wählen.

Veranlagungsart

Die Voraussetzungen für eine Ehegattenveranlagung nach § 26 Abs. 1 Satz 1 Nr. 1 bis 3 EStG sind für die Eheleute Clever und Jeanine im Laufe des Jahres 2016 eingetreten, so dass sie zwischen Zusammenveranlagung (§ 26 b EStG) und Einzelveranlagung (§ 26 a EStG) wählen können. Da beide bezüglich der Veranlagungsart keine Wahl getroffen haben, wird nach § 26 Abs. 3 EStG die Zusammenveranlagung unterstellt.

Für Theodor wird gem. § 25 Abs. 1 EStG eine Einzelveranlagung durchgeführt.

Tarif

Bei der Zusammenveranlagung von Clever und Jeanine ist nach § 32 a Abs. 5 EStG der Splittingtarif anzuwenden.

Für die Einzelveranlagung von Theodor kommt das sog. »Witwensplitting« gem. § 32 a Abs. 6 Nr. 1 EStG in Betracht. Voraussetzung für die Anwendung des Splittingtarifs i. S. d. § 32 a Abs. 6 EStG ist, dass der Steuerpflichtige nicht nach § 26 a EStG einzeln – im Rahmen einer Ehegattenveranlagung nach § 26 EStG – zur ESt veranlagt wird.

ÜBUNG 2 Tod eines Ehegatten

SACHVERHALT

Aus der Einkommensteuerakte des steuerpflichtigen Kevin Kostner (Kevin) ergaben sich für den Veranlagungszeitraum 2016 folgende Angaben:

Kevin (59 Jahre alt) lebte schon seit Jahren mit seiner Ehefrau Eva Kostner (Eva, 57 Jahre alt) in einer Mietwohnung in Nürnberg zusammen.

Auf einer Dienstreise verstarb Eva am 23. 08. 2016 durch einen tragischen Unfall. Die Trauer von Kevin währte jedoch nicht lange, da er durch einen glücklichen Zufall seine alte »Jugendliebe« Elke Urmel (Elke, 45) wieder traf. Die alte Liebe lebte wieder neu auf, so dass an Silvester 2016 die Trauung vor dem Standesbeamten vollzogen wurde.

AUFGABE

Nehmen Sie zu der Veranlagungsart und dem maßgeblichen Tarif für die im Sachverhalt genannten Personen Stellung.

LÖSUNG

Veranlagungsart

Die Voraussetzungen für eine Ehegattenveranlagung sind nach § 26 Abs. 1 Satz 1 Nr. 1 bis 3 EStG sowohl für die Eheleute Kevin und Eva Kostner als auch für die Ehegatten Kevin Kostner und Elke Urmel erfüllt.

Welche Personen Ehegatten i. S. d. § 26 Abs. 1 Satz 1 EStG sind, bestimmt sich nach bürgerlichem Recht (H 26 [Allgemeines] EStH). Nach dem BGB sind Deutsche Ehegatten, wenn sie nach deutschem Zivilrecht wirksam eine Ehe geschlossen haben.

Nach § 1310 BGB kommt zivilrechtlich dann eine Ehe zustande, wenn die Eheschließung vor einem Standesbeamten stattgefunden hat. Somit haben Kevin und Elke am 31. 12. 2016 eine Ehe i. S. d. § 26 Abs. 1 Satz 1 EStG geschlossen.

Nach § 26 Abs. 1 Satz 2 EStG bleibt deshalb die alte Ehe zwischen Kevin und Eva für die Ehegattenveranlagung außer Betracht, mit der Folge, dass eine Ehegattenveranlagung nur für Kevin und Elke möglich ist, und für Eva eine Einzelveranlagung gem. § 25 Abs. 1 EStG durchgeführt werden muss.

Da Kevin und Elke bezüglich der Veranlagungsart keine Wahl getroffen haben, wird nach § 26 Abs. 3 EStG die Zusammenveranlagung unterstellt.

Tarif

Bei der Zusammenveranlagung von Kevin und Elke ist nach § 32 a Abs. 5 EStG der Splittingtarif anzuwenden.

Für die Einzelveranlagung von Eva kommt das sog. »Gnadensplitting« gem. § 32 a Abs. 6 Nr. 2 EStG in Betracht. Voraussetzung für die Anwendung des Splittingtarifs i. S. d. § 32 a Abs. 6

EStG ist, dass der Steuerpflichtige nicht nach § 26 a EStG einzeln – im Rahmen einer Ehegattenveranlagung nach § 26 EStG – zur ESt veranlagt wird.

Scheidung

ÜBUNG 3

SACHVERHALT

Arno Kotten (Arno) ist seit vielen Jahren mit seiner Frau Jutta verheiratet, mit der er ein Einfamilienhaus in Koblenz bewohnt. 2015 lernt er aber Anja kennen, die in seiner Nachbarschaft wohnt. Anja lebte mit ihrem Ehemann Wolfgang Domit (Wolfgang) zusammen, der jedoch im Jahr 2015 an den Folgen eines Verkehrsunfalls verstorben war. Am 02.01.2016 verlässt Jutta die gemeinsame Wohnung und erklärt, ihre Ehe mit Arno sei endgültig zerrüttet. Sie zieht zu einer Freundin, die ebenfalls in Koblenz eine Wohnung hat. Jutta und Arno betreiben die Ehescheidung. Das Scheidungsurteil ergeht am 30. 11. 2016. Am 30. 12. 2016 heiraten Arno und Anja vor dem Standesbeamten. Ende Januar 2017 hat Arno seinen Umzug zu Anja abgeschlossen. Jutta verstirbt im Juli 2017.

AUFGABE

a) Nehmen Sie für 2016 zu Veranlagungsform und -art sowie zum Tarif Stellung.
b) Wenn Sie Arno und Anja steuerlich zu beraten hätten, welchen Vorschlag würden Sie ihnen bezüglich der zu wählenden Veranlagungsart machen?
Fertigen Sie die für Ihren Vorschlag notwendigen Berechnungsgrundlagen. Gehen Sie dabei davon aus, dass das zu versteuernde Einkommen von Arno alleine 19 861 €, von Anja alleine 14 372 € und von beiden zusammen 34 233 € beträgt.
c) Würde sich bei der Veranlagungsart von Arno etwas ändern, wenn Jutta bereits 2016 vor der förmlichen Ehescheidung verstorben wäre und Arno und Anja wie im Sachverhalt dargestellt am 30. 12. 2016 geheiratet hätten?

LÖSUNG

a) Die Voraussetzungen für eine Ehegattenveranlagung nach § 26 Abs. 1 Satz 1 Nr. 1 bis 3 EStG liegen für Arno und Jutta im Jahre 2016 vor, weil sie jedenfalls zu Beginn des Veranlagungszeitraumes (noch) rechtsgültig verheiratet sowie unbeschränkt steuerpflichtig waren und (noch) nicht dauernd getrennt gelebt haben (§ 26 Abs. 1 Satz 1 Nr. 3 EStG).
Aber auch Arno und Anja erfüllen diese Voraussetzungen im Laufe des Veranlagungszeitraums 2016. Die Eheschließung erfolgt am 30.12.2016 und Anhaltspunkte für die Annahme eines »Dauernd-getrennt-Lebens« i. S. d. § 26 Abs. 1 Satz 1 Nr. 2 EStG sind nicht ersichtlich. Weder kann von einer bedeutsamen räumlichen Trennung, noch von einem erkennbar subjektiven Willen zur Trennung gesprochen werden. Vielmehr zeigt der Umzug, dass Arno und Anja die Haushaltsgemeinschaft, und damit auf jeden Fall die eheliche Lebens- und Wirtschaftsgemeinschaft aufnehmen wollen.
Für diesen Fall bestimmt jedoch § 26 Abs. 1 Satz 2 EStG, dass eine Ehegattenveranlagung nur für die neue Ehe vorzunehmen ist. Da kein Antrag gestellt ist, sind Arno und Anja nach § 26 Abs. 3 EStG i. V. m. § 26 b EStG zusammen zu veranlagen; für sie ist gemäß § 32 a Abs. 5 EStG der Splittingtarif anzuwenden.
Jutta ist folglich nach § 25 Abs. 1 EStG im Rahmen einer Einzelveranlagung zu erfassen; jedoch kommt für sie nach § 32 a Abs. 6 Nr. 2 EStG das sog. »Gnadensplitting« zur Anwendung. Voraussetzung für die Anwendung des Splittingtarifs i. S. d. § 32 a Abs. 6 EStG ist,

dass der Steuerpflichtige nicht nach § 26 a EStG einzeln – im Rahmen einer Ehegattenveranlagung nach § 26 EStG – zur ESt veranlagt wird.

b) Für die Eheleute Arno und Anja ist im Jahr der Eheschließung lediglich die Wahl zwischen Zusammen- und Einzelveranlagung möglich.
Ab dem Jahr 2013 ist die Anwendung des Witwensplittings i. S. d. § 32 a Abs. 6 Nr. 1 EStG bei einem wiederverheirateten Ehegatten (hier Anja) ausgeschlossen. Voraussetzung für die Anwendung des Splittingtarifs i. S. d. § 32 a Abs. 6 EStG ist, dass Anja nicht nach § 26 a EStG einzeln – im Rahmen einer Ehegattenveranlagung nach § 26 EStG – zur ESt veranlagt wird.
Die festzusetzende Einkommensteuer 2016 beträgt danach:
Für Arno – bei einem zu versteuernden Einkommen von 19 861 € und bei Anwendung des Grundtarifs 2 523 € und für Anja bei einem zu versteuernden Einkommen von 14 372 € und bei Anwendung des Grundtarifs 1 122 €, zusammen also 3 645 €.
Damit ist die Zusammenveranlagung nach § 26 b EStG und einer Einkommensteuer von 3 610 € günstiger als die Einzelveranlagung nach § 26 a EStG. Die Differenz in der festzusetzenden Einkommensteuer beträgt 35 €. Für Arno und Anja empfiehlt sich daher die Zusammenveranlagung nach § 26 b EStG.

c) Wäre Jutta bereits 2016 verstorben und hätte Arno im selben Jahr Anja geheiratet, ergäbe sich keine Änderung zu der Lösung unter b).

2 Übungen zu den einzelnen Einkunftsarten

ÜBUNG 4 Zuordnung zu den Einkunftsarten

SACHVERHALT

Ein Steuerpflichtiger bestreitet seinen Lebensunterhalt als

a) Eigentümer eines vermieteten Wohn- und Geschäftshauses,
b) Finanzbeamter,
c) Witwe eines Finanzbeamten,
d) angestellter Hausmeister beim Finanzamt,
e) selbständiger Arzt für Naturheilkunde und Homöopathie,
f) Inhaber eines Naturkostladens, in dem er ausschließlich Erzeugnisse der »Bio-Land-Kommune« verkauft,
g) angestellter Dozent an der Akademie für Naturheilkunde,
h) selbständiger Handelsvertreter,
i) angestellter Assistenz im Fachbereich Betriebswirtschaft an der Universität Kaiserslautern,
j) Lehrer an einer Grundschule,
k) angestellter Geschäftsführer einer GmbH,
l) Vermessungsingenieur,
m) Betreiber eines Winzerbetriebs,
n) Besitzer eines Sparbuchs mit jährlichen Zinsen,
o) Aktionär bei der Papier-AG mit jährlichen Dividendenzahlungen,
p) Betreiber einer Würstchenbude,
q) Bezieher einer Altersrente aus der gesetzlichen Rentenversicherung,
r) Bezieher einer privaten Veräußerungsleibrente
s) pensionierter Beamter,
t) Mitunternehmer an der Heizungsbau OHG,

u) Mitgesellschafter einer Kinderärztesozietät,
v) Apotheker und Bezieher von Unterhaltsleistungen, die der geschiedene Ehegatte nach § 10 Abs. 1a Nr. 1 EStG als Sonderausgaben abzieht,
w) Abgeordneter des Deutschen Bundestages,
x) Bezieher einer gesetzlichen Altersrente und von Versorgungsleistungen, die beim Verpflichteten nach § 10 Abs. 1a Nr. 2 EStG als Sonderausgaben abgezogen werden können,
y) Sammler von Pfandflaschen und
z) Eigentümer eines vermieteten Wohn- und Geschäftshauses, das er innerhalb von zehn Jahren nach der Anschaffung wieder veräußert.

AUFGABE

Ordnen Sie die o. g. Sachverhalte den jeweiligen Einkunftsarten zu.

LÖSUNG

a) § 21 Abs. 1 Nr. 1 EStG,
b) § 19 Abs. 1 Nr. 1 EStG,
c) § 19 Abs. 1 Nr. 2 EStG,
d) § 19 Abs. 1 Nr. 1 EStG,
e) § 18 Abs. 1 Nr. 1 EStG,
f) § 15 Abs. 1 Nr. 1 EStG,
g) § 19 Abs. 1 Nr. 1 EStG,
h) § 15 Abs. 1 Nr. 1 EStG,
i) § 19 Abs. 1 Nr. 1 EStG,
j) § 19 Abs. 1 Nr. 1 EStG,
k) § 19 Abs. 1 Nr. 1 EStG,
l) § 18 Abs. 1 Nr. 1 EStG,
m) § 13 Abs. 1 Nr. 1 EStG,
n) § 20 Abs. 1 Nr. 7 EStG,
o) § 20 Abs. 1 Nr. 1 EStG,
p) § 15 Abs. 1 Nr. 1 EStG,
q) § 22 Nr. 1 Satz 3 Buchst. a Doppelbuchst. aa EStG,
r) § 22 Nr. 1 Satz 3 Buchst. a Doppelbuchst. bb EStG,
s) § 19 Abs. 1 Nr. 2 EStG,
t) § 15 Abs. 1 Nr. 2 EStG,
u) § 18 Abs. 1 Nr. 1 EStG i. V. m. § 18 Abs. 4 EStG und § 15 Abs. 1 Nr. 2 EStG,
v) § 15 Abs. 1 Nr. 1 EStG und § 22 Nr. 1 a EStG,
w) § 22 Nr. 4 EStG (R 22.9 EStR),
x) § 22 Nr. 1 Satz 3 Buchst. a Doppelbuchst. aa EStG und § 22 Nr. 1 a EStG,
y) § 22 Nr. 3 EStG (H 22.8 [Einnahmen aus Leistungen i. S. d. § 22 Nr. 3 EStG sind] EStH),
z) § 21 Abs. 1 Nr. 1 EStG und § 22 Nr. 2 i. V. m. § 23 Abs. 1 Nr. 1 EStG.

ÜBUNG 5 Gewinnermittlungszeitraum und Wirtschaftsjahr I – Einkünfte aus Land- und Forstwirtschaft

SACHVERHALT

Dorinna Camm (Dorinna) ist Inhaber eines kleinen Weinbaubetriebes in Edenkoben. Die Gewinne im Wirtschaftsjahr 2015/2016 haben 4 800 € und 5 200 € in 2016/2017 betragen.

Nebenbei verarbeitet Dorinna einen Teil der Trauben in ihrer Brennerei zu Traubenbrand. Daraus hat sie im Wirtschaftsjahr 2015/2016 einen Gewinn von 200 € und im Jahr 2016/2017 einen Gewinn von 380 € erwirtschaftet.

AUFGABE

Nehmen Sie zu diesem Sachverhalt für 2016 aus einkommensteuerrechtlicher Sicht Stellung.

LÖSUNG

Dorinna erzielt Einkünfte aus Land- und Forstwirtschaft nach § 13 Abs. 1 Nr. 1 EStG. Der Gewinn ist nach § 4 a Abs. 1 Nr. 1 i. V. m. § 4 a Abs. 2 Nr. 1 EStG aufgrund des abweichenden Wirtschaftsjahres nur zeitanteilig, d. h. 2016 sind je zur Hälfte die Gewinne der Wirtschaftsjahre 2015/2016 und 2016/2017 zu berücksichtigen:

1/2 Wirtschaftsjahr 2015/2016	2 400 €	
1/2 Wirtschaftsjahr 2016/2017	2 600 €	
	5 000 €	5 000 €

Die Brennerei stellt einen land- und forstwirtschaftlichen Nebenbetrieb dar, weil sie dazu bestimmt ist, dem Hauptbetrieb zu dienen (§ 13 Abs. 2 Nr. 1 EStG und R 15.5 Abs. 3 Nr. 1 EStR s. a. gleichlautende Ländererlasse vom 15. 12. 2011 BStBl I 2011, 1213 und 1217).

Für diesen Nebenbetrieb gilt der gleiche Ermittlungszeitraum wie für den Hauptbetrieb:

1/2 Wirtschaftsjahr 2015/2016	100 €	
1/2 Wirtschaftsjahr 2016/2017	190 €	
	290 €	290 €
Einkünfte aus Land- und Forstwirtschaft 2016 demnach		5 290 €

ÜBUNG 6 Gewinnermittlungszeitraum und Wirtschaftsjahr II

SACHVERHALT

Der Landwirt A erwarb am 15. 04. 2015 seinen Betrieb unentgeltlich von seinen Eltern. Er befasst sich ausschließlich mit Ackerbau.

Die Gewinne betragen im:

1. Wirtschaftsjahr	5 000 €
2. Wirtschaftsjahr	98 000 €
3. Wirtschaftsjahr	12 000 €

AUFGABE

Welche Einkünfte sind in den Kalenderjahren 2015, 2016 und 2017 zu erfassen?

LÖSUNG

Gewinnermittlungszeitraum ist das Wj. vom 01. 07. – 30. 06 (§ 4 a Abs. 1 Nr. 1 EStG). Das erste Wj. ist ein Rumpf-Wj. vom 15. 04. 2015 – 30. 06. 2015 (§ 8 b Satz 2 Nr. 1 EStDV).

Nach § 4 a Abs. 2 Nr. 1 EStG wird der Gewinn entsprechend dem zeitlichen Anteil der Wj. auf das Kj. verteilt.

	2015	2016	2017
Rumpf-Wj. 2015	5 000 €		
Wj. 2015/2016	49 000 €	49 000 €	
Wj. 2016/2017	6 000 €	6 000 €	
Einkünfte:	**54 000 €**	**55 000 €**	**6 000 €**

Gewinnermittlungszeitraum und Wirtschaftsjahr III

ÜBUNG 7

SACHVERHALT

Der Steuerpflichtige B hat folgende Betriebe:

a) Futterbau in Schleswig-Holstein (Futterbauanteil von 90 % der gesamten Nutzfläche),
b) Forstwirtschaft in Bayern,
c) Maschinenfabrik in Ludwigshafen (Abschlusszeitpunkt 31. 03.).

AUFGABE

Welcher Zeitraum ist jeweils Ermittlungszeitraum?
Welche Gewinne sind bei der Veranlagung zur Einkommensteuer 2016 zu erfassen?

LÖSUNG

a) Es handelt sich um Einkünfte aus Land- und Forstwirtschaft gem. § 13 EStG. Wj. ist nach § 4 a Abs. 1 Nr. 1 EStG vom 01. 07. 2016 – 30. 06. 2017. Bei der Veranlagung zur ESt 2016 ist der Gewinn dieses Wj. zur Hälfte zu erfassen (§ 4 a Abs. 2 Nr. 1 EStG). Nach § 8 c Abs. 1 Nr. 1 EStDV kann das Wj. auch vom 01. 05. 2016– 30. 04. 2017 laufen. Bei der Veranlagung zur ESt 2017 ist der Gewinn dieses Wj. zu 8/12 zu erfassen (§ 4 a Abs. 2 Nr. 1 EStG).
b) Es handelt sich um Einkünfte aus Land- und Forstwirtschaft gem. § 13 EStG. Wj. ist nach § 4 a Abs. 1 Nr. 1 EStG vom 01. 07. 2016 – 30. 06. 2017. Bei der Veranlagung zur ESt 2016 ist der Gewinn dieses Wj. zur Hälfte zu erfassen (§ 4 a Abs. 2 Nr. 1 EStG). Nach § 8 c Abs. 1 Nr. 2 EStDV kann das Wj. auch vom 01. 10. 2016 – 30. 09. 2017 laufen. Bei der Veranlagung zur ESt 2016 ist der Gewinn dieses Wj. zu 3/12 zu erfassen (§ 4 a Abs. 2 Nr. 1 EStG). Nach § 8 c Abs. 2 Satz 1 EStDV können reine Forstbetriebe auch das Kj. als Wj. bestimmen. Bei der Veranlagung zur ESt 2016 ist der Gewinn dieses Wj. voll zu erfassen.
c) Es handelt sich um Einkünfte aus Gewerbebetrieb gem. § 15 EStG. Nach § 4 a Abs. 1 Nr. 2 EStG ist Wj. der Zeitraum, für den regelmäßig Abschlüsse gemacht werden; hier vom 01. 04. 2016 – 31. 03. 2017. Nach § 4 a Abs. 2 Nr. 2 EStG gilt der Gewinn des Wj. als in dem Kj. bezogen, in dem das Wj. endet. Der Gewinn des Wj. 01. 04. 2015 – 31. 03. 2016 ist bei der Veranlagung zur ESt 2016 in voller Höhe zu erfassen.

ÜBUNG 8 Gewinnermittlungszeitraum und Wirtschaftsjahr IV

SACHVERHALT

Der buchführende Landwirt (Ackerbau und Viehzucht) hat folgende Gewinne ermittelt:

Wirtschaftsjahr 2015/2016	40 000 €
Wirtschaftsjahr 2016/2017	85 000 €

Im Gewinn des Wj. 2016/2017 ist ein steuerpflichtiger Veräußerungsgewinn i. S. d. § 14 EStG i. H. v. 25 000 € enthalten, der am 30. 06. 2017 entstanden ist.

AUFGABE

Welche Gewinne sind bei der Veranlagung zur Einkommensteuer 2016 zu erfassen?

LÖSUNG

Nach § 4 a Abs. 1 Nr. 1 EStG ist das Wj. vom 01. 07. – 30. 06.

Die Einkünfte aus § 13 EStG sind bei der Veranlagung zur ESt 2016 wie folgt zu erfassen:

Wj. 2015/2016:	40 000 €, davon 1/2 =		20 000 €
Wj. 2016/2017		85 000 €	
Der Veräußerungsgewinn i. H. v. ist in voller Höhe dem Gewinn des Kj. 2017 zuzurechnen (§ 4 a Abs. 2 Nr. 1 Satz 2 EStG).		./. 25 000 €	
zu verteilen		60 000 €	
davon 1/2			30 000 €
insgesamt			50 000 €

ÜBUNG 9 Einkünfte aus gewerblichen Unternehmen

SACHVERHALT

Der Steuerpflichtige Hermann Schumba (Hermann) betreibt seit Jahren zur Weihnachtszeit nebenbei einen Weihnachtsbaumverkauf. Da er die Weihnachtsbäume von einem Freund billig einkauft, erzielt er Jahr für Jahr einen kleinen Gewinn. Hermann ist der Meinung, er hätte keine Veranlassung diese Gewinne in seiner Einkommensteuererklärung anzugeben, da er diesen Verkauf nur einmal im Jahr zur Weihnachtszeit tätigt. In 2016 hat Hermann einen Gewinn von 2 200 € erzielt.

AUFGABE

Nehmen Sie zu diesem Sachverhalt aus einkommensteuerlicher Sicht Stellung.

LÖSUNG

Der Weihnachtsbaumverkauf führt zu Einkünften aus Gewerbebetrieb nach § 15 Abs. 1 Nr. 1 EStG. Nach § 2 Abs. 2 Nr. 1 EStG handelt es sich dabei um eine Gewinneinkunftsart.

Die Voraussetzungen nach § 15 Abs. 2 Satz 1 EStG sind alle erfüllt. Insbesondere handelt es sich um eine nachhaltige Tätigkeit, da er den Verkauf jedes Jahr wiederholend betreibt. Auch unternimmt Hermann die Tätigkeit mit Gewinnerzielungsabsicht und sie stellt sich, durch den fremden Zukauf der Weihnachtsbäume, nicht als Ausübung von Land- und Forstwirtschaft dar.

Die Einkünfte für 2016 betragen somit 2 200 € (§ 2 Abs. 2 Nr. 1 EStG).

Einkünfte aus einer Mitunternehmerschaft

ÜBUNG 10

SACHVERHALT

Harry Munster (Harry) ist Kommanditist einer Autohaus GmbH & Co. KG. Nach dem Feststellungsbescheid des zuständigen Finanzamts betrugen für 2016:

- der Anteil an den laufenden gewerblichen Einkünften 140 500 €,
- die Zinsen für ein der Gesellschaft gewährtes Darlehen 20 000 €.

Harry hatte noch eigene Zinsbelastungen für ein Darlehen, mit dem er sein der Gesellschaft gewährtes Darlehen refinanziert hatte. Die angefallenen Zinsen beliefen sich im Kj. 2016 auf 350 €. Harry machte diese Zinsen als Werbungskosten im Rahmen des § 20 EStG geltend.

AUFGABE

Nehmen Sie Stellung.

LÖSUNG

Harry erzielt aus seiner Beteiligung Einkünfte aus einer Mitunternehmerschaft i. S. d. § 15 Abs. 1 Nr. 2 EStG. Die Einkünfte entsprechen dem durch den Feststellungsbescheid verbindlich festgestellten Gewinnanteil zuzüglich der Vorwegvergütungen (§ 182 Abs. 1 Satz 1 AO). Somit betragen die zu versteuernden Einkünfte 160 500 €.

Die eigene Zinsbelastung i. H. v. 350 € gehört zu den Sonderbetriebsausgaben, weil das der Gesellschaft gewährte Darlehen zum Sonderbetriebsvermögen von Harry gehört; insoweit sind die Einkünfte aus Kapitalvermögen subsidiär (§ 20 Abs. 8 EStG).

Die Zinsen können aber nur im Rahmen der einheitlichen und gesonderten Gewinnfeststellung nach §§ 179 Abs. 2 und 180 Abs. 1 Nr. 2 Buchst. a AO Berücksichtigung finden. Das hat zur Folge, dass Harry die Zinsen nicht in seiner Einkommensteuererklärung geltend machen konnte. Er müsste ggf. versuchen, eine Änderung des maßgebenden Feststellungsbescheides zu erwirken.

Einkünfte aus selbständiger Arbeit, Dolmetschertätigkeit

ÜBUNG 11

SACHVERHALT

Andy Meißel (Andy) hatte von September bis November 2016 mit einem Dolmetscherbüro in Saarbrücken zusammengearbeitet und nach Lust und Laune auf Anforderung Übersetzungen in Französisch gefertigt. Dafür hat er an Honoraren 20 000 € zuzüglich der Mehrwertsteuer (19 %) von 3 800 € erhalten. Nach Überprüfung der Abrechnung hat er einen Restbetrag angemahnt. Am 03. 01. 2017 ist seinem Bankkonto daraufhin eine weitere Honorarzahlung von 2 380 € einschließlich Umsatzsteuer gutgeschrieben worden. Im Übrigen weigert sich das Dolmetscherbüro, seine zusätzliche Forderung von 5 950 € anzuerkennen.

An 40 Tagen ist er mit dem Pkw eines Bekannten von seiner Wohnung in Saarlouis zu dem Dolmetscherbüro nach Saarbrücken gefahren, wo er ausschließlich seine Arbeit erledigt hat. Die Entfernung beträgt 45 Kilometer.

Am 02. 11. 2016 hatte Andy auf der Fahrt zu dem Büro grob fahrlässig eine rote Ampel übersehen und einen Verkehrsunfall verursacht. Der Schaden an dem dem Bekannten gehörenden Wagen hat 1 700 €, der Schaden an dem gegnerischen Pkw 2 800 € betragen. Außerdem wurde Andy wegen dieses Unfalls zu einer Geldbuße nach dem Ordnungswidrigkeitsgesetz von 450 € verurteilt. Andy ersetzte seinem Bekannten die gesamten Unfallkosten.

AUFGABE

Nehmen Sie zu diesem Sachverhalt Stellung.

Prüfen Sie insbesondere, ob die Gewinnermittlung nach § 4 Abs. 3 EStG in Betracht kommt und führen Sie diese durch.

LÖSUNG

Andy erzielt mit seiner Übersetzertätigkeit Einkünfte aus freiberuflicher Tätigkeit i. S. d. § 18 Abs. 1 Nr. 1 Satz 1 und 2 EStG (Katalogberuf). Er übt seinen Beruf selbständig aus (»nach Lust und Laune«). Der Gewinn (§ 2 Abs. 2 Nr. 1 EStG) ist nach § 4 Abs. 3 EStG zu ermitteln, weil er als Freiberufler weder buchführungspflichtig ist noch freiwillig Bücher führt (§§ 140, 141 AO).

Betriebseinnahmen (§ 4 Abs. 4 i. U., oder § 8 Abs. 1 EStG analog) sind die gem. § 11 Abs. 1 EStG zugeflossenen Honorare; dazu gehört auch die vereinnahmte Umsatzsteuer von 3 800 € (H 9 b [Gewinnermittlung . . .] EStH).

Nicht in 2016 zugeflossen ist nach § 11 Abs. 1 Satz 1 EStG das Honorar i. H. v. 2 380 €, denn Andy erhielt die wirtschaftliche Verfügungsmacht darüber erst im Januar 2017. Da es sich hier um keine wiederkehrende Leistung handelt, fehlt es allein deshalb schon an dem Anwendungsbereich des § 11 Abs. 1 Satz 2 EStG. Der Ausfall der Forderung i. H. v. 5 950 € stellt keine Betriebsausgabe dar, weil kein Vermögensabfluss vorliegt, denn der Verlust wirkt sich bereits durch die fehlende Erfassung als Betriebseinnahme aus.

Betriebsausgaben (§ 4 Abs. 4 EStG) sind die gem. § 11 Abs. 2 EStG abgeflossenen betrieblich veranlassten Ausgaben. Hierzu gehören gem. § 4 Abs. 5 Nr. 6 EStG die Fahrten zwischen Wohnung und Betriebsstätte, also der Stelle, an der der Steuerpflichtige seine Tätigkeit zur Hauptsache ausübt. Das ist bei Andy der Ort des Dolmetscherbüros.

Fahrten zwischen Wohnung und Betriebsstätte § 4 Abs. 5 Nr. 6 EStG i. V. m. § 9 Abs. 1 Nr. 4 und Abs. 2 EStG:

45 km × 40 Tage × 0,30 € =	540 €

In diesem Fall müssen keine nichtabzugsfähigen Betriebsausgaben berechnet werden, da der Pkw nicht zum Betriebsvermögen gehört. Als Betriebsausgaben wirken sich also nur die in zulässiger Höhe abzugsfähigen Kosten aus (vgl. BMF vom 18. 11. 2009, BStBl I 2009, 1326 Rz. 3). Bei dem Fahrzeug des Bekannten handelt es sich im Übrigen um ein i. S. d. § 9 Abs. 1 Nr. 4 Satz 4 EStG »zur Nutzung überlassenen Kraftfahrzeug«.

Die Unfallkosten sind als Betriebsausgaben, ohne Rücksicht auf das Verschulden von Andy abzugsfähig (s. a. BMF vom 18. 11. 2009, BStBl I 2009, 1326, Rz. 32). Die Geldbuße ist nach § 4 Abs. 5 Nr. 8 EStG hingegen nicht als Betriebsausgabe zu berücksichtigen.

Betriebseinnahmen		23 800 €
Betriebsausgaben	540 €	
	1 700 €	
	2 800 €	
	5 040 €	./. 5 040 €
Gewinn		18 760 €

Einkünfte aus selbständiger Arbeit, Tätigkeit als Arzt, Betriebsvermögen bei der § 4 Abs. 3-Rechnung, Privatentnahme

ÜBUNG 12

SACHVERHALT

Manni Eiten (Manni) ist seit Jahren als selbständiger Tierarzt in gemieteten Räumen tätig. Er ermittelt seinen Gewinn nach § 4 Abs. 3 EStG. Er versteuert seine Umsätze nach vereinbarten Entgelten und ist zum vollen Vorsteuerabzug berechtigt.

Betriebseinnahmen		
Honorare; lt. Bankauszüge 2016		300 000 €
+ bar vereinnahmt 2016		4 000 €
+ offene Rechnungsausgänge zum 31. 12. 2016		8 000 €
		312 000 €
Betriebsausgaben (unstreitig)		
Miete Praxis	12 000 €	
Löhne und Gehälter	40 000 €	
Gezahlte Vorsteuer	2 000 €	
Reisekosten	3 000 €	
Fachliteratur	1 500 €	
Abschreibungen	5 000 €	
Fahrtkosten	4 000 €	
Ärztliche Hilfsmittel	17 000 €	
	84 500 €	./. 84 500 €
Gewinn		227 500 €

Folgende Vorgänge wurden im Rahmen der Gewinnermittlung noch nicht berücksichtigt:

a) Verkauf eines ausschließlich beruflich genutzten Faxgerätes (Nutzungsdauer 5 Jahre) am 31. 01. 2016 für bar 200 € + 38 € USt. Das Faxgerät hatte Manni 2015 für netto 450 € erworben und dafür zutreffend 90 € an Abschreibungen gewinnmindernd berücksichtigt.

b) An das Finanzamt in 2016 gezahlte Umsatzsteuer für die Voranmeldungszeiträume Dezember 2015 sowie Januar bis Oktober 2016, insgesamt 24 800 €.
Vom Finanzamt in 2016 erstattete Umsatzsteuer für den Voranmeldungszeitraum November 2015: 3 800 €.

c) Verwarnungsgeld wegen Geschwindigkeitsüberschreitung auf einer beruflichen Fahrt i. H. v. 220 €, gezahlt Dezember 2016.

d) Kauf:

1. eines neuen Faxgerätes im März 2016 für 500 € + 95 € USt. Die Nutzungsdauer beträgt 3 Jahre.
   Nutzung: teilweise für die Praxis, aber auch in nicht unerheblichem Umfang für private Angelegenheiten (eine prozentuale Aufteilung ist objektiv nicht möglich).
2. eines Spezialgerätes für die Praxis im August 2016 (Nutzungsdauer 6 Jahre).
   Kosten: 151 € + 19 % Umsatzsteuer. Zahlung im September 2016 unter Inanspruchnahme von 2 % Skonto.

Hinweis:
Die Vorgänge a), b) und d) wurden umsatzsteuerrechtlich korrekt behandelt.

AUFGABE

Nehmen Sie für 2016 zum o. g. Sachverhalt Stellung.

Gehen Sie davon aus, dass

a) die Voraussetzungen für die Inanspruchnahme eines Investitionsabzugsbetrages nach § 7 g EStG nicht erfüllt sind (Gewinn über 100 000 €),

b) alle erforderlichen Aufzeichnungen geführt wurden und

c) Manni einen möglichst niedrigen Gewinn versteuern möchte.

LÖSUNG

Die selbständig ausgeübte Tätigkeit als Tierarzt führt zu Einkünften aus freiberuflicher Tätigkeit (§ 18 Abs. 1 Nr. 1 EStG – Katalogberuf –). Die Gewinnermittlung nach § 4 Abs. 3 i. V. m. § 2 Abs. 2 Nr. 1 EStG ist wie folgt zu berichtigen:

Gewinn lt. Aufzeichnungen des Steuerpflichtigen	227 500 €
Betriebseinnahmen	
Honorare	
Die vereinnahmten Honorare lt. Bankauszügen sowie aus Bareingängen sind zutreffend als Betriebseinnahmen angesetzt worden (§ 11 Abs. 1 EStG).	
Die noch offenen Rechnungsbeträge sind mangels Zufluss in 2016 nicht zu erfassen	./. 8 000 €
Vorgänge	
a) Der Brutto-Verkaufserlös des zum (notwendigen) Betriebsvermögen gehörenden Faxgerätes ist als Betriebseinnahme anzusetzen (Hilfsgeschäft; R 4.5 Abs. 3 Satz 1 EStR).	+ 238 €
b) Auch die vom FA erstattete USt ist den Betriebseinnahmen zuzurechnen (H 9 b [Gewinnermittlung . . .] EStH).	+ 3 800 €
Betriebsausgaben	
Die vom Steuerpflichtigen zum Ansatz gebrachten Betriebsausgaben sind nicht zu beanstanden (§ 4 Abs. 4 EStG).	
Vorgänge	
a) Bis zum Veräußerungszeitpunkt (31. 01.) ist die AfA (§ 7 Abs. 1 EStG) noch zeitanteilig als Betriebsausgabe zu berücksichtigen, § 4 Abs. 3 Satz 3 EStG i. V. m. R 7.4 Abs. 8 Satz 1 EStR.	
Berechnung:	
AfA für 2016: 20 % von = 450 € = 90 € × 1/12 = 8 € (gerundet)	./. 8 €
Der zum 31. 01. 2016 vorhandene Restwert wirkt sich ebenfalls gewinnmindernd aus (H 4.5 (3) [Veräußerung abnutzbarer Wirtschaftsgüter/Unterlassene AfA] EStH).	./. 352 €
b) Die an das Finanzamt gezahlten Umsatzsteuerbeträge gehören zu den Betriebsausgaben (§ 11 Abs. 2 EStG).	./. 24 800 €
c) Das Verwarnungsgeld i. H. v. 220 € fällt zwar unter den Betriebsausgabenbegriff des § 4 Abs. 4 EStG, ist jedoch vom Abzug nach § 4 Abs. 5 Nr. 8 EStG ausgeschlossen.	

1. Kauf neues Faxgerät:
   Nach dem BFH-Urteil vom 19. 02. 2004 (VI R 135/01, BStBl II 2004, 958) gibt es keine generelle Vermutung dafür, dass ein privat angeschaffter und in der privaten Wohnung aufgestellter häuslicher PC weit überwiegend privat genutzt wird. Kann der Stpfl. eine nicht unwesentliche berufliche Nutzung des Gerätes nach-

weisen oder zumindest glaubhaft machen, sind die Aufwendungen anteilig zu berücksichtigen. Bei einer privaten Mitbenutzung von nicht mehr als etwa 10 % ist der PC ein Arbeitsmittel (§ 9 Abs. 1 Nr. 6 EStG), sodass die gesamten Aufwendungen steuerlich geltend gemacht werden können (s. a. Rz. 12 des BMF-Schreibens vom 06. 07. 2010, BStBl I 2010, 614). Gegebenenfalls ist der berücksichtigungsfähige Umfang der beruflichen Nutzung zu schätzen. Dabei kann unter bestimmten Voraussetzungen von einer hälftigen privaten bzw. beruflichen Nutzung ausgegangen werden (s. a. BFH-Urteile vom 10. 03. 2004, VI R 44/02, BFH/NV 2004, 1242 und VI R 19/02, BFH/NV, 1386).
Nach dieser Rechtsprechung dient das Faxgerät zu 50 % dem Betrieb und ist willkürbares Betriebsvermögen.
Nach dem BFH-Urteil vom 02. 10. 2003 (IV R 13/03, BStBl II 2004, 985) ist gewillkürtes Betriebsvermögen auch bei der Einnahme-Überschussrechnung möglich. Zur Bildung gewillkürten Betriebsvermögens bei der Gewinnermittlung nach § 4 Abs. 3 EStG nimmt das BMF-Schreiben vom 17. 11. 2004 (BStBl I 2004, 1064) Stellung. Der Stpfl. trägt für die Zuordnung eines WG zum gewillkürten Betriebsvermögen die Beweislast. Als Nachweis ausreichend ist die zeitnahe Aufnahme in ein laufend zu führendes Bestandsverzeichnis. Die Unterlagen, aus denen sich der Nachweis sowie der Zeitpunkt der Zuführung eines Wirtschaftsgutes zum gewillkürten Betriebsvermögen ergeben, sind mit der Einnahme-Überschussrechnung beim FA einzureichen.
Da das Faxgerät zum Betriebsvermögen gehört, sind die Aufwendungen zunächst in voller Höhe als Betriebsausgaben zu berücksichtigen und am Ende des Jahres als Privatentnahme (fiktive Betriebseinnahme) anteilmäßig zu korrigieren (siehe auch R 4.7 Abs. 1 Satz 1 EStR).
Das Faxgerät stellt abnutzbares bewegliches Anlagevermögen dar (R 6.1 Abs. 1 Satz 1 und 5 EStR), das auch selbständig nutzungsfähig ist. Nach § 6 Abs. 2 a EStG können **bewegliche abnutzbare Wirtschaftsgüter** des Anlagevermögens mit Anschaffungs- oder Herstellungskosten von **mehr als 410 € bis zu 1 000 €** in einen **jahrgangsbezogenen** Sammelposten eingestellt werden, der über eine Dauer von **fünf Jahren gleichmäßig** verteilt **gewinnmindernd** aufzulösen ist (BMF vom 30. 09. 2010 BStBl I 2010, 755, Rz. 7 ff.). Die Einbeziehung der Wirtschaftsgüter in einem Sammelposten bedingt eine **zusammenfassende Behandlung** der einzelnen Wirtschaftsgüter. In der Folge wirken sich Vorgänge nicht aus, die sich nur auf das einzelne Wirtschaftsgut beziehen. Durch **Veräußerungen, Entnahmen** oder **Wertminderungen** wird der Wert des Sammelpostens **nicht** beeinflusst. Wert des Sammelposten: 500 € × 20 % = 100 € Betriebsausgaben (BMF vom 30. 09. 2010 BStBl I 2010, 755, Rz. 14 ff.).
Die Aufwendungen können aber durch AfA nach § 7 Abs. 1 oder Abs. 2 EStG unter Berücksichtigung der jeweiligen betriebsgewöhnlichen Nutzungsdauer des Wirtschaftsgutes gewinnmindernd als Betriebsausgaben abgezogen werden (Rz. 1 und 7 des BMF-Schreibens vom 30. 09. 2010, BStBl I 2010, 755). Bei einer Nutzungsdauer von drei Jahren ist die lineare AfA nach § 7 Abs. 1 EStG günstiger als die Bildung eines Sammelpostens und die danach vorzunehmende jahrgangsbezogene Auflösung von 20 %. Die AfA berechnet sich wie folgt: AfA-Bemessungsgrundlage: 500 € : 3 Jahre = AfA-Jahresbetrag i. H. v. 166,67 € × 10/12 (Anschaffung im März, § 7 Abs. 1 Satz 4 EStG) = 139 €. 139 €

Die mit der Zahlung des Kaufpreises entrichtete USt i. H. v. 95 € gehört nach § 9 b Abs. 1 EStG nicht zu den Anschaffungskosten, da Manni als Tierarzt nicht unter die Steuerbefreiung des § 4 Nr. 14 UStG fällt und somit zum Vorsteuerabzug gem. § 15 Abs. 1 Nr. 1 UStG berechtigt ist.

Hinsichtlich der unterstellten 50 %igen Privatnutzung handelt es sich um eine Entnahme nach § 4 Abs. 1 Satz 2 EStG. Nach § 6 Abs. 1 Nr. 4 Satz 1 EStG ist als Entnahmewert die anteiligen Kosten anzusetzen (H 4.3 (2–4) [Gewinnrealisierung] EStH). Die anteiligen privaten Kosten betragen (50 % von 139 € =) 69 € und stellen nach R 4.7 Abs. 1 Satz 1 EStR keine Betriebsausgaben dar. + 69 €

Umsatzsteuerrechtlich wird die private Verwendung einer sonstigen Leistung gegen Entgelt gleichgestellt (§ 3 Abs. 9 a Nr. 1 UStG), da der Gegenstand bei der Anschaffung zum vollen Vorsteuerabzug berechtigt hat. Nach § 10 Abs. 4 Nr. 2 UStG sind als Bemessungsgrundlage die Aufwendungen anzusetzen. Da die Anschaffungskosten mindestens 500 € betragen, sind sie auf den maßgeblichen Berichtigungszeitraum des § 15 a UStG zu verteilen (Abschn. 10.6 Abs. 3 UStAE). Der Berichtigungszeitraum beträgt nach § 15 a Abs. 5 UStG grundsätzlich fünf Jahre; eine kürzere Verwendungsdauer ist entsprechend zu berücksichtigen (Abschn. 15 a.3 Abs. 1 UStAE). Der Berichtigungszeitraum beginnt somit im März 2016 und endet mit Ablauf Februar 2019 (Nutzungsdauer 3 Jahre). Bei einem Dreijahreszeitraum beträgt der monatliche Korrekturbetrag (500 € : 36 Monate =) 13,89 €. Die Bemessungsgrundlage beträgt im Kj. 2016 10 Monate × 13,89 € = 139 €. Bei einem Privatanteil von 50 % beträgt die Bemessungsgrundlage für die USt 69 €. Bei einem Steuersatz von 19 % (§ 12 Abs. 1 UStG) beträgt die USt (gerundet) 13 €. Nach § 12 Nr. 3 EStG darf diese USt den Gewinn nicht mindern. Um dieses Ergebnis zu erreichen, ist die USt als fiktive Betriebseinnahme zu berücksichtigen. + 13 €

Bei Zahlung an das FA im Kj. 2017 stellt diese USt eine Betriebsausgabe dar.

2. Kauf Spezialgerät:

Bei dem Spezialgerät handelt es sich um ein »Geringwertiges Wirtschaftsgut (GWG)« i. S. v. § 6 Abs. 2 EStG. Die GWG-Regelung gilt auch für Stpfl., die den Gewinn nach § 4 Abs. 3 EStG ermitteln (§ 4 Abs. 3 Satz 3 EStG).

Alle Voraussetzungen des § 6 Abs. 2 EStG sind erfüllt. Insbesondere stellt das Spezialgerät ein selbständig nutzungsfähiges Wirtschaftsgut dar. Die Anschaffungskosten betragen zwar zunächst mehr als 150 €. Durch die Inanspruchnahme des 2 %igen Skontoabzugs werden diese jedoch um 3,02 € gemindert, so dass im Ergebnis die 150 €-Grenze nicht überschritten wird (§ 255 Abs. 1 HGB).

Die Anschaffungskosten können in voller Höhe in 2016 als Betriebsausgaben erfasst werden (151 € × 2 % = 3 €). Die Anschaffungskosten betragen 148 €. Ein Sammelposten i. S. d. § 6 Abs. 2 a Satz 1 EStG darf nicht gebildet werden. 148 €

Die Aufwendungen können aber auch über die Nutzungsdauer verteilt werden (Rz. 1 des BMF-Schreibens vom 30. 09. 2010, BStBl I 2010, 755). Dies wäre allerdings ungünstiger für den Steuerpflichtigen.

Auch die verausgabte USt ist bei Zahlung des Kaufpreises als Betriebsausgabe zu berücksichtigen. ./. 28 €

Bei Erstattung der Vorsteuer durch das FA führt dieser Betrag zu einer Betriebseinnahme	+ 28 €
Korrigierter Gewinn für 2016:	**198 173 €**

Einkünfte aus selbständiger Arbeit, Einkünfte aus nichtselbständiger Arbeit, Abschreibung einer Computeranlage, Nutzungsentnahme

ÜBUNG 13

SACHVERHALT

Klaus Maya (Klaus) ist als Dozent an der Hochschule für Finanzen in Edenkoben angestellt. Der Arbeitslohn für 2016 betrug lt. Lohnsteuerbescheinigung 41 000 € (§ 41 b EStG). An Werbungskosten wies er dem Finanzamt 2 133 € nach, wobei aber die Nutzung der neuen Computeranlage (siehe unten) noch nicht berücksichtigt wurde. Nebenbei ist er als selbständiger Autor für einige Steuerfachzeitschriften tätig. Er ermittelt seinen Gewinn nach § 4 Abs. 3 EStG. Umsatzsteuerlich wird er als Kleinunternehmer i. S. d. § 19 UStG geführt.

Einnahmen

a)	Offene Honorarforderungen zum 01. 01. 2016	2 000 €
	+ Rechnungsausgänge für »geschriebene Beträge« in 2016	9 000 €
	./. offene Honorarforderungen zum 31. 12. 2016	400 €
		10 600 €

b) Verkauf eines ausschließlich für die o. g. Tätigkeit benutzten Computers im Januar 2016. Veräußerungserlös = 200 €, erhalten im Februar 2016. Der Computer hatte Klaus in 2012 für 466,30 € inklusive Umsatzsteuer gekauft und in voller Höhe als Betriebsausgabe behandelt.

Ausgaben

Erwerb einer Computeranlage im März 2016 für insgesamt brutto 1 945 € (Nutzungsdauer drei Jahre). Vom Kaufpreis entfielen auf:

- Bildschirm 395 €,
- Drucker 550 €,
- Laufwerk 1 000 €.

Die Computeranlage wird unstreitig zu 70 % für die schriftstellerische Tätigkeit und zu 30 % für die Dozententätigkeit benutzt.

AUFGABE

Nehmen Sie zu dem Sachverhalt Stellung und unterstellen Sie dabei, dass Klaus möglichst wenig Einkommensteuer zahlen möchte.

LÖSUNG

1. Einkünfte als Freiberufler

Die selbständig ausgeübte schriftstellerische Tätigkeit führt zu Einkünften aus freiberuflicher Tätigkeit gem. § 18 Abs. 1 Nr. 1 EStG. Die Gewinnermittlung für 2016 ist nach § 2 Abs. 2 Nr. 1 i. V. m. § 4 Abs. 3 EStG wie folgt durchzuführen:

Betriebseinnahmen
(§ 8 Abs. 1 EStG analog der § 4 Abs. 4 EStG i. U.):

a) Vereinnahmte Honorare **10 600 €** (§ 11 Abs. 1 Satz 1 EStG).
b) Verkaufserlös des zum notwendigen Betriebsvermögen gehörenden Computers **200 €** (R 4.5 Abs. 3 Satz 1 EStR).
Entsprechende Betriebsausgaben (AfA, Restwert) liegen insoweit nicht vor, da sich die Anschaffungskosten i. H. v. 466,30 € in 2012 im Wege der »GWG«-Regelung des § 6 Abs. 2 EStG bereits zu Recht in voller Höhe als Betriebsausgaben ausgewirkt haben. Als Kleinunternehmer hat Klaus keinen Vorsteuerabzug. Trotzdem war die GWG-Regelung des § 6 Abs. 2 EStG anzuwenden, da für die Ermittlung der Wertgrenze (410 €) immer von einem Nettowert auszugehen war (R 9 b Abs. 2 EStR).
c) Nutzungsentnahme bzgl. der Computeranlage **162 €** (vgl. unten).

Betriebseinnahmen gesamt **10 962 €**

Betriebsausgaben (§ 4 Abs. 4 EStG):

Die Computeranlage gehört nach R 4.2 Abs. 1 Satz 4 EStR zum notwendigen Betriebsvermögen, da die betriebliche Nutzung mehr als 50 % beträgt. Weiterhin ist die Anlage dem beweglichen abnutzbaren Anlagevermögen zuzurechnen. Nach § 4 Abs. 3 Satz 3 EStR sind die Vorschriften über die GWG-Regelung, über die Bildung von Sammelposten und über die Abschreibungen zu beachten. Als Kleinunternehmer hat Klaus keinen Vorsteuerabzug (§ 19 Abs. 1 Satz 4 UStG). Die nichtabzugsfähige Vorsteuer gehört nach § 9 b Abs. 1 EStG zu den Anschaffungskosten.

Die »GWG«-Regelung des § 6 Abs. 2 EStG kann nicht zur Anwendung kommen, da die Anschaffungskosten des Laufwerks (PC) 410 € übersteigen. Bildschirm und Drucker sind nicht selbständig nutzungsfähig (s. a. Rz. 11 des BMF-Schreibens vom 30. 09. 2013, BStBl I 2010, 755).

Aufwendungen von mehr als 410 € und nicht mehr als 1 000 € im maßgebenden Wj. **können** gem. § 6 Abs. 2 a EStG in einem Sammelposten erfasst werden. Dieses Wahlrecht kann nur einheitlich für alle Wirtschaftsgüter des Wj. mit Aufwendungen von mehr als 150 € und nicht mehr als 1 000 € in Anspruch genommen werden (wirtschaftsjahrbezogenes Wahlrecht; Rz. 7 des BMF-Schreibens vom 30. 09. 2010, BStBl I 2010, 755). Anschaffungs- oder Herstellungskosten von nicht selbständig nutzbaren Wirtschaftsgütern sind nicht im Sammelposten zu erfassen.

Der PC kann als selbständig nutzungsfähiges Wirtschaftsgut des Anlagevermögens im Sammelposten des Wj. 2016 erfasst werden. Mit Urteil vom 19. 02. 2004 (VI R 135/01, BStBl II 2004, 958) hat der BFH entschieden, dass Peripherie-Geräte einer PC-Anlage regelmäßig keine geringwertigen Wirtschaftsgüter i. S. d. § 6 Abs. 2 EStG sind. Diese Geräte einer Computer-Anlage sind in der Regel zwar selbständig bewertungsfähig, aber nicht selbständig nutzungsfähig.

Der PC (Laufwerk) kann in den Sammelposten des Wj. 2016 eingestellt werden. Der Sammelposten des Wj. 2016 ist jahrgangsbezogen mit jeweils einem Fünftel gewinnmindernd zum Ende des jeweiligen Wj. aufzulösen. Der Drucker und der Bildschirm sind über die betriebsgewöhnliche Nutzungsdauer abzuschreiben.

Bei einer betriebsgewöhnlichen Nutzungsdauer von drei Jahren wäre es günstiger, den PC ebenfalls der betriebsgewöhnlichen Nutzungsdauer zu unterwerfen, als ihn in den Sammelposten einzustellen und über fünf Jahre aufzulösen. Diese Option würde allerdings zur Folge haben, dass für das Wj. 2016 kein Sammelposten gebildet werden dürfte (wirtschaftsjahrbezogenes Wahlrecht).

Für die weitere Berechnung der AfA wird die Computeranlage aus Vereinfachungsgründen als Einheit betrachtet. Da eine möglichst niedrige Einkommensteuer ermittelt werden soll, ist die AfA wie folgt zu berechnen:

Anschaffungskosten Computeranlage	1 945 €
× lineare AfA (§ 7 Abs. 1 EStG)	× 33,33 %
AfA-Betrag	648 €

Nach § 7 Abs. 1 Satz 4 EStG ist die AfA zeitanteilig zu berücksichtigen:
648 € : 12 Monate × 10 Monate (ab März) = 540 €.

Anwendung der degressiven AfA:
Durch das Unternehmensteuerreformgesetz 2008 vom 14. 08. 2007 (BGBl I 2007, 1912) wurde die degressive AfA i. S. d. § 7 Abs. 2 EStG aufgehoben. § 7 Abs. 2 EStG ist letztmalig anzuwenden für vor dem 01. 01. 2008 angeschaffte oder hergestellt bewegliche WG (§ 52 Abs. 21 a EStG).

Durch das Gesetz zur Umsetzung steuerrechtlicher Regelungen des Maßnahmepakets »Beschäftigungssicherung durch Wachstumsstärkung« (Konjunkturpaket I) vom 21. 12. 2008 (BGBl I 2008, 2896) wird § 7 Abs. 2 und 3 EStG wieder eingeführt. Bei beweglichen WG des Anlagevermögens, die nach dem 31. 12. 2008 und vor dem 01. 01. 2011 angeschafft oder hergestellt werden, kann der Stpfl. eine degressive AfA von 25 %, höchstens das Zweieinhalbfache der linearen AfA, geltend machen. Nach § 7 Abs. 3 EStG n. F. ist ein Wechsel von der degressiven zur linearen AfA zulässig.

Investitionsabzugsbetrag und Sonderabschreibung:
Ein Investitionsabzugsbetrag sowie die Sonderabschreibung nach § 7 g EStG kommt nicht in Betracht, da die Computeranlage zu nicht mehr als 90 % im betrieblichen Bereich von Klaus genutzt wird (§ 7 g Abs. 1 Nr. 2 Buchst. b und Abs. 6 Nr. 2 EStG i. d. F. bis 31. 12. 2015 bzw. § 7 g Abs. 1 Satz 1 EStG i. d. F. ab 01. 01. 2016).

Die anteilige Nutzung der Computeranlage für Zwecke der Dozententätigkeit (§ 19 EStG) führt zu einer Entnahme von Nutzungen nach § 4 Abs. 1 Satz 2 EStG, da insoweit »andere betriebsfremde Zwecke« vorliegen. Es liegen keine Mischkosten i. S. d. § 12 Nr. 1 Satz 2 EStG vor, da die Anlage insgesamt für verschiedene Einkunftsarten genutzt wird.

Die Nutzungsentnahme ist nach H 6.12 [Nutzungen] EStH mit den anteiligen Selbstkosten als fiktive Betriebseinnahme anzusetzen (30 % von 540 €) = 162 €.

Der **Gewinn** für 2016 beträgt demnach **10 422 €.**

Hinweis: Werden im Sammelposten erfasste Wirtschaftsgüter außerbetrieblich genutzt, ist für die Ermittlung der als Entnahme zu behandelnden Selbstkosten der Wertverzehr im Schätzungsweg zu berücksichtigen (Rz. 18 des BMF-Schreibens vom 30. 09. 2010, BStBl I 2010, 755).

Umsatzsteuerliche Auswirkungen ergeben sich nicht, da im Rahmen der Kleinunternehmerregelung des § 19 UStG auf steuerbare und steuerpflichtige Umsätze keine Umsatzsteuer erhoben wird sowie die Vorschrift des § 15 UStG (Vorsteuerabzug) keine Anwendung findet. Eine unentgeltliche Wertabgabe i. S. d. § 3 Abs. 9 a Nr. 1 UStG ist nicht gegeben.

2. Einkünfte aus nichtselbständiger Arbeit
Als Angestellter Dozent bezieht Klaus Einkünfte aus nichtselbständiger Arbeit nach § 19 Abs. 1 Nr. 1 EStG.

Die von Klaus geltend gemachten Werbungskosten sind jedoch um die anteiligen Kosten der Computeranlage zu erhöhen. Der PC selbst stellt mit seinen anteiligen Anschaffungskosten von 30 % von 1 000 € = 300 € ein geringwertiges Wirtschaftsgut i. S. d. § 9 Abs. 1 Satz 3 Nr. 7 Satz 2 i. V. m. § 6 Abs. 2 EStG dar. Die anteiligen Anschaffungskosten von 300 € können in voller Höhe als Werbungskosten berücksichtigt werden (H 9.12 [Absetzung für Abnutzung, 4. Spiegelstrich] LStH).

Die Peripherie-Geräte einer PC-Anlage sind regelmäßig keine geringwertigen Wirtschaftsgüter (H 9.12 [Absetzung für Abnutzung, 5. Spiegelstrich] LStH). Der Drucker und der Bildschirm stellen jeweils ein Arbeitsmittel nach § 9 Abs. 1 Nr. 6 EStG dar, deren anteilige Anschaffungskosten im Wege der linearen Abschreibung (§ 7 Abs. 1 EStG) gem. § 9 Abs. 1 Nr. 7 EStG abzusetzen sind (vgl. auch R 9.12 Satz 2 LStR). Die anteiligen Anschaffungskosten betragen 30 % von 945 € = 284 €.

Als Abschreibungsmethode kommt im Rahmen der Überschusseinkünfte nur die lineare AfA-Methode gem. § 7 Abs. 1 Satz 1 und 2 EStG in Betracht.

Die AfA berechnet sich somit wie folgt: 284 € : 3 (Nutzungsdauer 3 Jahre) = 95 €. Nach § 7 Abs. 1 Satz 4 EStG ist die AfA zeitanteilig für 10 Monate zu berücksichtigen und beträgt 79 €.

Die Einkünfte aus § 19 EStG betragen demnach:

Einnahmen	41 000 €
./. Werbungskosten (Arbeitnehmer-Pauschbetrag des § 9 a Nr. 1 EStG i. H. v. 1 000 € ist überschritten)	./. 2 512 €
Einkünfte	38 488 €

ÜBUNG 14 Gewinnermittlung nach § 4 Abs. 3 EStG

SACHVERHALT

Ihnen liegen folgende zutreffenden Angaben der selbständigen Rechtsanwältin Dr. Iris Wörner für 2016 vor. Die erforderlichen Unterlagen hat sie Ihnen vorgelegt.

1. Vereinnahmte Honorare inklusive Umsatzsteuer 318 000 €
2. Verkauf des ausschließlich beruflich genutzten Pkw »Golf GTD« am 01. 01. 2016 für 11 500 € brutto. Dieser Pkw wurde am 15. 01. 2014 gekauft. Die damaligen Anschaffungskosten betrugen 15 338 € zzgl. USt (Nutzungsdauer sechs Jahre). Die Sonderabschreibung nach § 7 g Abs. 6 EStG wurde zulässigerweise in vollem Umfang im Erstjahr in Anspruch genommen.
3. Vorsteuererstattung vom Finanzamt 600 €
4. Erstattung von verauslagten Gerichtskosten 1 400 €
5. Gezahlte Gehälter 25 000 €
6. Kauf eines neuen Pkws »BMW Coupé am 03. 07. 2016.

   Anschaffungskosten: 40 000 € (= Listenpreis) + USt (Nutzungsdauer sechs Jahre). Nutzung: 25 % privat (6 250 km), durch ein ordnungsgemäßes Fahrtenbuch ermittelt, an 180 Tagen Fahrten Wohnung – Kanzlei (Entfernung 5 km), Rest zu anderen beruflichen Zwecken.

   Im Kalenderjahr 2015 wurde für die voraussichtliche Anschaffung des neuen Pkw ein Investitionsabzugsbetrag nach § 7 g Abs. 1 EStG i. H. v. 40 % von 40 000 € = 16 000 € gebildet und als Betriebsausgabe berücksichtigt.

	Kfz-Kosten:		
	Benzin	2 500 €	
	USt dafür		475 €
	Inspektionen, Reparaturen	1 200 €	
	USt dafür		228 €
	Versicherungen	1 400 €	
	Kfz-Steuer	450 €	
	Summe	5 550 €	703 €
7.	Schreib- und Büromaterial	5 400 €	
8.	Druck von Mandanteninformationen	480 €	
9.	Reisekosten und Gebühren für Fortbildungsseminare	2 400 €	
10.	Steuerberatungskosten	2 088 €	

Diese setzen sich lt. Rechnung des Steuerberaters wie folgt zusammen:

–	Einkommensteuererklärung 2015 (Anlage GSE mit Gewinnermittlung)		1 300 €
–	Einkommensteuererklärung 2015:		
	Mantelbogen	350 €	350 €
	Anlage SO	150 €	500 €
–	Umsatzsteuer 19 %		342 €

11. In 2016 hatte Frau Dr. Wörner in ihrem Heimatort Mutterstadt von einer Bauträgergesellschaft Büroräume als Teileigentum erworben.
    Nach dem notariellen Kaufvertrag vom 31. 12. 2015 betrug der (umsatzsteuerfreie) Kaufpreis des noch zu erstellenden Objekts 189 900 € (Bodenwertanteil 15 %). Das Objekt, für dessen Bau der Bauantrag am 20. 02. 2014 gestellt worden war, wurde zum 01. 03. 2016 bezugsfertig und ab diesem Zeitpunkt als Rechtsanwaltskanzlei genutzt.
    Zum 01. 03. 2016 gingen auch vertragsgemäß Besitz, Nutzen und Lasten auf den Erwerber über.
    Die Eintragung des Eigentums im Grundbuch (250 €) erfolgte am 31. 10. 2016.
12. Den Mietvertrag der bisher angemieteten Praxisräume hatte Frau Dr. Wörner allerdings etwas zu spät gekündigt. Daher musste sie noch bis zum 31. 03. 2016 Miete zahlen.
    Die Miete für die Monate Januar 2016 – April 2016 = 10 800 € hatte Frau Dr. Wörner bereits in 2015 gezahlt. Die für den Monat April 2016 vorausgezahlte Miete wurde vom Vermieter in 2016 wieder zurückerstattet.
13. Der Kaufpreis für das erworbene Teileigentum wurde durch ein Hypothekendarlehen finanziert.

Darlehenssumme	150 000 €
Auszahlungsbetrag	144 000 €
Zinsen	14 000 €
Tilgung	5 000 €

14. Sonstige Kosten, die durch den Teileigentumserwerb angefallen sind:

Notargebühr für den Abschluss des Kaufvertrags	600 €
Notargebühr für die Bestellung der Hypothek	400 €
Umsatzsteuer auf beide Positionen	190 €
Grunderwerbsteuer	6 615 €
Laufende Kosten (z. B. Grundsteuer, Strom, Wasser, Heizung, Versicherungen)	2 850 €

15. Abschreibungen lt. Anlageverzeichnis — 15 000 €
Die Abschreibung für den neuen Pkw und die erworbenen Praxisräume sind noch nicht in diesem Betrag enthalten.
16. Andere gezahlte Vorsteuerbeträge und an das Finanzamt geleistete Umsatzsteuerzahlungen lt. Voranmeldungen — 30 400 €

AUFGABE

Erstellen Sie für die Rechtsanwältin Frau Dr. Wörner die Gewinnermittlung 2016 nach § 4 Abs. 3 EStG.

Ermitteln Sie das steuerlich günstigste Ergebnis.

Soweit sich aus dem Sachverhalt nichts anderes ergibt, können Sie davon ausgehen, dass alle Betriebseinnahmen und -ausgaben in 2016 vereinnahmt oder gezahlt wurden.

LÖSUNG

Frau Dr. Wörner erzielt als selbständige Rechtsanwältin Einkünfte aus freiberuflicher Tätigkeit (sog. Katalogberuf, § 18 Abs. 1 Nr. 1 Satz 2 EStG). Die einkommensteuerlich relevanten Einkünfte sind der Gewinn aus dieser Tätigkeit (§ 2 Abs. 2 Nr. 1 EStG).

Dieser Gewinn kann nach § 4 Abs. 3 EStG durch die Einnahme-Überschussrechnung ermittelt werden, da für Freiberufler weder nach § 140 AO noch nach § 141 AO eine Buchführungspflicht besteht.

Zunächst wird jeder einzelne Vorgang auf seine steuerliche Auswirkung untersucht.

1. Honorare:
Die vereinnahmten Honorare einschließlich der Umsatzsteuer gehören zweifelsfrei zu den Betriebseinnahmen (§ 8 Abs. 1 EStG analog, § 11 Abs. 1 EStG).
Betriebseinnahmen — 318 000 €
2. Verkauf Golf GTD:
Der Verkaufserlös muss als Betriebseinnahme erfasst werden (R 4.5 Abs. 3 Satz 1 EStR).
Betriebseinnahmen — 11 500 €
Die enthaltene USt ist bei Zahlung an das Finanzamt entweder in der Position »Vorsteuererstattung« oder »geleistete Umsatzsteuerzahlung« enthalten und hat sich somit wieder gewinnmindernd ausgewirkt. Im Endergebnis sind umsatzsteuerliche Zahlungsvorgänge immer gewinnneutral (H 9 b [Gewinnermittlung nach ...] EStH).
Der Restwert zum 01. 01. 2016 ist jedoch als Betriebsausgabe zu erfassen:

Zugang Pkw am 15. 01. 2014		15 338 €
AfA 2014 nach § 7 Abs. 1 EStG (Nutzungsdauer 6 Jahre)	./.	2 556 €
Für Anschaffungen im Jahr 2014 ist keine degressive AfA nach § 7 Abs. 2 EStG mehr zulässig.		
Sonderabschreibung 2014 (20 % von 15 338 €)	./.	3 068 €
Restwert zum 31. 12. 2014		9 714 €
AfA 2015	./.	2 556 €
Restwert zum 31. 12. 2015		7 158 €

Die Berechnung der anteiligen AfA für 2016 kann aus Vereinfachungsgründen unterbleiben.
Betriebsausgaben — 7 158 €

Hinweis zur Anwendung der degressiven AfA:

Wirtschaftsgut angeschafft					
(§ 52 Abs. 21 a EStG)		(§ 7 Abs. 2 Satz 3 EStG)		(§ 7 Abs. 2 Satz 1 EStG)	
vor dem 01. 01. 2001	**nach dem 31. 12. 2000**	**nach dem 31. 12. 2005**	**nach dem 31. 12. 2007**	**nach dem 31. 12. 2008**	**nach dem 31. 12. 2010**
3 × linearer AfA-Satz, max. 30 %	2 × linearer AfA-Satz, max. 20 %	3 × linearer AfA-Satz, max. 30 %	**abgeschafft** (Unternehmensteuerreformgesetz 2008)	2 1/2 × linearer AfA-Satz, max. 25 %	**abgeschafft** (Konjunkturpaket)

3. Vorsteuererstattung:
   Betriebseinnahmen **600 €**
4. Erstattung von verauslagten Gerichtskosten:
   Diese Erstattungen stellen keine Betriebseinnahmen dar, da es sich um sog. durchlaufende Posten handelt. Frau Dr. Wörner hatte die Gerichtskosten lediglich im Namen und für Rechnung ihrer Mandanten verauslagt, so dass die jeweiligen Zahlungen nicht zu Betriebsausgaben und die Erstattungen nicht zu Betriebseinnahmen führen (§ 4 Abs. 3 Satz 2 EStG).
5. Gehälter:
   Diese gehören unstreitig zu den Betriebsausgaben (§ 4 Abs. 4 EStG).
   Betriebsausgaben **25 000 €**
6. Kauf BMW Coupé am 03. 07. 2016:
   Der Pkw gehört in vollem Umfang zum notwendigen Betriebsvermögen, da seine berufliche Nutzung 50 % übersteigt (R 4.2 Abs. 1 Satz 4 EStR).
   Die Fahrten zwischen Wohnung und Kanzlei stellen berufliche Fahrten dar.
   Somit sind zunächst alle Kfz-Kosten einschließlich der AfA Betriebsausgaben.
   Die AfA berechnet sich wie folgt:
   AfA-Methode: linear nach § 7 Abs. 1 EStG.
   AfA-Satz: 16,66 %.
   AfA-Bemessungsgrundlage: 40 000 € (Anschaffungskosten).
   AfA-Jahresbetrag: 40 000 € × 16,66 % = 6 664 €.
   Zeitanteilige AfA: 3 332 € (§ 7 Abs. 1 Satz 4 EStG, Anschaffung im Juli)
   Die Vorsteuer i. H. v. 7 600 € gehört nach § 9 b Abs. 1 EStG nicht zu den Anschaffungskosten, da sie nach § 15 UStG abzugsfähig ist.
   Die Sonderabschreibung gem. § 7 g EStG kommt nicht in Betracht, da der private Nutzungsanteil mehr als 10 % beträgt (§ 7 g Abs. 6 Nr. 2 EStG).
   Die Voraussetzungen für die Inanspruchnahme des Investitionsabzugsbetrages sind entfallen, da das Wirtschaftsgut nicht bis zum Ende des dem Wj. der Anschaffung folgenden Wj. fast ausschließlich betrieblich genutzt wird. Nach § 7 g Abs. 4 Satz 1 EStG ist der Investitionsabzugsbetrag im Kj. 2015 rückgängig zu machen. § 7 g Abs. 4 EStG enthält somit eine entsprechende Änderungsvorschrift sowie eine Ablaufhemmung für die Festsetzungsfrist.
   Im Jahr der Anschaffung des neuen Pkws müsste der Gewinn des Jahres 2016 durch den Hinzurechnungsbetrag um 16 000 € erhöht (§ 7 g Abs. 2 Satz 1 EStG) und gleichzeitig durch die besondere AfA nach § 7 g Abs. 2 Satz 2 EStG um 16 000 € gemindert werden. Die

weitere AfA-Bemessungsgrundlage würde dann 26 000 €. betragen. Da aber der Pkw nicht bis einschließlich des Kj. 2017 fast ausschließlich betrieblich genutzt wird, sind nach § 7 g Abs. 4 EStG die Auswirkungen nach § 7 g Abs. 1 und Abs. 2 EStG rückgängig zu machen. Konkret bedeutet dies, dass – wie oben bereits erläutert – der Investitionsabzugsbetrag im Kj. 2015 rückgängig gemacht wird und auf die Berücksichtigung eines Hinzurechnungsbetrages sowie auf die Kürzung der AfA-Bemessungsrundlage verzichtet wird.

Betriebsausgaben:	
Kfz-Kosten netto	5 550 €
USt bei Zahlung von 4 403 €	703 €
AfA	3 332 €
Vorsteuern aus den Anschaffungskosten des Pkw bei Zahlung des Kaufpreises	7 600 €
Betriebsausgaben	**17 185 €**

Es sind jedoch noch folgende Korrekturen vorzunehmen:

a) Fahrten Wohnung – Kanzlei

Die Kosten je gefahrenen Kilometer betragen 8 882 €/25 000 km = 0,355 €. Dies führt zu folgender Berechnung (§ 4 Abs. 5 Nr. 6 Halbsatz 2 EStG):

– als Betriebsausgabe angesetzte tatsächlichen Kosten für die Fahrten zwischen Wohnung und Praxis 180 Tage × 10 km × 0,355 €	639 €
– als Betriebsausgabe nach § 4 Abs. 5 Nr. 6 i. V. m. § 9 Abs. 1 Nr. 4 EStG abzugsfähig 180 Tage × 5 km × 0,30 €	270 €
nichtabzugsfähige Betriebsausgaben	369 €

Die Fahrten Wohnung – Kanzlei sind unternehmerische Fahrten. Die Vorsteuerbeträge, die auf diese Fahrten entfallen, sind in dem nach § 15 Abs. 1 UStG abziehbaren Anteil enthalten. Es ergeben sich keine umsatzsteuerrechtlichen Konsequenzen (Abschn. 15.23 Abs. 2 Satz 2 UStAE).

Ansatz als (fiktive) Betriebseinnahme	**369 €**

b) Private Pkw-Nutzung

Die Kosten der privaten Kfz-Nutzung i. H. v. 25 % sind nach § 12 Nr. 1 EStG Kosten der privaten Lebensführung und damit nicht als Betriebsausgabe abzugsfähig (R 4.7 Abs. 1 Satz 1 EStR).

Die private Nutzung stellt eine Entnahme i. S. v. § 4 Abs. 1 Satz 2 EStG dar, die hier mit den tatsächlichen anteiligen Kfz-Kosten anzusetzen ist (§ 6 Abs. 1 Nr. 4 Satz 3 EStG).

Kfz-Kosten = 8 882 € × 25 %	2 221 €
Ansatz als (fiktive) Betriebseinnahme	**2 221 €**

Die Vorsteuer aus der Anschaffung des Pkw ist zu 100 % abziehbar und abzugsfähig. Die private Nutzung des Pkw stellt daher gem. § 3 Abs. 9 a Nr. 1 UStG eine steuerbare und steuerpflichtige unentgeltliche Wertabgabe dar. Die Bemessungsgrundlage wird nach § 10 Abs. 4 Nr. 2 UStG wie folgt ermittelt (Fahrtenbuchmethode; Abschn. 15.23 Abs. 6 UStAE):

mit Vorsteuern belastete Ausgaben (Benzin, Reparaturen)	3 700 €

Die Anschaffungskosten i. H. v. 40 000 € sind gleichmäßig auf den fünfjährigen Berichtigungszeitraum i. S. d. § 15 a Abs. 1 UStG zu verteilen. Nach § 45 UStDV beginnt der Verteilungszeitraum am 01 .07. 2016 und endet mit Ablauf des 30. 06. 2021. Auf das Kj. 2016 entfällt somit ein Betrag von 40 000 € : 5 Jahre = 8 000 € : 12 Monate × 6 Monate = 4 000 €

Die Ausgaben betragen insgesamt 7 700 €

Der Privatanteil beträgt davon 25 %. Die Bemessungsgrundlage für die unentgeltliche Wertabgabe beträgt somit 25 % von 7 700 € = 1 925 €. Bei einem Steuersatz von 19 % beträgt die USt dafür 366 €. Da diese USt nach § 12 Nr. 3 EStG den Gewinn nicht mindern darf, ist die auf die unentgeltliche Wertabgabe entfallende USt als fiktive Betriebseinnahme zu behandeln.

Ansatz als (fiktive) Betriebseinnahme 366 €

Hinweise:

aa) Zur ertragsteuerlichen Erfassung der Nutzung eines betrieblichen Kraftfahrzeugs zu Privatfahrten, zu Fahrten zwischen Wohnung und Betriebsstätte sowie zu Familienheimfahrten nach § 4 Abs. 5 Satz 1 Nr. 6 und § 6 Abs. 1 Nr. 4 Satz 1 bis 3 EStG ist das BMF-Schreiben vom 18. 11. 2009 (BStBl I 2009, 1326) zu beachten.

bb) Zur Berechnung der einzelnen Korrekturen wurden die Kfz-Kosten zugrunde gelegt. Soweit abzugsfähige Vorsteuer auf diese Kosten entfällt, ist sie nicht Bestandteil dieser Kosten (§ 9 b Abs. 1 EStG).

cc) Der private Nutzungsanteil eines Kfz sowie der nicht abzugsfähige Betrag für Fahrten zwischen Wohnung und Betrieb kann in einem pauschalierten Verfahren ermittelt werden. Dies würde im vorliegenden Fall zu folgenden Ergebnissen führen:

Fahrten Wohnung – Kanzlei (§ 4 Abs. 5 Nr. 6 Halbsatz 1 EStG): Listenpreis i. S. d. § 6 Abs. 1 Nr. 4 Satz 2 EStG 47 600 € × 0,03 %
= 14,28 × 6 Monate = 85,68 € × 5 Entfernungskilometer = fiktive Betriebsausgaben 428 €
./. abzugsfähige Betriebsausgaben § 9 Abs. 1 Nr. 4 EStG (Berechnung siehe oben) ./. 270 €
Unterschiedsbetrag = Gewinnkorrektur 158 €

Private Pkw-Nutzung (§ 6 Abs. 1 Nr. 4 Satz 2 EStG):
47 600 € × 1 % = 476 € × 6 Monate = 2 856 €
Für die Besteuerung der nichtunternehmerischen Pkw-Nutzung ist für die nicht mit Vorsteuern belasteten Kosten ein pauschaler Abschlag von 20 % vorzunehmen. ./. 571 €
Bemessungsgrundlage für die USt 2 285 €
Der so ermittelte Betrag ist ein sog. Nettowert, auf den die USt mit dem allgemeinen Steuersatz aufzuschlagen ist. Die USt beträgt. 434 €
Dies hätte zum Ergebnis, dass ein Privatanteil i. H. v. (2 856 € + 434 € =) 3 290 € gewinnerhöhend erfasst werden müsste.

Die Listenpreismethode ist für nach dem 31. 12. 2008 beginnende Wirtschaftsjahre nur noch dann anzuwenden, wenn das Kfz zu mehr als 50 % betrieblich genutzt wird (§ 6 Abs. 1 Nr. 4 Satz 2 EStG).

7. Schreib- und Büromaterial:
   Betriebsausgaben **5 400 €**
8. Druck von Mandanteninformationen:
   Betriebsausgaben **480 €**
9. Fortbildungsseminare:
   Zur Mischkostenproblematik nimmt das BMF mit Schreiben vom 06. 07. 2010 (BStBl I 2010, 614) Stellung.
   Betriebsausgaben **2 400 €**
10. Steuerberatungskosten:
   Steuerberatungskosten gehören, soweit sie die Ermittlung der Einkünfte aus selbständiger Arbeit betreffen (Anlage GSE mit Gewinnermittlung), zu den Betriebsausgaben.
   Betriebsausgaben (brutto) **1 547 €**
   Soweit sie sich auf die Anlage SO beziehen, handelt es sich um Werbungskosten im Rahmen der sonstigen Einkünfte.
   Der Teil der Steuerberatungskosten, der die Erstellung des Mantelbogens betrifft, zählt zu den nicht abzugsfähigen Kosten der privaten Lebensführung nach § 12 Nr. 1 EStG. Ab dem Kj. 2006 ist § 10 Abs. 1 Nr. 6 EStG aufgehoben. Die privaten Steuerberatungskosten sind nicht mehr als Sonderausgaben abzugsfähig.
11. Kauf der Büroräume:
   Die beruflich genutzten Büroräume und der dazugehörende Grund und Boden gehören zum notwendigen Betriebsvermögen (R 4.2 Abs. 7 Satz 1 EStR).
   Büroräume
   Insoweit handelt es sich um abnutzbares Anlagevermögen (R 6.1 Abs. 1 Satz 1 und 5 EStR), dessen Anschaffungskosten nur im Wege der AfA als Betriebsausgabe berücksichtigt werden können (§ 4 Abs. 3 Satz 3 EStG).
   Grund und Boden
   Die Anschaffungskosten für dieses Wirtschaftsgut des nicht abnutzbaren Anlagevermögens (R 6.1 Abs. 1 Satz 1 und 6 EStR) können erst im Zeitpunkt des Zuflusses des Veräußerungserlöses oder bei Entnahme im Zeitpunkt der Entnahme als Betriebsausgaben berücksichtigt werden (§ 4 Abs. 3 Satz 4 EStG).
   AfA-Ermittlung
   AfA-Methode
   Nach § 7 Abs. 5 a EStG sind § 7 Abs. 4 und Abs. 5 EStG auf im Teileigentum stehenden Räume entsprechend anzuwenden; d. h. sofern alle Voraussetzungen erfüllt sind kann zwischen der linearen und der degressiven Gebäude-AfA gewählt werden.
   Das Objekt wurde bis zum Ende des Jahres der Fertigstellung (Jahr der Bezugsfertigkeit, H 7.4 [Fertigstellung] EStH) angeschafft (Übergang von Besitz, Nutzen und Lasten, H 7.4 [Lieferung] EStH) und der Hersteller (die Bauträgergesellschaft) hat für das veräußerte Teileigentum weder degressive AfA, noch erhöhte Absetzungen oder Sonderabschreibungen in Anspruch genommen. Jedoch wurde der Kaufvertrag nicht vor dem 01. 01. 1994 rechtswirksam abgeschlossen (s. a. R 7.2 Abs. 5 EStR), so dass die degressive AfA-Methode nach § 7 Abs. 5 Nr. 1 EStG nicht zur Anwendung kommen kann. Somit muss das Objekt zwingend nach § 7 Abs. 4 Nr. 1 EStG linear abgeschrieben werden.
   AfA-Satz = 3 % (zur Anwendung siehe § 7 Abs. 4 Nr. 1 i. V. m. § 52 Abs. 15 Sätze 2 und 3 EStG)AfA-Bemessungsgrundlage

Zur Ermittlung der Anschaffungskosten der Büroräume sind die gesamten Anschaffungskosten in Gebäudeanteil und Grund und Bodenanteil aufzuteilen (H 7.3 [Anschaffungskosten] EStH).

Kaufpreis	189 900 €
+ Notargebühr/Kaufvertrag	600 €
+ Grundbuch/Eintragung des Eigentums	250 €
+ Grunderwerbsteuer	6 615 €
Anschaffungskosten (§ 255 Abs. 1 HGB)	197 365 €
./. 15 % Grund und Bodenanteil	29 604 €
Gebäudeanteil	167 761 €

Die vom Notar in Rechnung gestellte Umsatzsteuer für die Beurkundung des Kaufvertrags (114 €) gehört nicht zu den Anschaffungskosten, da nach § 15 Abs. 1 Nr. 1 UStG diese Vorsteuer abziehbar und abzugsfähig ist (§ 9 b Abs. 1 EStG). Dieser gezahlte Vorsteuerbetrag ist als sofort abzugsfähige Betriebsausgabe anzusetzen.

Betriebsausgaben **114 €**

AfA-Betrag

167 761 € × 3 % = 5 033 € × 10/12 = 4 194 €

Betriebsausgaben **4 194 €**

Nach § 7 Abs. 4 Satz 1 Halbsatz 2 i. V. m. § 7 Abs. 1 Satz 4 EStG ist die lineare AfA nach § 7 Abs. 4 EStG im Jahr der Anschaffung eines Gebäudes nur i. H. d. zeitanteiligen AfA-Jahresbetrages anzusetzen.

12. Mietzahlungen:
Nach dem Zu- und Abflussprinzip des § 11 EStG sind die Mietzahlungen bei Verausgabung Betriebsausgaben und die Rückerstattung bei Vereinnahmung Betriebseinnahmen. Da die Erstattung der Aprilmiete 2016 in 2016 erfolgte, ist sie auch in 2016 zu erfassen.
Betriebseinnahmen **2 700 €**

13. Hypothekendarlehen:
Die Darlehensaufnahme wie auch die Tilgung stellen keine Betriebseinnahmen oder Betriebsausgaben dar (H 4.5 (2) [Darlehen] EStH). Hinsichtlich des Damnums und der Schuldzinsen liegen Betriebsausgaben vor, da das Darlehen zur Finanzierung beruflicher Aufwendungen aufgenommen worden ist.
Betriebsausgaben **20 000 €**

14. Sonstige Kosten bzgl. der Büroräume:
Aufwendungen für Grundstücke, die zum Betriebsvermögen gehören und nicht Bestandteil der Anschaffungs- oder Herstellungskosten sind, zählen stets zu den Betriebsausgaben (R 4.7 Abs. 2 Satz 3 EStR):

Notargebühr/Hypothek (brutto) (sog. Geldbeschaffungskosten)	476 €
laufende Kosten (brutto)	2 850 €
Betriebsausgaben	**3 326 €**

15. Abschreibungen lt. Anlageverzeichnis:
Betriebsausgaben **15 000 €**

16. Andere Vorsteuern und an das Finanzamt gezahlte Umsatzsteuer:
Betriebsausgaben **30 400 €**

Im Endergebnis stellt sich die Einnahme-Überschussrechnung nach § 4 Abs. 3 EStG für 2016 wie folgt dar:

Betriebseinnahmen	
Honorare	318 000 €
Verkaufserlös »Golf«	11 500 €
Vorsteuererstattung	600 €
Fahrten Wohnung – Kanzlei	369 €
Privatnutzung »BMW«	2 221 €
USt auf die Privatnutzung	366 €
Mieterstattung	2 700 €
Summe Betriebseinnahmen	**335 756 €**
Betriebsausgaben	
Restwert »Golf«	7 158 €
Gehälter	25 000 €
Kfz-Kosten »BMW«	17 185 €
Schreib- und Büromaterial	5 400 €
Mandanteninformationen	480 €
Fortbildungsseminare	2 400 €
Steuerberatungskosten	1 547 €
AfA-Büroräume	4 194 €
Vorsteuern Notar	114 €
Kosten Hypothekendarlehen	20 000 €
Sonstige Grundstückskosten	3 326 €
Abschreibungen	15 000 €
Andere Vorsteuern und an das FA geleistete Umsatzsteuerzahlungen	30 400 €
Summe Betriebsausgaben	**132 204 €**
Gewinn 2016	**203 552 €**

ÜBUNG 15 Einkünfte aus Kapitalvermögen

SACHVERHALT

Der mit seiner Ehefrau zusammen veranlagte Alf Mopp (Alf) besitzt 50 Aktien der Saarländischen Milchwerke AG mit Sitz in Saarbrücken. Das Wj. der AG entspricht dem Kj.

Am 08. 11. 2016 beschließt die Hauptversammlung der AG, an der auch Alf teilnahm, eine Gewinnausschüttung für 2015 von insgesamt 20 000 €.

Alf erhielt seinen Gewinnanteil von netto 1 472 € am 18. 12. 2015 auf sein Bankkonto überwiesen. Eine ordnungsgemäße Steuerbescheinigung liegt vor. An Fahrtkosten zur Hauptversammlung entstanden ihm nachweislich 50 €.

Die Aktien hatte Alf in 2015 für 5 000 € erworben und hierfür einen entsprechenden Bankkredit aufgenommen. Die Zinsen sind halbjährlich jeweils am 30. 06. und 31. 12. eines Jahres fällig. Alf zahlte die am 31. 12. 2016 fälligen Zinsen von 225 € mittels Banküberweisung am 06. 01. 2017.

Für private Spareinlagen bei der Postbank AG erhielt Alf für 2016 3 590 € Zinsen (Freistellungsauftrag in voller Höhe erteilt) am 14. 01. 2017 in sein Sparbuch eingetragen.

Der Kirchensteuersatz beträgt in dem Bundesland der Eheleute Mopp (z. B. Rheinland-Pfalz) 9 %.

Die Eheleute haben – ohne die Kapitaleinkünfte – im Veranlagungszeitraum 2016 ein zu versteuerndes Einkommen von 20 000 € bzw. 30 000 €.

AUFGABE

Nehmen Sie zu diesem Sachverhalt Stellung und ermitteln Sie die Einkünfte aus Kapitalvermögen für 2016 von Alf. Gehen Sie dabei davon aus, dass Alfs Ehefrau keinerlei Einkünfte aus Kapitalvermögen erzielt hat.

LÖSUNG

Die Gewinnausschüttung der Milchwerke AG führt bei Alf zu Einkünften aus Kapitalvermögen nach § 20 Abs. 1 Nr. 1 EStG. Die Gewinnausschüttung für 2015 ist im Jahr des Zuflusses (2016) als Einnahme gem. § 20 Abs. 1 Nr. 1 EStG zu erfassen (§ 11 Abs. 1 Satz 1 EStG) = 1 472 € zuzüglich des SolZ, der Kapitalertragsteuer sowie der Kirchensteuer zur Kapitalertragsteuer (Bruttodividende). Bei einem Kirchensteuersatz von 9 % wird die Bruttodividende wie folgt berechnet:

§ 32 d Abs. 1 EStG enthält eine mathematische Formel zur Berechnung der pauschalen ESt; diese gilt auch für den KapESt-Abzug nach § 43 a Abs. 1 EStG.

$$\frac{E\ ./.\ 4Q}{4 + K}$$

E: die nach den Vorschriften des ESt ermittelten Einkünfte
Q: anrechenbare ausländische Steuer
K: der jeweilige Kirchensteuersatz

Einbehaltung der Kirchensteuer bis zum Veranlagungszeitraum 2013

Ab dem VZ 2009 wird dem Stpfl. ein Wahlrecht eingeräumt. Er kann die KiSt entweder als KiSt-Abzug einbehalten lassen oder sie von dem für ihn zuständigen FA veranlagen lassen.

Nach § 32 d Abs. 1 Sätze 3 und 4 EStG – und auch nach § 43 a Abs. 1 Satz 2 EStG – mindert sich die pauschale ESt (25 %) bzw. der KapESt-Abzug um 25 % der auf die Kapitalerträge entfallenden KiSt.

Nach § 51 a Abs. 2 b und 2 c EStG wird die KiSt als Zuschlag zur KapESt erhoben. Wird die KiSt nicht von der auszahlenden Stelle erhoben, weil z. B. kein Antrag gestellt wurde, ist die KiSt gem. § 51 a Abs. 2 d EStG vom FA zu veranlagen. Wurde die KiSt nach § 51 a Abs. 2 c EStG erhoben, kann der Stpfl. auch nach § 51 a Abs. 2 d EStG eine KiSt-Veranlagung beantragen.

Einbehaltung der Kirchensteuer ab dem Veranlagungszeitraum 2014

Durch das Gesetz zur Umsetzung der Beitreibungsrichtlinie sowie zur Änderung steuerlicher Vorschriften (Beitreibungsrichtlinie-Umsetzungsgesetz – BeitrRLUmsG – vom 07. 12. 2011 BGBl I 2011, 2592) wird in § 51 a Abs. 2 c und 2 e EStG die Einbehaltung der KiSt auf Kapitalerträge neu geregelt. Nach § 52 a Abs. 18 EStG ist die Neuregelung erstmals auf nach dem 31. 12. 2013 zufließende Kapitalerträge anzuwenden.

Das Verfahren wird wie folgt durchgeführt:

- Das BZSt stellt die Konfessionszugehörigkeit des Anlegers dem Kreditinstitut in einer Weise zum Abruf zur Verfügung, die es diesem erlaubt, den Abzug der KiSt gezielt für die erhebenden Religionsgemeinschaften durchzuführen vergleichbar mit dem Lohnkirchensteuerabzugsverfahren. Dieser automatisierte Datenabruf ist verpflichtend für alle, die einen Steuerabzug vom Kapitalertrag vornehmen müssen. Die Informationen erhält das

BZSt aus den beiden Datenquellen zur Steueridentifikationsnummer und zur Bildung der Lohnsteuerabzugsmerkmale (ELStAM). Hierin enthalten ist auch die Zugehörigkeit einer Person zu einer Religionsgemeinschaft.

- Das BZSt speichert die Daten, mit deren Hilfe eine Person einer Religionsgemeinschaft zugeordnet werden kann, und stellt sie als automatisiert abrufbares Merkmal für den KiSt-Abzug bereit. Dies geschieht über die Identifikationsnummer des Anlegers.
- Banken können unbekannte Identifikationsnummern beim BZSt anfragen.
- Kreditinstitute müssen einmal jährlich zwischen dem 01.09. und dem 31.10. beim BZSt anfragen, ob der Bankkunde kirchensteuerpflichtig ist. Hinzu kommen – etwa für Lebensversicherungen – Anlassabfragen bei Fälligkeit eines Vertrages. Auf Anfrage teilt das BZSt die Zugehörigkeit und den für die Religionsgemeinschaft geltenden Kirchensteuersatz mit.
- Kreditinstitute müssen rechtzeitig vor der Abfrage ihre Kunden individuell auf die bevorstehende Datenabfrage hinweisen.
- Gehört der Anleger keiner Religionsgemeinschaft an oder hat er dem Abruf von Daten widersprochen, teilt das BZSt einen Nullwert mit.
- Anschließend führt die Bank entsprechend KiSt ab. Das Verfahren entspricht dem bei der KapESt.

Sind an den Kapitalerträgen ausschließlich Ehegatten beteiligt, wird der Anteil hälftig zugerechnet. Für andere Personenmehrheiten mit Gemeinschaftskonten gilt das automatisierte Verfahren nicht, die KiSt wird in der ESt-Veranlagung der Betroffenen berücksichtigt.

Hinweis:

Anleger können unter Angabe ihrer Steueridentifikationsnummer schriftlich beim BZSt beantragen, dass der automatisierte Datenabruf zur Religionsgemeinschaft bis auf schriftlichen Widerruf unterbleibt (§ 51 a Abs. 2 e EStG). Die Banken müssen – etwa über einen (Online-) Kontoauszug – einen Hinweis auf das Widerspruchsrecht geben. Liegt ein Sperrvermerk vor, ist der Antragsteller zur Abgabe einer Steuererklärung zum Zwecke der Veranlagung zur KiSt verpflichtet. Damit er dies auch tatsächlich macht, übermittelt das BZSt diesen Sperrvermerk dem zuständigen Wohnsitzfinanzamt. Dieses kann den Sparer dann zur Abgabe einer Steuererklärung auffordern.

Teilen derzeit Sparer der Bank ihre Konfession nicht freiwillig mit, besteht zwar ebenfalls die gesetzliche Verpflichtung zur Deklaration in der Anlage KAP, weil die Abgabe für die Kirche noch nicht geleistet worden ist. Jedoch geben nicht alle Privatanleger ihre Kapitalerträge in der Steuererklärung an, weil Abgeltungsteuer und Solidaritätszuschlag schon ordnungsgemäß bezahlt worden sind. Dieses Defizit wird künftig unterbunden, denn

- Banken wissen, ob ihre Kunden eine Konfession besitzen oder keine KiSt zahlen müssen; so können Kreditinstitute mit der Kirchenabgabe genauso verfahren wie mit der Abgeltungsteuer;
- die Escape-Klausel, wonach der Anleger dem Abruf widersprechen kann, löst eine Kontrollmitteilung an das Wohnsitzfinanzamt aus.

Grundsätzlich ist die gezahlte KiSt nach § 10 Abs. 1 Nr. 4 EStG als Sonderausgabe abziehbar. Die KiSt mindert somit die Berechnungsgrundlage für die ESt. Die Minderung der ESt durch die KiSt wird hier bereits im Rahmen der gesonderten Steuerfestsetzung des § 32 d EStG pauschal berücksichtigt.

Zu berücksichtigen ist noch, dass der steuerentlastende Abzug der KiSt für die Berechnung der ESt die KiSt selbst entlastet, da Bemessungsgrundlage der KiSt die ESt ist.

Bei einem Kirchensteuersatz von 9 % und ohne ausländische Steuer beträgt der Steuersatz für die Berechnung der Kapitalertragsteuer:

$$\frac{1}{4{,}09} \times 100 = 24{,}45\ \%$$

Die Kirchensteuer beträgt dafür: 24,45 % × 9 % = 2,20 %.

Der SolZ beträgt dafür: 24,45 % × 5,5 % = 1,35 %.

Die Steuerbelastung beträgt somit insgesamt (24,45 + 2,20 + 1,35 =) 28 %. Die Nettodividende beträgt somit 72 %.

Die Bruttodividende beträgt: 1 472 € : 72 × 100 = 2 044,45 €. Die KapESt (24,45 % von 2 044,45 € =) i. H. v. 499,87 €, der SolZ (5,5 % von 499,87 € =) i. H. v. 27,49 € und die Kirchensteuer (9 % von 499,87 € =) i. H. v. 44,98 sind gem. § 12 Nr. 3 EStG nicht abzugsfähig und erhöhen deshalb den Wert der Nettodividende.

Die Zinsen aus dem Postbanksparbuch (§ 20 Abs. 1 Nr. 7 EStG) sind gem. § 11 Abs. 1 Satz 1 EStG am 31. 12. 2016 zugeflossen. Auf die Eintragung im Sparbuch kommt es nicht an, weil mit bankinterner Gutschrift der Zinsen auf das Sparkonto die wirtschaftliche Verfügungsmacht verschafft wird (zum Zufluss von Zinsen s. a. Rz. 241 des BMF-Schreibens vom 22. 12. 2009, BStBl I 2010, 94). Durch den Freistellungsauftrag i. S. d. § 44 a Abs. 1 Nr. 1 EStG werden Kapitalerträge i. H. d. Sparer-Pauschbetrages von 1 602 € (§ 20 Abs. 9 EStG) vom Kapitalertragsteuerabzug freigestellt. Der Nettozinsertrag von 3 590 € erhöht sich somit um 1 602 € auf 5 192 €; dem Kapitalertragsteuerabzug haben jedoch lediglich (3 590 € : 72 × 100 =) 4 986,11 € unterlegen. Der Bruttoertrag beträgt somit (4 986,11 € + 1 602 € =) 6 588,11 €.

Als Einnahmen aus Kapitalvermögen ergeben sich insgesamt (6 588,11 € + 2 044,45 € =) 8 632,56 €.

Werbungskosten

Die Fahrtkosten zur Hauptversammlung i. H. v. 50 € stellen gem. § 9 Abs. 1 Satz 1 EStG Werbungskosten dar. Die Schuldzinsen zum Erwerb der Aktien sind Werbungskosten gem. § 9 Abs. 1 Nr. 1 EStG. Für die am 31. 12. 2015 fälligen Zinsen gilt die Ausnahmeregelung des § 11 Abs. 2 Satz 2 EStG. Es handelt sich um regelmäßig wiederkehrende Ausgaben, die wirtschaftlich in den Dezember 2016 gehören und die auch innerhalb des Zehn-Tage-Zeitraumes gezahlt worden sind. Die Werbungskosten betragen insgesamt 275 €.

Nach § 20 Abs. 9 EStG dürfen die tatsächlichen Werbungskosten nicht berücksichtigt werden. Bei der Ermittlung der Einkünfte aus Kapitalvermögen ist lediglich der Sparer-Pauschbetrag von 801 € (bei Zusammenveranlagung 1 602 €) zu berücksichtigen.

Die Einnahmen betragen	8 632 €
Sparer-Pauschbetrag	./. 1 602 €
Die Einkünfte aus Kapitalvermögen betragen	7 030 €

Bei der Ermittlung des zu versteuerndes Einkommens sind nach § 2 Abs. 5 b EStG die Kapitalerträge grundsätzlich nicht einzubeziehen. Dies gilt u. a. allerdings nicht in den Fällen des § 32 d Abs. 6 EStG.

Nach dem BFH-Urteil vom 01. 07. 2014 (VIII R 53/12, BStBl II 2014, 975) ist die Regelung des § 20 Abs. 9 EStG verfassungsgemäß. Zwar könnte das Abzugsverbot für Werbungskosten i. S. d. § 20 Abs. 9 Satz 1 EStG unter Umständen einen Verstoß gegen den Grundsatz der Besteuerung nach der wirtschaftlichen Leistungsfähigkeit beinhalten. Mit der Gewährung des Sparer-Pauschbetrags i. H. v. 801 € hat der Gesetzgeber jedoch eine verfassungsrechtlich grundsätzlich anzuerkennende Typisierung der Werbungskosten bei den Beziehern niedriger Kapitaleinkünfte sowie mit der Senkung des Steuertarifs von bisher bis zu 45 % auf nunmehr 25 % zugleich eine verfassungsrechtlich anzuerkennende Typisierung der Werbungskosten bei den Beziehern höherer Kapitaleinkünfte vorgenommen.

Auch bei der sog. Günstigerprüfung nach § 32 d Abs. 6 Satz 1 EStG findet § 20 Abs. 9 EStG Anwendung; ein Abzug der tatsächlich entstandenen Werbungskosten kommt daher nicht in Betracht (BFH-Urteil vom 28. 01. 2015, VIII R 13/13, BFH/NV 2015, 582).

Danach kann auf Antrag des Stpfl. eine Günstigerrechnung durchgeführt werden.

Veranlagungszeitraum 2016				
Zu versteuerndes Einkommen	20 000 €		30 000 €	
Kapitaleinkünfte mit Abgeltungswirkung	7 030 €		7 030 €	
ESt 2016 (§ 32 a Abs. 5 EStG) auf zu versteuerndes Einkommen (20 000 € bzw. 30 000 €)		412 €		2 550 €
Abgeltungsteuer (24,45 %)	1 718 €		1 718 €	
KiSt 9 % von 1 718 € bzw. 412 €/2 550 €	155 €	37 €	155 €	229 €
SolZ 5,5 % von 1 718 € bzw. 412 €/2 550 €	94 €	0 €	94 €	121 €
Steuerbelastung	1 967 €	449 €	1 967 €	2 900 €
		1 967 €		1 967 €
Steuerbelastung unter Berücksichtigung der Abgeltungsteuer		2 416 €		4 867 €
Steuerbelastung (§ 32 a Abs. 5 EStG) nach der Günstigerrechnung des § 32 d Abs. 6 EStG (zu versteuerndes Einkommen 27 030 € bzw. 37 030 €)	1 830 €		4 332 €	
Kirchensteuer	164 €		390 €	
SolZ	0 €		238 €	
Steuerbelastung insgesamt	1 994 €	2 416 €	4 960 €	4 867 €
Abgeltungsteuer ist teurer um		**422 €**		
Abgeltungsteuer ist günstiger um				**93 €**

ÜBUNG 16 Einkünfte aus Vermietung und Verpachtung, Zuflussproblematik

SACHVERHALT

Ludwig Fox (Ludwig) besitzt in Lindenberg ein umsatzsteuerfrei vermietetes Mehrfamilienhaus.

Nach den Angaben in seiner Einkommensteuererklärung für 2016 betragen die Einnahmen aus der Vermietung 20 000 € und die (unstreitigen) Werbungskosten 6 000 €. Die Mieten sind nach den Mietverträgen jeweils zum 1. eines jeden Monats fällig.

Bei der Ermittlung der Einnahmen sind unter anderem die folgenden Vorfälle berücksichtigt worden:

1. Der Mieter im Erdgeschoss hat die Dezembermiete 2016 i. H. v. 530 € am 15. 01. 2017 auf das Konto von Ludwig eingezahlt.
2. Der Mieter im 1. Obergeschoss hat die Januarmiete 2017 bereits im Dezember 2016 überwiesen; die Gutschrift ist am 28. 12. 2016 erfolgt. Die Miete beträgt 580 €.
3. Der Mieter im 2. Obergeschoss hat Ludwig für die Miete der Monate Januar und Februar 2017 bereits am 01. 12. 2016 drei Euro-Schecks über jeweils 320 € gegeben, die Ludwig allerdings erst am 04. 01. 2017 von der Bank seinem Konto gutschreiben lässt.

AUFGABE

Ermitteln Sie die Einkünfte aus Vermietung und Verpachtung für 2016.

LÖSUNG

Ludwig erzielt Einkünfte aus Vermietung und Verpachtung nach § 21 Abs. 1 Nr. 1 EStG. Die Einnahmen von 20 000 € sind jedoch wie folgt zu korrigieren:

1. Die Mietzahlung des Mieters aus dem Erdgeschoss kann nicht in 2016 berücksichtigt werden, weil das Geld nicht nach § 11 Abs. 1 Satz 1 EStG im Veranlagungszeitraum zugeflossen ist.
   Die Ausnahmeregelung des § 11 Abs. 1 Satz 2 EStG greift nicht. Zwar handelt es sich bei den Mietzahlungen um regelmäßig wiederkehrende Einnahmen i. S. d. Vorschrift. Auch gehört die Mietzahlung, die am 15. 01. 2017 geleistet wurde, wirtschaftlich in das Jahr 2016. Sie ist aber nicht kurze Zeit nach Beendigung des Kalenderjahres erfolgt, weil sie nicht innerhalb der von der Rechtsprechung angenommenen Zehn-Tage-Frist dem Konto gutgeschrieben wurde (H 11 [Allgemeines Kurze Zeit] EStH).
2. Auch die für den Januar 2017 bereits am 28. 12. 2016 gezahlte Miete kann nicht in 2016 erfasst werden, weil hier § 11 Abs. 1 Satz 2 EStG entgegensteht. Die Mietzahlung, die am 28. 12. 2016 einging, gehört wirtschaftlich in das Jahr 2017. Der Zahlungstermin liegt innerhalb der »kurzen« Zeit, also innerhalb der Zehn-Tage-Frist vor dem Jahreswechsel.
3. Die Mietzahlung des Mieters aus dem 2. Obergeschoss muss in vollem Umfang im Jahre 2016 berücksichtigt werden. Ein Fall des § 11 Abs. 1 Satz 2 EStG liegt nicht vor, da die Zahlung nicht im Zehn-Tage-Zeitraum liegt.

Einnahmen	20 000 €
Korrektur Mieter 1	./. 530 €
Korrektur Mieter 2	./. 580 €
Korrektur Mieter 3	0 €
	18 890 €
Werbungskosten, § 9 EStG	./. 6 000 €
Einkünfte aus Vermietung und Verpachtung	12 890 €

ÜBUNG 17 Einkünfte aus Vermietung und Verpachtung, Erbschaft, Zweifamilienhaus

SACHVERHALT

Karsten Candel (Karsten) lebt seit Jahren als einsamer Finanzbeamter in Neuwied am Rhein.

Der 01. 09. 2016 war für ihn ein trauriger Glückstag. Durch den Tod seiner Großmutter erbt er ein ausschließlich zu Wohnzwecken umsatzsteuerfrei vermietetes Zweifamilienhaus (Wohnfläche 180 m2) im Wert von 250 000 €:

Erdgeschoss: Mieteinnahmen im Jahr	12 000 €
Obergeschoss: Mieteinnahmen im Jahr	36 000 €

Im März 2016 ließ die verstorbene Großmutter das Haus noch renovieren. Die Kosten dafür betrugen 17 500 € und wurden von ihr im April 2016 bar bezahlt.

Karsten lässt im September 2016 die alten Fenster gegen isolierverglaste Fenster austauschen. Die Rechnung über 22 000 € zahlt er in zwei gleichmäßigen Raten am 22. 09. 2016 und am 01. 10. 2016.

Vor Weihnachten 2016 lässt Karsten den Eingangsweg zu dem Haus erstmals mit Steinplatten belegen. Die Rechnung i. H. v. 1 790 € bezahlte er noch in 2016.

Wegen einer Streiterei um die Miete führt Karsten einen Prozess gegen einen seiner Mieter beim Amtsgericht Neuwied. Die Rechtsanwaltskosten zahlt er am 21. 12. 2016 per Scheck (2 200 €). Bei der Übergabe des Schecks an den Rechtsanwalt vereinbart er mit ihm, dass der Scheck nicht vor dem 10. 01. 2017 eingelöst werden soll. Am 11. 01. 2017 erfolgt Einlösung und Gutschrift auf das Konto des Rechtsanwalts.

Aus der Einkommensteuerakte der Großmutter ergibt sich, dass sie dieses Haus (Baujahr 1980) im Jahr 2000 zum Preis von 350 000 DM (178 952 €) einschließlich des dazu gehörenden Grund und Bodens im Wert von 50 000 DM (25 564 €) erworben hat.

AUFGABE

Ermitteln Sie für das Jahr 2016 die geringst möglichen Einkünfte aus Vermietung und Verpachtung.

LÖSUNG

Die Erbschaft des Zweifamilienhauses am 01. 09. 2016 ist nicht einkommensteuerbar, da es sich um einen einmaligen Vermögensanfall handelt.

Karsten wird erst am 01. 09. 2016 durch die Erbschaft Eigentümer des Zweifamilienhauses. Infolgedessen sind ihm die Einnahmen nur zeitanteilig ab dem Monat September zuzurechnen. Die Mieteinnahmen von Januar bis August sind hingegen in der Veranlagung der Großmutter zu berücksichtigen.

a) Einnahmen (§ 8 Abs. 1 EStG):

Erdgeschoss 12 000 €, davon von Karsten zu versteuern	4 000 €
Obergeschoss 36 000 €, davon von Karsten zu versteuern	12 000 €
Summe Einnahmen	16 000 €

b) Werbungskosten (§ 9 EStG):

Renovierungskosten sind Erhaltungsaufwand (R 21.1 Abs. 1 Satz 1 EStR). Da sie jedoch noch von der Großmutter bezahlt wurden, können sie nur bei ihr berücksichtigt werden.

Der Austausch der Fenster stellt ebenfalls Erhaltungsaufwand dar. Karsten kann diesen Aufwand als Werbungskosten (§ 9 Abs. 1 Satz 1 EStG) im Jahr des Abflusses (§ 11 Abs. 2 EStG) abziehen. Da beide Raten in 2016 gezahlt wurden, sind diese auch in 2016 anzusetzen: **22 000 €**.

Da die geringst möglichen Einkünfte aus Vermietung und Verpachtung ermittelt werden sollen, ist § 82 b EStDV nicht zu berücksichtigen.

Ob bei der Neugestaltung des Eingangswegs Herstellungsaufwand vorliegt, ist gem. R 21.1 Abs. 2 Satz 2 EStR nicht zu prüfen. Nach der Aufgabenstellung sollen die geringst möglichen Einkünfte aus Vermietung und Verpachtung ermittelt werden. Der Rechnungsbetrag ohne USt beträgt weniger als 4 000 €, so dass Karsten auf Antrag diese Kosten als Erhaltungsaufwand behandeln kann. Als Erhaltungsaufwand kann dieser Betrag (**1 790 €**) im Veranlagungszeitraum der Zahlung (2016) als Werbungskosten abgezogen werden.

Die Rechtsanwaltskosten sind ebenfalls Werbungskosten aus Vermietung und Verpachtung, da der Prozess durch die Vermietung veranlasst ist, und die Kosten deshalb aufgewendet wurden (§ 9 Abs. 1 Satz 1 EStG). Der Abfluss des Betrages ist aber nicht – wie im Regelfall – mit der Übergabe des Schecks erfolgt. Der sofortigen Einlösung stehen zivilrechtliche Vereinbarungen entgegen. Der Abfluss erfolgt daher erst im Jahr 2017 (H 11 [Scheck Nr. 1 und 2] EStH).

Karsten muss die Gebäude-AfA nach § 7 Abs. 4 EStG seiner Großmutter fortführen (§ 11 d EStDV), da er das Gebäude unentgeltlich erworben hat. Bemessungsgrundlage für die lineare Gebäude-AfA sind die originären Anschaffungskosten i. H. v. 153 388 € für das Gebäude. Der AfA-Satz beträgt 2 % gem. § 7 Abs. 4 Nr. 2 Buchst. a EStG.

Jahres-AfA: 153 388 € × 2 % = 3 068 €.

Von Karsten geltend zu machende AfA: 4 Monate (pro rata temporis, § 7 Abs. 1 Satz 4 EStG): **1 022 €** = Werbungskosten gem. § 9 Abs. 1 Nr. 7 EStG.

Summe der Werbungskosten:	24 812 €
Die Einkünfte gem. § 21 EStG betragen	./. 8 812 €

Einkünfte aus Vermietung und Verpachtung, Wohn- und Geschäftshaus — ÜBUNG 18

SACHVERHALT

Olli Rambo (Olli) ist Eigentümer eines mehrgeschossigen Wohn- und Geschäftshauses in Nonnweiler (Saarland). Das Gebäude wurde in seinem Auftrag von einem Bauunternehmer schlüsselfertig erstellt. Das am 01. 08. 2016 fertig gestellte und am gleichen Tag von Olli abgenommene Gebäude wird wie folgt genutzt:

- **Erdgeschoss:** Vermietung an Frau Manu, die darin eine Frauenboutique betreibt;
- **1. Obergeschoss:** Vermietung an die örtliche Gemeindeverwaltung, die darin eine Außenstelle eingerichtet hat;
- **2./3. Obergeschoss:** Vermietung von vier Wohnungen an verschiedene Mieter.

Olli entrichtete an den Bauunternehmer für die Gebäudeerstellung insgesamt 600 000 € zzgl. 114 000 € USt. Von diesem Betrag wurde ein Teilbetrag von 250 000 € in 2015, der Restbetrag in 2016 entrichtet.

Das Gebäude wurde auf einem von Olli in 2005 erworbenen Bauplatz errichtet. Die Anschaffungskosten betrugen damals 240 000 €.

Den Bauantrag für das Gebäude hatte Olli bereits im Dezember 2005 gestellt. Wegen des Widerspruchs eines Nachbarn konnte mit den eigentlichen Baumaßnahmen erst Mitte 2015 begonnen werden. Für die Erteilung der Baugenehmigung hatte Olli 2015 eine Gebühr von 1 100 € an die Gemeindeverwaltung entrichten müssen. Der Architekt berechnete für die Planung des Objektes ein Honorar von 23 000 € zzgl. 4 370 € USt (Zahlung in 2016).

Im Zeitpunkt der Fertigstellung war, bedingt durch städtebauliche Maßnahmen in der Umgebung sowie die Preisentwicklung auf dem Immobilienmarkt, der Wert des Objektes deutlich gestiegen. Der Gesamtwert kann mit 1 250 000 € angenommen werden, wovon 500 000 € auf den Grund und Boden entfallen. Der Einheitswert des Grundstücks (Wertfortschreibung) zum 01. 01. 2017 betrug 200 500 DM (102 514 €, § 30 BewG).

Seit dem 01. 08. 2016 ist das Gebäude insgesamt von den Mietern bezogen. Ab diesem Zeitpunkt liegen Mieteinnahmen vor. Olli hat für die Vermietung des Erdgeschosses gem. § 9 UStG zulässigerweise zur Umsatzsteuerpflicht optiert (eine Option bzgl. der Obergeschosse war mangels der Unternehmereigenschaft der Leistungsempfänger nicht möglich).

Sein Unternehmen besteht nur in der Vermietung des Wohn- und Geschäftshauses, wobei das gesamte Gebäude seinem Unternehmen zuzuordnen ist. Er versteuert seine Umsätze nach vereinnahmten Entgelten. Dementsprechend hat Olli in der Planungs- bzw. Bauphase die auf das Erdgeschoss entfallenden Vorsteuern geltend gemacht und auch erstattet bekommen.

Erstattet wurden ihm in 2016 folgende Vorsteuern:

• Anteilige Vorsteuern aus den Baukosten, 30 % von 114 000 €	34 200 €
• Anteilige Vorsteuern aus der Rechnung des Architekten, 30 % von 4 370 €	+ 1 311 €
	35 511 €

An Mieteinnahmen erhielt Olli in 2016 10 000 €.

Die Werbungskosten, ohne Abschreibungen, betragen 22 000 € (die in 2016 gezahlten abzugsfähigen Vorsteuerbeträge sind in diesem Betrag enthalten).

AUFGABE

Ermitteln Sie die geringst möglichen Einkünfte aus Vermietung und Verpachtung für 2016.

Gehen Sie bitte davon aus, dass sowohl einkommensteuerlich als auch umsatzsteuerlich das Gebäude wie folgt aufgeteilt werden kann:

- Erdgeschoss (Frauenboutique): 30 %,
- 1. Obergeschoss (Räume der Gemeindeverwaltung): 26 %,
- 2. und 3. Obergeschoss (Wohnungen): 44 %.

LÖSUNG

Die Vermietung des Wohn- und Geschäftshauses führt bei Olli zu Einkünften aus Vermietung und Verpachtung gem. § 21 Abs. 1 Nr. 1 EStG. Diese Einkünfte sind als Überschuss der Einnahmen über die Werbungskosten zu berechnen (§ 2 Abs. 2 Nr. 2 EStG).

Die Einnahmen (§ 8 Abs. 1 EStG i. V. m. § 11 Abs. 1 EStG) betragen unstreitig 45 511 €. Zu den Einnahmen gehört die Miete sowie die erstattete Vorsteuer (H 9b [Gewinnermittlung . . .] EStH).

Die lt. Sachverhalt vorgegebenen Werbungskosten sind noch um die entsprechenden AfA-Beträge zu erhöhen. Für die Bestimmung der AfA ist die AfA-Bemessungsgrundlage zu berechnen. Dies sind, da Olli Bauherr ist, die Herstellungskosten des Gebäudes.

Hierzu gehören nach § 255 Abs. 2 HGB:

Rechnung des Bauunternehmers	714 000 € (Bruttobetrag)
Gebühr Baugenehmigung	1 100 €
Honorar Architekt	27 370 € (Bruttobetrag)

Wegen der unterschiedlichen Gebäudenutzung liegen zwei verschiedene sonstige selbständige Gebäudeteile i. S. v. R 4.2 Abs. 4 Satz 1 EStR und damit zwei Wirtschaftsgüter vor:

a) Wirtschaftsgut fremdbetriebliche Nutzung: bestehend aus dem Erdgeschoss (Vermietung Frauenboutique) und dem ersten Obergeschoss (Vermietung Räume an die Gemeindeverwaltung, vgl. R 4.2 Abs. 4 Satz 3 EStR);
b) Wirtschaftsgut fremde Wohnzwecke: bestehend aus dem zweiten und dritten Obergeschoss.

Die Aufteilung der Herstellungskosten erfolgt entsprechend dem vorgegebenen Schlüssel. Sie ist geboten, da sie wegen eventuell unterschiedlicher AfA-Sätze steuerlich von Bedeutung ist (vgl. § 7 Abs. 5 a EStG, R 7.4 Abs. 6 Satz 2 und R 4.2 Abs. 6 Satz 1 und 2 EStR).

Bei der Bestimmung der Herstellungskosten des Gebäudeteils fremdbetriebliche Nutzung ist der Vorsteuerabzug infolge der umsatzsteuerpflichtigen Vermietung des Erdgeschosses zu beachten. Mangels (endgültiger) Aufwendungen i. H. d. erstatteten Vorsteuer liegen insoweit keine Herstellungskosten vor (§ 9 b Abs. 1 EStG).

Für die beiden Gebäudeteile ergeben sich:

- Herstellungskosten fremdbetriebliche Nutzung:

Bauunternehmer (56 % von 714 000 €)	399 840 €
erstattete Vorsteuer	./. 34 200 €
Zwischenergebnis	365 640 €
Baugenehmigung (56 % von 1 100 €)	+ 616 €
Architekt (56 % von 27 370 €)	+ 15 327 €
erstattete Vorsteuer	./. 1 311 €
Summe der Herstellungskosten	380 272 €

- Herstellungskosten fremde Wohnzwecke:

Bauunternehmer (44 % von 714 000 €)	314 160 €
Baugenehmigung (44 % von 1 100 €)	+ 484 €
Architekt (44 % von 27 370 €)	+ 12 043 €
Summe der Herstellungskosten	326 687 €

Die insoweit nicht abzugsfähige Vorsteuer gehört zu den Herstellungskosten (§ 4 Nr. 12 Buchst. a UStG, § 15 Abs. 2 Nr. 1 UStG, § 9 b Abs. 1 EStG i. U., R 9 b Abs. 1 EStR). Zur Vorsteueraufteilung bei Gebäuden siehe Abschn. 15.17 Abs. 5 bis 7 UStAE.

Umsatzsteuerrechtlich kann das 1. Obergeschoss (Räume der Gemeindeverwaltung für hoheitliche Zwecke) nicht dem Unternehmensvermögen zugeordnet werden. Das Grundstück wird zu 26 % für nichtwirtschaftliche Tätigkeiten im engeren Sinne verwendet (Abschn. 15.2 b Abs. 2 Satz 8 und Abschn. 2.3 Abs. 1 a UStAE).

Olli kann grundsätzlich die degressive AfA nach § 7 Abs. 5 EStG geltend machen, da er das Gebäude selbst hergestellt hat.

Für das Wirtschaftsgut fremdbetriebliche Nutzung erhält er keine degressive AfA nach § 7 Abs. 5 Nr. 2 EStG (die degressive AfA ist nicht möglich, da der Bauantrag nach dem 01. 01. 1995 gestellt wurde). Die AfA wird nach § 7 Abs. 4 Satz 1 Nr. 2 Buchst. a EStG ermittelt und beträgt 2 % der maßgeblichen Herstellungskosten: 2 % von 380 272 € = 7 605 €. Der Zeitraum der Nutzungsdauer beginnt nach § 11 c Abs. 1 Satz 2 Nr. 2 EStDV mit dem Zeitpunkt der Fertigstellung am 01. 08. 2016. Nach § 7 Abs. 1 Satz 4 EStG ist die AfA zeitanteilig für 5 Monate zu berücksichtigen und beträgt im Kj. 2016 (7 605 € : 12 × 5 =) 3 167 €.

Für das Wirtschaftsgut fremde Wohnzwecke kommt nach § 7 Abs. 5 Nr. 3 Buchst. c EStG ein AfA-Betrag von 4 % der Herstellungskosten in Betracht; der Gebäudeteil dient Wohnzwecken, der Bauantrag wurde nach dem 31. 12. 2003 und vor dem 01. 01. 2006 gestellt. 4 % von 326 687 € = 13 067 €.

Die AfA-Beträge nach § 7 Abs. 5 EStG werden trotz der Fertigstellung erst im Laufe des Jahres als Jahresbetrag gewährt (§ 7 Abs. 5 Satz 3 EStG).

Summe der AfA-Beträge in 2016 = 16 234 €.

Damit betragen die gesamten **Werbungskosten 38 234 €.**

Als Einkünfte aus Vermietung und Verpachtung ergibt sich demnach für 2016 ein **Überschuss i. H. v. 7 277 €.**

ÜBUNG 19 Einkünfte aus einer Leibrente und Abgrenzung zu den Versorgungsbezügen

SACHVERHALT

Die Eheleute Friedrich werden in 2016 zusammen veranlagt. Herr Friedrich, geb. am 01. 01. 1951, ist pensionierter Finanzbeamter. Er bezieht seit dem 01. 01. 2016 Ruhegehalt, das in 2016 insgesamt 24 900 € (monatlich 2 075 €) beträgt.

Daneben arbeitete er noch als angestellter Buchhalter bei einer Fensterbaufirma. Er bezog hieraus einen Arbeitslohn i. H. v. 1 482 €. Wegen einiger Fehlbuchungen entstand für die Firma ein größerer Schaden, so dass er in 2016 Schadenersatz i. H. v. 1 500 € leisten musste (unstreitig Werbungskosten). Weitere Werbungskosten sind jedoch nicht angefallen.

Frau Friedrich, geb. 17. 11. 1956 bezieht seit dem 01. 12. 2015 eine Altersrente aus der gesetzlichen Rentenversicherung. Sie war als leitende Angestellte in einer Textilfirma tätig gewesen.

In 2016 betrug der Bruttobetrag der Rente:

- von Januar 2016 bis Juni 2016 mtl. 956 €,
- und von Juli 2016 bis Dezember 2016 mtl. 966 €,
- ab Januar 2017 mtl. 966 €.

AUFGABE

Ermitteln Sie für 2016 den Gesamtbetrag der Einkünfte der Eheleute Friedrich und für 2017 den steuerpflichtigen Teil der Rente der Ehefrau.

LÖSUNG

Zur Anwendung des Alterseinkünftegesetzes – u. a. zur Besteuerung von Versorgungsbezügen und von Renten – siehe das BMF-Schreiben vom 19. 08. 2013 (BStBl I 2013, 1087), geändert durch BMF vom 10. 01. 2014 (BStBl I 2014, 70), vom 10. 04. 2015 (BStBl I 2015, 256), vom 01.06. 2015 (BStBl I 2015, 475) und vom 04.07. 2016 (BStBl I 2016, 645).

Einkünfte Herr Friedrich

Das Ruhegeld als pensionierter Beamter ist Arbeitslohn nach § 19 Abs. 1 Nr. 2 EStG. Da es nach beamtenrechtlichen Grundlagen gewährt wird, liegt auch gleichzeitig ein Versorgungsbezug nach § 19 Abs. 2 Satz 2 Nr. 1 Buchst. a EStG vor.

Bemessungsgrundlage für den Versorgungsfreibetrag ist das Zwölffache des Versorgungsbezugs für den ersten vollen Monat (§ 19 Abs. 2 Satz 4 Buchst. b EStG). Der Versorgungsfreibetrag beträgt bei Bezug im Kj. 2016 22,4 % von 24 900 € = 5 577 €, max. jedoch 1 680 € (§ 19 Abs. 2 Satz 1 i. V. m. der Tabelle in Satz 3 EStG). Zusätzlich zum Versorgungsfreibetrag bleibt ein Zuschlag i. H. v. 504 € (lt. Tabelle) steuerfrei. Der Zuschlag zum Versorgungsfreibetrag darf nur bis zur Höhe der um den Versorgungsfreibetrag geminderten Bemessungsgrundlage berücksichtigt werden (§ 19 Abs. 2 Satz 5 EStG).

Der so berechnete Versorgungsfreibetrag und der Zuschlag zum Versorgungsfreibetrag gelten für die gesamte Laufzeit des Versorgungsbezugs (§ 19 Abs. 2 Satz 8 EStG).

Die Einnahmen als Buchhalter sind Arbeitslohn nach § 19 Abs. 1 Nr. 1 EStG (s. a. Rz. 168–189 des BMF-Schreibens vom 19. 08. 2013, BStBl I 2013, 1087).

Einkünfteermittlung

Arbeitslohn, § 19 Abs. 1 Nr. 1 EStG	1 482 €	
Werbungskosten, § 9 Abs. 1 Satz 1 EStG	./. 1 500 €	
Der Arbeitnehmer-Pauschbetrag von 1 000 € i. S. d. § 9 a Satz 1 Nr. 1 Buchst. a EStG ist überschritten.		
Einkünfte nach § 19 Abs. 1 Nr. 1 EStG		./. 18 €
Versorgungsbezüge, § 19 Abs. 1 Nr. 2 EStG	24 900 €	
Versorgungsfreibetrag	./. 1 680 €	
Zwischensumme	23 220 €	
Zuschlag zum Versorgungsfreibetrag	./. 504 €	
Steuerpflichtige Versorgungsbezüge	22 716 €	
Abzüglich Pauschbetrag i. S. d. § 9 a Satz 1 Nr. 1 Buchst. b EStG	./. 102 €	
Einkünfte aus Versorgungsbezügen	22 614 €	22 614 €
Einkünfte aus § 19 EStG		22 596 €

Einkünfte Frau Friedrich

Bei der Altersrente handelt es sich um eine Leibrente nach § 22 Nr. 1 Satz 3 Buchst. a Doppelbuchst. aa EStG aus der gesetzlichen Rentenversicherung. Der Besteuerungsanteil ist nach dem Jahr des Rentenbeginns und dem in diesem Jahr maßgebenden Prozentsatz aus der Tabelle zu entnehmen. Bei einem Rentenbeginn im Kj. 2015 beträgt der Besteuerungsanteil 70 % des Jahresbetrages der Rente.

Summe der Rentenzahlungen 2016		
6 Monate à 956 €		5 736 €
6 Monate à 966 €		5 796 €
Summe		11 532 €
70 % davon sind steuerpflichtig		8 072 €
steuerfreier Teil der Rente	3 460 €	
Pauschbetrag nach § 9 a Satz 1 Nr. 3 EStG		./. 102 €
Einkünfte gem. § 22 EStG		7 970 €

Da der Rentenbezug im Kj. 2015 begann, ist der steuerfreie Teil der Rente ab dem Jahr, das dem Jahr des Rentenbeginns folgt (2016), für die gesamte Laufzeit des Rentenbezugs festzuschreiben (§ 22 Nr. 1 Nr. 1 Satz 3 Buchst. a Doppelbuchst. aa Satz 5 EStG).

Der steuerpflichtige Teil der Rente für 2017 berechnet sich wie folgt:

12 Monate à 966 €	11 592 €
steuerfreier Teil der Rente (festgeschrieben in 2016)	./. 3 460 €
Pauschbetrag nach § 9 a Satz 1 Nr. 3 EStG	./. 102 €
Einkünfte gem. § 22 EStG	8 030 €

Siehe auch Rz. 195–211 des BMF-Schreibens vom 19. 08. 2013 (a. a. O.).

Altersentlastungsbetrag

Herr Friedrich hat Anspruch auf den Altersentlastungsbetrag (§ 24 a Satz 3 EStG). Er hat mit Ablauf des 31. 12. 2014 das 64. Lebensjahr vollendet. Der Altersentlastungsbetrag berechnet sich aus dem Arbeitslohn aus seiner Tätigkeit als Buchhalter. Die Versorgungsbezüge sind nicht begünstigt (§ 24 a Satz 1 und 2 EStG). Der Prozentsatz und der Höchstbetrag des Altersentlastungsbetrages ergeben sich aus der Tabelle in § 24 a Satz 5 EStG. Der Altersentlastungsbetrag beträgt 24,0 % von 1 482 € = 356 €, maximal 1 140 €. Der Prozentsatz und der Höchstbetrag bleiben auf Dauer unverändert bestehen.

Gesamtbetrag der Einkünfte der Eheleute Friedrich

	Ehemann		**Ehefrau**
§ 19 EStG	22 596 €		0 €
§ 22 EStG	0 €		7 970 €
Summe der Einkünfte	22 596 €		7 970 €
§ 24 a EStG	./. 356 €		0 €
	22 240 €		7 970 €
Gesamtbetrag der Einkünfte		**30 210 €**	

ÜBUNG 20 Einkünfte aus einem privaten Veräußerungsgeschäft

SACHVERHALT

Trapper Toni hatte sich 2016 von einer Baufirma ein eigengenutztes Einfamilienhaus schlüsselfertig errichten lassen. Die Herstellungskosten für diesen Neubau finanzierte Toni

1. aus einem Lottogewinn von 125 000 € und
2. aus dem Verkauf eines privaten antiken Möbelstücks im Februar 2016 für 12 250 €, welches er im Dezember 2015 auf einer Auktion für 5 000 € günstig erwerben konnte.

AUFGABE

Nehmen Sie zu diesem Sachverhalt Stellung.

LÖSUNG

1. Lottogewinn:
   Der Lottogewinn von 125 000 € ist nicht einkommensteuerbar. Er stellt einen einmaligen Vermögensanfall dar, der nicht unter eine der sieben Einkunftsarten zu fassen ist.
2. Verkauf Möbelstück:
   Der Verkauf des antiken Möbelstücks führt zu Einkünften aus einem privaten Veräußerungsgeschäft, das im Rahmen der sonstigen Einkünfte zu versteuern ist (§ 22 Nr. 2 i. V. m. § 23 EStG). Nach § 23 Abs. 1 Nr. 2 EStG liegt ein privates Veräußerungsgeschäft vor, da der Zeitraum zwischen Anschaffung (Dezember 2015) und der Veräußerung (Februar 2016) nicht mehr als ein Jahr beträgt.
   Der zu versteuernde Gewinn errechnet sich nach § 23 Abs. 3 Satz 1 EStG wie folgt:

Veräußerungspreis	12 250 €
./. Anschaffungskosten	5 000 €
§ 23 Abs. 3 Satz 4 EStG ist nicht zu beachten.	
Gewinn	7 250 €

   Die Freigrenze von 600 € nach § 23 Abs. 3 Satz 5 EStG ist überschritten, so dass der Gewinn in voller Höhe zu versteuern ist.

Zu den sonstigen Einkünften i. S. v. § 22 Nr. 2 i. V. m. § 23 Abs. 1 Satz 1 Nr. 2 EStG gehören grundsätzlich die Einkünfte aus der Veräußerung aller Wirtschaftsgüter des Privatvermögens, die nicht Grundstücke und grundstücksgleiche Rechte sind und bei denen der Zeitraum zwischen Anschaffung und Veräußerung nicht mehr als ein Jahr beträgt. Die Berücksichtigung von sonstigen Einkünften nach dieser Vorschrift setzt aber – wie bei allen übrigen Einkunftsarten des § 2 Abs. 1 EStG – Einkünfte- bzw. Überschusserzielungsabsicht des Stpfl. voraus. Verluste aus dem Verkauf von Jahreswagen sind (auch) unter dem Gesichtspunkt der Veräußerung von WG des »täglichen Gebrauchs« nicht berücksichtigungsfähig, und zwar weder verrechnungsfähig mit Gewinnen aus anderen Veräußerungsgeschäften (z. B. Wertpapiergeschäften) noch verrechnungsfähig nach § 10d EStG (Vfg. OFD Hannover vom 12. 03. 2001, DB 2001, 785).
Der BFH sah dies in seinem Urteil vom 22. 04. 2008 (IX R 29/06, BFH/NV 2008, 1244) anders und gab dem Kläger Recht. Das Gesetz erfasst, anders als frühere Fassungen des EStG, alle Wirtschaftsgüter im Privatvermögen. Der Gebrauchtwagen ist als körperlicher Gegenstand eine Sache und damit ein Wirtschaftsgut. Der BFH hielt sich nicht für berechtigt, Wirtschaftsgüter des täglichen Verbrauchs mangels objektiven Wertsteigerungspotentials aus dem Anwendungsbereich der Vorschrift herauszunehmen. Eine entsprechende Einschränkung aufgrund eines Gesetzesentwurfs der Bundesregierung im Zusammenhang mit der Einführung einer allgemeinen Wertzuwachsbesteuerung ist nicht Gesetz geworden. Der Kläger hatte den aus der Veräußerung erwirtschafteten Verlust auch »erzielt« Das Gesetz objektiviert durch die verhältnismäßig kurzen Veräußerungsfristen in typisierender Weise die Einkünfteerzielungsabsicht (Pressemitteilung des BFH Nr. 55/08 vom 11. 06. 2008).
Durch das JStG 2010 vom 08. 12. 2010 (BGBl I 2010, 1768) wurde § 23 Abs. 1 Satz 1 Nr. 2 Satz 2 EStG in das Gesetz eingefügt, nach dem Wirtschaftsgüter des täglichen Gebrauchs vom privaten Veräußerungsgeschäft ausgenommen sind. Nach § 52 Abs. 31 Satz 1 Halbsatz 2 EStG ist die Vorschrift erstmals auf Veräußerungsgeschäfte anzuwenden, bei denen die Gegenstände des täglichen Gebrauchs auf Grund eines nach dem 31. 12. 2010 rechtskräftig abgeschlossenen Vertrags oder gleichstehenden Rechtsakts angeschafft wurden. Bei der Veräußerung von Gegenständen des täglichen Gebrauchs (z. B. Gebrauchtfahrzeuge) werden auf Grund des Wertverlustes regelmäßig Verluste erzielt. Es ist nicht sachgerecht, derartige typische – nicht mit Einkünfteerzielungsabsicht getätigte – Verlustgeschäfte steuerrechtlich wirksam werden zu lassen. Die meist vorrangig zur Nutzung angeschafften Gebrauchsgegenstände werden in der Regel veräußert, um die Kosten der eigenen Nutzung zu minimieren, indem ein Teil der Anschaffungskosten durch eine Weiterveräußerung aufgefangen wird. Der Veräußerer hat nicht die Erwartung, einen höheren Preis zu erzielen, als er selbst aufwenden musste. Dies dürfte nur in Ausnahmefällen die Erwartung sein, z. B. bei der Veräußerung von Antiquitäten, Kunstgegenständen und Oldtimern (BT-Drucks. 17/2249, 54).

3 Der Gesamtbetrag der Einkünfte

ÜBUNG 21 **Horizontaler und vertikaler Verlustausgleich**

SACHVERHALT

Ein lediger Stpfl. hat 2016 folgende Einkünfte:

Einkünfte aus	Betrag
§ 13 EStG	15 000 €
§ 15 EStG: 1. Gewerbebetrieb	**./. 250 000 €**
§ 15 EStG: 2. Gewerbebetrieb	**150 000 €**
§ 18 EStG	60 000 €
§ 19 EStG	25 000 €
§ 20 i. V. m. §§ 32 d Abs. 1 und 43 Abs. 1 Nr. 7 EStG	5 000 €
§ 21 EStG: 1. Mietwohngrundstück	**20 000 €**
§ 21 EStG: 2. Mietwohngrundstück	**./. 30 000 €**

AUFGABE

Ermitteln Sie die Summe der Einkünfte für das Kj. 2016.

LÖSUNG

1. Schritt: Horizontaler Verlustausgleich:

Bei der Ermittlung der Summe der Einkünfte i. S. d. § 2 Abs. 3 EStG sind die Kapitalerträge nach § 32 d Abs. 1 und § 43 Abs. 5 EStG nicht einzubeziehen (§ 2 Abs. 5 b EStG).

Positive und negative Einkünfte aus derselben Einkunftsart sind miteinander zu verrechnen.

Einkünfte aus	Betrag
§ 13 EStG	15 000 €
§ 15 EStG	**./. 100 000 €**
§ 18 EStG	60 000 €
§ 19 EStG	25 000 €
§ 21 EStG	**./. 10 000 €**

2. Schritt: Vertikaler Verlustausgleich:

Die Einkünfte aus den verschiedenen Einkunftsarten sind miteinander zu verrechnen.

Einkünfte aus	Betrag
§ 13 EStG	15 000 €
§ 15 EStG	**./. 100 000 €**
§ 18 EStG	60 000 €
§ 19 EStG	25 000 €
§ 21 EStG	**./. 10 000 €**
Summe der Einkünfte	**./. 10 000 €**

4 Bei der Ermittlung des zu versteuernden Einkommens abziehbare Beträge

Altersentlastungsbetrag, Einzelveranlagung ÜBUNG 22

SACHVERHALT

1. Reinhard Macargus (Reinhard), geboren am 01. 01. 1952, bezieht Arbeitslohn nach § 19 Abs. 1 Nr. 1 EStG (2 500 €) sowie nach § 19 Abs. 1 Nr. 2 EStG (15 000 €), der gleichzeitig auch Versorgungsbezug i. S. d. § 19 Abs. 2 EStG darstellt. Seine Einkünfte aus § 19 EStG betragen 13 500 €.
   Nebenbei erzielt er noch Einkünfte aus § 20 i. V. m. § 32 d Abs. 1 EStG i. H. v. 2 000 € und negative Einkünfte aus Vermietung und Verpachtung von 1 500 €.
2. Im Unterschied zum 1. Sachverhalt wurde Reinhard am 02. 01. 1952 geboren.

AUFGABE

Berechnen Sie jeweils den Altersentlastungsbetrag (AEB) für 2016 (s. a. Übung 19).

LÖSUNG

1. Reinhard vollendet sein 64. Lebensjahr mit Ablauf des 31. 12. 2015. Ein Lebensjahr wird mit Ablauf des Tages vollendet, der dem Tag der Wiederkehr des Geburtstages vorangeht (§ 108 Abs. 1 AO i. V. m. § 187 Abs. 2 Satz 2, § 188 Abs. 2 BGB). Somit kommt für Reinhard der AEB dem Grunde nach erstmals in 2016 in Betracht (§ 24 a Satz 3 EStG).
   Nach § 24 a Satz 1 und 2 EStG berechnet sich der AEB wie folgt:
   Bemessungsgrundlage 1: Arbeitslohn nach § 19 Abs. 1 Nr. 1 EStG = 2 500 €. Die Versorgungsbezüge werden nicht berücksichtigt, da diese schon durch den Versorgungsfreibetrag (§ 19 Abs. 2 EStG) steuerlich entlastet werden.
   Bemessungsgrundlage 2: positive Summe der Einkünfte, die nicht solche aus nichtselbständiger Arbeit sind. Nach § 2 Abs. 5 b EStG bleiben die Einkünfte aus Kapitalvermögen i. S. d. § 32 d Abs. 1 i. V. m. § 43 Abs. 5 EStG unberücksichtigt. Dadurch ergibt sich eine negative Summe dieser Einkünfte i. H. v. 1 500 €.
   Es ergibt sich eine Gesamtbemessungsgrundlage von 2 500 €, davon 22,4 % = 560 €, maximal 1 064 € (Tabelle des § 24 a Satz 5 EStG). Der AEB beträgt demnach 560 €.
2. Für 2016 kann Reinhard schon dem Grunde nach den AEB nicht beanspruchen, da er erst mit Ablauf des 01. 01. 2016, und damit nicht vor Beginn des Veranlagungszeitraumes 2016, sein 64. Lebensjahr vollendet hat. Der AEB kann erst ab 2017 gewährt werden.

Altersentlastungsbetrag, Zusammenveranlagung ÜBUNG 23

SACHVERHALT

Die Eheleute Samson werden zusammen veranlagt. Beide haben im Kalenderjahr 2015 das 64. Lebensjahr vollendet.

Einkünfte Herr Samson:

• § 13 EStG	2 000 €
• § 22 EStG (Leibrente)	4 000 €

Einkünfte Frau Samson:

• § 18 EStG	47 000 €
• § 19 EStG (Versorgungsbezüge) die entsprechenden Einnahmen betragen 14 116 €	10 000 €
• § 21 EStG	./. 22 500 €

AUFGABE

Berechnen Sie für die Eheleute Samson den jeweiligen AEB im Veranlagungszeitraum 2016.

LÖSUNG

Nach § 24 a EStG wird der Altersentlastungsbetrag, abgestuft über einen Zeitraum von 35 Jahren, im gleichen Maße wie der Anstieg des Besteuerungsanteils der Renten abgeschafft; der Höchstbetrag des Altersentlastungsbetrages von bisher jährlich 1 908 € wird über einen Zeitraum von 35 Jahren auf 0 € abgesenkt. Nach der Tabelle des § 24 a EStG wird der Prozentsatz des Altersentlastungsbetrags sowie der Höchstbetrag in dem auf die Vollendung des 64. Lebensjahres folgenden Jahres ermittelt und bleibt dann auf Dauer unverändert. Auch hier gilt das Kohortenprinzip.

Im Fall der Zusammenveranlagung von Ehegatten ist der AEB jeweils gesondert zu prüfen und zu berechnen (§ 24 a Satz 4 EStG). Da beide Ehegatten das 64. Lebensjahr vollendet haben, ist auch für jeden Ehegatten dem Grunde nach der AEB zu gewähren (§ 24 a Satz 3 EStG). Berechnung der Höhe nach § 24 a Satz 1 und 2 EStG:

Einkünfte Herr Samson

Zum Ansatz kommen lediglich die positiven Einkünfte aus Land- und Forstwirtschaft, jedoch ohne Abzug des Freibetrages nach § 13 Abs. 3 EStG (R 24 a Abs. 1 Satz 1 EStR). Die Einkünfte aus der Leibrente bleiben außer Betracht, da diese bereits nur mit dem Besteuerungsanteil bzw. mit dem Ertragsanteil versteuert werden müssen (§ 24 a Satz 2 Nr. 2 EStG).

AEB = 2 000 € × 22,4 % = **448 €.**

Einkünfte Frau Samson

Die Versorgungsbezüge bleiben bei der Berechnung außer Ansatz (§ 24 a Satz 2 Nr. 1 EStG).

Die positive Summe der Einkünfte, die nicht solche aus § 19 EStG sind, beträgt 24 500 €.

AEB = 24 500 € × 22,4 % = 5 488 €, aber höchstens 1 064 €.

ÜBUNG 24 Entlastungsbetrag für Alleinerziehende I

SACHVERHALT

Die allein erziehende Mutter M von zwei Kindern ist geschieden und lebt mit einem sechsjährigen Sohn S und einer 21-jährigen Tochter T, die nach Abschluss ihrer Lehre (14. 08. 2016) seit dem 15. 08. 2015 als kaufmännische Angestellte arbeitet, in einer gemeinsamen Wohnung. Alle Beteiligten sind mit Hauptwohnsitz in der Wohnung der Stpfl. M gemeldet.

AUFGABE

Prüfen Sie, ob für M der Entlastungsbetrag für Alleinerziehende gewährt werden kann.

LÖSUNG

Zum Entlastungsbetrag für Alleinerziehende (§ 24 b EStG) siehe das Anwendungsschreiben des BMF vom 29. 10. 2004 (BStBl I 2004, 1042).

Mit dem Gesetz zur Anhebung des Grundfreibetrags, des Kinderfreibetrags, des Kindergeldes und des Kinderzuschlags vom 16. 07. 2015 (BGBl I 2015, 1202) wurde u. a. die Regelung des Entlastungsbetrages für Alleinerziehende geändert. Der Entlastungsbetrag für Alleinerziehende wird danach rückwirkend zum 01.01. 2015 um 600 € auf 1 908 € angehoben (§ 24 b Abs. 2 Satz 1 EStG n. F.) und nunmehr nach der Kinderzahl gestaffelt. So steigt der Entlastungsbetrag für das zweite und jedes weitere zu berücksichtigende Kind zusätzlich um 240 € jährlich (sog. Erhöhungsbetrag, § 24 b Abs. 2 Satz 2 EStG n. F.). Voraussetzung für die Berücksichtigung ist die Identifizierung des Kindes (grds. durch die an dieses Kind vergebene Identifikationsnummer i. S. v. § 139 b AO).

M lebt mit zwei »steuerrechtlichen« Kindern in einer Haushaltsgemeinschaft. Ihr Sohn S hat das 18. Lebensjahr noch nicht vollendet. Für ihre Tochter T steht M bis August 2016 ein Anspruch auf Kindergeld oder Freibeträge zu (§ 32 Abs. 4 Satz 1 Nr. 2 Buchst. a i. V. m. Abs. 6 EStG). Ab September 2016 besteht für T kein Anspruch auf Kindergeld oder Freibeträge mehr.

Bis einschließlich August 2016 erfüllt M die Voraussetzungen für den Entlastungsbetrag für Alleinerziehende (§ 24 b Abs. 1 und 2 EStG). Ab September 2016 sind die Voraussetzungen nicht mehr erfüllt, da M nicht mehr als alleinstehend i. S. v. § 24 b Abs. 3 EStG gilt. Sie bildet eine Haushaltsgemeinschaft mit einer anderen volljährigen Person, für die ihr kein Freibetrag nach § 32 Abs. 6 EStG oder Kindergeld zusteht.

Aufgrund der Zwölftelregelung des § 24 b Abs. 4 EStG ist der Jahresbetrag um jeden vollen Monat, in dem die Tatbestandsvoraussetzungen nicht vorliegen, zu kürzen. M ist ein anteiliger Entlastungsbetrag in folgender Höhe zu gewähren:

Entlastungsbetrag	1 908 €
Erhöhungsbetrag (§ 24 b Abs. 2 Satz 2 EStG	240 €
Entlastungsbetrag insgesamt	2 148 €
Kürzung des Entlastungsbetrags: 2 148 € : 12 Monate × 4 =	./. 716 €
zu gewährender Entlastungsbetrag	1 432 €

Der Ausschluss des Entlastungsbetrags für Steuerpflichtige, die eine Haushaltsgemeinschaft mit einer anderen volljährigen Person bilden, begegnet keinen verfassungsrechtlichen Bedenken. Der Gesetzgeber war nicht gehalten, Haushaltsgemeinschaften zwischen Eltern und ihren volljährigen Kindern gegenüber anderen Haushaltsgemeinschaften zu privilegieren (BFH vom 25. 10. 2007, III R 104/06 BFH/NV 2008, 545).

Entlastungsbetrag für Alleinerziehende II

ÜBUNG 25

SACHVERHALT

Eine Alleinerziehende A mit minderjährigem Kind lebt mit ihrer Mutter (Großmutter des Kindes) in einem Haushalt. Die Großmutter ist pflegebedürftig (Pflegestufe I) und kann sich auch finanziell nicht an der Haushaltsgemeinschaft beteiligen.

AUFGABE

Prüfen Sie, ob für A der Entlastungsbetrag für Alleinerziehende gewährt werden kann.

LÖSUNG

Der Entlastungsbetrag für Alleinerziehende kann gewährt werden, weil mit der Großmutter keine Haushaltsgemeinschaft besteht. Von einer Haushaltsgemeinschaft mit einer anderen volljährigen Person ist nach dem BMF-Schreiben vom 29. 10. 2004 (a. a. O.) nicht auszugehen, wenn diese sich tatsächlich und finanziell nicht an der Haushaltsgemeinschaft beteiligen können. Personen, die pflegebedürftig sind i. S. d. § 14 SGB XI (Einstufung in Pflegestufe I, II oder III) oder blind sind (Merkzeichen »Bl« im Ausweis), können sich tatsächlich nicht an der Haushaltsführung beteiligen. Die Fähigkeit, sich finanziell an der Haushaltsführung zu beteiligen, fehlt bei Personen, die kein oder nur geringes Vermögen i. S. d. § 33 a Abs. 1 Satz 3 EStG besitzen und deren eigenen Einkünfte und Bezüge den unschädlichen Betrag von 8 354 € nicht übersteigen. Davon ist in dem vorliegenden Beispiel auszugehen.

Hinweis:

Durch das Zweite Gesetz zur Stärkung der pflegerischen Versorgung und zur Änderung weiterer Vorschriften (Zweites Pflegestärkungsgesetz – PSG II) vom 21. 12. 2015 (BGBl I 2015, 2424) wurden u. a. die §§ 14 ff. SGB XI mit Wirkung ab 01. 01. 2017 geändert. Ab 01. 01. 2017 erhalten Pflegebedürftige nach der Schwere der Beeinträchtigungen der Selbstständigkeit oder der Fähigkeiten einen Grad der Pflegebedürftigkeit (Pflegegrad). Der Pflegegrad wird mit Hilfe eines pflegefachlich begründeten Begutachtungsinstruments ermittelt (§ 15 Abs. 1 SGB XI). Nach den in § 15 Abs. 2 bis 3 SGB XI beschriebenen Punktsystemen und den danach erreichten Gesamtpunkten sind pflegebedürftige Personen in 5 Pflegegrade einzuordnen.

ÜBUNG 26 Sonderausgaben, Höchstbetragsberechnung

SACHVERHALT

Die Eheleute Rawö werden zusammen veranlagt. Aus der beim Finanzamt eingegangenen Einkommensteuererklärung 2016 ergeben sich folgende Informationen:

Bruttoarbeitslohn Ehemann (44 Jahre) lt. elektronischer Lohnsteuerbescheinigung 26 700 €

Ehefrau (30 Jahre), Hausfrau, keinerlei Einkünfte.

Die Ehefrau ist nach § 10 SGB V bei ihrem Ehemann mitversichert (Familienversicherung)

Die Eheleute gehören nicht zum Personenkreis des § 10 Abs. 3 Satz 3 Nr. 1 oder 2 EStG und sind nicht kinderlos i. S. d. Pflegeversicherung.

Geltend gemachte Sonderausgaben:

Arbeitnehmeranteil am Gesamtsozialversicherungsbeitrag	
Rentenversicherung (18,7 % des Arbeitslohns, davon die Hälfte)	2 496 €
Arbeitslosenversicherung (3,0 %, davon die Hälfte)	401 €
Pflegeversicherung (2,35 %, davon die Hälfte)	313 €

Der Versicherte ist **nicht kinderlos** i. S. d. Pflegeversicherung. Kinderlose Versicherte haben zusätzlich einen Beitragszuschlag von 0,25 % zu entrichten. Der Versicherte hat diesen Zuschlag allein zu tragen.

Krankenversicherung 14,6 % zzgl. 1,1 % allein für Arbeitnehmer

• Arbeitgeberanteil (7,3 %)	1 949 €
• Arbeitnehmeranteil (8,4 %)	2 242 €
Kraftfahrzeughaftpflichtversicherung	200 €
Kraftfahrzeugvollkaskoversicherung	450 €

Das Kfz wurde neben den Fahrten zwischen Wohnung und Arbeitsstätte ausschließlich privat genutzt.

Steuerberatungskosten für die Erstellung der Steuererklärung 2016	100 €
Berufshaftpflichtversicherung	90 €
Hausratversicherung	10 €
Familienhaftpflichtversicherung	140 €
Rechtschutzversicherung	75 €
Risikoversicherung, die nur für den Todesfall eine Leistung vorsieht	425 €
Kapitallebensversicherung der Ehefrau i. S. d. § 10 Abs. 1 Nr. 2 Buchst. b Doppelbuchst. dd EStG 2004; Vertragsbeginn 1999	900 €
Zusätzliche freiwillige Pflegeversicherung des Ehemanns	200 €
Monatliche Einzahlung auf einen Bausparvertrag	100 €

Diesem Bausparvertrag wurden 70 € Zinsen (ohne Kapitalertragsteuerabzug wegen des Freistellungsauftrages) gutgeschrieben. Die Kontoführungsgebühren betrugen 8 €.

Gezahlte Kirchensteuer lt. Lohnsteuerbescheinigung	300 €
Kirchensteuererstattung lt. Einkommensteuerbescheid 2015	375 €

AUFGABE

Ermitteln Sie für 2016 die abzugsfähigen Sonderausgaben.

Unterstellen Sie dabei, dass alle im Sachverhalt genannten Beträge in 2016 gezahlt bzw. vereinnahmt wurden.

Siehe auch Übung 31.

LÖSUNG

Wegen der unterschiedlichen Berechnung der abzugsfähigen Beträge sind die Sonderausgaben in zwei Gruppen zu unterteilen:

a) Altersvorsorgeaufwendungen (§ 10 Abs. 1 Nr. 2 Buchst. a und b EStG)

Beiträge zur gesetzlichen Rentenversicherung i. H. v. 2 496 €. Zu den Beiträgen ist der nach § 3 Nr. 62 EStG steuerfreie Arbeitgeberanteil zur gesetzlichen Rentenversicherung (2 496 €) hinzuzurechnen (§ 10 Abs. 1 Satz 1 Nr. 2 Satz 6 EStG): 4 992 €

Aufwendungen zu einer kapitalgedeckten Rentenversicherung i. S. d. § 10 Abs. 1 Satz 1 Nr. 2 Buchst. b EStG machen die Stpfl. nicht geltend.

Höchstbetragsberechnung:

Die Vorschrift des § 10 Abs. 3 EStG regelt den Umfang der abziehbaren Aufwendungen für Altersvorsorgebeiträge i. S. d. § 10 Abs. 1 Nr. 2 EStG.

Höchstbetrag bis zum Veranlagungszeitraum 2014: 20 000 €, bei zusammenveranlagten Eheleuten 40 000 €

Durch das Gesetz zur Anpassung der Abgabenordnung an den Zollkodex der Union und zur Änderung weiterer steuerlicher Vorschriften vom 22. 12. 2014 (BGBl I 2014, 2417) wurde u. a. § 10 EStG neu gefasst.

In § 10 Abs. 3 Satz 1 EStG wird das Abzugsvolumen für Beiträge zugunsten einer Basisvorsorge im Alter dynamisch an den Höchstbetrag zur knappschaftlichen Rentenversicherung (West) gekoppelt. Dieser ergibt sich aus der von der Bundesregierung zu erlassenen Verordnung über maßgebende Rechengrößen der Sozialversicherung.

für 2015:	Sozialversicherungs-Rechengrößenverordnung 2015 vom 01. 12. 2014 (BGBl I 2014, 1957)	89 400 €
für 2016:	Sozialversicherungs-Rechengrößenverordnung 2016 vom 30. 11. 2015 (BGBl I 2015, 2137)	91 800 €
für 2017:	Sozialversicherungs-Rechengrößenverordnung 2017 vom 28. 11. 2016 (BGBl I 2016, 2665)	94 200 €

und der Verordnung zur Bestimmung der Beitragssätze in der gesetzlichen Rentenversicherung

für 2015:	Beitragssatzverordnung 2015 vom 22. 12. 2014 (BGBl I 2014, 2396)	24,8 %
für 2016:	Bekanntmachung der Beitragssätze in der allgemeinen Rentenversicherung und der knappschaftlichen Rentenversicherung für das Jahr 2016 vom 23. 11. 2015 (BGBl I 2015, 2110)	24,8 %
für 2017:	Bekanntmachung der Beitragssätze in der allgemeinen Rentenversicherung und der knappschaftlichen Rentenversicherung für das Jahr 2017 vom 17. 11. 2016 (BGBl I 2016, 2639)	24,8 %

unter Anwendung des jeweiligen Beitragssatzes auf die Beitragsbemessungsgrenze der knappschaftlichen Rentenversicherung (West). Für das Jahr 2015 ergibt sich somit ein Wert i. H. v. 22 172 € (89 400 € × 24,8 %), für das Jahr 2016 ein Wert i. H. v. 22 767 € (91 800 € × 24,8 %) und für das Jahr 2017 ein Wert i. H. v. 23 362 € (94 200 × 24,8 %).
Eine Kürzung des Höchstbetrages nach § 10 Abs. 3 Satz 3 EStG ist lt. Sachverhalt nicht vorzunehmen.

Zu berücksichtigen	4 992 €
Im Kalenderjahr 2016 sind 82 % anzusetzen (§ 10 Abs. 3 Satz 4 und 6 EStG)	4 093 €
Abzüglich steuerfreier Arbeitgeberanteil	./. 2 496 €
Als Sonderausgaben (Altersvorsorgeaufwendungen) zu berücksichtigen	1 597 €

b) Übrige Vorsorgeaufwendungen (§ 10 Abs. 1 Nr. 3 Buchst. a und b sowie Nr. 3 a EStG)

aa) Basisvorsorgeaufwendungen (§ 10 Abs. 1 Nr. 3 Buchst. a und b EStG)

Mit dem Gesetz zur verbesserten steuerlichen Berücksichtigung von Vorsorgeaufwendungen (Bürgerentlastungsgesetz Krankenversicherung vom 16. 07. 2009) hat der Gesetzgeber die steuerliche Berücksichtigung von Kranken- und Pflegeversicherungsbeiträgen zum 01. 01. 2010 neu geregelt. Die vom Stpfl. tatsächlich geleisteten Beiträge für eine Absicherung auf sozialhilfegleichem Versorgungsniveau (Basisabsicherung) zur privaten und gesetzlichen Krankenversicherung und zur gesetzlichen Pflegeversicherung werden in vollem Umfang steuerlich berücksichtigt. Ab dem Veranlagungszeitraum 2010 ist deshalb innerhalb der sonstigen Vorsorgeaufwendungen zwischen den Basiskrankenversicherungsbeiträgen und den Beiträgen zur gesetzlichen Pflegeversicherung in § 10 Abs. 1 Nr. 3 EStG sowie den weiteren sonstigen Vorsorgeaufwendungen in § 10 Abs. 1 Nr. 3 a EStG zu unterscheiden. Die Beiträge können grundsätzlich vom Versicherungsnehmer, in den Fällen des § 10 Abs. 1 Nr. 3 Satz 2 EStG aber abweichend auch vom Unterhaltsverpflichteten geltend gemacht werden, wenn dieser die eigenen Beiträge eines Kindes, für das ein Anspruch auf einen Kinderfreibetrag oder auf Kindergeld besteht, wirtschaftlich getragen hat (Rz. 68 des BMF-Schreibens vom 19. 08. 2013, BStBl I 2013, 1087).

	Beiträge zur gesetzlichen Krankenversicherung	2 242 €	
	Nicht der Basisabsicherung zuzurechnen ist der Beitragsanteil, der zur Finanzierung des Krankengeldes dient. Dieser Anteil wird mit einem pauschalen Abschlag i. H. v. 4 % bemessen (§ 10 Abs. 1 Nr. 3 Buchst. a Satz 4 EStG).		
	Kürzung um 4 %	./. 89 €	
	verbleiben	2 153 €	2 153 €
	Der Kürzungsbetrag gehört zu den weiteren Vorsorgeaufwendungen i. S. d. § 10 Abs. 1 Nr. 3 a EStG.		
	Beiträge zur gesetzlichen Pflegeversicherung (§ 10 Abs. 1 Nr. 3 Buchst. b EStG)		313 €
	Summe der Basisvorsorgeaufwendungen		2 466 €
bb)	Weitere Vorsorgeaufwendungen (§ 10 Abs. 1 Nr. 3 a EStG)		
–	Kürzungsanteil Krankengeld		89 €
–	Arbeitslosenversicherung		401 €
–	Kfz-Haftpflichtversicherung		200€
	Aus Vereinfachungsgründen können die Aufwendungen in voller Höhe als Sonderausgaben anerkannt werden (R 10.5 Satz 2 EStR).		
–	Familienhaftpflichtversicherung		140 €
–	Freiwillige Pflegeversicherung		200 €
–	Risikoversicherung		425 €
–	Altlebensversicherung nach § 10 Abs. 1 Nr. 2 Buchst. b Doppelbuchst. dd EStG 2004. Es handelt sich dabei um eine Kapitalversicherung gegen laufende Bei tragsleistungen mit Sparanteil. Der Vertrag ist für die Dauer von mindestens 12 Jahren abgeschlossen (s. Rz. 96 bis 98 des BMF-Schreibens vom 19. 08. 2013, BStBl I 2013, 1087). Für die Berücksichtigung der Beiträge gilt die bisherige Regelung des § 10 Abs. 1 Nr. 2 Satz 2 EStG 2004. Danach sind die Versiche rungsbeiträge nur zu 88 % zu berücksichtigen.		
	88 % von 900 €		792 €
	Summe weiterer Vorsorgeaufwendungen		2 247 €

Höchstbetragsberechnung:

Die Vorschrift des § 10 Abs. 4 EStG regelt den Umfang der abziehbaren Aufwendungen für die sonstigen Altersvorsorgebeiträge i. S. d. § 10 Abs. 1 Nr. 3 und 3 a EStG.

Sonstige Vorsorgeaufwendungen i. S. d. § 10 Abs. 1 Nr. 3 und Nr. 3 a EStG können grundsätzlich bis zur Höhe von 2 800 € abgezogen werden (z. B. bei Stpfl., die Aufwendungen für ihre Krankenversicherung und Krankheitskosten vollständig aus eigenen Mitteln tragen oder bei Angehörigen von Beihilfeberechtigten, die nach den beihilferechtlichen Bestimmungen nicht über einen eigenen Beihilfeanspruch verfügen).

Bei einem Stpfl., der ganz oder teilweise ohne eigene Aufwendungen einen eigenen Anspruch auf vollständige oder teilweise Erstattung oder Übernahme von Krankheitskosten hat oder für dessen Krankenversicherung Leistungen i. S. d. § 3 Nr. 9, 14, 57 oder 62 EStG erbracht werden, vermindert sich der Höchstbetrag auf 1 900 €. Dies gilt auch, wenn die Voraussetzungen nur in einem Teil des Kalenderjahres vorliegen (Rz. 99 bis 102 des BMF-Schreibens vom 19. 08. 2013, BStBl I 2013, 1087).

Bei zusammen veranlagten Ehegatten ist zunächst für jeden Ehegatten nach dessen persönlichen Verhältnissen der ihm zustehende Höchstbetrag zu bestimmen. Die Summe der beiden Höchstbeträge ist der gemeinsame Höchstbetrag (§ 10 Abs. 4 Satz 3 EStG).

Höchstbetrag Ehemann	1 900 €	
Höchstbetrag Ehefrau	1 900 €	
Gemeinsamer Höchstbetrag	3 800 €	3 800 €

Übersteigen die vom Stpfl. geleisteten Beiträge für die Basisabsicherung (Basiskrankenversicherung und gesetzliche Pflegeversicherung) den Höchstbetrag, sind diese Beiträge für die Basisabsicherung als Sonderausgaben anzusetzen. Eine betragsmäßige Deckelung auf den Höchstbetrag erfolgt in diesen Fällen nicht. Ein zusätzlicher Abzug von Beiträgen nach § 10 Abs. 1 Nr. 3 a EStG ist daneben nicht möglich (Rz. 103 des BMF-Schreibens vom 19. 08. 2013, BStBl I 2013, 1087).

Der Höchstbetrag übersteigt die Basisversicherungsbeiträge i. H. v. 2 466 € um 1 334 €

Die weiteren Vorsorgeaufwendungen i. H. v. insgesamt 2 247 € können i. H. v. 134 € als Sonderausgaben berücksichtigt werden.

Die Vorsorgeaufwendungen können wie folgt berücksichtigt werden:

Höchstbetrag nach § 10 Abs. 3 EStG (Altersvorsorgeaufwendungen)	1 597 €
Höchstbetrag nach § 10 Abs. 4 EStG (Sonstige Vorsorgeaufwendungen)	3 800 €
Vorsorgeaufwendungen insgesamt	5 397 €

Nicht berücksichtigungsfähig sind folgende Versicherungsbeiträge:

- Kaskoversicherung (H 10.5 [Kaskoversicherung] EStH);
- Hausratversicherung (H 10.5 [Hausratversicherung] EStH);
- Rechtsschutzversicherung (H 10.5 [Rechtsschutzversicherung] EStH);
- die Kosten für die Berufshaftpflichtversicherung sind als Werbungskosten (§ 9 Abs. 1 Satz 1 EStG) bei den Einkünften aus nichtselbständiger Arbeit des Ehemannes anzusetzen.

Nicht als Sonderausgaben zu berücksichtigen sind die Steuerberatungskosten sowie die Bausparkassenbeiträge.

Günstigerprüfung:

Nach § 10 Abs. 4 a EStG ist eine Günstigerprüfung bis zum Jahr 2019 durchzuführen. Es findet dabei eine Vergleichsrechnung zwischen der Höchstbetragsberechnung des § 10 Abs. 3 und 4 EStG neuer Fassung und der Höchstbetragsberechnung des § 10 Abs. 3 EStG alter Fassung (bis 2004) statt. Die Höchstbeträge des § 10 Abs. 3 EStG alter Fassung werden dabei bis zum Jahr 2019 abgeschmolzen.

Die Vorsorgeaufwendungen betragen:

• gesetzliche Rentenversicherung	2 496 €
• Summe der Basisvorsorgeaufwendungen	2 466 €
• Summe der weiteren Vorsorgeaufwendungen	2 247 €
Summe	**7 209 €**

Summe		7 209 €	**abzugsfähig**
freiwillige Pflegeversicherungsbeiträge	200 €	./. 200 €	
./. Höchstbetrag gem. § 10 Abs. 3 Nr. 3 EStG	./. 184 €		184 €
Unterschiedsbetrag	16 €	16 €	
zu berücksichtigende Versicherungsbeiträge		7 025 €	
Vorwegabzug gem. § 10 Abs. 3 Nr. 2 EStG 2004 i. V. m. § 10 Abs. 4 a Satz 1 EStG (Tabelle, Kj. 2016)	2 400 €		
./. 16 % des Arbeitslohns (26 700 €): gekürzter	./. 4 272 €		
Vorwegabzug	0 €	./. 0 €	0 €
Unterschiedsbetrag		7 025 €	
./. Grundhöchstbetrag gem. § 10 Abs. 3 Nr. 1 EStG	2 668 €	./. 2 668 €	2 668 €
Unterschiedsbetrag (verbleibender Betrag)		4 357 €	
./. 50 % des verbleibenden Betrages gem. § 10 Abs. 3 Nr. 4 EStG (2 179 €), höchstens 1 334 €		./. 1 334 €	1 334 €
Summe = abzugsfähige Vorsorgeaufwendungen			**4 186 €**
Abzugsfähig nach neuem Recht			**5 397 €**
Der Abzug der Vorsorgeaufwendungen nach neuem Recht ist für den Stpfl. günstiger.			
Gezahlte Kirchensteuer (§ 10 Abs. 1 Nr. 4 EStG			300 €
./. Erstattung (H 10.1 [Abzugshöhe/Abzugszeitpunkt] EStH)			./. 375 €
Summe			./. 75 €

Behandlung der Beitragsrückerstattungen ab dem Veranlagungszeitraum 2012

Durch das Steuervereinfachungsgesetz 2011 vom 01. 11. 2011 (BGBl I 2011, 2131) werden in § 10 Abs. 4 b EStG erstmals die steuerliche Behandlung von steuerfreien Zuschüssen zu Sonderausgaben sowie Erstattungsbeträge von Sonderausgaben gesetzlich geregelt.

Werden dem Stpfl. Aufwendungen i. S. d. § 10 Abs. 1 Satz 1 Nr. 2 bis 4 EStG im Veranlagungszeitraum erstattet, ist der Erstattungsbetrag mit den vom Stpfl. in diesem Veranlagungszeitraum geleisteten gleichartigen Aufwendungen zu verrechnen. Nur der Differenzbetrag ist als Sonderausgabe zu berücksichtigen. Übersteigen die vom Stpfl. erhaltenen Erstattungen die entsprechenden geleisteten Aufwendungen, sind die Aufwendungen insoweit mit Null anzusetzen, und es ergibt sich ein Erstattungsüberhang. In diesen Fällen war bisher der Sonderausgabenabzug für das Altjahr zu prüfen und, falls nötig, zu korrigieren, so dass der alte Steuerbescheid gegebenenfalls zu ändern war (Wiederaufrollung der Steuerfestsetzungen von Vorjahren). Ab 01. 01. 2012 wird dieser Aufwand weitgehend vermieden, indem der Erstattungsüberhang bei Aufwendungen i. S. d. § 10 Abs. 1 Satz 1 Nr. 2 bis 3 a EStG mit anderen Aufwendungen der jeweiligen Nummer zu verrechnen ist.

Erstattungsüberhänge der Nr. 3 und 4 des § 10 Abs. 1 sind nach § 10 Abs. 4b Satz 3 EStG dem Gesamtbetrag der Einkünfte des laufenden Veranlagungszeitraums hinzuzurechnen. Hiermit wird sichergestellt, dass der (nach Verrechnung mit gleichartigen Aufwendungen) verbleibende Erstattungsüberhang stets in voller Höhe steuerlich berücksichtigt wird.

Der **Sonderausgaben-Pauschbetrag** i. H. v. 72 € kommt zum Ansatz, da der Stpfl. keine höheren Aufwendungen i. S. d. § 10 Abs. 1 Nr. 1, 1 a, 4, 7 und 9, § 10b sowie § 9c EStG nachweist (§ 10c EStG).

Die Bausparzinsen bleiben als Einkünfte aus Kapitalvermögen nach § 20 Abs. 1 Nr. 7 EStG außer Ansatz, da für Kapitalerträge i. S. d. § 20 EStG, die der Kapitalertragsteuer unterlegen haben, die ESt mit dem Steuerabzug abgegolten ist (§ 43 Abs. 5 EStG). Die Einkünfte bleiben auch dann unberücksichtigt, wenn auf Grund des § 44 a Abs. 1 Nr. 1 EStG vom Steuerabzug Abstand genommen wurde.

ÜBUNG 27 Sonderausgaben, Höchstbetragsberechnung

SACHVERHALT

Ehemann A (Beamter) bezieht im Kj. 2016 Arbeitslohn i. H. v. 75 000 €, Ehefrau B bezieht im Kj. 2016 einen sozialversicherungspflichtigen Arbeitslohn i. H. v. 76 000 €. Der Ehemann hat im Kj. 2016 insgesamt 6 000 € an eine private Rentenversicherung i. S. d. § 10 Abs. 1 Nr. 2 Buchst. b EStG entrichtet. Für die private Basiskranken- und Pflegeversicherung wendet der Ehemann laut Mitteilung der Versicherung insgesamt 3 000 € und für Zusatzleistungen insgesamt 600 € auf. Ehefrau B zahlt seit Jahren Beiträge für eine Lebensversicherung i. S. d. § 10 Abs. 1 Nr. 2 Buchst. b Doppelbuchst. dd EStG 2004 i. H. v. 2 500 €. Für die Haftpflicht- und Unfallversicherung zahlen die Eheleute insgesamt jeweils 900 €.

Beitragsbemessungsgrenzen:

2016: Die Beitragsbemessungsgrenze in der gesetzlichen Renten- und Arbeitslosenversicherung beträgt 74 400 € (West) und 64 800 € (Ost). Die Beitragsbemessungsgrenze in der knappschaftlichen Rentenversicherung beträgt 91 800 €. Der Beitragssatz dafür beträgt 24,8 %.

Die Beitragsbemessungsgrenze in der Kranken- und Pflegeversicherung beträgt bundeseinheitlich 50 850 €. Die Krankenversicherung der Ehefrau erhebt einen Zusatzbeitrag von 1,1 %.

AUFGABE

Ermitteln Sie für 2016 die abzugsfähigen Sonderausgaben.

Unterstellen Sie dabei, dass alle im Sachverhalt genannten Beträge im jeweiligen Veranlagungszeitraum entrichtet wurden.

Siehe auch Übung 31.

LÖSUNG

Gemeinsame Höchstbetragsberechnung nach § 10 Abs. 3 EStG:

Der Arbeitslohn der Ehefrau liegt mit 75 000 € über der Beitragsbemessungsgrenze von 74 400 €.

18,7 % von 74 400 € = 13 576 €; davon die Hälfte			6 956 €
Der Beitrag erhöht sich um den nach § 3 Nr. 62 EStG steuerfreien ArbG-Anteil (§ 10 Abs. 1 Nr. 2 Satz 6 EStG)			6 956 €
Altersvorsorgeaufwendungen der Ehefrau insgesamt			13 912 €
Altersvorsorgeaufwendungen nach § 10 Abs. 1 Nr. 2 Buchst. a EStG – Ehefrau (§ 10 Abs. 1 Nr. 2 Satz 2 EStG)	13 912 €		
Altersvorsorgeaufwendungen nach § 10 Abs. 1 Nr. 2 Buchst. b EStG – Ehemann	6 000 €		
Insgesamt	19 912 €		
Höchstbetrag 2016 nach § 10 Abs. 3 Satz 2 EStG (22 767 € × 2)		45 534 €	
Kürzung nach § 10 Abs. 3 Satz 3 Nr. 1 Buchst. a EStG um 18,7 % von 64 800 € (Beitragsbemessungsgrenze Ost 2016 für den Arbeitslohn des Ehemanns; Rz. 51 des BMF-Schreibens vom 19. 08. 2013, BStBl I 2013, 1087)		./. 12 118 €	
Verbleiben	19 912 €	38 416 €	
Zu berücksichtigen			19 912 €
Anzusetzen 82 % von 19 912 €			16 328 €
Abzüglich steuerfreier ArbG-Anteil nach § 3 Nr. 62 EStG (§ 10 Abs. 3 Satz 5 EStG)			./. 6 956 €
Abzugsfähige Sonderausgaben nach § 10 Abs. 3 EStG			9 372 €

Höchstbetragsberechnung nach § 10 Abs. 4 EStG:

Die ArbN-Anteile für die weiteren Sozialversicherungsbeiträge betragen

Arbeitslosenversicherung			
Ehefrau	1,500 % von 74 400 €	1 116 €	
Krankenversicherung			
Ehefrau	8,400 % von 50 850 €	4 272 €	
Pflegeversicherung			
Ehefrau	1,175 % von 50 850 €	598 €	
Basiskranken- und Pflegeversicherung Ehemann		3 000 €	
Zusatzversicherung Ehemann		600 €	
Weitere Versicherungsbeiträge: 88 % von 2 500 €		2 200 €	
Unfall- und Haftpflichtversicherung		900 €	
Insgesamt nach § 10 Abs. 1 Nr. 3 und 3 a EStG		12 686 €	
Basisvorsorgeaufwendungen			
– Krankenversicherung Ehefrau		4 272 €	
abzgl. 4 % für Krankengeld		./. 171 €	
verbleiben		4 101 €	4 101 €
– Pflegeversicherung		598 €	598 €
– Kranken- und Pflegeversicherung Ehemann		3 000 €	3 000 €
Insgesamt Basisabsicherung			7 699 €

Abzugsfähig nach § 10 Abs. 4 Satz 2 EStG für die Ehefrau B	1 900 €		
Abzugsfähig nach § 10 Abs. 4 Satz 2 EStG für den Ehemann A	1 900 €		
Gemeinsamer Höchstbetrag nach § 10 Abs. 3 Satz 3 EStG	3 800 €		
Gesamte Vorsorgeaufwendungen nach § 10 Abs. 1 Nr. 3 und 3 a EStG	12 686 €		
Die Basisvorsorgeaufwendungen i. S. d. § 10 Abs. 1 Nr. 3 EStG i. H. v. 7 699 € übersteigen die gemeinsamen Höchstbeträge von 3 800 €. Abzugsfähig sind nach § 10 Abs. 4 Satz 1 und 2 EStG die gesamten Basisvorsorgeaufwendungen (Mindestansatz).			7 699 €
Als Sonderausgaben zu berücksichtigende Vorsorgeaufwendungen insgesamt			17 071 €

Günstigerprüfung nach § 10 Abs. 4 a EStG:

Abziehbar nach § 10 Abs. 3 EStG 2004 (§ 10 Abs. 4 a EStG) sind (zunächst bleiben die Altersvorsorgeaufwendungen i. S. d. § 10 Abs. 1 Nr. 2 Buchst. b EStG unberücksichtigt):

Rentenversicherungsbeiträge der Ehefrau			6 956 €
Weitere Versicherungsbeiträge			12 686 €
Versicherungsbeiträge insgesamt (ohne Beiträge i. S. d. § 10 Abs. 1 Nr. 2 Buchst. b EStG)		19 642 €	19 642 €
Vorwegabzug 2016	2 400 €		
Kürzung um 16 % von 151 000 €	./. 24 160 €		
Als Vorwegabzug berücksichtigen	0 €	0 €	0 €
Verbleibende Aufwendungen		19 642 €	
Grundhöchstbetrag		./. 2 668 €	2 668 €
Verbleibende Aufwendungen		16 974 €	
Hälftiger Höchstbetrag		8 487 €	
Höchstens		1 334 €	1 334 €
Abziehbar insgesamt nach EStG 2004			4 002 €
Zzgl. Erhöhungsbetrag nach § 10 Abs. 4 a Satz 3 EStG:			
Höchstbetrag nach § 10 Abs. 3 Satz 1 bis 3 EStG ab 2016		45 534 €	
Kürzung nach § 10 Abs. 3 Satz 3 EStG 18,7 % von 64 800 €		12 118 €	
Abzgl. Beiträge nach § 10 Abs. 1 Nr. 2 Buchst. a EStG		./. 6 956 €	
Abzgl. steuerfreier ArbG-Anteil nach § 3 Nr. 62 EStG zur gesetzlichen Rentenversicherung		./. 6 956 €	
Verbleiben		19 504 €	
Davon im Kj. 2016 zu berücksichtigen: 82 %		15 994 €	
Beiträge nach § 10 Abs. 1 Nr. 2 Buchst. b EStG		6 000 €	
Davon 82 %		4 920 €	
Geringerer Betrag als Erhöhungsbetrag			4 920 €
Betrag für den Vergleich mit dem Abzugsvolumen nach § 10 Abs. 3 und 4 EStG			8 922 €
Höchstbetrag nach § 10 Abs. 3 und 4 EStG			17 071 €

Berechnung des Mindestbetrages nach § 10 Abs. 4 a Satz 2 EStG:

Die Beiträge des § 10 Abs. 1 Nr. 2 Buchst. b EStG werden in die Günstigerprüfung miteinbezogen.

Bisher zu berücksichtigende Vorsorgeaufwendungen		19 642 €	
Zzgl. § 10 Abs. 1 Nr. 2 Buchst. b EStG		6 000 €	
Insgesamt		25 642 €	
Vorwegabzug	2 400 €		
Kürzung um 16 % von 151 000 €	./. 24 160 €		
Als Vorwegabzug berücksichtigen	0 €	0 €	0 €
Verbleiben		25 642 €	
Grundhöchstbetrag		./. 2 668 €	2 668 €
Verbleibende Aufwendungen		22 974 €	
Hälftige Aufwendungen		11 487 €	
Hälftiger Grundhöchstbetrag		1 334 €	1 334 €
Höchstbetrag nach § 10 Abs. 3 EStG 2004 unter Berücksichtigung der Beiträge i. S. d. § 10 Abs. 1 Nr. 2 Buchst. b EStG (Mindestbetrag nach § 10 Abs. 4 a Satz 2 EStG = Betrag, der sich ergeben würde, wenn die Günstigerprüfung nach dem bis zum 31. 12. 2005 geltenden Recht durchgeführt worden wäre)			4 002 €
Anzusetzen ist der Höchstbetrag nach § 10 Abs. 3 und 4 EStG			**17 071 €**

Spendenabzug I

ÜBUNG 28

SACHVERHALT

Der ledige Stpfl. Andy Hufman (Andy) macht in seiner Einkommensteuererklärung 2016 folgende Spenden geltend:

a) an die katholische Kirche 500 €,
b) an die SPD 900 €,
c) an die unabhängige Wählervereinigung »Naturerhalt« 2 000 €.

Die erforderlichen Spendenbescheinigungen wurden ordnungsgemäß erstellt und von Andy mit eingereicht.

AUFGABE

Wie können die Spenden im Rahmen der Einkommensteuerveranlagung 2016 von Andy berücksichtigt werden?

LÖSUNG

a) Die Spende an die katholische Kirche ist nach § 10b Abs. 1 EStG als Sonderausgabe begünstigt (Förderung kirchlicher Zwecke i. S. d. § 54 AO).

b) und c) Für Zuwendungen an politische Parteien (§ 34 g Satz 1 Nr. 1 EStG) und unabhängige Wählervereinigungen (§ 34 g Satz 1 Nr. 2 EStG) ist eine Steuerermäßigung nach § 34 g EStG möglich. Die höchstmögliche Steuerermäßigung für diese Zuwendungen beträgt 50 % der Ausgaben, höchstens jedoch 825 €. Dieser Höchstbetrag ist jeweils gesondert für Zuwendungen an politische Parteien sowie für Zuwendungen an unabhängige Wählervereinigungen möglich. Damit sind jeweils Zuwendungen i. H. v. 1 650 € (50 % = 825 €) nach § 34 g EStG begünstigt.

Parteispenden:

Die Zuwendung von 900 € führt zu einer Steuerermäßigung i. S. d. § 34 g Satz 1 Nr. 1 EStG i. H. v. 450 €. Die gesamte Zuwendung ist damit nach§ 34 g Satz 2 EStG »verbraucht« und kann daher nicht noch zusätzlich als Spende nach § 10 b EStG geltend gemacht werden (§ 10 b Abs. 2 Satz 2 EStG).

Spende an die unabhängige Wählervereinigung:

Als Steuerermäßigung ist ein Betrag von 2 000 € × 50 % = 1 000 €, höchstens jedoch 825 € abzugsfähig. Damit ist ein Betrag von 1 650 € nach § 34 g EStG begünstigt worden.

Der übersteigende Teil von 350 € kann aber nicht als Zuwendung nach § 10 b EStG abgezogen werden; denn als Zuwendung nach § 10 b EStG ist lediglich der nicht über § 34 g EStG berücksichtigte Teil von Zuwendungen an politische Parteien vorgesehen (§ 10 b Abs. 2 Satz 1 und 2 EStG).

ÜBUNG 29 Spendenabzug II

SACHVERHALT

Der Stpfl. H. Gebutte spendet 2016 folgende Beträge an folgende Einrichtungen:

a)	Spende Deutscher Sportbund	2 500 €
b)	Spende an einen gemeinnützigen Sportverein	500 €
	Mitgliedsbeitrag an den Sportverein	100 €
c)	Mitgliedsbeitrag DRK	60 €
d)	Spende an eine Universität für wissenschaftliche Zwecke	2 000 €
e)	Mitgliedsbeitrag an eine politische Partei	400 €
	und eine Spende	3 000 €
	Summe	8 560 €

Der Stpfl. wird zusammen mit seiner Ehefrau zur ESt veranlagt. Der Gesamtbetrag der Einkünfte beträgt 32 500 €.

AUFGABE

Wie können die Spenden im Rahmen der Einkommensteuerveranlagung 2016 berücksichtigt werden?

LÖSUNG

a) Die Zuwendung dient steuerbegünstigten Zwecke i. S. d. § 52 Abs. 2 Nr. 21 AO.
b) Siehe a). Der Mitgliedsbeitrag ist nach § 10 b Abs. 1 Satz 8 Nr. 1 EStG nicht abziehbar.
c) Die Zuwendung dient steuerbegünstigten Zwecken i. S. d. § 52 Abs. 2 Nr. 9 AO i. V. m. § 23 Nr. 4 UStDV.
d) Die Zuwendungen dienen steuerbegünstigten Zwecken i. S. d. § 52 Abs. 2 Nr. 1 AO.
e) Die Zuwendungen sind unter den Voraussetzungen des § 10 b Abs. 2 EStG abzugsfähig.

Die Höhe der nach § 10 b EStG abzugsfähigen Ausgaben wird wie folgt ermittelt:

Zu berücksichtigende Zuwendungen insgesamt	8 460 €
Davon an politische Parteien	./. 3 400 €
Verbleiben nach § 10 b Abs. 1 EStG zu berücksichtigen	5 060 €

Nach § 10b Abs. 2 EStG können Mitgliedsbeiträge und Spenden an politische Parteien nur insoweit als Sonderausgaben abgezogen werden, als für sie nicht eine Steuerermäßigung nach § 34g EStG gewährt worden ist. Die Steuerermäßigung nach § 34g EStG beträgt 50 % von 3 400 € = 1 700 €, höchstens 1 650 €. Von den Aufwendungen i. H. v. 3 400 € sind nach § 34g EStG somit 3 300 € verbraucht. Der Rest von 100 €
ist als Sonderausgabe nach § 10b Abs. 2 EStG zu berücksichtigen (maximal 3 300 €).

Die Abzugsfähigkeit der Zuwendungen nach § 10b Abs. 1 EStG wird wie folgt ermittelt:

Zuwendungen insgesamt (kein Ausschluss von Mitgliedsbeiträgen)	5 060 €	
Abzugsfähig sind 20 % des Gesamtbetrags der Einkünfte von 32 500 € =	6 500 €	
Maximal		5 060 €
Als Sonderausgaben insgesamt abzugsfähig		5 160 €

Außergewöhnliche Belastungen nach § 33 EStG

ÜBUNG 30

SACHVERHALT

Heinz Ketchup (Heinz), geb. 1963, geschieden, ist Inhaber eines großen Kaufhauskonzerns. In seiner Einkommensteuererklärung für 2016 beantragt er folgende Aufwendungen zu berücksichtigen:

- Ehescheidungskosten (Anwalt und Gericht) 2 250 €
- Das Scheidungsurteil erging bereits im Dezember 2015, die sich hieraus ergebenden Zahlungen wurden erst 2016 geleistet.
- Krankheitskosten (gezahlt in 2016) 2 000 €
- Beerdigungskosten für seinen Vater, der im Alter von 86 Jahren mittellos verstorben ist:

Todesanzeigen	100 €	
Bestattungskosten, Grabstätte	1 500 €	
Kosten für Grabstein	600 €	
Bewirtung Trauergäste	400 €	
Trauerkleidung	200 €	= 2 800 €

- Lösegeldzahlung für seine entführte dreißigjährige Tochter 100 000 €

  Der entsprechende Polizeibericht und Auszüge aus Zeitungen wurden von Heinz bei Abgabe seiner Einkommensteuererklärung vorgelegt. Die Entführer konnten bis heute nicht ermittelt werden.

  Aus der Einkommensteuererklärung 2016 ergibt sich weiterhin noch Folgendes:

- Gewinn aus Gewerbebetrieb 278 500 €
- Zinseinnahmen Bundesobligationen (mit Kapitalertragsteuerabzug) 850 €
- Zinseinnahmen Festgeld (mit Kapitalertragsteuerabzug) 1 000 €
- Erstattung von der privaten Krankenversicherung durch einen am 22. 12. 2016 übersandten Scheck, der am 04. 01. 2017 eingelöst wurde 1 700 €
- Kinder sind nicht zu berücksichtigen.

AUFGABE

Berechnen Sie die abzugsfähigen außergewöhnlichen Belastungen für den Veranlagungszeitraum 2016.

LÖSUNG

Zu überprüfen ist, ob die beantragten Aufwendungen unter den Begriff der außergewöhnlichen Belastungen nach § 33 EStG zu fassen sind.

a) Ehescheidungskosten:
Mit dem Amtshilferichtlinien-Umsetzungsgesetz (AmtshilfeRLUmsG) vom 26. 06. 2013 (BGBl I 2013, 1809) wurde § 33 Abs. 2 EStG um einen Satz 4 mit folgendem Wortlaut ergänzt: »Aufwendungen für die Führung eines Rechtsstreits (Prozesskosten) sind vom Abzug ausgeschlossen, es sei denn, es handelt sich um Aufwendungen, ohne die der Steuerpflichtige Gefahr liefe, seine Existenzgrundlage zu verlieren und seine lebensnotwendigen Bedürfnisse in dem üblichen Rahmen nicht mehr befriedigen zu können«. Die gesetzliche Neuregelung ist ab dem Veranlagungszeitraum 2013 anzuwenden (s. a. *Hilbertz*, Prozesskosten als außergewöhnliche Belastung, NWB 32/2013, 2530). Vom Abzugsverbot sind auch die Kosten der Scheidung bzw. Aufhebung einer Lebenspartnerschaft betroffen.

b) Krankheitskosten:
Die Zwangsläufigkeit dem Grunde nach (§ 33 Abs. 2 Satz 1 EStG) ergibt sich dadurch, dass sich der Stpfl. aus tatsächlichen Gründen (Krankheit) den Aufwendungen nicht entziehen kann (R 33.4 Abs. 1 EStR).
Eine Belastung des Stpfl. i. S. d. § 33 Abs. 1 EStG liegt nur vor, soweit der Stpfl. Ausgaben selbst zu tragen hat. Wird die Ausgabe von dritter Seite ersetzt, so stellen die Ausgaben nur nach Abzug dieser Ersatzleistungen eine Belastung des Stpfl. dar. Auch die Erstattung der Krankenversicherung (steuerfrei nach § 3 Nr. 1 Buchst. a EStG), die der Stpfl. in 2016 erhalten hat (Zufluss durch Entgegennahme des Schecks am 22. 12. 2016 = H 11 [Scheck Nr. 1] EStH), ist als Ausgabenersatz von den Ausgaben des Stpfl. abzuziehen, da die Erstattung nach Inhalt und Zweck der Versicherung die betreffenden Ausgaben decken soll (H 33.1–33.4 [Ersatz von dritter Seite] EStH).

Aufwendungen nach § 33 Abs. 1 und 2 EStG i. V. m. § 11 Abs. 2 EStG:	2 000 €
Erstattung	./. 1 700 €
zu berücksichtigen	300 €

c) Beerdigungskosten:
Beerdigungskosten sind Nachlassverbindlichkeiten; daher kann sich der Stpfl. als Erbe aus sittlichen Gründen diesen Aufwendungen nicht entziehen, jedoch sind die Kosten nur insoweit eine außergewöhnliche Belastung, als sie den Wert des Nachlasses übersteigen (H 33.1–33.4 [Bestattungskosten] EStH). Ein Nachlass ist jedoch nicht vorhanden.
Als Beerdigungskosten sind demnach anzusetzen:

Todesanzeigen	100 €
Bestattungskosten, Grabstätte	1 500 €
Grabstein	600 €
	2 200 €

Die Ausgaben für die Bewirtung der Trauergäste sowie für die Trauerkleidung sind keine außergewöhnlichen Belastungen (H 33.1–33.4 [Bestattungskosten] EStH).

d) Lösegeldzahlung:
Die Lösegeldzahlung von 100 000 € stellt eine allgemeine außergewöhnliche Belastung nach § 33 EStG dar.
Alle Voraussetzungen des § 33 Abs. 1 und 2 EStG für die Anerkennung als außergewöhnliche Belastung sind erfüllt. Für den Stpfl. sind Aufwendungen entstanden; die Ausgaben sind, wenn auch erzwungen, willentlich erfolgt und in 2013 nach § 11 Abs. 2 EStG abgeflossen. Unstreitig gehört die Lösegeldzahlung nicht zu den Betriebsausgaben, Werbungs-

kosten oder Sonderausgaben. Zudem ist weder die Außergewöhnlichkeit einer Entführung noch die Belastung des Stpfl. in Frage zu stellen. Die Zwangsläufigkeit dem Grunde nach ist ebenfalls zu bejahen. Es besteht zumindest eine sittliche Verpflichtung für den Stpfl., seine Tochter freizukaufen; wenn nicht er, wer sonst?
Eine Zwangsläufigkeit aus rechtlichen sowie tatsächlichen Gründen scheidet für den Stpfl. aus. Die Aufwendungen sind auch in dieser Höhe notwendig und angemessen (Zwangsläufigkeit der Höhe nach), da ansonsten die Freilassung der Tochter nicht erfolgt wäre (s. a. H 33.1–33.4 [Erpressungsgelder] EStH).

e) Zusammenfassung:
Außergewöhnliche Belastungen nach § 33 Abs. 1 und 2 EStG liegen daher in folgender Höhe vor:

Ehescheidungskosten	0 €
Krankheitskosten	300 €
Beerdigungskosten	2 200 €
Lösegeld	100 000 €
Insgesamt	102 500 €

Nur der Teil der Aufwendungen nach § 33 Abs. 1 und 2 EStG, der die dem Stpfl. zumutbare Belastung übersteigt, wird vom Gesamtbetrag der Einkünfte abgezogen. Die zumutbare Belastung ergibt sich aus der Tabelle des § 33 Abs. 3 EStG. Zur Ermittlung des entsprechenden Prozentsatzes ist zunächst der zugrunde zu legende Gesamtbetrag der Einkünfte des Stpfl. zu berechnen:

Einkünfte aus		
Gewerbebetrieb (§ 15 Abs. 1 Nr. 1 EStG)		278 500 €
Kapitalvermögen (§ 20 Abs. 1 Nr. 7 EStG)		
Zinseinnahmen (§ 8 EStG)	1 850 €	
Sparer-Pauschbetrag (§ 20 Abs. 9 EStG)	./. 801 €	
	1 049 €	
Summe der Einkünfte/Gesamtbetrag der Einkünfte		278 500 €

Die ESt für Einkünfte aus Kapitalvermögen ist grundsätzlich nach § 43 Abs. 5 EStG mit dem Steuerabzug abgegolten. Nach § 2 Abs. 5 b EStG sind diese Einkünfte in die Ermittlung des Gesamtbetrags der Einkünfte nicht einzubeziehen.

Die zumutbare Belastung nach § 33 Abs. 3 EStG ergibt sich aus Nr. 1 Buchst. a der Tabelle i. H. v. 7 % von 278 500 € = 19 495 €.

Die vom Gesamtbetrag der Einkünfte abzugsfähigen außergewöhnlichen Belastungen nach § 33 EStG betragen demnach:

Aufwendungen	102 500 €
./. zumutbare Belastung	19 495 €
abzugsfähiger Betrag	83 005 €

ÜBUNG 31 Unterhalt bedürftiger Personen

SACHVERHALT

1. Gabi Dittrich unterstützt im Kj. 2016 ihren Vater mit 3 500 €. Der Vater erhält ab dem Kj. 2013 Versorgungsbezüge i. S. v. § 19 Abs. 2 EStG von jährlich 2 900 € und ab dem Kj. 2013 eine Leibrente von jährlich 1 500 €, deren steuerfreier Betrag 600 € beträgt. Außerdem bezieht er noch ein steuerfreies Wohngeld (§ 3 Nr. 58 EStG) von 850 €. Der Vater besitzt nur ein geringes Vermögen i. S. v. § 33 a Abs. 1 Satz 3 EStG i. V. m. R 33 a.1 Abs. 2 EStR (H 33 a.1 [Geringes Vermögen] EStH).

   Zusätzlich übernimmt Gabi die Basis-Kranken- und Pflegeversicherungsbeiträge ihres Vaters i. H. v. 2 400 € jährlich.

   Abwandlung: Gabi wendet die Beiträge als Versicherungsnehmerin auf. Ihr Vater ist lediglich Begünstigter.
2. Reinhold Neyer unterstützt seinen verwitweten Schwager Fritz, der nach einer schweren Erkrankung nur noch leichte Arbeit verrichten kann, mit monatlich 200 €. Fritz bezieht einen Bruttoarbeitslohn von 3 600 €, Werbungskosten sind keine angefallen. Fritz ist vermögenslos und hat niemanden, von dem er Unterstützung erwarten könnte.
3. Beinhart Argüß unterstützt seine Eltern (66 und 70 Jahre alt) mit monatlich 225 €. Der Vater bezog eine steuerfreie Unfallrente i. H. v. 9 400 €. Die Mutter hat keine eigenen Einkünfte und Bezüge. Nennenswertes Vermögen ist nicht vorhanden. Die Eltern führen einen gemeinsamen Haushalt.
4. Heinz Wärmge unterstützt seine 30 Jahre alte Schwester, die in Mannheim an der dortigen Universität Betriebswirtschaftslehre studiert. Da die Schwester vermögenslos ist, die Eltern bereits verstorben sind und sie nur einen monatlichen BAföG-Zuschuss von 150 € erhält, zahlt ihr Heinz monatlich 200 € Unterhalt.
5. Klaus Bayern zahlt an seinen 68 Jahre alten Vater jährlich 4 000 € Unterhalt. Der Vater wohnt seit Jahren in einem eigenen Einfamilienhaus (Verkehrswert 60 000 €). Er bezieht seit seinem 45. Lebensjahr eine steuerfreie Rente (§ 3 Nr. 6 EStG) von monatlich 250 €. Seinen landwirtschaftlichen Kleinbetrieb hat der Vater im Laufe des Jahres eingestellt und daraus einen Verlust von 600 € erlitten. Die Ackergrundstücke (Verkehrswert 6 000 €) hat er seit dem 01. 01. 2017 verpachtet.
6. Jonny Depp unterstützt seine geschiedene Ehefrau mit jährlich 13 000 € und übernimmt zusätzlich die Kranken- und Pflegeversicherungsbeiträge für seine geschiedene Ehefrau i. H. v. 3 000 € jährlich. Von den Beiträgen entfallen 2 500 € auf Beiträge, für die ein Anspruch auf Krankengeld begründet wird.

a) Jonny ist Versicherungsnehmer. Die Ehefrau hat dem beantragten Sonderausgabenabzug des Jonny in voller Höhe zugestimmt.

b) Jonny ist Versicherungsnehmer. Die Ehefrau hat dem beantragten Sonderausgabenabzug des Jonny nicht zugestimmt.

c) Jonny ist Versicherungsnehmer. Die Ehefrau hat dem beantragten Sonderausgabenabzug des Jonny bis maximal 14 200 € zugestimmt.

d) Die Ehefrau ist Versicherungsnehmer und hat dem beantragten Sonderausgabenabzug des Jonny zugestimmt.

e) Die Ehefrau ist Versicherungsnehmer und hat dem beantragten Sonderausgabenabzug des Jonny nicht zugestimmt.

AUFGABE

Prüfen Sie dem Grunde und der Höhe nach, ob die in den vorgenannten Fällen aufgeführten Steuerpflichtigen außergewöhnliche Belastungen für 2016 geltend machen können.

LÖSUNG

1. Durch die Unterstützungsleistungen erwachsen Gabi Aufwendungen für den typischen Unterhalt ihres Vaters. Die Unterstützung des Vaters ist aus rechtlichen Gründen dem Grunde nach zwangsläufig (Unterhaltspflicht nach §§ 1601 ff. BGB; R 33 a.1 Abs. 1 EStR und H 33 a.1 [Unterhaltsberechtigung] EStH). Da niemand Anspruch auf Freibeträge nach § 32 Abs. 6 EStG bzw. Kindergeld hat, sind die Voraussetzungen nach § 33 a Abs. 1 Satz 1 und 3 EStG erfüllt.

Maßgeblicher Höchstbetrag			8 652 €
Nach § 33 a Abs. 1 Satz 2 EStG erhöht sich der Höchstbetrag um den Betrag der im jeweiligen Veranlagungszeitraum nach § 10 Abs. 1 Nr. 3 für die Absicherung der unterhaltsberechtigten Person aufgewandten Beiträge; dies gilt nicht für Kranken- und Pflegeversicherungsbeiträge, die bereits nach § 10 Abs. 1 Nr. 3 Satz 1 anzusetzen sind. Der Sonderausgabenabzug setzt grundsätzlich voraus, dass der Stpfl. Aufwendungen aufgrund einer eigenen Verpflichtung als Versicherungsnehmer leistet. Unerheblich ist, wer nach dem Versicherungsvertrag versicherte Person oder Bezugsberechtigter ist. Beiträge zur Kranken- und Pflegeversicherung für mitversicherte Angehörige (z. B. den Ehegatten, den eingetragenen Lebenspartner, Eltern oder Kinder) kann der Stpfl. daher als eigene Beiträge geltend machen. Es ist nicht notwendig, dass die Beiträge tatsächlich vom Unterhaltsverpflichteten gezahlt oder erstattet werden. Für die Erhöhung des Höchstbetrages genügt es, wenn der Unterhaltsverpflichtete seiner Unterhaltsverpflichtung nachkommt. Die Gewährung von Sachunterhalt ist ausreichend (R 33 a.1 Abs. 5 EStR).			
Der Höchstbetrag erhöht sich um die Versicherungsbeiträge			2 400 €
Erhöhter Höchstbetrag			11 052 €
Einkünfte des Vaters:			
• § 19 EStG Arbeitslohn	2 900 €		
Versorgungs-Freibetrag	./. 789 €		
Zuschlag zum Versorgungs-Freibetrag	./. 612 €		
Pauschbetrag (§ 9 a Satz 1 Nr. 1 Buchst. b EStG)	./. 102 €		
	1 397 €	1 397 €	
• § 22 EStG (Leibrente)			
Besteuerungsanteil	900 €		
Werbungskosten-Pauschbetrag	./. 102 €		
	798 €	798 €	
Einkünfte		2 195 €	
Bezüge des Vaters:			
• Versorgungs-Freibetrag (§ 33 a Abs. 1 Satz 5 Halbsatz 2 EStG)	789 €		
Zuschlag dafür	612 €		

• Steuerfreier Teil der Leibrente (R 32.10 Abs. 2 Nr. 1 EStR)	600 €		
• Wohngeld (§ 3 Nr. 58 EStG)	850 €		
	2 851 €		
Kostenpauschale (R 33 a.1 Abs. 3 Satz 5 EStR)	./. 180 €		
Bezüge	2 671 €	2 671 €	
Summe Einkünfte und Bezüge		4 866 €	
Anrechnungsfreier Betrag (§ 33 a Abs. 1 Satz 4 EStG)		./. 624 €	
Anzurechnende Einkünfte und Bezüge		4 242 €	./. 4 242 €
Gekürzter Höchstbetrag			6 810 €
Unterhaltszahlungen in 2016 einschließlich der für den Vater übernommenen Basisversicherungsleistungen			5 900 €
Anzusetzender Betrag nach § 33 a Abs. 1 EStG			5 900 €

(Vgl. auch das Beispiel in H 33 a.1 [Anrechnung eigener Einkünfte und Bezüge] EStH.)

In der Abwandlung übernimmt Gabi als Versicherungsnehmer für ihren Vater die Beiträge. Die Beiträge stellen als eigene Beiträge Sonderausgaben nach § 10 Abs. 1 Nr. 3 Satz 1 EStG bei Gabi dar.

Maßgeblicher Höchstbetrag		8 652 €
Anzurechnende Einkünfte und Bezüge	4 242 €	./. 4 242 €
Gekürzter Höchstbetrag		4 410 €
Unterhaltszahlungen in 2016 ohne die für den Vater übernommenen Basisversicherungsleistungen		3 500 €
Anzusetzender Betrag nach § 33 a Abs. 1 EStG		**3 500 €**

Die Versicherungsbeiträge stellen bei Gabi Sonderausgaben nach § 10 Abs. 1 Nr. 3 Satz 1 EStG dar.

2. § 33 a Abs. 1 EStG ist nur für die Fälle anwendbar, in denen Unterhalt an gesetzlich unterhaltsberechtigte Personen gezahlt wird (§ 33 a Abs. 1 Satz 1 EStG; H 33 a.1 [Unterhaltsberechtigung] EStH). Ein Fall des § 33 a Abs. 1 Satz 2 EStG liegt nicht vor.
   Eine gesetzliche Unterhaltspflicht besteht jedoch für Verschwägerte nicht, so dass die Unterhaltszahlungen zu den nichtabzugsfähigen Kosten der Lebensführung gehören (§ 12 Nr. 2 EStG).
   Auch eine Berücksichtigung nach § 33 EStG scheidet aus (§ 33 a Abs. 4 EStG).
3. Die Unterstützung der Eltern ist aus rechtlichen Gründen zwangsläufig. Da die Eltern auch nur ein geringes Vermögen besitzen und niemand einen Anspruch auf Freibeträge nach § 32 Abs. 6 EStG bzw. Kindergeld hat, sind die Voraussetzungen nach § 33 a Abs. 1 Satz 1 und 3 EStG erfüllt. Bei in Haushaltsgemeinschaft lebenden Ehegatten erfolgt eine Gesamtbetrachtung nach H 33 a.1 [Unterhalt für mehrere Personen] EStH:

Maßgeblicher Höchstbetrag (2 × 8 652 €)			17 304 €
Bezüge des Vaters			
steuerfreie Rente	9 400 €		
Kostenpauschale	./. 180 €		
	9 220 €	9 220 €	
Einkünfte und Bezüge der Mutter		0 €	
Einkünfte und Bezüge der Eltern		**9 220 €**	
Anrechnungsfreier Betrag		./. 1 248 €	
Anzurechnende Einkünfte/Bezüge		7 972 €	./. 7 972 €
Gekürzter Höchstbetrag			9 332 €
Unterhaltszahlungen in 2016			2 700 €
Anzusetzender Betrag nach § 33 a Abs. 1 EStG			2 700 €

4. § 33 a Abs. 1 EStG ist in diesem Fall nicht anwendbar, da die Schwester als Verwandte in Seitenlinie nicht gesetzlich unterhaltsberechtigt ist (§ 33 a Abs. 1 Satz 1 EStG; H 33 a.1 [Unterhaltsberechtigung] EStH). Ein Fall des § 33 a Abs. 1 Satz 2 EStG liegt ebenfalls nicht vor. Damit gehören die Unterhaltszahlungen zu den nichtabzugsfähigen Kosten der Lebensführung (§ 12 Nr. 2 EStG).
   Auch eine Berücksichtigung nach § 33 EStG scheidet aus (§ 33 a Abs. 4 EStG).
5. Die Unterhaltszahlungen erwachsen dem Grunde nach zwangsläufig aus rechtlichen Gründen, und niemand hat Anspruch auf einen Freibetrag nach § 32 Abs. 6 EStG bzw. Kindergeld.
   Jedoch ist im vorliegenden Fall zu prüfen, ob der Vater nur ein geringes Vermögen besitzt (§ 33 a Abs. 1 Satz 4 EStG). Da sein Vermögen (Ackergrundstücke im Wert von 6 000 €) nur geringfügig ist, d. h. weniger als 15 500 € beträgt, ist dies zu bejahen (R 33 a.1 Abs. 2 Satz 3 EStR). Bei der Ermittlung des Vermögens ist das eigene Einfamilienhaus nicht mit einzubeziehen (§ 33 a Abs. 1 Satz 4 EStG; H 33 a.1 [Geringes Vermögen] EStH).

Höchstbetrag			8 652 €
Einkünfte			
§ 13 EStG		./. 600 €	
Bezüge			
Kriegsbeschädigtenrente (§ 3 Nr. 6 EStG)	3 000 €		
Kostenpauschale	./. 180 €		
	2 820 €	2 820 €	
Einkünfte und Bezüge		2 220 €	
Anrechnungsfreier Betrag		./. 624 €	
Anzurechnen		1 596 €	./. 1 596 €
Gekürzter Höchstbetrag			7 056 €
Unterhaltszahlung			4 000 €
Anzusetzender Betrag			**4 000 €**

6. Gesetzlich unterhaltverpflichtet sind Ehegatten nach einer Trennung oder Scheidung (§§ 1361, 1569 BGB; H 33 a.1 [Unterhaltsberechtigung] EStH). Grundsätzlich sind somit die Voraussetzungen des § 33 a Abs. 1 EStG erfüllt. Durch Antrag und Zustimmung nach § 10 Abs. 1 a Nr. 1 EStG werden alle in dem betreffenden Veranlagungszeitraum geleisteten Unterhaltszahlungen zu Sonderausgaben umqualifiziert. Ein Abzug als außergewöhnliche Belastung ist nicht möglich, auch nicht, soweit sie den für das Realsplitting geleisteten Höchstbetrag übersteigen (H 33 a.1 [Geschiedene oder dauernd getrennt lebende Ehegatten] EStH).

Sowohl nach § 10 Abs. 1a Nr. 1 Satz 2 EStG als auch nach § 33a Abs. 1 Satz 2 EStG erhöhen sich die dort genannten jeweiligen Höchstbeträge von 13 805 € bzw. 8 652 € um den Betrag, der im jeweiligen Veranlagungszeitraum nach § 10 Abs. 1 Nr. 3 EStG für die Absicherung der unterhaltsberechtigten Person aufgewendeten Beiträge. Nach § 33a Abs. 1 Satz 2 Halbsatz 2 EStG gilt das nicht für die Beiträge, die bereits nach § 10 Abs. 1 Nr. 3 Satz 1 EStG anzusetzen sind.

a) Durch Antrag und Zustimmung werden die Unterhaltszahlungen i. H. v. 13 000 € zu Sonderausgaben i. S. d. § 10 Abs. 1a Nr. 1 EStG umqualifiziert. Die Versicherungsbeiträge i. H. v. 3 000 € werden vom Ehemann als Versicherungsnehmer geschuldet, und sind eigene Versicherungsleistungen des Ehemanns nach § 10 Abs. 1 Nr. 3 Satz 1 EStG.
Da sich aus den Krankenversicherungsbeiträgen ein Anspruch auf Krankengeld ergibt, ist nach § 10 Abs. 1 Nr. 3 Buchst. a Satz 4 EStG der jeweilige Beitrag von 2 500 € um 4 % (100 €) zu vermindern. Dieser auf den Krankengeldanspruch entfallende Beitrag von 100 € stellt keine Basisabsicherung i. S. d. § 10 Abs. 1 Nr. 3 Buchst. a EStG, sondern einen weiteren Vorsorgeaufwand nach § 10 Abs. 1 Nr. 3a EStG dar.
In den Fällen des § 10 Abs. 1a Nr. 1 EStG werden die eigenen Basisversicherungsbeiträge des Ehemanns nach § 10 Abs. 1 Nr. 3 Satz 3 EStG zu eigenen Beiträgen des geschiedenen Ehegatten umqualifiziert. Gleichzeitig erhöhen die Basisversicherungsbeiträge den maßgeblichen Höchstbetrag von 13 805 €. Eine Umqualifizierung des Beitrags für den Krankengeldanspruch i. H. v. 100 € vom Ehemann auf die geschiedene Ehefrau findet nicht statt.
Die Übernahme sonstiger Vorsorgeaufwendungen i. S. d. § 10 Abs. 1 Nr. 3a EStG durch den Stpfl. für seinen geschiedenen Ehegatten führt zu einem Konkurrenzverhältnis zwischen eigenen Vorsorgeaufwendungen und Unterhaltsleistungen nach § 10 Abs. 1a Nr. 1 EStG. Es besteht somit ein Wahlrecht zwischen dem Abzug nach § 10 Abs. 1 Nr. 3a i. V. m. Abs. 4 und Abs. 1a Nr. 1 EStG (s. a. *Kulosa*, in: H/H/R, EStG/KStG, § 10 EStG Rdnr. 55).
Die Unterhaltsleistungen können bis zu folgender Höhe nach § 10 Abs. 1a Nr. 1 EStG beim Ehemann berücksichtigt werden:

Typische Unterhaltsleistungen		13 000 €
Zuzüglich auf Antrag den Beitrag für den Krankengeldanspruch		100 €
Eigene Vorsorgeaufwendungen für den Ehegatten	3 000 €	
gekürzt um 4 % von 2 500 €	./. 100 €	
Erhöhungsbetrag nach § 10 Abs. 1a Nr. 1 Satz 2 EStG	2 900 €	+ 2 900 €
Insgesamt nach § 10 Abs. 1a Nr. 1 EStG zu berücksichtigende Unterhaltsleistungen		16 000 €
Maßgeblicher Höchstbetrag (13 805 € + 2 900 € =)	16 705 €	
Von der geschiedenen Ehefrau nach § 22 Nr. 1a EStG zu versteuern		16 000 €
Von der geschiedenen Ehefrau zu berücksichtigende Basis-Vorsorgeaufwendungen nach § 10 Abs. 1 Nr. 3 Satz 3 EStG	2 900 €	

b) Die Voraussetzungen des § 10 Abs. 1a Nr. 1 EStG sind nicht erfüllt, da die Ehefrau dem Sonderausgabenabzug ihres geschiedenen Ehemanns nicht zugestimmt hat. Da somit die Voraussetzungen des § 10 Abs. 1a Nr. 1 EStG nicht gegeben sind, erfolgt auch keine Umqualifizierung der Basisversicherungsbeiträge auf die Ehefrau nach § 10 Abs. 1 Nr. 3 Satz 3 EStG. Die Versicherungsbeiträge bleiben als eigene Beiträge des Ehemanns als dessen Sonderausgaben abziehbar. Es werden dabei 2 900 € als Basisvorsorgeaufwendungen i. S. d. § 10 Abs. 1 Nr. 3 und 100 € als weitere Vorsorgeaufwendungen i. S. d. § 10 Abs. 1 Nr. 3a EStG berücksichtigt.

Die Unterhaltszahlungen können unter den weiteren Voraussetzungen des § 33 a Abs. 1 EStG bis zu maximal 8 652 € als außergewöhnliche Belastung berücksichtigt werden. Eine Erhöhung des Höchstbetrages nach § 33 a Abs. 1 Satz 2 EStG erfolgt nicht, da die Basisversicherungsbeiträge bereits nach § 10 Abs. 1 Nr. 3 Satz 1 EStG beim Ehemann anzusetzen sind.

c) Durch Antrag und begrenzte Zustimmung werden alle Unterhaltszahlungen zu Sonderausgaben i. S. d. § 10 Abs. 1 a Nr. 1 EStG umqualifiziert (H 10.2 [Allgemeines, 1. Spiegelstrich] EStH). Ein Abzug als außergewöhnliche Belastung ist nicht möglich.
Die Versicherungsbeiträge i. H. v. 3 000 € werden vom Ehemann als Versicherungsnehmer geschuldet und sind eigene Versicherungsleistungen des Ehemanns nach § 10 Abs. 1 Nr. 3 Satz 1 EStG. Da sich aus den Krankenversicherungsbeiträgen ein Anspruch auf Krankengeld ergibt, ist nach § 10 Abs. 1 Nr. 3 Buchst. a Satz 4 EStG der jeweilige Beitrag von 2 500 € um 4 % (100 €) zu vermindern. Dieser auf den Krankengeldanspruch entfallende Beitrag von 100 € stellt keine Basisabsicherung i. S. d. § 10 Abs. 1 Nr. 3 Buchst. a EStG, sondern einen weiteren Vorsorgeaufwand nach § 10 Abs. 1 Nr. 3 a EStG dar.
Die Unterhaltsleistungen können bis zu folgender Höhe nach § 10 Abs. 1 a Nr. 1 EStG beim Ehemann berücksichtigt werden:

Unterhaltsleistungen		13 000 €
Basisversicherungsleistungen für den Ehegatten	3 000 €	
Kürzung um 4 % von 2 500 €	./. 100 €	
verbleiben Basisversicherungsleistungen für den Ehegatten	2 900 €	
Zustimmung des Ehegatten § 10 Abs. 1 Nr. 1 EStG	./. 1 200 €	+ 1 200 €
verbleiben als eigene Basisversicherungsbeiträge des Ehemannes	1 700 €	
Betrag lt. Zustimmung der Ehefrau		14 200 €
Weitere Vorsorgeaufwendungen i. S. d. § 10 Abs. 1 Nr. 3 a EStG beim Ehemann		100 €

d) Durch Antrag und Zustimmung werden die Unterhaltszahlungen i. H. v. 13 000 € zu Sonderausgaben i. S. d. § 10 Abs. 1 a Nr. 1 EStG umqualifiziert. Die Versicherungsbeiträge i. H. v. 3 000 € werden von der geschiedenen Ehefrau als Versicherungsnehmer geschuldet und sind eigene Versicherungsleistungen der geschiedenen Ehefrau nach § 10 Abs. 1 Nr. 3 Satz 1 EStG. Es handelt es sich um einen abgekürzten Zahlungsweg, da der Ehemann im Einvernehmen mit der Ehefrau deren Schuld tilgt. Die Aufwendungen sind nach § 10 Abs. 1 Nr. 3 Satz 1 EStG als Sonderausgaben der Ehefrau zu berücksichtigen.
Beim Ehemann kommt ein Sonderausgabenabzug nicht in Betracht, da dieser die Aufwendungen nicht auf Grund einer eigenen Verpflichtung, sondern im Wege des abgekürzten Zahlungswegs für den geschiedenen Ehegatten leistet.
Die Basisversicherungsbeiträge erhöhen den maßgeblichen Höchstbetrag von 13 805 € unabhängig davon, wer Versicherungsnehmer der Basisvorsorgeaufwendungen ist.
Der Beitrag für den Krankentagegeldanspruch führt hier nicht zu einem Konkurrenzverhältnis zwischen **eigenen** Vorsorgeaufwendungen und **Unterhaltsleistungen** nach § 10 Abs. 1 a Nr. 1 EStG, da es sich nicht um eigene Beiträge des Ehemanns, sondern um eigene Beiträge der Ehefrau handelt, die lediglich im Wege des abgekürzten Zahlungswegs durch den Ehemann für die Ehefrau geleistet werden.
Die Unterhaltsleistungen können bis zu folgender Höhe nach § 10 Abs. 1 a Nr. 1 EStG beim Ehemann berücksichtigt werden:

Typische Unterhaltsleistungen		13 000 €
Vorsorgeaufwendungen des Ehegatten	3 000 €	
Gekürzt um 4 % von 2 500 €	./. 100 €	
Erhöhungsbetrag nach § 10 Abs. 1 a Nr. 1 Satz 2 EStG	2 900 €	+ 2 900 €
Insgesamt nach § 10 Abs. 1 a Nr. 1 EStG zu berücksichtigende Unterhaltsleistungen		15 900 €
Von der geschiedenen Ehefrau nach § 22 Nr. 1 a EStG zu versteuern		15 900 €
Von der geschiedenen Ehefrau und dem Ehemann zu berücksichtigende Basis-Vorsorgeaufwendungen nach § 10 Abs. 1 Nr. 3 Satz 3 EStG	0 €	

e) Die Voraussetzungen des § 10 Abs. 1 a Nr. 1 EStG sind nicht erfüllt, da die Ehefrau dem Sonderausgabenabzug ihres geschiedenen Ehemanns nicht zugestimmt hat.
Die Unterhaltszahlungen können unter den weiteren Voraussetzungen des § 33 a Abs. 1 EStG bis zu maximal 8 652 € als außergewöhnliche Belastung berücksichtigt werden. Zusätzlich erfolgt eine Erhöhung des Höchstbetrages nach § 33 a Abs. 1 Satz 2 EStG um die Basisversicherungsbeiträge i. H. v. 2 900 €, da für diese beim Unterhaltsleistenden kein Sonderausgabenabzug möglich ist (R 33 a.1 Abs. 5 EStR).

ÜBUNG 32 Ausbildungsfreibetrag

SACHVERHALT

1. Der 24-jährige Axel studiert im Kj. 2016 an der Universität Tübingen und ist auswärts untergebracht. Für den Zeitraum Januar bis März bezog Axel ein Stipendium aus öffentlichen Mitteln von insgesamt 750 €. Danach bezog Axel Arbeitslohn i. H. v. 3 000 €.
2. Kurt vollendet Mitte August 2016 das 18. Lebensjahr. Kurt war im gesamten Kj. 2016 zur Berufsausbildung auswärts untergebracht.
3. Tina, 24 Jahre, studierte bis zum 31. 08. 2016 und war dafür auswärts untergebracht. Ab 01.09.2016 ist Tina berufstätig und bezieht Einkünfte aus § 18 Abs. 1 Nr. 1 EStG i. H. v. 12 000 €. In der Zeit vom 01. 01. bis 31. 08. 2016 bezog Tina einen Bruttoarbeitslohn von 2 400 €.

AUFGABE

Ermitteln Sie den jeweiligen Ausbildungsfreibetrag.

LÖSUNG

1. Der Ausbildungsfreibetrag beträgt 924 €, da Axel
   a) volljährig ist,
   b) sich ganzjährig in Berufsausbildung befindet,
   c) dabei auswärts untergebracht ist und
   d) ein Anspruch auf Kindergeld oder auf einen Freibetrag nach § 32 Abs. 6 EStG besteht.
2. Der Ausbildungsfreibetrag ist ab August 2016 zu berücksichtigen (§ 33 a Abs. 3 Satz 1 EStG). Der Ausbildungsfreibetrag beträgt 5/12 von 924 € = 385 €.
3. Nach § 33 a Abs. 3 Satz 1 EStG ist der Ausbildungsfreibetrag für 8 Monate zu gewähren. Die Einkünfte nach der Berufsausbildung bleiben außer Ansatz.
   Ausbildungsfreibetrag: 8/12 von 924 € = 616 €

Berücksichtigung von Kindern

ÜBUNG 33

SACHVERHALT

Die Tochter (T), geboren 1997, beendet am 11. 07. 2016 ihre Berufsausbildung. T erhält folgenden Arbeitslohn:

während der Ausbildung: Januar bis Juni		3 874 €
im Mai: Urlaubsgeld		266 €
im Juli		430 €
Summe		4 570 €
Arbeitnehmerbeiträge zur Sozialversicherungsbeiträge dafür:		
Rentenversicherung	9,350 %	427 €
Arbeitslosenversicherung	1,500 %	69 €
Pflegeversicherung (Kinderlos)	1,475 %	67 €
Krankenversicherung mit Anspruch auf Krankengeld (ArbN-Anteil 7,30 % zzgl. Zusatzbeitragssatz 1,1 %)	8,400 %	384 €
Summe der Sozialversicherungsbeiträge		947 €
Arbeitslohn nach der Ausbildung: im Juli		1 055 €
August bis Dezember je		1 790 €
im Dezember Weihnachtsgeld		1 008 €

AUFGABE

Prüfen Sie, ob T als Kind zu berücksichtigen ist.

LÖSUNG

Ab Kalenderjahr 2012 ist zu beachten, dass aufgrund des Steuervereinfachungsgesetzes 2011 vom 1. 11. 2011 (BGBl I 2011, 2131) die Einkünfte- und Bezügegrenze für die Gewährung von Freibeträgen für Kinder sowie von Kindergeld weggefallen ist.

Die Voraussetzungen für eine Berücksichtigung nach § 32 Abs. 4 Nr. 2 Buchst. a EStG liegen bis einschließlich Juli 2016 vor. Für die Monate Januar bis Juli 2016 besteht somit ein Kindergeldanspruch.

Das Bürgerentlastungsgesetz vom 16. 07. 2009 (BGBl I 2009, 1959) setzt die Vorgaben des BVerfG um, indem es sicherstellt, dass die für eine Basiskranken- und Pflegeversicherung gezahlten Beiträge voll abziehbar sind. Aus diesem Grunde werden nach § 10 Abs. 1 Nr. 3 Satz 2 EStG die eigenen Basisvorsorgeaufwendungen des Kindes zu eigenen Beiträgen der Eltern umqualifiziert (s. a. R 10.4 EStR).

Pflegeversicherung (kinderlos)		67 €
Krankenversicherung mit Anspruch auf Krankengeld	384 €	
Kürzung um 4 % (§ 10 Abs. 1 Nr. 3 Buchst. a Satz 4 EStG)	./. 15 €	369 €
Eigene Beiträge der Eltern		436 €

Freibeträge nach § 32 Abs. 6 EStG

ÜBUNG 34

SACHVERHALT

1. Margret Müller, die seit 2006 verwitwet ist, wohnt in Bielefeld.
   Aus der Ehe mit ihrem verstorbenen Mann ist der Sohn Markus hervorgegangen, der am 22. 01. 2016 das 23. Lebensjahr vollendete.

Markus studiert Jura an der Universität in Köln. An den Wochenenden arbeitet Markus in einer Diskothek.
Markus ist nur in Köln mit Wohnung gemeldet.

2. Karin Fix und Kai Foxi lebten seit Jahren in einer eheähnlichen Lebensgemeinschaft zusammen. In 2016 ist Kai nach einem heftigen Streit aus der gemeinsamen Wohnung ausgezogen. Er lebt seitdem alleine in einer Eigentumswohnung in Kaiserslautern.
Karin und Kai haben zusammen ein Kind, namens Lupo, das noch den Kindergarten besucht. Lupo ist damals zu seinem Vater gezogen und ist auch bei ihm als wohnhaft gemeldet.

AUFGABE

Entscheiden Sie in den vorstehenden Fällen, ob und ggfs. in welcher Höhe Kindergeld sowie Freibeträge nach § 32 Abs. 6 EStG in Betracht kommen.

LÖSUNG

Hinweis:

Durch das Gesetz zur Anhebung des Grundfreibetrags, des Kinderfreibetrags, des Kindergeldes und des Kinderzuschlags vom 16.07.2015 (BGBl I 2015, 1202) wird der Kinderfreibetrag im Kj. 2015 von 2 184 € auf 2 256 € und ab dem Kj. 2016 auf 2 304 € angehoben.

Das Kindergeld wird nach § 66 Abs. 1 EStG im Kj. 2015 von 184 €/190 €/215 € auf 188 €/194 €/219 € und ab dem Kj. 2016 auf 190 €/196 €/221 € jeweils für das erste und zweite Kind/dritte Kinder/ das vierte und jedes weitere Kind jeweils angehoben.

Durch das Gesetz zur Umsetzung der Änderungen der EU-Amtshilferichtlinie und von weiteren Maßnahmen gegen Gewinnkürzungen und -verlagerungen vom 20.12.2016 (BGBl I 2016, 3000) wird der Kinderfreibetrag im Kj. 2017 von 2 304 € auf 2 358 € und ab dem Kj. 2018 auf 2 394 € angehoben.

Das Kindergeld wird nach § 66 Abs. 1 EStG im Kj. 2017 von 190 €/196 €/221 € auf 192 €/198 €/223 € und ab dem Kj. 2018 auf 194 €/200€/225 € jeweils für das erste und zweite Kind/dritte Kinder/ das vierte und jedes weitere Kind jeweils angehoben.

1. Markus ist ein leibliches Kind von Margret (§ 32 Abs. 1 Nr. 1 EStG). Er ist älter als 18 Jahre, aber noch jünger als 25 Jahre und befindet sich durch das Jurastudium in Berufsausbildung (§ 32 Abs. 4 Nr. 2 Buchst. a EStG i. V. m. H 32.5 [Schulbesuch] EStH). Nach § 32 Abs. 6 Satz 3 Nr. 1 EStG erhält die verwitwete Mutter den doppelten Kinderfreibetrag von 4 608 € (= 2 × 2 304 €) sowie den verdoppelten Freibetrag für den Betreuungs- und Erziehungs- oder Ausbildungsbedarf des Kindes von 2 640 € (= 2 × 1 320 €).
2. Lupo ist sowohl bei seiner Mutter als auch bei seinem Vater zu berücksichtigen (§ 32 Abs. 1 Nr. 1 und Abs. 3 EStG).
Kindergeld
Angesichts der Regelungen in § 63 EStG ist es möglich, dass mehrere Personen die Anspruchsberechtigung für dasselbe Kind erfüllen. Nach § 64 Abs. 1 Satz 1 EStG wird für jedes Kind jedoch nur einem Berechtigten Kindergeld gezahlt (sog. Einmaligkeit des Kindergeldes). Bei mehreren Berechtigten wird das Kindergeld demjenigen gezahlt, der das Kind in seinen Haushalt aufgenommen hat, also dem Vater (§ 64 Abs. 2 Satz 1 EStG). Das Kindergeld beträgt monatlich 190 € (§ 66 Abs. 1 EStG).
Kinderfreibetrag
Beide Elternteile erhalten für das Kind jeweils einen Kinderfreibetrag i. H. v. 2 304 € sowie einen Freibetrag von 1 320 € für den Betreuungs- und Erziehungs- oder Ausbildungsbe-

darf des Kindes (§ 32 Abs. 6 Satz 1 EStG).
Ob die Inanspruchnahme der Freibeträge nach § 32 Abs. 6 EStG sich günstiger auswirkt als das Kindergeld, hängt von der Höhe des jeweiligen zu versteuernden Einkommens ab; das Finanzamt wird diese Günstigerprüfung im Veranlagungsverfahren durchführen (§ 31 EStG).

Günstigerprüfung

ÜBUNG 35

SACHVERHALT

Die Eheleute Frings haben eine 16-jährige Tochter, für die von der Familienkasse in 2016 monatlich 190 € Kindergeld ausgezahlt wurde. Das zu versteuernde Einkommen der zusammenveranlagten Ehegatten in 2016 beträgt 70 000 €.

AUFGABE

Prüfen Sie, ob der Ansatz des Kinderfreibetrags zu einer höheren Entlastung führt als das Kindergeld.

LÖSUNG

Tarifliche ESt 2016 ohne Freibeträge (Splittingtarif)		14 182 €
Einkommen	70 000 €	
Abzüglich Kinderfreibetrag (§ 32 Abs. 6 Satz 1 und 2 EStG)	./. 4 608 €	
Abzüglich Betreuungsfreibetrag	./. 2 640 €	
Zu versteuerndes Einkommen mit Freibeträgen	62 752 €	
Tarifliche ESt 2016 mit Freibeträgen		./. 11 806 €
Unterschiedsbetrag =		2 376 €
Die Entlastung durch das Kindergeld i. H. v. 12 × 190 € =		2 280 €
ist ungünstiger. Die Freibeträge werden angesetzt.		
Die festzusetzende Einkommensteuer beträgt		11 806 €
Nach § 2 Abs. 6 Satz 3 EStG wird das entsprechende Kindergeld hinzugerechnet		+ 2 280 €
Festzusetzende ESt		14 086 €
Festzusetzende ESt ohne Freibeträge		14 182 €
Unterschiedsbetrag		96 €

Steuerermäßigung bei Einkünften aus Gewerbebetrieb

ÜBUNG 36

SACHVERHALT

Ein Einzelunternehmer hat Einkünfte aus Gewerbebetrieb i. H. v. 50 000 €. Die GewSt wurde dabei mit 5 668 € als Betriebsausgaben berücksichtigt. Die abzugsfähigen Sonderausgaben betragen 10 000. Nach § 8 GewStG sind insgesamt 15 000 € hinzuzurechnen.

AUFGABE

Ermitteln Sie die festzusetzende Einkommensteuer für den Veranlagungszeitraum 2016.

LÖSUNG

Nach § 35 Abs. 1 EStG ermäßigt sich die tarifliche Einkommensteuer, soweit sie anteilig auf im zu versteuernden Einkommen enthaltene gewerbliche Einkünfte entfällt, um das 3,8fache des jeweils für den dem Veranlagungszeitraum entsprechenden Erhebungszeitraum nach § 14 GewStG für das Unternehmen festgesetzten Gewerbesteuer-Messbetrages. Nähere Einzelheiten enthält das BMF-Schreiben vom 03. 11. 2016 (BStBl I 2016, 1187).

Nach § 7 GewStG beträgt der Gewerbeertrag: Einkünfte aus Gewerbebetrieb	50 000 €
Nach § 4 Abs. 5 b EStG stellt die GewSt keine Betriebsausgaben dar und ist außerhalb der Bilanz dem Gewinn hinzuzurechnen	+ 5 668 €
Hinzurechnungen nach § 8 GewStG	+ 15 000 €
Gewerbeertrag	70 668 €
Freibetrag (§ 11 Abs. 1 Nr. 1 GewStG)	./. 24 500 €
Steuerpflichtiger Gewerbeertrag (auf volle 100 € nach unten gerundet)	46 100 €
Die Steuermesszahl beträgt nach § 11 Abs. 2 GewStG 3,5 %.	
Der GewSt-Messbetrag beträgt 3,5 % von 46 100 € =	1 613 €
Berechnung der Steuerermäßigung nach § 35 EStG:	
Einkünfte aus Gewerbebetrieb = Gesamtbetrag der Einkünfte	55 668 €
Sonderausgaben	./. 10 000 €
Zu versteuerndes Einkommen	45 668 €
Tarifliche ESt 2016 (Grundtabelle)	10 930 €
Abzüglich des 3,8-Fachen des GewSt-Messbetrages (1 613 € × 3,8) = 6 129 €.	
Der Abzug des Steuerermäßigungsbetrages ist auf die tatsächlich zu zahlende GewSt beschränkt (§ 35 Abs. 1 Satz 5 EStG)	./. 5 668 €
Festzusetzende ESt	5 262 €

ÜBUNG 37 Steuerermäßigung bei Aufwendungen für haushaltsnahe Beschäftigungsverhältnisse I

SACHVERHALT

Die verheiratete Hausfrau H arbeitet an zwei Vormittagen in der Woche im privaten Haushalt der Familie F. Ihr Arbeitsentgelt beträgt monatlich 450 €. Weitere Einkünfte bezieht sie nicht. Der Ehemann von H ist Arbeitnehmer.

AUFGABE

Prüfen Sie, ob und in welcher Höhe eine Steuerermäßigung nach § 35 a EStG beansprucht werden kann.

LÖSUNG

Da das monatliche Entgelt 450 € nicht übersteigt, handelt es sich um eine geringfügige Beschäftigung i. S. d. § 8 Abs. 1 Nr. 1 i. V. m. § 8 a SGB IV. F hat im Kj. 2016 folgende pauschale Abgaben zu erbringen:

Pauschalbeitrag zur Rentenversicherung: 5 % von 450 € = 22,50 €, × 12 Monate	270,00 €
Pauschalbeitrag zur Krankenversicherung: 5 % von 450 € = 22,50 €, × 12 Monate	270,00 €
Beitrag zur Unfallversicherung: 1,6 % von 450 € = 7,20 €, × 12 Monate	86,40 €
Umlage U1: 1,0 % von 450 € = 4,50 € × 12 Monate	54,00 €
Umlage U2: 0,30 % von 450 € = 1,35 € × 12 Monate	16,20 €
Pauschalsteuer nach § 40 a Abs. 2 EStG: 2 % von 450 € = 9 € × 12 Monate	108,00 €
insgesamt monatlich 67,05 € × 12 Monate	804,60 €

Der pauschalversteuerte Arbeitslohn sowie die Pauschsteuer bleiben bei der Einkommensteuerveranlagung der H und ihres Ehemannes außer Ansatz.

Nach § 35 a Abs. 1 EStG werden bei F 20 % der Aufwendungen für die Beschäftigung von H, maximal 510 € im Rahmen der Einkommensteuerveranlagung steuermindernd berücksichtigt. Hiernach ergibt sich folgende Steuerermäßigung:

Aufwendungen Arbeitsentgelte 12 × 450 € =	5 400,00 €
Aufwendungen für Versicherung und Lohnsteuer	804,60 €
insgesamt	6 204,60 €
× 20 % = 1 240,92 €, höchstens	510,00 €

Zu den begünstigten Aufwendungen des Stpfl. nach § 35 a Abs. 1 EStG gehört der Bruttoarbeitslohn oder das Arbeitsentgelt (bei Anwendung des Haushaltsscheckverfahrens und geringfügiger Beschäftigung i. S. d. § 8 a SGB IV) sowie die vom Stpfl. getragenen Sozialversicherungsbeiträge, die LSt ggf. zzgl. SolZ und KiSt, die Umlagen U 1 und U 2 und die Unfallversicherungsbeiträge, die an den Gemeindeunfallversicherungsverband abzuführen sind (Rz. 36 ff. des BMF-Schreibens vom 09. 11. 2016, BStBl I 2016, 1213). Auf der Homepage der »minijob-zentrale« ist ein Haushaltsscheck-Rechner abrufbar, der in wenigen Sekunden die o. a. Berechnungen durchführt.

Steuerermäßigung bei Aufwendungen für haushaltsnahe Beschäftigungsverhältnisse II

ÜBUNG 38

SACHVERHALT

Der Stpfl. A, über 60 Jahre alt, beschäftigt das ganze Jahr 2016 eine Haushaltshilfe. Der Arbeitslohn von monatlich 500 € (6 000 € jährlich) wird nach den Lohnsteuerabzugsmerkmalen i. S. d. § 39 EStG versteuert und ist sozialversicherungspflichtig. Der ArbG-Anteil zur Sozialversicherung beträgt geschätzt 1 200 €.

AUFGABE

Prüfen Sie, ob und in welcher Höhe eine Steuerermäßigung nach § 35 a EStG beansprucht werden kann.

LÖSUNG

Da es sich bei dem haushaltsnahen Beschäftigungsverhältnis um ein sozialversicherungspflichtiges Beschäftigungsverhältnis handelt, kann die Steuerermäßigung nach § 35 a Abs. 2 EStG in Betracht kommen. Dabei dürfen nur solche Aufwendungen berücksichtigt werden, die u. a. nicht als außergewöhnliche Belastungen berücksichtigt worden sind.

Die Steuerermäßigung des § 35 a Abs. 2 Satz 1 EStG beträgt 20 % von 7 200 € = 1 440 €, maximal 4 000 €.

Steuerermäßigung bei Aufwendungen für haushaltsnahe Beschäftigungsverhältnisse III

ÜBUNG 39

SACHVERHALT

Im Rahmen eines geringfügigen Beschäftigungsverhältnisses nach § 8 a SGB IV betreut eine Tagesmutter den dreijährigen Sohn erwerbstätiger Eheleute in deren Haushalt. Im Jahr 2016 betragen die Aufwendungen 6 204,60 € (siehe Übung 37).

AUFGABE

Prüfen Sie, ob und in welcher Höhe eine Steuerermäßigung nach § 35 a EStG beansprucht werden kann.

LÖSUNG

Eine Steuerermäßigung nach § 35 a Abs. 1 EStG kommt nur in Betracht, soweit die Aufwendungen nicht unter § 10 Abs. 1 Nr. 5 EStG fallen. Die Aufwendungen für Dienstleistungen zur Betreuung eines zum Haushalt der Stpfl. gehörenden Kindes, das das 14. Lebensjahr noch nicht vollendet hat, sind als Sonderausgaben bei der Ermittlung des Einkommens abzuziehen. Eine Steuerermäßigung nach § 35 a EStG kommt nicht in Betracht (Rz. 34 des BMF-Schreibens vom 09. 11. 2016, BStBl I 2016, 1213).

ÜBUNG 40 Steuerermäßigung bei Aufwendungen für haushaltsnahe Dienstleistungen I

SACHVERHALT

Der Stpfl. A hat allgemeine Dienstleistungsaufwendungen i. S. d. § 35 a Abs. 2 EStG i. H. v. 4 000 €.

AUFGABE

Prüfen Sie, ob und in welcher Höhe eine Steuerermäßigung nach § 35 a EStG beansprucht werden kann.

LÖSUNG

Die Steuerermäßigung nach § 35 a Abs. 2 Satz 1 EStG beträgt 20 % von 4 000 € = 800 €.

ÜBUNG 41 Steuerermäßigung bei Aufwendungen für haushaltsnahe Dienstleistungen II

SACHVERHALT

Der Stpfl. A hat folgende Aufwendungen i. S. d. § 35 a Abs. 2 EStG:

- allgemeine Dienstleistungen 1 000 € und
- Pflegedienstleistungen 8 000 €.

AUFGABE

Prüfen Sie, ob und in welcher Höhe eine Steuerermäßigung nach § 35 a EStG beansprucht werden kann.

LÖSUNG

Die Steuerermäßigung nach § 35 a Abs. 2 EStG beträgt insgesamt maximal 4 000 €. Die Steuerermäßigung beträgt für

Allgemeine Dienstleistung	1 000 €
Pflegedienstleistung	8 000 €
Dienstleistungen insgesamt	9 000 €
Die Steuerermäßigung beträgt 20 %	1 800 €

Steuerermäßigung bei Aufwendungen für haushaltsnahe Dienstleistungen III

ÜBUNG 42

SACHVERHALT

Der Stpfl. A hat folgende Aufwendungen i. S. d. § 35 a EStG:

- allgemeine Dienstleistungen 1 000 €,
- Pflegedienstleistungen 21 000 € und
- Handwerkerleistungen 4 000 €.

AUFGABE

Prüfen Sie, ob und in welcher Höhe eine Steuerermäßigung nach § 35 a EStG beansprucht werden kann.

LÖSUNG

Die Steuerermäßigung für die Inanspruchnahme allgemeiner Dienstleistungen und Pflegeleistungen beträgt nach § 35 a Abs. 2 EStG insgesamt maximal 4 000 €. Die Steuerermäßigung dafür beträgt 20 % von insgesamt 22 000 € = 4 400 €, maximal 4 000 €.

Für die Inanspruchnahme von Handwerkerleistungen ermäßigt sich die ESt nach § 35 a Abs. 3 EStG um 20 % der Aufwendungen von 4 000 € = 800 €, höchstens jedoch um 1 200 €.

Die Steuerermäßigung beträgt insgesamt für

Dienstleistungen und Pflegeleistungen i. S. d. § 35 a Abs. 2 EStG	4 000 €
Handwerkerleistung i. S. d. § 35 a Abs. 3 EStG	800 €
Summe der Steuerermäßigungen nach § 35 a Abs. 2 und 3 EStG	4 800 €

Berücksichtigung von Kinderbetreuungskosten

ÜBUNG 43

SACHVERHALT

Die Eheleute A und B beschäftigen ganzjährig eine Hausangestellte für einen monatlichen Bruttoarbeitslohn von 800 €. Zusätzlich werden mtl. 165 € Arbeitgeberbeiträge zur Sozialversicherung abgeführt. Die Hausangestellte betreut zur Hälfte die Kinder und führt zur anderen Hälfte typische Haushaltsleistungen durch.

A und B sind beide erwerbstätig. Das gemeinsame Kind hat das 14. Lebensjahr nicht vollendet.

AUFGABE

Prüfen Sie, ob und in welcher Höhe die Kinderbetreuungskosten steuerlich berücksichtigt werden können.

LÖSUNG

Das Anwendungsschreiben des BMF vom 14. 03. 2012 (BStBl I 2012, 307) regelt die steuerliche Berücksichtigung von Kinderbetreuungskosten.

Wird ein einheitliches Entgelt sowohl für Betreuungsleistungen als auch für andere Leistungen gezahlt, ist gegebenenfalls eine Aufteilung im Schätzungswege vorzunehmen. Von einer Aufteilung ist abzusehen, wenn die anderen Leistungen von untergeordneter Bedeutung sind. Wird der Umfang der Kinderbetreuungskosten nicht nachgewiesen (z. B. durch Festlegung der Tätigkeiten im Vertrag und entsprechende Aufteilung des Entgelts), kann ein Anteil von 50 % der Gesamtaufwendungen als Kinderbetreuungskosten berücksichtigt werden (Rz. 6 und 7 des BMF-Schreibens vom 14. 03. 2012, BStBl I 2012, 307).

Die jährlichen Aufwendungen für die Hausangestellte betragen 965 € × 12 = 11 580 €. Davon entfällt die Hälfte auf die Kinderbetreuung (5 790 €). Zu berücksichtigen sind 2/3 der Aufwendungen von 5 790 € = 3 860 €, maximal 4 000 €. Nach § 10 Abs. 1 Nr. 5 EStG verbraucht sind somit 5 790 €.

Auf die typische Haushaltsleistungen entfallen 50 % von 11 580 € = 5 790 €. Nach § 35 a Abs. 2 EStG begünstigt sind 5 790 € × 20 % = 1 158 €, höchstens 4 000 €.

II Klausuren

1 Übungsklausur

Hilfsmittel:

- Beck'sche Textausgaben:
- – Steuergesetze
- – Steuerrichtlinien

SACHVERHALT

Persönliche Verhältnisse

Die Eheleute Leo Polt (Leo) und Michaela Polt (Michaela), beide 28 Jahre alt, leben in ihrem Einfamilienhaus in Bad Bergzabern. Sie bestreiten ihren Lebensunterhalt als »Lebenskünstler« durch vielfältige Gelegenheitsarbeiten. Während einer Fastnachtsveranstaltung lernt Michaela den in Frankreich lebenden Franzosen Pierre Lang (Pierre) kennen und lieben. Sie zieht am 01. 03. 2016 zu diesem nach Straßburg. Daraufhin entschließt sich Leo sein Leben in geordnete Bahnen zu lenken und bewirbt sich erfolgreich bei der Oberfinanzdirektion Koblenz als Finanzanwärter. Im Grundstudium in Edenkoben lernt Leo die wohlhabende Winzerin Woi Knorz (Woi), 40 Jahre alt, kennen. Die Ehe von Leo und Michaela wird im November 2014 geschieden. Michaela und Pierre heiraten am 06. 12. 2016 in Straßburg. Leo und Woi geben sich am 28. 12. 2016 vor dem Standesbeamten in Landau das Jawort.

In den entsprechenden Einkommensteuererklärungen 2016 machen die Steuerpflichtigen keine Angaben zur gewünschten Veranlagungsart. Im Übrigen ergeben sich daraus die nachfolgenden Daten.

Einkünfte Leo

Bienenzucht

Leo betreibt seit einigen Jahren mit Begeisterung eine Bienenzucht. Den gewonnenen Honig isst er teilweise selbst bzw. verschenkt ihn an seine Verwandten und Bekannten. Einen Teil verkauft er auf dem Wochenmarkt. Im Veranlagungszeitraum 2016 betrugen die Einnahmen 1 000 €, die mit der Bienenzucht zusammenhängenden Ausgaben 3 000 €. Auch in den Vorjahren lagen die Ausgaben stets weit über den Einnahmen.

Maler- und Reparaturarbeiten

Als weitere Erwerbsquelle führt Leo selbständig Maler- und Reparaturarbeiten durch. Er bietet diese Leistungen in Zeitungsanzeigen an. Die Bareinnahmen aus dieser Tätigkeit beliefen sich im Jahr 2016 auf 8 000 €. An Ausgaben entstanden Leo (unstreitig) Fahrtkosten i. H. v. 1 000 € sowie die Kosten der Annoncen i. H. v. 500 €.

Finanzanwärter

Aus seinem Beamtenverhältnis bezieht Leo ab 01. 07. 2016 ein monatliches Bruttogehalt i. H. v. 800 €. Die Besoldungsstelle behielt die Lohnsteuer, die Kirchensteuer sowie den Solidaritätszuschlag in entsprechender Höhe ein. Das Dezembergehalt 2016 sowie das gleich hohe Weihnachtsgeld wurden wegen Schwierigkeiten bei der Bank erst am 15. 01. 2017 ausgezahlt.

Im Zusammenhang mit dem Dienstverhältnis sind Leo folgende Kosten entstanden:

- Bahnfahrkarte 1. Klasse zum Vorstellungsgespräch nach Koblenz — 30 €
  (Eine Fahrkarte der 2. Klasse hätte nur 20 € gekostet.)
- zwei Passbilder für die Bewerbungsunterlagen — 5 €
- eine Krawatte für das Bewerbungsgespräch — 50 €
  (Leo trägt im privaten Bereich niemals eine Krawatte)
- ein Handy zum Empfang nützlicher SMS während den Klausuren — 100 €
- Bußgeld wegen des Überfahrens einer roten Ampel, — 60 €
  (Leo war auf dem Weg zur Fachhochschule für Finanzen)
- ein Taschenrechner für Studienzwecke — 40 €

Die übrigen Werbungskosten betragen unstreitig 1 500 €.

Einkünfte Woi

Winzerbetrieb

Woi hat den Winzerbetrieb von ihrem Vater geerbt. Er wird von einem angestellten Verwalter bewirtschaftet. Das Wirtschaftsjahr läuft vom 01. 09.–31. 08. Im Wirtschaftsjahr 2015/2016 betrug der Gewinn 30 000 €. Der Verlust des Wirtschaftsjahrs 2016/2017 beläuft sich auf 18 000 €.

Gemäldegalerie

Woi betreibt in Edenkoben eine Gemäldegalerie, in der sie überwiegend Kunstwerke pfälzischer Maler anbietet. Der Betrieb ist im Handelsregister eingetragen. Sie ermittelt ihren Gewinn durch Betriebsvermögensvergleich. Das Wirtschaftsjahr lief bisher vom 01. 08.–31. 07. Im Jahr 2016 hat Woi eine Umstellung des Wirtschaftsjahrs auf das Kalenderjahr vorgenommen.

Der Gewinn des Wirtschaftsjahrs 01. 08. 2015 – 31. 07. 2016 betrug 13 000 €, der des Wirtschaftsjahrs 01. 08. 2016 – 31. 12. 2016 belief sich auf 12 000 €. Der Gewinn des Wirtschaftsjahrs 2015/2016 wurde um Kosten für die Bewirtung von Kunden i. H. v. 1 000 € gemindert. Woi hatte die Kunden anlässlich ihres Geburtstags in ein elsässisches Feinschmeckerlokal eingeladen. Die Aufwendungen dafür sind nicht ordnungsgemäß aufgezeichnet.

Mietwohngrundstück

Das Woi gehörende Grundstück umfasst fünf gleich große Wohnungen. Die monatlichen Mieteinnahmen betragen grundsätzlich 500 € pro Wohnung. Eine der Wohnungen stand jedoch im Veranlagungszeitraum 2016 drei Monate leer. In dem Gebäude befinden sich neben den fünf Wohnungen noch zwei Zimmer, die an Finanzanwärter vermietet sind. Im Jahr 2016 war Zimmer 1 zehn Monate für monatlich 200 € vermietet. Zimmer 2 war fünf Monate zum gleichen Mietpreis vermietet. Von August bis zum Jahresende bewohnte Leo das Zimmer. Er vereinbarte mit Woi, statt einer Mietzahlung, Reparaturarbeiten im Wert von 1 000 € an dem Haus vorzunehmen, die er im Laufe des Jahres auch leistete.

Im Zusammenhang mit dem Grundstück fielen folgende Kosten an:

- Kaufpreis für einen Rasenmäher (nur für V+V-Zwecke) — 1 000 €
  Die Anschaffung erfolgte im Januar 2016.
  Die Nutzungsdauer des Rasenmähers beträgt fünf Jahre.
- Darlehenstilgung — 10 000 €
- Darlehenszinsen — 800 €

- Rechtsanwaltskosten 600 €
  Die Kosten entstanden wegen einer Räumungsklage gegen einen säumigen Mieter.
- Übrige Werbungskosten (unstreitig) 13 000 €

Zinseinnahmen

Woi erzielte im Veranlagungszeitraum 2016 folgende Zinseinnahmen:

- Sparbuch 500 €
- Bundesschatzbriefe 4 500 €

Einkünfte Michaela

Michaela war in den Monaten Januar und Februar 2016 bei der Pimpes Bar in Landau als Bardame angestellt. Der Bruttoarbeitslohn betrug in dieser Zeit insgesamt 5 000 €. Daneben unterhielt sie die Gäste des Etablissements mit Table-Dance-Vorführungen, wofür sie Trinkgelder i. H. v. insgesamt 3 000 € erhielt.

AUFGABE

Ermitteln Sie die festzusetzende Einkommensteuer für den Veranlagungszeitraum 2016 aller im Sachverhalt genannter unbeschränkt steuerpflichtigen Personen.

Gehen Sie dabei bitte in folgender Reihenfolge vor:

- Steuerpflicht.
- Veranlagungsart.
- Tarif.
- Summe der Einkünfte.
- Zu versteuerndes Einkommen. Gehen Sie dabei davon aus, dass die abziehbaren Sonderausgaben je Person 2 000 € betragen.
- Festzusetzende Einkommensteuer.

Begründen Sie Ihre Entscheidungen unter genauer Angabe der entsprechenden Vorschriften.

LÖSUNG

Steuerpflicht

Leo und Woi sind unbeschränkt einkommensteuerpflichtig, da sie als natürliche Personen einen Wohnsitz im Inland haben (§ 1 Abs. 1 Satz 1 EStG i. V. m. § 8 AO). Michaela ist bis zum 01. 03. 2016 unbeschränkt einkommensteuerpflichtig. Mit dem Wegzug ins Ausland endet die persönliche Steuerpflicht, da sie ab diesem Zeitpunkt weder Wohnsitz noch gewöhnlichen Aufenthalt im Inland hat und auch keine Inlandseinkünfte i. S. v. § 49 EStG bezieht. Pierre ist nicht persönlich steuerpflichtig.

Veranlagungsart

Bei den Eheleuten Leo und Michaela liegen während eines Teils des Veranlagungszeitraums 2016 die Voraussetzungen für eine Ehegattenveranlagung vor. Beide sind zunächst unbeschränkt steuerpflichtig und leben nicht dauernd getrennt. Auch für die Eheleute Leo und Woi sind die Tatbestandsmerkmale des § 26 Abs. 1 Satz 1 Nr. 1–3 EStG ab dem 28. 12. 2016 erfüllt. Da Leo mit zwei Ehegatten in einem Veranlagungszeitraum die Voraussetzungen des § 26 Abs. 1 Satz 1 Nr. 1–3 EStG erfüllt, bleibt die erste Ehe mit Michaela für die Anwendung des § 26 EStG unberücksichtigt (§ 26 Abs. 1 Satz 2 EStG). Leo und Woi werden mangels ausdrücklichen Antrags zusammenveranlagt (§ 26 Abs. 3 EStG i. V. m. § 26 b EStG).

Die Eheleute Pierre und Michaela erfüllen die Voraussetzungen der Ehegattenveranlagung nicht, da Pierre nicht unbeschränkt steuerpflichtig ist. Für Michaela findet deshalb eine Einzelveranlagung statt (§ 25 Abs. 1 EStG).

Tarif

Im Rahmen der Zusammenveranlagung von Leo und Woi ist der Splittingtarif anzuwenden (§ 32 a Abs. 5 EStG). Bei der Einzelveranlagung von Michaela kommt ebenfalls der Splittingtarif (Gnadensplitting) in Betracht (§ 32 a Abs. 6 Nr. 2 EStG). Michaela erfüllte zusammen mit Leo die Voraussetzungen des § 26 Abs. 1 Satz 1 EStG, dieser heiratete im gleichen Veranlagungszeitraum Woi, mit welcher er ebenfalls die Voraussetzungen für eine Ehegattenveranlagung erfüllt.

Summe der Einkünfte Leo

Bienenzucht

Bei der Bienenzucht handelt es sich um eine Liebhaberei, da die damit zusammenhängenden Ausgaben dauerhaft die Einnahmen übersteigen. Die Tätigkeit führt nicht zu steuerbaren Einkünften. Die Verluste dürfen das zu versteuernde Einkommen nicht mindern.

Maler- und Reparaturarbeiten

Mit den Maler- und Reparaturarbeiten erzielt Leo gewerbliche Einkünfte (§ 15 Abs. 1 Nr. 1 EStG). Die Gewinnermittlung erfolgt zulässigerweise durch die Einnahme-Überschuss-Rechnung nach § 4 Abs. 3 EStG. Zu den Betriebseinnahmen gehört auch der Mietwert des Zimmers in Edenkoben. Es handelt sich um eine Betriebseinnahme in Geldeswert i. H. v. 1 000 € (§ 4 Abs. 4 EStG i. U. und § 8 Abs. 1 EStG analog). Die Betriebseinnahmen betragen demnach insgesamt 9 000 €. Die Fahrtkosten und die Kosten der Annoncen sind als Betriebsausgaben abzugsfähig (§ 4 Abs. 4 EStG). Die Einkünfte aus Gewerbebetrieb belaufen sich somit auf 7 500 €.

Finanzanwärter

Das Bruttogehalt sowie die Weihnachtsgratifikation gehören zu den Einnahmen aus nichtselbständiger Arbeit (§ 2 Abs. 1 LStDV und § 19 Abs. 1 Nr. 1 EStG). Die Steuerabzugsbeträge sind nicht abzugsfähige Ausgaben (§ 12 Nr. 3 EStG). Das Dezembergehalt ist laufender Arbeitslohn und gilt als im Kalenderjahr 2016 bezogen (§ 11 Abs. 1 Satz 4 EStG i. V. m. § 38 a Abs. 1 Satz 2 EStG). Das Weihnachtsgeld gehört zu den sonstigen Bezügen. Es ist erst bei Zufluss im Januar 2017 zu erfassen (§ 38 a Abs. 1 Satz 3 i. V. m. § 11 Abs. 1 Satz 1 EStG). Die Einnahmen aus nichtselbständiger Arbeit belaufen sich also im Veranlagungszeitraum 2016 auf 4 800 €.

Die Kosten der Bahnfahrt zum Vorstellungsgespräch gehören zu den Werbungskosten nach § 9 Abs. 1 Satz 1 EStG. Die Wahl des Verkehrsmittels ist dem Steuerpflichtigen freigestellt. Es handelt sich dabei um Reisekosten i. S. d. R 9.4 Abs. 1 LStR. Bei öffentlichen Verkehrsmitteln ist der entrichtete Fahrpreis einschließlich etwaiger Zuschläge anzusetzen.

Die Aufwendungen für die Passbilder stellen ebenfalls Werbungskosten dar (§ 9 Abs. 1 Satz 1 EStG).

Bei den Anschaffungskosten für die Krawatte handelt es sich um nicht abziehbare Aufwendungen der Lebensführung gem. § 12 Nr. 1 Satz 1 EStG (Rz. 4 des BMF-Schreibens vom 06. 07. 2010 (BStBl I 2010, 614); Gleiches gilt für den Kaufpreis des Handys.

Das Bußgeld gehört zu den nicht abzugsfähigen Werbungskosten (§ 9 Abs. 5 i. V. m. § 4 Abs. 5 Nr. 8 EStG).

Der Taschenrechner ist im Wege der GWG-Regelung als Arbeitsmittel zu berücksichtigen (§§ 9 Abs. 1 Nr. 6, Nr. 7 und 6 Abs. 2 EStG, R 9.12 LStR).

Die Werbungskosten belaufen sich insgesamt auf 1 575 €. Die Einkünfte aus nichtselbständiger Arbeit betragen somit 3 225 €.

Einkünfte aus § 15 EStG	7 500 €
Einkünfte aus § 19 EStG	3 225 €
Summe der Einkünfte	**10 725 €**

Summe der Einkünfte Woi

Winzerbetrieb

Mit dem Winzerbetrieb erzielt Woi Einkünfte aus Land- und Forstwirtschaft (§ 13 Abs. 1 Nr. 1 EStG). Das Wirtschaftsjahr läuft zulässigerweise vom 01. 09. bis zum 31. 08. (§ 4 a Abs. 1 Nr. 1 Satz 2 EStG i. V. m. § 8 c Abs. 1 Nr. 3 EStDV). Der Gewinn des Wirtschaftsjahrs 2015/2016 ist i. H. v. 20 000 € (8/12 von 30 000 €) dem Veranlagungszeitraum 2016 zuzuordnen (§ 4 a Abs. 2 Nr. 1 EStG). Von dem Verlust des Wirtschaftsjahrs 2016/2017 entfallen 6 000 € (4/12 von 18 000 €) auf den Veranlagungszeitraum 2016. Die Einkünfte aus Land- und Forstwirtschaft betragen 2016 also 14 000 €.

Gemäldegalerie

Die Einkünfte aus der Gemäldegalerie gehören zu den gewerblichen Einkünften (§ 15 Abs. 1 Nr. 1 EStG). Wegen der Handelsregistereintragung ist ein abweichendes Wirtschaftsjahr zulässig (§ 4 a Abs. 1 Nr. 2 EStG). Die Umstellung auf das Kalenderjahr ist ohne Zustimmung des Finanzamts möglich (§ 4 a Abs. 1 Nr. 2 Satz 2 EStG i. U.). Es entsteht ein Rumpfwirtschaftsjahr, welches vom 01. 08. – 31. 12. 2016 läuft (§ 8 b Nr. 2 EStDV). Im Veranlagungszeitraum 2016 ist sowohl der Gewinn des Wirtschaftsjahres 2015/2016 (13 000 €) als auch der Gewinn des Rumpfwirtschaftsjahrs 2016 (12 000 €) zu erfassen, da beide Wirtschaftsjahre in 2016 enden (§ 4 a Abs. 2 Nr. 2 EStG).

Die Bewirtungskosten anlässlich des Geburtstags dürfen bei der Gewinnermittlung nicht berücksichtigt werden, da sie nach § 4 Abs. 7 Satz 1 EStG nicht ordnungsgemäß aufgezeichnet sind. Nach dem BFH-Urteil vom 10. 11. 2016 (VI R 7/16) können Aufwendungen für die Feier eines Geburtstags im Rahmen des § 4 Abs. 5 Satz 1 Nr. 2 Satz 1 EStG als Betriebsausgaben berücksichtigt werden. Der Gewinn des Wirtschaftsjahrs 2015/2016 ist demnach auf 14 000 € zu erhöhen. Die Einkünfte aus Gewerbebetrieb 2016 betragen 26 000 €.

Mietwohngrundstück

Mit dem Mietwohngrundstück erzielt Woi Einkünfte aus Vermietung und Verpachtung (§ 21 Abs. 1 Nr. 1 EStG). Die Einnahmen aus den fünf Wohnungen betragen: (12 × 4 × 500 € + 9 × 500 € =) 28 500 €. Hinzu kommen die Einnahmen aus der Vermietung der Zimmer. Hierzu gehört auch der Wert der Arbeitsleistung des Leo (Einnahme in Geldeswert gem. § 8 Abs. 2 EStG). Die Einnahmen aus der Zimmervermietung belaufen sich auf 4 000 € (20 × 200 €). Die Einnahmen aus Vermietung und Verpachtung betragen insgesamt 32 500 €.

Der Rasenmäher stellt ein Arbeitsmittel dar (§ 9 Abs. 1 Nr. 6 EStG). Seine Anschaffungskosten sind im Wege der Abschreibung als Werbungskosten abziehbar (§ 9 Abs. 1 Nr. 7 i. V. m. § 7 Abs. 1 EStG). Bei einer Nutzungsdauer von fünf Jahren ergibt sich ein AfA-Betrag i. H. v. 200 €.

Die Darlehenstilgung ist ein Abfluss auf der Vermögensebene; die Einkunftsermittlung ist nicht betroffen. Die Darlehenszinsen sind als Werbungskosten abzugsfähig (§ 9 Abs. 1 Nr. 1 EStG). Gleiches gilt für die Rechtsanwaltskosten.

Bei den von Leo vorgenommenen Reparaturarbeiten handelt es sich um Erhaltungsaufwendungen, die nach § 9 Abs. 1 Satz 1 EStG zum Ansatz kommen.

Die Werbungskosten belaufen sich insgesamt auf 15 600 €. Die Einkünfte aus Vermietung und Verpachtung betragen also 16 900 €.

Zinseinnahmen

Die Zinseinnahmen führen zu Einkünften aus Kapitalvermögen nach § 20 Abs. 1 Nr. 7 EStG. Die Zinsen unterliegen nach § 43 Abs. 1 Nr. 7 EStG der Kapitalertragsteuer. Nach § 43 Abs. 5 EStG ist die ESt durch den Steuerabzug abgegolten. Die Einkünfte sind nicht in die Summe der Einkünfte, in den Gesamtbetrag der Einkünfte und in das zu versteuernde Einkommen einzubeziehen (§ 2 Abs. 5 b EStG).

Einkünfte aus § 13 EStG	14 000 €
Einkünfte aus § 15 EStG	26 000 €
Einkünfte aus § 21 EStG	16 900 €
Summe der Einkünfte	**56 900 €**

Summe der Einkünfte Michaela

Michaela erzielt mit ihrem Bruttoarbeitslohn Einkünfte aus nichtselbständiger Arbeit (§ 19 Abs. 1 Nr. 1 EStG). Nicht zu den Einnahmen gehören die Trinkgelder. Diese sind nach § 3 Nr. 51 EStG steuerfrei. Die Einnahmen belaufen sich demnach auf 5 000 €. Es ist der Arbeitnehmer-Pauschbetrag nach § 9 a Nr. 1 Buchst. a EStG i H. v. 1 000 € zu berücksichtigen. Die Einkünfte aus nichtselbständiger Arbeit betragen also 4 000 €. Dieser Betrag entspricht auch der Summe der Einkünfte.

Zu versteuerndes Einkommen und festzusetzende Einkommensteuer Leo und Woi

Das zu versteuernde Einkommen ermittelt sich nach den Vorschriften des § 2 Abs. 3 bis 5 EStG (vgl. auch R 2 EStR). Die festzusetzende Einkommensteuer ermittelt sich nach § 2 Abs. 6 Satz 1 EStG.

Summe der Einkünfte Leo	10 725 €
Summe der Einkünfte Woi	56 900 €
Gemeinsame Summe der Einkünfte	67 625 €

Der Freibetrag nach § 13 Abs. 3 EStG kommt nicht in Betracht, da die Summe der Einkünfte der Eheleute 61 700 € übersteigt (§ 13 Abs. 3 Satz 2 und 3 EStG).

Gesamtbetrag der Einkünfte	67 625 €
Sonderausgaben	./. 4 000 €
Einkommen = zu versteuerndes Einkommen	63 625 €
Tarifliche ESt 2016 = festzusetzende ESt lt. Splittingtabelle (§ 32 a Abs. 5 EStG)	12 086 €

Zu versteuerndes Einkommen und festzusetzende Einkommensteuer Michaela

Summe der Einkünfte = Gesamtbetrag der Einkünfte	4 000 €
Sonderausgaben	./. 2 000 €
Einkommen = zu versteuerndes Einkommen	2 000 €
Tarifliche ESt = festzusetzende ESt lt. Splittingtabelle (§ 32 a Abs. 6 Nr. 2 EStG)	0 €

Punktetabelle

	Punkte
Steuerpflicht	
§ 1 Abs. 1 EStG für Leo, Woi und Michaela	1
Ende persönliche Steuerpflicht Michaela mit Wegzug ins Ausland	2
Veranlagungsart	
Leo und Michaela erfüllen § 26 Abs. 1 Satz 1 EStG für einen Teil des Jahres	3
Auch für Leo und Woi § 26 Abs. 1 Satz 1 EStG ab Heirat	4
Vorrang Ehe Leo und Woi, § 26 Abs. 1 Satz 2 EStG	5
Leo und Woi = Zusammenveranlagung, § 26 Abs. 3 und § 26 b EStG	6
Einzelveranlagung für Michaela und Begründung, § 25 Abs. 1 EStG	7
Tarif	
Leo und Woi erhalten den Splittingtarif, § 32 a Abs. 5 EStG	8
Michaela ebenfalls und Begründung, § 32 a Abs. 6 Nr. 2 EStG	9
Bienenzucht	
Liebhaberei und Begründung	10
Keine steuerliche Berücksichtigung	11
Maler- und Reparaturarbeiten	
Gewerbliche Einkünfte, § 15 Abs. 1 Nr. 1 EStG	12
Einnahme-Überschuss-Rechnung, § 4 Abs. 3 EStG	13
Mietwert Zimmer = Betriebseinnahme in Geldeswert, § 4 Abs. 4 EStG i. U.	14
Fahrtkosten, Annoncen = Betriebsausgaben, § 4 Abs. 4 EStG	15
Finanzanwärter	
§ 19 Abs. 1 Nr. 1 EStG	16
Steuerabzüge = § 12 Nr. 3 EStG	17
Dezembergehalt = Zufluss 2016, § 11 Abs. 1 Satz 4 und § 38 a Abs. 1 Satz 2 EStG	18
Weihnachtsgeld = Zufluss 2017, § 11 Abs. 1 Satz 1 und § 38 a Abs. 1 Satz 3 EStG	19
Bahnfahrt = Werbungskosten, § 9 Abs. 1 Satz 1 EStG	20
Passbilder = Werbungskosten	21
Krawatte = nicht abzugsfähige Kosten der Lebensführung, § 12 Nr. 1 EStG	22
Ebenso Handy	23
Bußgeld keine Werbungskosten, § 9 Abs. 5 i. V. m. § 4 Abs. 5 Nr. 8 EStG	24
Taschenrechner = Arbeitsmittel	25
GWG, § 9 Abs. 1 Nr. 6 und 7 EStG	26
Einkünfte = 3 225 €	27
Summe der Einkünfte Leo = 10 725 €	28

	Punkte
Winzerbetrieb	
§ 13 Abs. 1 Nr. 1 EStG	29
Wirtschaftsjahr vom 01. 09.–31. 08. zulässig, § 8 c Abs. 1 Nr. 3 EStDV	30
20 000 € dem Jahr 2016 zuordnen, § 4 a Abs. 2 Nr. 1 EStG	31
./. 6 000 € dem Jahr 2016 zuordnen	32
Gemäldegalerie	
§ 15 Abs. 1 Nr. 1 EStG	33
Abweichendes Wirtschaftsjahr zulässig, § 4 a Abs. 1 Nr. 2 EStG	34
Umstellung ist zulässig, § 4 a Abs. 1 Nr. 2 Satz 2 EStG i. U.	35
Entstehung Rumpfwirtschaftsjahr, § 8 b Nr. 2 EStDV	36
Gewinn beider Wirtschaftsjahre gehört in 2016, § 4 a Abs. 2 Nr. 2 EStG	37
Bewirtungskosten § 4 Abs. 7 EStG	38
Einkünfte = 26 000 €	39
Mietwohngrundstück	
§ 21 Abs. 1 Nr. 1 EStG	40
Mieteinnahmen = 32 500 €	41
Arbeitsleitung Leo = Einnahme in Geldeswert, § 8 Abs. 2 EStG	42
Rasenmäher = Arbeitsmittel	43
AfA, § 9 Abs. 1 Nr. 7 i. V. m. § 7 Abs. 1 EStG	44
200 €	45
Zinsen = Werbungskosten, § 9 Abs. 1 Nr. 1 EStG	46
Rechtsanwaltskosten = Werbungskosten	47
Reparaturarbeiten = Erhaltungsaufwendungen = Werbungskosten	48
Einkünfte = 16 900 €	49
Zinseinnahmen	
§ 20 Abs. 1 Nr. 7 EStG	50
Kapitalertragsteuer § 43 Abs. 1 Nr. 7 EStG	51
§ 43 Abs. 5 EStG	52
§ 2 Abs. 5 b EStG	53
Summe der Einkünfte Woi = 56 900 €	54
Summe der Einkünfte Michaela	
Einkünfte aus nichtselbständiger Arbeit	55
Trinkgelder keine Einnahmen	56
da steuerfrei, § 3 Nr. 51 EStG	57
Arbeitnehmer-Pauschbetrag, § 9 a Nr. 1 EStG	58
Summe der Einkünfte Michaela = 4 000 €	59

	Punkte
Festzusetzende Einkommensteuer	
Kein § 13 Abs. 3 EStG und Begründung	**60**
Berechnung zu versteuerndes Einkommen Leo und Woi = 63 625 €	**61**
Festzusetzende Einkommensteuer = 12 086 €	**62**
Berechnung zu versteuerndes Einkommen Michaela = 2 000 €	**63**
Festzusetzende Einkommensteuer = 0 €	**64**

Notentabelle

Korrekturpunkte	Punkte nach § 6 Abs. 1 StBAPO	Note
64 – 61 60 – 58	15 14	**1**
57 – 55 54 – 52 51 – 49	13 12 11	**2**
48 – 47 46 – 44 43 – 41	10 9 8	**3**
40 – 38 37 – 35 34 – 32	7 6 5	**4**
31 – 26 25 – 19 18 – 13	4 3 2	**5**
12 – 6 5 – 0	1 0	**6**

2 Prüfungsklausur

Hilfsmittel:

- Beck'sche Textausgaben:
- Steuergesetze
- Steuerrichtlinien

SACHVERHALT

Persönliche Verhältnisse

Manu Mops, geb. am 07. 03. 1981, ist als Tierärztin in Edenkoben niedergelassen. Auf einer Gemäldeausstellung in der Villa Ludwigshöhe lernte sie im Mai 2016 den Kunstmaler Huub Vandebild (Huub), geb. am 21. 01. 1984, kennen. Huub, ein holländischer Staatsbürger, lebte seit Dezember 2015 im Edenkobener Künstlerhaus. Manu und Huub heirateten rechtskräftig nach holländischem Recht am 09. 09. 2016 auf einer Urlaubsreise in Amsterdam. In ihrer Einkommensteuererklärung 2016 treffen die Eheleute keine Entscheidung über eine bestimmte Veranlagungsart.

Besteuerungsgrundlagen Manu

Grundstück Kurbrunnenweg

Manu erwarb das bebaute Grundstück am 01. 08. 2014. Dabei fielen folgende Kosten an:

• Kaufpreis (davon 50 000 € Grund und Boden)	300 000 €
• Maklergebühren für die Vermittlung des Grundstücks	10 900 €
• Grunderwerbsteuer	10 500 €
• Beurkundung Kaufvertrag; Notarkosten	2 200 €
• Grundbucheintragung	400 €

Das dreigeschossige Gebäude wurde 2005 errichtet (Bauantrag 2004). Im Erdgeschoss (120 m^2) befinden sich die Praxisräume von Manu, im ersten Obergeschoss (120 m^2) deren Wohnung, die sie nach der Heirat zusammen mit Huub nutzt. Die Dachgeschosswohnung (60 m^2) vermietete Manu bis einschließlich August 2016 für monatlich 350 € (angemessen) an ihren Vater. Sie ließ, nachdem ihr Vater am 31. 08. 2016 verstarb, das Dachgeschoss in ein Atelier umgestalten. Im Rahmen der Umbaumaßnahme wurden die vorhandenen Dachflächenfenster vergrößert sowie der bisherige Teppichboden durch einen Parkettboden ersetzt.

Die Rechnung für die Fenster belief sich auf 12 000 € zzgl. 2 280 € Umsatzsteuer, der Bodenleger berechnete 7 500 € zzgl. 1 425 € Umsatzsteuer.

Manu finanzierte die Maßnahmen teilweise mit einem Darlehen über 20 000 €. Dieses wurde am 01. 10. 2016 i. H. v. 97 % ausgezahlt. Die Zinsen von 5 % p. a. werden vierteljährlich, erstmalig am 31. 12. 2016, Manu's Bankkonto belastet.

Sie vermietet das Atelier ab dem 01. 10. 2016 an ihren Ehemann, welcher darin seiner Tätigkeit als Kunstmaler nachgeht (vgl. Besteuerungsgrundlagen Huub). Die angemessene Monatsmiete beläuft sich auf 1 000 €. Huub überwies die am 01. 01. 2017 fällige Januarmiete 2017 bereits am 28. 12. 2016.

Neben den bereits angesprochenen Aufwendungen fielen im Veranlagungszeitraum 2016 Grundsteuer i. H. v. 600 €, Gebäudeversicherungen i. H. v. 600 €, sowie Zinsen aus der Finanzierung des Kaufpreises i. H. v. 9 000 € an.

Tierarztpraxis

Im Jahr 2016 betrugen die Betriebseinnahmen 80 000 € und die Betriebsausgaben 12 500 €. In diesen Werten sind die Grundstückskosten sowie folgende Vorgänge noch **nicht** berücksichtigt:

a) Gehaltszahlungen an Huub:
Huub arbeitet seit dem 01. 08. 2016 halbtags als Sprechstundenhelfer bei Manu. Der angemessene Bruttoarbeitslohn für das gesamte Jahr 2016 betrug insgesamt 6 000 €. Der Arbeitnehmeranteil sowie der Arbeitgeberanteil zur Sozialversicherung beliefen sich jeweils auf 1 225 €, die Beiträge zur Rentenversicherung sind darin mit jeweils 561 € (18,7 % von 6 000 € = 1 122 €) enthalten.

b) Hundewelpen
Manu impfte im Herbst 2016 vier Appenzeller Hundewelpen. Der Hundebesitzer (Privatmann) konnte aber das Honorar (300 €) nicht zahlen. Er einigte sich mit ihr darauf, ihr als Gegenleistung zwei der Welpen zu überlassen. Manu behielt einen Welpen selbst, den zweiten verkaufte sie für 150 €.

c) Versicherungsleistung
Bei einer Operation an einem Rottweiler im April 2016 wurde Manu von dem Tier gebissen und dabei so schwer verletzt, dass sie ihre Praxis drei Wochen lang schließen musste. Die Haftpflichtversicherung der Hundehalterin zahlte Manu neben den entstandenen Arztkosten i. H. v. 1 500 € einen Verdienstausfall i. H. v. 2 500 €.

Erbschaft

Manu erbte von ihrem verstorbenen Vater 800 Aktien. Der Kurswert betrug im Zeitpunkt der Erbschaft 106 €/Stück. Ihr Vater hatte die Aktien im Januar 2016 zu einem Kurs von 76 €/Stück erworben. Bei der Anschaffung fielen damals Bankgebühren i. H. v. 486 € an. Im September 2016 wurde Manus Bankkonto nach Abzug von 644 € Kapitalertragsteuer sowie 35,42 € Solidaritätszuschlag eine Dividende i. H. v. 2 540,58 € gutgeschrieben. Sie veräußerte die Aktien im November 2016 zum Kurs von 112 €/Stück. Die Bank berechnete ihr dafür Gebühren i. H. v. 716 €.

Versicherungsbeiträge

Manu leistete 2016 folgende Versicherungsbeiträge:

• Kfz-Haftpflichtversicherung	400 €
• Rechtsschutzversicherung	110 €
• Hausratversicherung	180 €
• Krankenversicherung	3 600 €

Besteuerungsgrundlagen Huub

Einkünfte als Kunstmaler

Huub ist ein in Fachkreisen anerkannter Landschaftsmaler. Im Mai 2016 wurde er von der Pfälzischen Akademie für bildende Künste mit einem über 5 000 € dotierten Preis ausgezeichnet. Im Jahr 2016 erzielte er durch den Verkauf von Gemälden insgesamt 30 000 €. Seine Materialaufwendungen (Farbe, Leinwand usw.) beliefen sich auf 1 750 €.

Die 20-tägige Urlaubsreise nach Amsterdam im September 2016 nutzte er, um dort einige Landschaftsmotive auf seinen Gemälden zu verewigen. Damit war er insgesamt an fünf Tagen beschäftigt. Die Kosten der Urlaubsreise betrugen für die Eheleute insgesamt 2 100 €.

Sprechstundenhelfer

Vgl. dazu die Ausführungen zu Besteuerungsgrundlagen Manu/Tierarztpraxis.

AUFGABE

Ermitteln Sie bitte für den Veranlagungszeitraum 2016 den Gesamtbetrag der Einkünfte der Eheleute Manu und Huub Vandebild.

Gehen Sie dabei wie folgt vor:

- Steuerpflicht, Veranlagungsart, Tarif;
- Ermittlung der jeweiligen Einkünfte.

Begründen Sie Ihre Entscheidungen unter genauer Angabe der einschlägigen Vorschriften.

Die Eheleute möchten für 2016 so wenig Einkommensteuer wie möglich zahlen.

LÖSUNG

Steuerpflicht, Veranlagungsart, Tarif

Manu und Huub sind unbeschränkt einkommensteuerpflichtig, da sie als natürliche Personen ihren Wohnsitz im Inland (Edenkoben) haben (§ 1 Abs. 1 Satz 1 EStG). Huub`s holländische Staatbürgerschaft ist dabei ohne Bedeutung. Im Veranlagungszeitraum 2016 liegen bei den Eheleuten die Voraussetzungen für eine Ehegattenveranlagung vor. Die Eheschließung nach holländischem Recht ist dabei anzuerkennen (H 26 [Allgemeines] EStH). Des Weiteren leben die Ehegatten nicht dauernd getrennt, so dass die Voraussetzungen des § 26 Abs. 1 Satz 1 Nr. 1–3 EStG alle erfüllt werden. Da Manu und Huub keine Erklärung zur Veranlagungsart abgeben, werden sie zusammenveranlagt (§ 26 Abs. 3 i. V. m. § 26b EStG). Maßgebender Tarif ist dabei der Splittingtarif (§ 32 a Abs. 5 EStG).

Einkünfte Manu

Grundstück Kurbrunnenweg

1. Allgemeines

Die unterschiedlichen Nutzungen des Gebäudes stellen selbständige Wirtschaftsgüter dar, die eigenständig auf ihre steuerliche Auswirkungen zu untersuchen sind (R 4.2 Abs. 4 Satz 1 EStR). Das **Erdgeschoss** und der anteilige Grund und Boden gehören zum notwendigen Betriebsvermögen der freiberuflichen Praxis (R 4.2 Abs. 7 Satz 1 und 2 EStR). Die damit zusammenhängenden Grundstückskosten gehören zu den Betriebsausgaben (§ 4 Abs. 4 EStG, § 4 Abs. 3 Satz 3 EStG und R 4.7 Abs. 2 Satz 3 EStR). Der Grund und Boden muss mit seinen anteiligen gewinnneutralen (§ 4 Abs. 3 Satz 4 EStG) Anschaffungskosten in das Anlageverzeichnis eingetragen werden (§ 4 Abs. 3 Satz 5 EStG).

Mit der **eigenen Wohnung** werden keine Einnahmen erzielt, so dass die damit zusammenhängenden Grundstückskosten nichtabzugsfähige Kosten der Lebensführung darstellen (§ 12 Nr. 1 EStG).

Durch die Vermietung des **Dachgeschosses** erzielt Manu Einkünfte aus Vermietung und Verpachtung (§ 21 Abs. 1 Nr. 1 EStG). Die damit zusammenhängenden Grundstückskosten gehören zu den Werbungskosten aus Vermietung und Verpachtung. Die für das gesamte Grundstück angefallenen laufenden Kosten, als auch die Finanzierungskosten sind nach dem Nutzflächenverhältnis den Nutzungen anteilig zuzuordnen (40 % eigene Praxis – 40 % eigene Wohnung – 20 % vermietet); direkt zuordenbare Kosten sind ausschließlich der jeweiligen Nutzung zuzurechnen.

2. Vermietung und Verpachtung, Betriebsausgaben

Die Einnahmen aus V+V belaufen sich auf 5 800 € (8 × 350 € + 3 × 1 000 €). Die Januarmiete 2017 ist eine regelmäßig wiederkehrende Einnahme. Sie fließt kurze Zeit vor Beginn des Jahres 2017, zu welchem sie wirtschaftlich gehört, zu. Der Betrag ist daher erst im Veranlagungszeitraum 2017 zu erfassen (§ 11 Abs. 1 Satz 2 EStG).

Die Gebäudeversicherung sowie die Zinsen aus der Finanzierung des Kaufpreises und die Grundsteuer sind i. H. v. 4 080 € (= 40 % von 10 200 €) als Betriebsausgaben und i. H. v. 2 040 € als Werbungskosten aus Vermietung und Verpachtung abziehbar (§ 9 Abs. 1 Satz 1 und Nr. 1 und 2 EStG).

Die Erneuerung der Dachflächenfenster sowie des Bodenbelags führt zu Erhaltungsaufwendungen, da bereits vorhandene Gebäudeteile (Etwas »Altes« durch etwas »Neues«) ersetzt werden (R 21.1 Abs. 1 EStR). Der Bruttobetrag i. H. v. insgesamt 23 205 € ist in voller Höhe dem Dachgeschoss zuzurechnen und somit als Werbungskosten zu berücksichtigen. Da die Eheleute für den Veranlagungszeitraum 2016 so wenig wie möglich ESt zahlen möchten, kommt eine Verteilung der Erhaltungsaufwendungen nach § 82 b EStDV nicht in Betracht. Bei den Modernisierungsmaßnahmen handelt es sich nicht um anschaffungsnahe Herstellungskosten i. S. d. § 6 Abs. 1 Nr. 1 a EStG, da die Aufwendungen ohne die USt 15 % der Anschaffungskosten des Gebäudes nicht übersteigen.

Wird ein Gebäude zu unterschiedlichen Zwecken genutzt und sind daher für steuerliche Zwecke mehrere WG anzunehmen (R 4.2 Abs. 4 EStR), wird die Prüfung der 15 %-Grenze trotzdem für das ganze Gebäude vorgenommen (Vfg. OFD Frankfurt vom 31. 01. 2006, S 2171aA – 2 – St II 2.04, DStR 2006, 567). Die Senatsverwaltung für Finanzen Berlin klärt mit Erlass vom 20. 11. 2012 (III B S 2211 – 2/2005 – 2, DB 2013, 372) bisher noch offene Zweifelsfragen zur einkommensteuerrechtlichen Behandlung anschaffungsnaher Aufwendungen.

Zur Abgrenzung von Anschaffungskosten, Herstellungskosten und Erhaltungsaufwendungen bei der Instandsetzung und Modernisierung von Gebäuden siehe das BMF-Schreiben vom 18. 07. 2003 (BStBl I 2003, 386).

Die Darlehenszinsen i. H. v. 250 € (= 1/4 [Quartal] von 5 % von 20 000 €) sowie das Damnum i. H. v. 600 € sind in voller Höhe dem Dachgeschoss zuzurechnen. Das Damnum gilt im Zeitpunkt der Darlehensauszahlung als abgeflossen (H 11 [Damnum] EStH).

Die Anschaffungskosten des Gebäudes sind anteilig im Wege der AfA als Betriebsausgaben (40 %) bzw. Werbungskosten (20 %) abzugsfähig (§ 4 Abs. 3 Satz 3 i. V. m. Abs. 4 bzw. § 9 Abs. 1 Nr. 7 EStG). Als AfA-Methode kommt im betrieblichen Bereich die lineare AfA gemäß § 7 Abs. 5 a EStG i. V. m. § 7 Abs. 4 Satz 1 Nr. 1 EStG in Betracht, da das Erdgeschoss zum Betriebsvermögen gehört und nicht Wohnzwecken dient. Für das Dachgeschoss wird die lineare AfA nach § 7 Abs. 4 Satz 1 Nr. 2 Buchst. a EStG mit 2 % berechnet. Die Voraussetzung des § 7 Abs. 5 Satz 1 EStG – vom Steuerpflichtigen hergestellt oder bis zum Ende des Jahres der Fertigstellung angeschafft – ist nicht erfüllt. Die Maklergebühren, die Grunderwerbsteuer, die Notarkosten und die Gerichtskosten gehören als Anschaffungsnebenkosten zu den Anschaffungskosten (§ 255 Abs. 1 HGB). Die Anschaffungskosten des Grundstücks belaufen sich demnach auf 324 000 €. Davon entfallen 54 000 € auf den Grund und Boden (1/6) sowie 270 000 € auf das Gebäude. Die AfA-Bemessungsgrundlage des Erdgeschosses beträgt 108 000 € (40 % von 270 000 €), die des Dachgeschosses 54 000 € (20 % von 270 000 €, R 4.2 Abs. 6 Satz 1 und 2 EStR). Die AfA beläuft sich im betrieblichen Bereich auf 3 240 € (3 % von 108 000 €) sowie im Bereich der Einkünfte aus Vermietung und Verpachtung auf 1 080 € (2 % von 54 000 €).

Die Betriebsausgaben aus dem Grundstück betragen 7 320 € (4 080 € + 3 240 €), die Werbungskosten aus V+V 27 175 € (2 040 € + 23 205 € + 250 € + 600 € + 1 080 €). Dies führt zu Einkünften aus Vermietung und Verpachtung i. H. v. ./. 21 375 €.

Tierarztpraxis

Manu erzielt als Tierärztin Einkünfte aus freiberuflicher Tätigkeit (Katalogberuf) nach § 18 Abs. 1 Nr. 1 EStG. Als Gewinnermittlungsart kommt die Einnahme-Überschuss-Rechnung in Betracht (§ 4 Abs. 3 EStG).

a) Gehaltszahlungen an Huub
Das an Huub gezahlte Bruttogehalt sowie der Arbeitgeberanteil zur Sozialversicherung i. H. v. insgesamt 7 225 € gehören zu den Betriebsausgaben.

b) Hundewelpen
Die Hinnahme der Hundewelpen an Zahlung statt führt zu Betriebseinnahmen in Geldeswert i. H. v. 300 € (§ 4 Abs. 4 EStG i. U. und § 8 Abs. 1 EStG analog). Die Betriebseinnahmen aus dem Verkauf bzw. der Gegenstandsentnahme (§ 4 Abs. 1 Satz 2, § 6 Abs. 1 Nr. 4 Satz 1 EStG) der Hunde werden durch die Betriebsausgaben i. H. d. Anschaffungskosten (H 4.5 Abs. 3 [Veräußerung abnutzbarer Wirtschaftsgüter/Unterlassene AfA] EStH) ausgeglichen.
Umsatzsteuerrechtlich liegt beim Verkauf des Hundes eine steuerbare und steuerpflichtige Lieferung vor (Hilfsgeschäft), während die Entnahme keine gleichgestellte Lieferung i. S. d. § 3 Abs. 1 b Nr. 1 UStG darstellt, da der entnommene Appenzeller nicht zum Vorsteuerabzug berechtigt hat (§ 3 Abs. 1 b Satz 2 UStG). Im Rahmen der § 4 Abs. 3-Rechnung ist die auf die Lieferung entfallende Umsatzsteuer im Endergebnis gewinnneutral (H 9 b [Gewinnermittlung nach § 4 Abs. 3 EStG] EStH).

c) Versicherungsleistung
Manu sind durch den Versicherungsersatz keine Aufwendungen entstanden, so dass die Arztkosten nicht zum Abzug als Betriebsausgaben führen können (der Betriebsausgabenabzug ginge in diesem Fall dem Abzug als außergewöhnliche Belastung nach § 33 EStG vor, § 33 Abs. 2 Satz 2 EStG). Die Erstattung des Verdienstausfalls führt zu Betriebseinnahmen.

Die Betriebseinnahmen belaufen sich auf 82 800 € (80 000 € + 300 € + 2 500 €), die Betriebsausgaben auf 27 045 € (12 500 € + 7 320 € + 7 225 €). Die Einkünfte aus freiberuflicher Tätigkeit betragen somit 55 755 €.

Erbschaft

Die Erbschaft selbst ist einkommensteuerlich kein steuerbarer Vorgang. Der Wertpapierverkauf führt zu Einnahmen aus **§ 20 Abs. 2 Satz 1 Nr. 1 EStG**. § 20 Abs. 2 Satz 1 Nr. 1 EStG regelt, dass die Veräußerung der Anteile an Körperschaften, wie z. B. Aktiengesellschaften, die von einem Stpfl. in seinem **Privatvermögen** gehalten werden, **unabhängig** von der bisher geltenden **Veräußerungsfrist** von zwölf Monaten, steuerbar ist. § 20 Abs. 2 Satz 1 Nr. 1 EStG ist erstmals auf Gewinne aus der Veräußerung von Anteilen anzuwenden, die nach dem 31. 12. 2008 erworben werden (§ 52 a Abs. 10 Satz 1 EStG).

Nach § 3 Nr. 40 Satz 2 EStG ist das **Teileinkünfteverfahren** im **Privatbereich nicht** anzuwenden.

Nach § 43 Abs. 1 Satz 1 Nr. 9 EStG wird in den Fällen des § 20 Abs. 2 Satz 1 Nr. 1 EStG die **ESt** durch den **Abzug der KapESt** erhoben. Nach § 43 a Abs. 1 Nr. 1 EStG beträgt die KapESt

25 % des Kapitalertrags. Kapitalertrag ist der Veräußerungsgewinn i. S. d. § 20 Abs. 4 EStG (§ 43 a Abs. 2 Satz 2 EStG). Die ESt ist nach § 43 Abs. 5 EStG mit dem Steuerabzug **abgegolten**.

Die **Gewinnausschüttung** der AG ist i. H. d. Dividende als Einnahmen aus Kapitalvermögen zu erfassen (§ 20 Abs. 1 Nr. 1 EStG). Die Kapitalertragsteuer sowie der Solidaritätszuschlag gehören als nicht abziehbare Personensteuern mit zu den Einnahmen (§ 12 Nr. 3 EStG). Die **Dividenden** unterliegen einer 25 %igen **Abgeltungsteuer** (§ 52 a Abs. 1 i. V. m. § 32 d EStG). Der Schuldner der Kapitalerträge (§ 44 Abs. 1 Satz 1 EStG) hat **25 % KapESt** einzubehalten (§ 43 Abs. 1 Satz 1 Nr. 1 i. V. m. § 43 a Abs. 1 Satz 1 Nr. 1 EStG). Die ESt ist nach § 43 Abs. 5 EStG mit dem Steuerabzug **abgegolten**.

Nach § 2 Abs. 5 b EStG sind die Kapitalerträge nach § 32 d Abs. 1 und § 43 Abs. 5 EStG nicht in die Summe der Einkünfte einzubeziehen.

Versicherungsbeiträge

Die Beiträge zur Haftpflicht- und zur Krankenversicherung sind als Vorsorgeaufwendungen ansetzbar (§ 10 Abs. 1 Nr. 3 Buchst. a und Nr. 3 a EStG). Die Rechtsschutz- und die Hausratversicherung sind weder als Betriebsausgaben noch als Sonderausgaben begünstigt (H 10.5 [Hausrat- und Rechtsschutzversicherung] EStH).

Einkünfte Huub

Einkünfte als Kunstmaler

Als anerkannter Künstler erzielt Huub freiberufliche Einkünfte (§ 18 Abs. 1 Nr. 1 EStG). Die Gewinnermittlung erfolgt durch Einnahme-Überschuss-Rechnung (§ 4 Abs. 3 EStG). Zu den Betriebseinnahmen gehört auch der Betrag i. H. v. 5 000 € aus der verliehenen Auszeichnung (§ 4 Abs. 4 EStG i. U.).

Die Mietzahlungen an Manu (3 000 €) stellen Betriebsausgaben dar. Die Januarmiete 2017 ist als regelmäßig wiederkehrende Ausgabe im Veranlagungszeitraum 2017 zu erfassen (§ 11 Abs. 2 Satz 2 EStG).

Die Kosten der Urlaubsreise sind als Mischkosten zu behandeln. Es handelt sich dabei um durch die Einkunftserzielung mit veranlasste Aufwendungen (Rz. 10 des BMF-Schreibens vom 06. 07. 2010, BStBl I 2010, 614). Nicht von § 12 Nr. 1 EStG erfasste Aufwendungen, die nicht eindeutig zugeordnet werden können, aber einen nachgewiesenen abgrenzbaren betrieblichen Anteil enthalten, sind nach dem jeweiligen Veranlassungsanteil in abziehbare und nicht abziehbare Aufwendungen aufzuteilen. 25 % (5 Tage von 20 Tagen) der Kosten i. H. v. 2 100 € = 525 € sind als Betriebsausgaben zu berücksichtigen.

Die Betriebseinnahmen betragen also 35 000 € (30 000 € + 5 000 €), die Betriebsausgaben 5 275 € (1 750 € + 3 000 € + 525 €). Die Einkünfte aus freiberuflicher Tätigkeit belaufen sich somit auf 29 725 €.

Sprechstundenhelfer

Im Rahmen des Dienstverhältnisses zu Manu erzielt Huub Einkünfte aus nichtselbständiger Arbeit (§ 19 Abs. 1 Nr. 1 EStG). Zu den Einnahmen gehört der Bruttoarbeitslohn einschließlich des Arbeitnehmeranteils zur Sozialversicherung (§ 12 Nr. 1 EStG) von insgesamt 6 000 €. Der Arbeitgeberanteil zur Sozialversicherung ist steuerfrei nach § 3 Nr. 62 EStG. Die Einnahmen sind um den Arbeitnehmer-Pauschbetrag i. H. v. 1 000 € zu mindern (§ 9 a Nr. 1 Buchst. a EStG). Die Einkünfte betragen also 5 000 €.

Ermittlung des Gesamtbetrags der Einkünfte

Die Ermittlung erfolgt nach § 2 Abs. 3 EStG.

Huub		**Manu**		**Eheleute**
§ 18 EStG	29 725 €	§ 18 EStG	55 755 €	
§ 19 EStG	5 000 €	§ 20 EStG	0 €	
		§ 21 EStG	./. 21 375 €	
Summe der Einkünfte	**34 725 €**	**Summe der Einkünfte**	**34 380 €**	
Gesamtbetrag der Einkünfte				**69 105 €**

Punktetabelle

	Punkte
Steuerpflicht, Veranlagungsart und Tarif	
Unbeschränkte Steuerpflicht und Begründung, § 1 Abs. 1 EStG	1
Ehegattenveranlagung und Begründung, § 26 Abs. 1 Satz 1 EStG	2
Problem Heirat in Holland	3
Zusammenveranlagung, §§ 26 Abs. 3 und 26 b EStG	4
Splittingtarif, § 32 a Abs. 5 EStG	5
Erdgeschoss = Betriebsvermögen	6
Eigene Wohnung = Kosten der Lebensführung, § 12 Nr. 1 EStG	7
Dachgeschoss = § 21 Abs. 1 Nr. 1 EStG = 5 800 €	8
Januarmiete in 2017 und Begründung, § 11 Abs. 1 Satz 2 EStG	9
Versicherung, Zinsen = Aufteilung Betriebsausgaben/Werbungskosten, 4 080 €, 2 040 €	10
§ 4 Abs. 4 EStG	11
§ 9 Abs. 1 Nr. 1 und 2 EStG	12
Reparaturen = Erhaltungsaufwand und Begründung oder R 21.1 Abs. 1 EStR	13
Zuordnung Dachgeschoss = Werbungskosten = 23 205 €	14
Zinsen = Werbungskosten = 250 €	15
Damnum = Werbungskosten = 600 € und Problem Abfluss	16
AfA = BA, WK, § 9 Abs. 1 Nr. 7 EStG	17
Erdgeschoss = § 7 Abs. 4 Nr. 1 EStG	18
Dachgeschoss = § 7 Abs. 4 Nr. 2 Buchst. a EStG	19
Makler usw. = Anschaffungsnebenkosten	20
Ermittlung Anschaffungskosten = 324 000 €	21
Gebäudeanteil = 270 000 €	22
Berechnung AfA-Beträge (3 240 € + 1 080 €)	23
Berechnung Betriebsausgaben und Werbungskosten (7 320 € + 27 175 €)	24
Berechnung Einkünfte V+V (./. 21 375 €)	25
Tierarzt = Katalogberuf, § 18 Abs. 1 Nr. 1 EStG	26

	Punkte
§ 4 Abs. 3-Rechnung	27
Arbeitgeberanteil Soz.Vers. = BA = 7 225 €	28
Welpen = Betriebseinnahmen = 300 €	29
Verkauf/Entnahme = Betriebseinnahmen und Betriebsausgaben	30
Arztkosten kein Aufwand, da Erstattung	31
Verdienstausfall = Betriebseinnahme	32
Ermittlung der Einkünfte = 55 755 €	33
Erbschaft nicht steuerbar	34
Verkauf Aktien, § 20 Abs. 2 Nr. 1 EStG	35
§ 52 a Abs. 10 Satz 1 EStG	36
Kein Teileinkünfteverfahren, § 3 Nr. 40 Satz 2 EStG	37
§ 43 Abs. 1 Satz 1 Nr. 9 EStG KapESt	38
§ 43 a Abs. 1 Nr. 1 EStG 25 %	39
ESt abgegolten, § 43 Abs. 5 EStG	40
Gewinnausschüttung, § 20 Abs. 1 Nr. 1 EStG	41
§ 43 Abs. 1 Nr. 1 EStG, KapESt	42
Kapitalertragsteuer und Solidaritätszuschlag, § 12 Nr. 3 EStG	43
§ 2 Abs. 5 b EStG: kein Ansatz	44
Haftpflicht und Krankenversicherung = § 10 Abs. 1 Nr. 3 Buchst. a und Nr. 3 a EStG	45
Rechtsschutzversicherung und Hausratversicherung sind nicht als Sonderausgaben begünstigt	46
Einkünfte Huub	
Künstlerische Tätigkeit, § 18 Abs. 1 Nr. 1 EStG	47
Auszeichnung = Betriebseinnahme = 5 000 €	48
Miete = Betriebsausgabe = 3 000 €	49
Januarmiete in 2017, § 11 Abs. 2 Satz 2 EStG	50
Urlaubsreise aufteilbare Aufwendungen 25 % = 525 € Betriebsausgaben	51
Berechnung der Einkünfte (29 725 €)	52
Sprechstundenhelfer, § 19 Abs. 1 Nr. 1 EStG	53
Bruttoarbeitslohn 6 000 €	54
Arbeitgeberanteil = steuerfrei, § 3 Nr. 62 EStG	55
Arbeitnehmer-Pauschbetrag, § 9 a Nr. 1 Buchst. a EStG	56
Berechnung Einkünfte = 5 000 €	57
Berechnung Gesamtbetrag der Einkünfte Manu und Huub	58

Notentabelle

Korrekturpunkte	Punkte nach § 6 Abs. 1 StBAPO	Note
70 – 67 66 – 64	15 14	**1**
63 – 60 59 – 57 56 – 54	13 12 11	**2**
53 – 51 50 – 48 47 – 45	10 9 8	**3**
44 – 41 40 – 38 37 – 35	7 6 5	**4**
34 – 28 27 – 21 20 – 14	4 3 2	**5**
13 – 7 6 – 0	1 0	**6**

Teil C Buchführungstechnik und Bilanzsteuerrecht

I Übungen

1 Grundlagen Buchführung

Kaufmannseigenschaft, Aufzeichnungspflichten und Betriebsvermögensvergleich

ÜBUNG 1

SACHVERHALT

Tom Ate (Tom) betreibt in Mannheim ein Ladengeschäft, in dem er Obst und Gemüse verkauft. Er beschäftigt dort sieben Angestellte und besitzt noch eine Filiale in Ludwigshafen, in der er drei weitere Arbeitnehmer beschäftigt. Tom hat jeweils zum 31. 12. 2015, 31. 12. 2016 und 31. 12. 2017 lediglich eine Inventur durchgeführt:

	31. 12. 2015	31. 12. 2016	31. 12. 2017
Besitzposten	170 000 €	180 000 €	200 000 €
Schulden	210 000 €	200 000 €	170 000 €

Außerdem hat Tom seine Privatentnahmen und Privateinlagen aufgezeichnet:

Entnahmen	2015: 50 000 €
Entnahmen	2016: 60 000 €
Entnahmen	2017: 40 000 €
Einlagen	2015: 10 000 €
Einlagen	2016: 40 000 €
Einlagen	2017: 20 000 €

Weitere Aufzeichnungen hat er nicht geführt. Sein Umsatz beläuft sich pro Geschäftsjahr jeweils auf ca. 2,5 Mio. €.

Bei einem Gespräch am »Fußball-Stammtisch« meint ein Freund, der als Betriebsprüfer bei einem Finanzamt beschäftigt ist, die Aufzeichnungen Toms würden nicht den gesetzlichen Vorschriften entsprechen; er müsse vielmehr »richtig« Bücher führen.

AUFGABE

1. Nehmen Sie zu der Aussage des Freundes Stellung. Gehen Sie dabei auch auf die Kaufmannseigenschaft des Tom ein. Geben Sie an, welche handels- und einkommensteuerrechtlichen Vorschriften Tom im Rahmen der Buchführung zu beachten hat.
2. Nach welcher Vorschrift muss Tom seinen steuerlichen Gewinn ermitteln?
3. Führen Sie anhand der im Sachverhalt angegebenen Zahlen die Gewinnermittlung für 2016 und 2017 durch.

LÖSUNG

1. Mit seinem Obst- und Gemüsegeschäft betreibt Tom ein Handelsgewerbe i. S. d. § 1 Abs. 2 HGB. Die Größe seines Gewerbebetriebes – 10 Angestellte, eine Filiale – erfordert einen nach Art und Umfang in kaufmännischer Weise eingerichteten Geschäftsbetrieb. Tom ist

somit Kaufmann nach § 1 Abs. 1 HGB. Er ist somit nach § 238 Abs. 1 HGB zur Buchführung verpflichtet. Die mögliche Befreiung von der handelsrechtlichen Buchführungspflicht nach § 241 a HGB scheidet wegen der Höhe des Jahresumsatzes (mehr als 500 000 €) aus. Nach § 140 AO besteht diese Verpflichtung auch für Zwecke der Besteuerung. Nach § 240 Abs. 2 HGB hat er für den Schluss eines jeden Geschäftsjahres ein Inventar aufzustellen. Außerdem hat er nach § 242 Abs. 1 HGB eine Schlussbilanz und nach § 242 Abs. 2 HGB eine Gewinn- und Verlustrechnung zu erstellen, die er nach § 60 Abs. 1 EStDV zusammen mit seiner Steuererklärung – ab 2016 grundsätzlich elektronisch (§ 5 b EStG) – dem Finanzamt einzureichen hat.

2. Tom muss seinen Gewinn nach § 5 i. V. m. § 4 Abs. 1 EStG ermitteln.
3. Gewinnermittlung für die Jahre 2016 und 2017

	2016	**2017**
Betriebsvermögen 31. 12.	./. 20 000 €	30 000 €
./. Betriebsvermögen 31. 12. Vorjahr	./. 40 000 €	./. 20 000 €
Betriebsvermögensänderung	+ 20 000 €	+ 50 000 €
+ Entnahmen	60 000 €	40 000 €
./. Einlagen	40 000 €	20 000 €
Gewinn	**+ 40 000 €**	**+ 70 000 €**

ÜBUNG 2 Inventur, Inventar, Bilanz, Betriebsvermögensvergleich, Buchführungspflicht

SACHVERHALT

Karl-Otto Pier (P) eröffnete im Kj. 2017 in der City von Edenkoben den Kopierladen »Copy-Fast bei K. O. Pier«. Zu Beginn seines Gewerbebetriebs erstellte er zum 01. 01. 2017 ein Eröffnungsinventar, in dem folgende Vermögensgegenstände und Schulden verzeichnet sind:

1 Schreibtisch	800 €
1 Stuhl	110 €
1 Schreibmaschine	520 €
2 Besucherstühle	250 €
5 Kopierer »GTI 2000«	6 500 €
1 Registrierkasse	80 €
Bargeld	2 760 €
Darlehen bei der Kreissparkasse Edenkoben	2 000 €

Während des Jahres 2017 entnahm P zu jedem 15. eines Monats 1 000 € aus der betrieblichen Kasse für seinen Haushalt. An Fastnacht 2017 brach ein Besucherstuhl zusammen. Da P gerade kein Bargeld in der Kasse hatte, kaufte er einen neuen Stuhl für den Laden für 610 €. Das Geld dafür hatte er von seinem privaten Sparbuch genommen. Das Reinvermögen lt. Inventur zum 31. 12. 2017 betrug 11 700 €. P führt ordnungsgemäß Bücher und ermittelt seinen Gewinn durch Betriebsvermögensvergleich, obwohl er nach den Vorschriften des HGB nicht buchführungspflichtig ist.

AUFGABE

1. Erklären Sie kurz den Unterschied zwischen Inventur und Inventar.
2. Wie hoch ist das Reinvermögen zum 01. 01. 2017?
3. Erstellen Sie die Eröffnungsbilanz zum 01. 01. 2017.
4. Ermitteln Sie die Einkünfte aus Gewerbebetrieb für den Kopierladen für das Jahr 2017.

5. P ruft im Dezember 2017 bei seinem zuständigen Finanzamt an und bittet um folgende Auskunft: »Ich bin der Meinung, dass ich in Zukunft keine Bücher mehr führen muss, weil mein Gewinn, meine Umsätze (55 000 €) sowie mein Betriebsvermögen (11 700 €) im Kj. 2017 so niedrig waren. Ab 2018 möchte ich meinen Gewinn nur durch eine einfache Einnahmen/Ausgaben-Rechnung ermitteln.« Prüfen Sie unter Angabe der gesetzlichen Vorschriften, welche Auskunft das Finanzamt P geben muss.

LÖSUNG

1. Inventur: Bestandsaufnahme.
   Inventar: Ein geordnetes Verzeichnis der bei der Inventur festgestellten Bestände, verbunden mit einer Wertangabe (§ 240 Abs. 1 HGB).

2. Vermögen (Aktiva) 11 020 €

Vermögen (Aktiva)	11 020 €
./. Schulden (Passiva)	2 000 €
Reinvermögen	**9 020 €**

3. Eröffnungsbilanz 01. 01. 2013

Aktiva		Passiva	
Betriebs- und Geschäftsausstattung	8 260 €	Kapital	9 020 €
Kasse	2 760 €	Darlehen	2 000 €
	11 020 €		11 020 €

4. Einkünfte aus Gewerbebetrieb: Gewinn (Verlust) gem. § 2 Abs. 2 Nr. 1 EStG. Ermittlung durch Betriebsvermögensvergleich (§ 4 Abs. 1 Satz 1 EStG):

Betriebsvermögen 31. 12. 2017	11 700 €
./. Betriebsvermögen 01. 01. 2017	9 020 €
Betriebsvermögensänderung	+ 2 680 €
+ Entnahmen	12 000 €
./. Einlagen	610 €
Gewinn 2017	**14 070 €**

5. Eine steuerliche Buchführungspflicht nach § 140 AO scheidet aus, da P nach den Vorschriften des HGB nicht buchführungspflichtig ist. Eine Pflicht ergibt sich auch nicht aus § 141 Abs. 1 Nr. 1 und Nr. 4 AO, da die dort genannten Grenzen nicht überschritten werden. Da weder nach Handels- noch nach Steuerrecht Buchführungspflicht besteht, ist P berechtigt, bereits ab dem Jahr 2018 zur § 4 Abs. 3 EStG-Rechnung überzugehen. § 141 Abs. 2 Satz 2 AO ist hier nicht zu beachten, da die Grenzen des § 141 Abs. 1 AO bisher nicht überschritten wurden.

Auflösen der Bilanz in Konten, Buchen auf Bestandskonten, Buchen auf Erfolgskonten, Buchen auf Privatkonten, Abschluss der Konten, Erstellung der Schlussbilanz und Gewinnermittlung

ÜBUNG 3

SACHVERHALT

Jupp Völkel (Jupp) betreibt in München am »Stachus« in eigenen Räumen einen Handel mit Sportartikel. Seinen Gewinn ermittelt er nach § 5 i. V. m. § 4 Abs. 1 EStG. Das Wirtschaftsjahr stimmt mit dem Kalenderjahr überein. Er führt ein Wareneinkaufs-, ein Warenverkaufs- und ein Warenbestandskonto. Seine Umsätze versteuert er nach den allgemeinen Vorschriften des Umsatzsteuergesetzes. Der Umsatzsteuersatz beträgt 19 %. Jupp ist zum vollen Vorsteuerabzug berechtigt.

Zum 01. 01. 2017 erstellt Jupp folgende Eröffnungsbilanz:

Aktiva	01. 01.	2017	Passiva
Gebäude	480 000 €	Kapital	611 400 €
Grund und Boden	120 000 €	Lieferantenverbindlichkeiten	4 600 €
Einrichtung	3 800 €	Umsatzsteuer	8 000 €
Fuhrpark	2 200 €	Bank	18 000 €
Waren	11 000 €		
Forderungen	21 000 €		
Kasse	4 000 €		
	642 000 €		642 000 €

Im Geschäftsjahr 2017 ereignen sich u. a. folgende Geschäftsvorfälle:

1. Jupp kauft einen größeren Posten Trekking-Bikes für 8 000 € zuzüglich 1 520 € gesondert ausgewiesener Umsatzsteuer auf Ziel ein.
2. Der Spediteur berechnet für den Transport dieser Bikes 580 €, die Jupp aus der Geschäftskasse sofort bezahlt. Umsatzsteuer ist in der Rechnung nicht ausgewiesen; auf dem Beleg ist aber vermerkt: »inkl. 19 % Umsatzsteuer«.
3. Zur Bezahlung der unter 1. eingekauften Waren überweist Jupp (nach Abzug von 2,5 % Skonto) 9 282 € vom betrieblichen Bankkonto.
4. Die Finanzkasse teilt mit, dass sie die Einkommensteuererstattung des Jupp für 2015 i. H. v. 1 500 € wie folgt umgebucht hat: 1 200 € auf Umsatzsteuer 1. Quartal 2017 und 300 € auf Kraftfahrzeugsteuer 2017 für einen ausschließlich betrieblich genutzten Pkw, die am Tag der Umbuchung fällig war.
5. Jupp erwirbt ein neues Regalsystem für sein Lager zum Preis von 4 500 €, zuzüglich 855 € offen ausgewiesener Umsatzsteuer. Bei Lieferung zahlt er 1 000 € aus der Geschäftskasse an. Den Restbetrag will er erst später von einem privaten Bankkonto bezahlen.
6. Durch das neue Regalsystem werden drei alte Regale frei (Buchwert jeweils 600 €, Teilwert jeweils 700 €). Zwei der Regale verkauft Jupp für insgesamt 1 309 € bar und legt das Geld in seine Ladenkasse. Das dritte Regal findet keinen Abnehmer, sodass es Jupp zunächst beiseitestellt.
7. Nachdem ihm dieses letzte alte Regal ständig im Wege ist, beschließt Jupp eine Woche später, es bei sich zu Hause im Keller zu verwenden. Er lässt es zu seinem Einfamilienhaus bringen.
8. Der Transport des alten Regals wird von einem im Betrieb angestellten Fahrer mit einem betrieblichen Lkw während der Arbeitszeit (aber ohne besondere Entlohnung) durchgeführt. Der anteilige Arbeitslohn des Fahrers beträgt 60 €, die anteiligen Lkw-Kosten belaufen sich auf 40 €.
9. Bei Bezahlung des Restkaufpreises für das neue Regalsystem (vgl. 5.) behält Jupp 160 € als Skontoabzug ein; den Rest von 4 195 € überweist er wie geplant von seinem privaten Konto.
10. Jupp kauft 20 hochwertige Skiausrüstungen zum Rechnungspreis von 17 500 € zuzüglich 3 325 € offen ausgewiesener Umsatzsteuer. Wegen der großen Abnahmemenge bekommt er von seinem Lieferanten eine weitere attraktive Skiausrüstung ohne Berechnung als Naturalrabatt dazu. Da Jupp aus einem früheren Geschäft noch eine betriebliche Forderung i. H. v. 20 925 € gegen diesen Lieferanten hat, bezahlt er die Rechnung für die Skiaus-

rüstungen nicht, sondern verrechnet sie mit dieser Forderung, wobei er wegen des großzügigen Naturalrabatts auf die Differenz von 100 € verzichtet.

11. Jupp verkauft eine dieser Skiausrüstungen zum regulären Preis von 1 428 € an einen guten Bekannten namens Maya. Da dieser momentan in Zahlungsschwierigkeiten ist, räumt Jupp ihm ein Zahlungsziel von acht Monaten ein.
12. Die als Naturalrabatt erhaltene 21. Skiausrüstung (vgl. 10.) nimmt Jupp für seine Tochter als Weihnachtsgeschenk mit nach Hause. Der Teilwert der Skiausrüstung entspricht den ursprünglichen Anschaffungskosten.
13. Leider verunglückt der gute Bekannte namens Maya (vgl. 11.) tödlich und hinterlässt keinerlei Vermögen.
14. Im Kj. 2017 überwies Jupp insgesamt 44 000 € per Bank an seine Angestellten.
15. Der Warenendbestand lt. Inventur beträgt 35 000 €.

AUFGABE

a) Bilden Sie zu den 15 Geschäftsvorfällen die jeweiligen Buchungssätze und stellen Sie nach jedem Buchungssatz dar, ob und in welcher Höhe sich das Betriebsvermögen und der Gewinn geändert haben.
b) Lösen Sie die Eröffnungsbilanz in Konten auf (einschließlich dem Eröffnungsbilanzkonto) und verbuchen Sie die jeweiligen Geschäftsvorfälle unter Angabe der Nummer des entsprechenden Buchungssatzes auf den Konten.
c) Schließen Sie alle Konten mit Kontenruf ab und erstellen Sie die Schlussbilanz.
d) Ermitteln Sie die Einkünfte aus dem Sportgeschäft für 2017.

Begründungen sind nicht erforderlich; auch keine Hinweise auf gesetzliche Bestimmungen. Auf Abschreibungen ist aus Vereinfachungsgründen nicht einzugehen.

LÖSUNG

a) **Buchungssätze, Betriebsvermögens- und Gewinnänderung**

1.	Wareneinkauf	8 000 €			
	Vorsteuer	1 520 €			
	an Lieferantenverbindlichkeiten		9 520 €		
	Auswirkungen:			Vorsteuer	+ 1 520 €
				Verbindlichkeiten	+ 9 520 €
				Betriebsvermögen	./. 8 000 €
				Gewinn	./. 8 000 €
2.	Wareneinkauf	580 €			
	an Kasse		580 €		
	Auswirkungen:			Kasse	./. 580 €
				Betriebsvermögen	./. 580 €
				Gewinn	./. 580 €

3. Lieferantenverbindlichkeiten	9 520 €		
an Bank		9 282 €	
an Wareneinkauf		200 €	
an Vorsteuer		38 €	
Auswirkungen:	Verbindlichkeiten		./. 9 520 €
	Bank ./.		9 282 €
	Vorsteuer		./. 38 €
	Betriebsvermögen		+ 200 €
	Gewinn		+ 200 €
4. Umsatzsteuer	1 200 €		
Kfz-Kosten	300 €		
an Einlagen		1 500 €	
Auswirkungen:	Umsatzsteuer		1 200 €
	Einlagen		./. 1 500 €
	Gewinn		./. 300 €
5. Einrichtung	4 500 €		
Vorsteuer	855 €		
an Kasse		1 000 €	
an sonstige Verbindlichkeiten		4 355 €	
Auswirkungen:	Einrichtung		+ 4 500 €
	Vorsteuer		+ 855 €
	Kasse		./. 1 000 €
	Verbindlichkeiten		+ 4 355 €
	Betriebsvermögen		0 €
	Gewinn		0 €
6. Kasse	1 309 €		
a.o. Aufwand	100 €		
an Einrichtung		1 200 €	
an Umsatzsteuer		209 €	
Auswirkungen:	Kasse		+ 1 309 €
	Einrichtung		./. 1 200 €
	Umsatzsteuer		+ 209 €
	Betriebsvermögen		./. 100 €
	Gewinn		./. 100 €
7. Entnahmen	833 €		
an Einrichtung		600 €	
an Umsatzsteuer		133 €	
an a. o. Ertrag		100 €	
Auswirkungen:	Einrichtung		./. 600 €
	Umsatzsteuer		+ 133 €
	Betriebsvermögen		./. 733 €
	Entnahmen		+ 833 €
	Gewinn		+ 100 €

8.	Entnahmen	119 €		
	an Löhne		60 €	
	an Kfz-Kosten		40 €	
	an Umsatzsteuer		19 €	
	Auswirkungen:	Umsatzsteuer		+ 19 €
		Betriebsvermögen		./. 19 €
		Entnahmen		+ 119 €
		Gewinn		+ 100 €
9.	Sonstige Verbindlichkeiten	4 355 €		
	an Einrichtung		134 €	
	an Vorsteuer		26 €	
	an Einlagen		4 195 €	
	Auswirkungen:	Verbindlichkeiten		./. 4 355 €
		Einrichtung		./. 134 €
		Vorsteuer		./. 26 €
		Betriebsvermögen		+ 4 195 €
		Einlage		4 195 €
		Gewinn		0 €
10.	Wareneinkauf	17 600 €		
	Vorsteuer	3 325 €		
	an Forderungen		20 925 €	
	Auswirkungen:	Forderungen		./. 20 925 €
		Vorsteuer		+ 3 325 €
		Betriebsvermögen		./. 17 600 €
		Gewinn		./. 17 600 €
11.	Forderungen	1 428 €		
	an Warenverkauf		1 200 €	
	an Umsatzsteuer		228 €	
	Auswirkungen:	Forderungen		+ 1 428 €
		Umsatzsteuer		+ 228 €
		Betriebsvermögen		+ 1 200 €
		Gewinn		+ 1 200 €
12.	Entnahmen	997 €		
	an Wareneinkauf		838 €	
	an Umsatzsteuer		159 €	
	Auswirkungen:	Umsatzsteuer		+ 159 €
		Betriebsvermögen		./. 159 €
		Entnahmen		+ 997 €
		Gewinn		+ 838 €

13.	Forderungsverluste	1 200 €		
	Umsatzsteuer	228 €		
	an Forderungen		1 428 €	
	Auswirkungen:	Forderungen		./. 1 428 €
		Umsatzsteuer		./. 228 €
		Betriebsvermögen		./. 1 200 €
		Gewinn		./. 1 200 €
14.	Löhne	44 000 €		
	an Bank		44 000 €	
	Auswirkungen:	Bank		./. 44 000 €
		Betriebsvermögen		./. 44 000 €
		Gewinn		./. 44 000 €
15.	SBK	35 000 €		
	an Warenbestandskonto		35 000 €	
	Warenbestandskonto	24 000 €		
	an G+V-Konto		24 000 €	
	Auswirkungen:	Waren		+ 24 000 €
		Betriebsvermögen		+ 24 000 €
		Gewinn		+ 24 000 €

b) und c) **Verbuchen der Geschäftsvorfälle auf den Konten und Abschluss der Konten sowie Erstellen der Schlussbilanz**

Soll EBK **Haben**

Kapital	611 400	Gebäude	480 000
Lieferanten	4 600	Grund und Boden	120 000
Umsatzsteuer	8 000	Einrichtung	3 800
Bank	18 000	Fuhrpark	2 200
		Waren	11 000
		Forderungen	21 000
		Kasse	4 000
	642 000		642 000

Soll Gebäude **Haben**

EBK	480 000	SBK	480 000
	480 000		480 000

Soll Grund und Boden **Haben**

EBK	120 000	SBK	120 000
	120 000		120 000

Soll Einrichtung **Haben**

EBK	3 800	6)	1 200
5)	4 500	7)	600
		9)	134
		SBK	6 366
	8 300		8 300

Soll Fuhrpark **Haben**

EBK	2 200	SBK	2 200
	2 200		2 200

Soll Warenbestandskonto **Haben**

EBK	11 000	SBK	35 000
G+V	24 000		
	35 000		35 000

Soll	Forderungen		Haben
EBK	21 000	10)	20 925
11)	1 428	13)	1 428
		SBK	75
	22 428		22 428

Soll	Kasse		Haben
EBK	4 000	2)	580
6)	1 309	5)	1 000
		SBK	3 729
	5 309		5 309

Soll	Kapital		Haben
Entnahmen	1 949	EBK	611 400
G + V	4 5342	Einlagen	5 695
SBK	569 804		
	617 095		617 095

Soll	Lieferantenverb.		Haben
3)	9 520	EBK	4 600
SBK	4 600	1)	9 520
	14 120		14 120

Soll	Umsatzsteuer		Haben
4)	1 200	EBK	8 000
13)	228	6)	209
Vorsteuer	5636	7)	133
SBK	1 648	8)	19
		11)	228
		12)	159
	8 748		8 748

Soll	Bank		Haben
SBK	71 282	EBK	18 000
		3)	9 282
		14)	44 000
	71 282		71 282

Soll	Wareneinkauf		Haben
1)	8 000	3)	200
2)	580	12)	838
10)	17 600	G+V	25 142
	26 180		26 180

Soll	Warenverkauf		Haben
G+V	1 200	11)	1 200
	1 200		1 200

Soll	Vorsteuer		Haben
1)	1 520	3)	38
5)	855	9)	26
10)	3 325	Umsatzsteuer	5 636
	5 700		5 700

Soll	Kfz-Kosten		Haben
4)	300	8)	40
		G+V	260
	300		300

Soll	Einlagen		Haben
Kapital	5 695	4)	1 500
		9)	4 195
	5 695		5 695

Soll	sonstige Verbindlichkeiten		Haben
9)	4 355	5)	4 355
	4 355		4 355

Soll	a.o. Aufwand		Haben
6)	100	G+V	100
	100		100

Soll	Entnahmen		Haben
7)	833	Kapital	1 949
8)	119		
12)	997		
	1 949		1 949

Soll	a.o. Ertrag		Haben
G+V	100	7)	100
	100		100

Soll	Löhne		Haben
14)	44 000	8)	60
		G+V	43 940
	44 000		44 000

Soll	Forderungsverluste		Haben
13)	1 200	G+V	1 200
	1 200		1 200

Soll	Gewinn und Verlust		Haben
Wareneinkauf	25 142	Warenbestandskonto	24 000
Kfz-Kosten	260	Warenverkauf	1 200
a. o. Aufwand	100	a. o. Ertrag	100
Löhne	43 940	**Kapital**	**45 342**
Forderungsverluste	1 200		
	70 642		70 642

Soll	Schlussbilanzkonto		Haben
Gebäude	480 000	Kapital	569 804
Grund und Boden	120 000	Lieferanten	4 600
Einrichtung	6 366	Umsatzsteuer	1 684
Fuhrpark	2 200	Bank	71 282
Waren	35 000		
Forderungen	75		
Kasse	3 729		
	647 370		647 370

Soll	Schlussbilanz		Haben
Gebäude	480 000	Kapital	569 804
Grund und Boden	120 000	Lieferanten	4 600
Einrichtung	6 366	Umsatzsteuer	1 684
Fuhrpark	2 200	Bank	71 282
Waren	35 000		
Forderungen	75		
Kasse	3 729		
	647 370		647 370

d) Die Einkünfte aus Gewerbebetrieb (§ 15 Abs. 1 Nr. 1 EStG) sind nach § Z Abs. Z Nr. 1 EStG der Gewinn. Dieser Gewinn wird im Rahmen der Buchführung zum einen aus dem G+V-Konto ersichtlich (./. 45 34Z €) und zum anderen durch den BV-Vergleich nach § 4 Abs. 1 Satz 1 EStG dargestellt:

Betriebsvermögen 31. 12. 2017	569 804 €
./. Betriebsvermögen 01. 01. 2017	611 400 €
Betriebsvermögensänderung	./. 41 596 €
+ Entnahmen	1 949€
./. Einlagen	5 695 €
Gewinn 2017	**./. 45 342 €**

Zur Kontrolle kann man auch die Gewinnauswirkung aller Buchungssätze aufaddieren = ./. 45 342 €.
Alle drei Methoden müssen den gleichen Gewinn ergeben.

Einfache Ermittlung von Wareneinsatz, Warenerlös, Rohgewinn, Rohgewinnsatz, Rohgewinnaufschlagsatz, Reingewinn und Reingewinnsatz

ÜBUNG 4

AUFGABE

Berechnen Sie für Übung 3 folgende Werte:

a) Wareneinsatz,
b) Warenerlöse,
c) Rohgewinn, Rohgewinnsatz, Rohgewinnaufschlagsatz,
d) Reingewinn, Reingewinnsatz.

LÖSUNG

a) Unter **Wareneinsatz** versteht man die Summe der Waren zu Einkaufspreisen, die tatsächlich zum Verkauf eingesetzt wurden.

Berechnungsformel:

Warenanfangsbestand	11 000 €	
+ Wareneingang	25 142 €	(Saldo WEK)
./. Warenendbestand	35 000 €	
Wareneinsatz	1 142 €	

Oder

Wareneingang	25 142 €	
./. Bestandserhöhung	24 000 €	(Saldo WBK)
Wareneinsatz	1 142 €	

b) **Warenerlöse** (wirtschaftlicher Umsatz) bezeichnet die Summe der verkauften Waren zu Verkaufspreisen (Saldo WVK) = 1 200 €.

c) Der **Rohgewinn** gibt dem Kaufmann Auskunft über den Gewinn, den er ausschließlich aus seinem Warengeschäft (Hauptgeschäft) erzielt hat.

Warenerlöse	1 200 €
./. Wareneinsatz	1 142 €
Rohgewinn	58 €

Der **Rohgewinnsatz** stellt die Handelsspanne des Warengeschäfts dar. Der Rohgewinnsatz ist das in Prozent ausgedrückte Verhältnis des Rohgewinns zu den Warenerlösen.

Rohgewinnsatz: $\frac{\text{Rohgewinn}}{\text{Wareneinsatz}} \times 100 = \frac{58}{1200} \times 100 = 4{,}8\ \%$

Der **Rohgewinnaufschlagsatz** (Rohaufschlagsatz) entspricht dem Kalkulationsaufschlag in Prozent basierend auf dem Wareneinsatz. Rohgewinnaufschlagsatz:

Rohgewinnaufschlagsatz: $\frac{\text{Rohgewinn}}{\text{Wareneinsatz}} \times 100 = \frac{58}{1142} \times 100 = 5\ \%$

d) Unter **Reingewinn** versteht man den Gesamtgewinn des Handelsgeschäfts, also der Gewinn unter Berücksichtigung aller Aufwendungen und Erträge. Der Reingewinn entspricht zum einen dem Saldo des G+V-Kontos und zum anderen dem Ergebnis des Betriebsvermögensvergleichs = ./. 45 342 €.

Der **Reingewinnsatz** bezeichnet die Handelsspanne insgesamt.

Reingewinnsatz: $\frac{\text{Reingewinn}}{\text{Warenerlöse}} \times 100 = \frac{./.\ 45\,342}{1200} \times 100 = ./.\ 3\,778\ \%$

ÜBUNG 5 Deuten von Buchungssätzen

SACHVERHALT

Aus einer Buchhaltung ergeben sich die folgenden Buchungssätze:

1.	Entnahmen	7 140 €	
	an Fuhrpark		4 000 €
	an a. o. Ertrag		2 000 €
	an Umsatzsteuer		1 140 €
2.	Forderungen	71 400 €	
	an Warenverkauf		60 000 €
	an Umsatzsteuer		11 400 €
3.	Büromaterial	400 €	
	Vorsteuer	76 €	
	an Einlagen		476 €
4.	Wareneinkauf	50 000 €	
	Vorsteuer	9 500 €	
	an Verbindlichkeiten		28 000 €
	an Einlagen		31 500 €
5.	Fuhrpark	120 000 €	
	Vorsteuer	22 800 €	
	an Fuhrpark		20 000 €
	an Umsatzsteuer		4 750 €
	an Verbindlichkeiten		113 050 €
	an a. o. Ertrag		5 000 €
6.	Entnahmen	13 520 €	
	an Warenverkauf		8 000 €
	an Umsatzsteuer		1 520 €
	an Forderungen		4 000 €
7.	Zinsaufwand	3 000 €	
	Darlehen	10 000 €	
	an Einlagen		13 000 €
8.	Entnahmen	5 000 €	
	an Bank		5 000 €
9.	Bank	7 000 €	
	an Kasse		7 000 €

AUFGABE

Deuten Sie die Buchungssätze. Beschreiben Sie den Geschäftsvorfall, auch hinsichtlich der Beträge, so genau wie möglich.

LÖSUNG

1. Ein Fahrzeug mit einem Buchwert von 4 000 € und Teilwert i. H. v. 6 000 € wird umsatzsteuerpflichtig (6 000 € × 19 %) entnommen, i. H. d. Differenzbetrags entsteht ein außerordentlicher Ertrag von 2 000 €.
2. Waren werden für brutto 71 400 € auf Ziel verkauft.
3. Büromaterial im Bruttowert von 476 € wird aus »privater Tasche« bezahlt.

4. Waren werden im Bruttowert von 59 500 € gekauft. 28 000 € stehen noch aus (auf Ziel) und 31 500 € werden privat beglichen.
5. Ein Fahrzeug (Bruttowert 142 800 €) wird gekauft, ein Fahrzeug Buchwert 20 000 € wird für 25 000 € (netto) umsatzsteuerpflichtig in Zahlung gegeben. Der Restbetrag ist noch offen.
6. Einnahmen aus dem Verkauf von Waren (Bruttowert 9 520 €) sowie Forderungen i. H. v. 4 000 € werden privat eingenommen.
7. Tilgungsbeträge für ein betriebliches Darlehen i. H. v. 10 000 € sowie die Zinsen darauf i. H. v. 3 000 € werden privat bezahlt.
8. Vom Bankkonto werden 5 000 € für private Zwecke entnommen.
9. Von der Kasse werden 7 000 € auf dem betrieblichen Bankkonto eingezahlt.

Buchung des Warenverkehrs (Anschaffung, Warenbezugskosten, Preisnachlass, innerbetrieblicher Verbrauch, Verderb/Diebstahl/Schwund und Bewertung des Warenendbestands)

ÜBUNG 6

SACHVERHALT

Fridolin Macwau (Fridolin) betreibt seit 1986 in Trier eine Tierhandlung. Fridolin ist mit seinem Betrieb im Handelsregister eingetragen und ermittelt seinen Gewinn nach § 5 Abs. 1 i. V. m. § 4 Abs. 1 EStG. Das Wirtschaftsjahr entspricht dem Kalenderjahr. Seine Umsätze versteuert er nach den allgemeinen Vorschriften des UStG. Er ist in vollem Umfang zum Vorsteuerabzug berechtigt.

Im Wirtschaftsjahr 2017 ereigneten sich u. a. die folgenden Geschäftsvorfälle:

Geschäftsvorfall 1

Für das Weihnachtsgeschäft bestellte Fridolin am 08. 10. 2017 bei der Tiergroßhandlung Wolf AG in Bitburg 200 Zwerghäschen zum Preis von 20 €/Stück.

Die Wolf AG transportierte die Ware am 03. 12. 2017 zu Fridolin und stellte ihm hierfür folgende Rechnung:

»...

200 Stück Zwerghäschen (reinrassig)	4 000 €
artgerechter Transport	+ 200 €
19 % Umsatzsteuer	+ 798 €
Rechnungsbetrag	4 998 €

Die Ware steht bis zur vollständigen Bezahlung unter Eigentumsvorbehalt...«

Beim Erhalt der Ware stellte Fridolin bei 20 der Zwerghäschen eine Rotfärbung des Felles fest und benachrichtigte den Lieferanten. Die Wolf AG teilte Fridolin am 15. 12. 2017 mit, sie bedauere die schadhafte Lieferung. Eine Ersatzlieferung sei wegen der Einmaligkeit dieser reinrassigen Zwerghäschen jedoch leider nicht möglich. Als Ausgleich bot die AG einen Nachlass von 5 € netto/Stück an, was Fridolin noch am selben Tag akzeptierte. Den Restbetrag beglich Fridolin am 02. 01. 2018 per Banküberweisung unter Abzug von 2 % Skonto.

Die Zwerghäschen fanden im Weihnachtsgeschäft reißenden Absatz, sodass Fridolin bis zum Jahresende den gesamten Bestand bis auf 10 Exemplare im Schaufenster verkauft hatte. Sechs von diesen Ausstellungsexemplaren hatte Fridolin im Rahmen einer Weihnachtsverlosung als Preis ausgesetzt. Am 28. 12. 2017 wurden bei der Losziehung alle sechs Zwerghäschen den Gewinnern übergeben.

In der Buchhaltung erfasste Fridolin den gesamten Vorgang am 03. 12. 2017 lediglich mit der Buchung:

Wareneinkauf	4 998 €	
an Verbindlichkeiten		4 998 €

Auch im Rahmen der Inventur wurden die vier noch vorhandenen Zwerghäschen nicht erfasst, weil Fridolin der Meinung war, dass diese Häschen doch bald wieder verkauft würden (Warenanfangsbestand lt. Fridolin 11 500 €, Warenendbestand lt. Fridolin 10 000 €).

Geschäftsvorfall 2

Der 21. 01. 2018 war ein Unglückstag für Fridolin. Zwei der neuen Bulldoggen, die er zwei Tage vorher für je 1 000 € netto eingekauft hatte (Buchung war korrekt), konnten sich aus ihrem Zwinger befreien.

Das Unglück nahm seinen Lauf, als die Bulldoggen in den Schaufensterbereich sprangen und dort die restlichen vier Zwerghäschen zerrissen. Fridolin musste die zwei Bulldoggen einschläfern lassen, nachdem der Tierarzt ihm versicherte, dass sie an der sogenannten »Beißseuche« erkrankt wären. Die Kosten für Einschläfern, Tierarzt und Kadaverbeseitigung beliefen sich auf 800 € zzgl. USt.

Buchung von Fridolin:

a. o. Aufwand	800 €	
Vorsteuer	152 €	
an Bank		952 €

AUFGABE

Nehmen Sie zu Geschäftsvorfall 1 für 2017 und zu Geschäftsvorfall 2 für 2018 aus bilanzsteuerlicher Sicht Stellung und begründen Sie Ihre Entscheidungen unter genauer Angabe der gesetzlichen Vorschriften.

Bilden Sie alle erforderlichen Buchungssätze.

LÖSUNG

Geschäftsvorfall 1

Die Zwerghäschen stellen bei Fridolin Umlaufvermögen dar (R 6.1 Abs. 2 EStR). Sie sind nach § 6 Abs. 1 Nr. 2 Satz 1 EStG mit den Anschaffungskosten (H 6.2 [Anschaffungskosten] EStH i. V. m. § 255 Abs. 1 Satz 1 und 2 HGB) zu bewerten, wobei entsprechend § 255 Abs. 1 Satz 3 HGB nachträgliche Kaufpreisminderungen zu berücksichtigen sind. Die nach § 15 UStG abzugsfähige Vorsteuer gehört nach § 9 b Abs. 1 EStG nicht zu den Anschaffungskosten.

Zum 31. 12. 2017 hat Fridolin noch einen Bestand von vier Stück, die er in seiner Schlussbilanz auszuweisen hat. Der Eigentumsvorbehalt des Lieferanten ist gem. § 39 Abs. 2 Nr. 1 Satz 1 AO unbeachtlich, da Fridolin wirtschaftlicher Eigentümer der Ware geworden ist.

Es ergibt sich folgender Bilanzansatz:

Kaufpreis pro Stück	20 €
Anschaffungsnebenkosten pro Stück	+ 1 €
Preisnachlass pro Stück	./. 5 €
Anschaffungskosten pro Stück	16 €
Bilanzansatz für vier Stück	+ 64 €

Der Preisnachlass von fünf Euro pro Stück durch den Lieferanten ist nach dem Grundsatz der periodischen Gewinnabgrenzung (§ 252 Abs. 1 Nr. 5 HGB) bereits im Wirtschaftsjahr 2017 zu berücksichtigen, weil der Anspruch Fridolins in diesem Wirtschaftsjahr entstanden ist.

Gleichzeitig ist im Voranmeldungszeitraum Dezember 2017 eine Korrektur der Vorsteuer vorzunehmen (entsprechend § 17 Abs. 1 Satz 2 i. V. m. Satz 1 und Satz 7 UStG, da Kauf und Berichtigung im gleichen Voranmeldungszeitraum).

Die Zahlung unter Abzug von Skonto im Januar 2018 bleibt ohne Auswirkung auf die Warenbewertung zum 31. 12. 2017, da zum Bilanzstichtag noch nicht feststand, ob es zu einer Inanspruchnahme von Skonto kommt (s. a. H 6.2 [Skonto] EStH). Eine Berichtigung des Vorsteuerabzugs ist insoweit auch erst im Voranmeldungszeitraum Januar 2018 vorzunehmen (§ 17 Abs. 1 Satz 7 UStG).

Bei den sechs zu Werbezwecken in 2017 verlosten Exemplaren handelt es sich um einen innerbetrieblichen Verbrauch. Der entstandene betriebliche Aufwand wird über die entsprechende Wareneinkaufsbuchung und den geminderten Warenendbestand letztendlich ohne weitere Buchung erfasst. Zur größeren Klarheit und zur Richtigstellung des Wareneinsatzes wäre eine Umbuchung der Kosten aus dem Konto Wareneinkauf auf das Konto Werbeaufwand angebracht gewesen. Umsatzsteuer ist hierbei nicht entstanden, da es sich bei der Übergabe der Geschenke mangels Entgelt um nicht steuerbare Lieferungen handelt (§ 1 Abs. 1 Nr. 1 Satz 1 UStG i. U.). Es liegt auch keine fiktive Lieferung i. S. v. § 3 Abs. 1 b Satz 1 Nr. 3 UStG vor, da es sich um Geschenke von geringem Wert handelt (Abschn. 3.3 Abs. 10 Satz 1 und 2 UStAE).

Buchungen

08. 10. 2017

Keine Buchung, da lediglich ein Verpflichtungsgeschäft abgeschlossen wurde.

03. 12. 2017

Wareneinkauf	4 200 €	
Vorsteuer	798 €	
an Verbindlichkeiten		4 998 €

(Die Warenbezugskosten können auch auf einem entsprechenden Unterkonto gebucht werden.)

15. 12. 2017

Forderung	1 190 €	
an Wareneinkauf		1 000 €
an Vorsteuer		190 €

(Auch hier wäre die Verbuchung des Preisnachlasses auf einem Unterkonto möglich.)

28. 12. 2017

Werbeaufwand	96 €	
an Wareneinkauf		96 €

31. 12. 2017

Verbuchung des korrekten Endbestandes

SBK	10 064 €	
an Warenbestandskonto		10 064 €

31. 12. 2017

Verbuchung der Bestandsminderung

G+V	1 436 €	
an Warenbestandskonto		1 436 €

Geschäftsvorfall 2

Eine Verbuchung der eingetretenen Warenverluste wäre aus steuerlichen Gründen nicht erforderlich, da sich der Verlust der Zwerghäschen durch die entsprechende Wareneinkaufsbuchung und über den verminderten Warenendbestand lt. Inventur letztendlich gewinnmindernd auswirkt. Aber zur Richtigstellung des Wareneinsatzes ist eine gewinnneutrale Korrekturbuchung auf dem Wareneinkaufskonto i. H. d. entsprechenden Anschaffungskosten vorzunehmen.

Umsatzsteuerliche Auswirkungen ergeben sich nicht, da zum einen kein steuerbarer Umsatz vorliegt und zum anderen eine Korrektur der Vorsteuer weder nach § 17 UStG noch nach § 15 a UStG vorzunehmen ist (keine Vorsteuer korrigierende Zweckverwendung).

Warenverluste:

4 Zwerghäschen à 16 €	64 €	
2 Bulldoggen à 1 000 €		+ 2 000 €
		2 064 €

Buchung

Warenverluste	2 064 €	
an Wareneinkauf		2 064 €

Die Verbuchung der angefallenen Kosten i. H. v. 800 € zzgl. USt ist korrekt.

ÜBUNG 7 Buchung von Naturalrabatten

SACHVERHALT

Willi Suff (Willi) betreibt in Hamburg einen Gastronomieservice. Bei der Inventur zum 31. 12. 2017 hat er die Waren mit 820 000 € bewertet.

Am 27. 12. 2017 lieferte ihm sein langjähriger Lieferant Karl Hicks 10 Wirtshausstühle zu je 1 000 € zzgl. Umsatzsteuer. Als Zugabe schenkte ihm Hicks zusätzlich zwei Stühle. Willi zahlte bar.

Drei dieser Stühle wurden gleich am nächsten Tag für insgesamt 4 500 € (netto) verkauft und zutreffend verbucht. Die restlichen neun Stühle hat Willi im Rahmen der Inventur mit je 1 000 € = 9 000 € angesetzt. Dieser Betrag ist in dem gesamten Warenendbestand i. H. v. 820 000 € enthalten.

Der Warenanfangsbestand zum 01. 01. 2017 betrug 900 000 €.

AUFGABE

Nehmen Sie zu diesem Sachverhalt aus bilanzsteuerlicher Sicht Stellung und bilden Sie alle erforderlichen Buchungssätze.

LÖSUNG

Die Wirtshausstühle stellen Umlaufvermögen dar (R 6.1 Abs. 2 EStR) und sind nach § 6 Abs. 1 Nr. 2 Satz 1 EStG mit den Anschaffungskosten zu buchen. Die abzugsfähige Vorsteuer gehört nach § 9 b Abs. 1 EStG i. V. m. § 15 UStG nicht zu den Anschaffungskosten. Die geschenkten zwei Stühle stellen einen sog. »Naturalrabatt« dar, der durch diese Buchung nicht gesondert erfasst wird. Verbucht wird nicht die Stückzahl der Stühle, sondern deren Anschaffungskosten.

Der Wareneinkauf am 27. 12. 2017 ist daher wie folgt zu buchen:

Wareneinkauf	10 000 €	
Vorsteuer	1 900 €	
an Kasse		11 900 €

Im Rahmen der Warenendbestandsbewertung sind die Waren mit den Anschaffungskosten zu bilanzieren (§ 6 Abs. 1 Nr. 2 Satz 1 EStG). Die Anschaffungskosten je Stuhl betragen 833,33 €; hier wirkt sich der Naturalrabatt mindernd aus. Die noch vorhandenen neun Stühle sind daher mit 7 500 € anzusetzen. Der Bilanzansatz lt. Willi ist deshalb um 1 500 € zu hoch ausgewiesen.

Buchungen hinsichtlich des Warenbestandskontos (Bestandsminderung):

SBK	818 500 €	
an Warenbestandskonto		818 500 €
G+V-Konto	81 500 €	
an Warenbestandskonto		81 500 €

Gesamtergebnis

Insgesamt erzielt Willi aus dem Ein- und Verkauf der drei Wirtshausstühle einen Gewinn von 2 000 € (Einkauf zu 2 500 € und Verkauf zu 4 500 €). Ohne den Naturalrabatt hätte der Gewinn lediglich 1 500 € betragen. Buchtechnisch wird dieses Gesamtergebnis dadurch erreicht, dass dem erzielten Verkaufserlös für die Waren niedrigere Anschaffungskosten gegenüberstehen.

Ermittlung von kalkulatorischen Größen in schwierigen Fällen I — ÜBUNG 8

SACHVERHALT

Die aufgeführten Werte stellen jeweils Nettowerte dar.

Warenanfangsbestand	20 000 €
Wareneinkauf	380 000 €
Rücksendungen an Lieferanten	15 000 €
Preisnachlässe von Lieferanten	2 000 €
Warenendbestand	32 000 €
Warenverkauf	694 000 €
Rücksendungen von Kunden	10 000 €

Aufgrund eines Blitzeinschlages wurde Ware im Wert von 3 000 € zerstört.

AUFGABE

Ermitteln Sie:

a) den Rohgewinn,
b) den Rohgewinnsatz,
c) den Rohgewinnaufschlagsatz.

LÖSUNG

a) Rohgewinn:

Warenanfangsbestand	20 000 €
Wareneinkauf	+ 380 000 €
Rücksendungen an Lieferanten	./. 15 000 €
Preisnachlässe von Lieferanten	./. 2 000 €
Warenverlust	./. 3 000 €
Warenendbestand	./. 32 000 €
Wareneinsatz	348 000 €
Warenverkauf	694 000 €
Rücksendungen von Kunden	./. 10 000 €
Warenerlöse	684 000 €
Wareneinsatz	./. 348 000 €
Rohgewinn	336 000 €

b) Rohgewinnsatz: $\frac{336\,000\,€ \times 100}{684\,000\,€} = 49{,}12\ \%$

c) Rohgewinnaufschlagsatz: $\frac{336\,000\,€ \times 100}{348\,000\,€} = 96{,}55\ \%$

ÜBUNG 9 Ermittlung von kalkulatorischen Größen in schwierigen Fällen II

SACHVERHALT

Warenanfangsbestand	15 000 €
Wareneingang netto	125 000 €
Warenendbestand	20 000 €

Der Betrieb kalkuliert bei seinen Verkäufen mit einem Rohgewinnaufschlagsatz von 50 %.

AUFGABE

a) Wie hoch ist der kalkulierte wirtschaftliche Umsatz?

b) Welche Vorgänge können dazu führen, dass der tatsächlich erzielte Umsatz niedriger ist?

LÖSUNG

a) Kalkulierter Umsatz

Warenanfangsbestand	15 000 €	
Wareneingang	+ 125 000 €	
Warenendbestand	./. 20 000 €	
Wareneinsatz	120 000 €	
Rohgewinn	+ 60 000 €	(50 % von 120 000 €)
kalkulierter Umsatz	180 000 €	

b) Folgende Vorgänge können z. B. zu einem tatsächlich niedrigeren Umsatz führen:
- Verderb, Diebstahl, Schwund,
- privater Verbrauch,
- Verbrauch für eigenbetriebliche Zwecke,
- reduzierte Preise (Schlussverkauf, Sonderangebote).

ÜBUNG 10 Ermittlung von kalkulatorischen Größen in schwierigen Fällen III

SACHVERHALT

Warenanfangsbestand	4 000 €
Wareneingang netto	241 000 €
Warenerlöse	320 000 €

Der Rohgewinnsatz beträgt 25 %.

AUFGABE

Ermitteln Sie den rechnerischen Warenendbestand.

LÖSUNG

Warenanfangsbestand	4 000 €	
Wareneingang	+ 241 000 €	
Wareneinsatz	./. 240 000 €	(75 % von 320 000 €)
rechnerischer Warenendbestand	5 000 €	

Buchung von Löhnen und Gehältern

ÜBUNG 11

SACHVERHALT

Aus der Gehaltsliste eines Betriebes für Januar 2017 ergeben sich folgende Daten:

Angestellter Hans Murcks, Steuerklasse I Bruttogehalt 4 000,00 € Lohnsteuer 887,50 € Solidaritätszuschlag, 5,5 % 48,81 € Kirchensteuer, 9 % 9,87 € Arbeitnehmeranteil am Gesamtsozialversicherungsbeitrag 791,18 € Arbeitgeberanteil am Gesamtsozialversicherungsbeitrag 758,11 € Bereits bar gezahlter Vorschuss im Januar 2017 500,00 € Noch zu zahlendes Nettogehalt 1 692,64 € Alle Beträge (außer dem Vorschuss) wurden im Februar 2017 per Bank überwiesen.

AUFGABE

Nehmen Sie zu diesem Sachverhalt aus bilanzsteuerlicher Sicht Stellung und bilden Sie die erforderlichen Buchungssätze.

LÖSUNG

Der im Januar gezahlte Vorschuss stellt eine Forderung des Arbeitgebers auf eine noch zu erbringende Arbeitsleistung des Arbeitnehmers dar.

Buchung

Gehaltsvorschuss	500 €	
an Kasse		500 €

Bei Fälligkeit des Januargehaltes (i. d. R. Monatsende) muss der Arbeitgeber das Bruttogehalt wie auch den Arbeitgeberanteil am Gesamtsozialversicherungsbeitrag als Aufwand buchen (§ 4 Abs. 4 EStG). Da nun die Arbeitsleistung vom Arbeitnehmer erbracht wurde, muss die entsprechende Forderung bzgl. des Gehaltsvorschusses ausgebucht werden.

Der vom Arbeitgeber an die Einzugsstelle (gesetzliche Krankenkasse) abzuführende Gesamtsozialversicherungsbeitrag (Arbeitgeber- und Arbeitnehmeranteil), die an das Finanzamt abzuführenden Steuern sowie das noch auszuzahlende Nettogehalt sind mit Entstehung zunächst als Verbindlichkeiten einzubuchen:

Gehälter	4 000,00 €	
Gesetzliche soziale Aufwendungen	758,11 €	
an Gehaltsvorschuss		500,00 €
an Sonstige Verbindlichkeiten		1 692,64 €
an Verbindlichkeiten aus Steuern		1 016,18 €
an Verbindlichkeiten aus Sozialversicherung		1 549,29 €

Bei Überweisung der entsprechenden Beträge sind die Verbindlichkeiten wieder auszubuchen:

Sonstige Verbindlichkeiten	1 692,64 €	
Verbindlichkeiten aus Steuern	1 016,18 €	
Verbindlichkeiten aus Sozialversicherung	1 549,29 €	
an Bank		4 258,11 €

ÜBUNG 12 Abgrenzung Betriebsvermögen – Privatvermögen

AUFGABE

Zu welcher Vermögensart gehören die folgenden im Eigentum eines bilanzierenden Unternehmers stehenden Wirtschaftsgüter?

a) Die Büroeinrichtung.
b) Wertpapiere, die für einen betrieblichen Kredit verpfändet sind.
c) Die rückständige Kfz-Steuer für einen Pkw, der zu 80 % betrieblich und zu 20 % privat genutzt wird.
d) Ein unbebautes Grundstück, das dem Betrieb als Lagerplatz dient.
e) Ein bei Erwerb des unbebauten Grundstücks aufgenommene Hypothek.
f) Eine Armbanduhr.
g) Maschinen.
h) Die Einkommensteuerschuld.
i) Ein Pkw, der ausschließlich von der Tochter privat gefahren wird.

LÖSUNG

a) Die Büroeinrichtung gehört zum notwendigen Betriebsvermögen (R 4.2 Abs. 1 Satz 1 EStR).
b) Wertpapiere gehören durch ihre Verpfändung für einen Betriebskredit i. d. R. nicht zum notwendigen Betriebsvermögen (H 4.2 Abs. 1 [Wertpapiere, Spiegelstrich 2] EStH). Der Unternehmer kann aber diese Wertpapiere als gewillkürtes Betriebsvermögen behandeln. Durch die Verpfändung für einen betrieblichen Kredit ist ein objektiver Zusammenhang mit dem Betrieb hergestellt (R 4.2 Abs. 1 Satz 3 EStR).
c) Die Kfz-Steuerschuld ist eine notwendige Betriebsschuld. Der Pkw gehört zum notwendigen Betriebsvermögen, da er überwiegend betrieblich genutzt wird (R 4.2 Abs. 1 Satz 4 EStR). Die Kfz-Steuerschuld für diesen Pkw ist somit ebenfalls zum notwendigen Betriebsvermögen zu rechnen (Kopplungseffekt, H 4.2 Abs. 15 [Betriebsschuld, Spiegelstrich 1] EStH).
d) Das Grundstück gehört aufgrund der Nutzung zu betrieblichen Zwecken (Lagerplatz) zum notwendigen Betriebsvermögen (R 4.2 Abs. 7 Satz 1 EStR).
e) Die Hypothek ist notwendiges Betriebsvermögen, da sie mit dem Erwerb von notwendigem Betriebsvermögen in unmittelbarem Zusammenhang steht.
f) Eine Armbanduhr gehört grds. zum notwendigen Privatvermögen. In Ausnahmefällen ist aber auch eine Zugehörigkeit zum notwendigen Betriebsvermögen denkbar, z. B. als Umlaufvermögen bei einem Uhrenhändler.
g) Maschinen gehören i. d. R. zum notwendigen Betriebsvermögen.
h) Die Einkommensteuerschuld stellt immer eine private Schuld dar (vgl. auch § 12 Nr. 3 EStG i. V. m. H 12.4 [Personensteuern, Spiegelstrich 1] EStH).
i) Der Pkw zählt zum notwendigen Privatvermögen, da er ausschließlich privat genutzt wird (R 4.2 Abs. 1 Satz 5 EStR).

2 Bilanzierung des abnutzbaren Anlagevermögens

Ermittlung der Anschaffungskosten, AfA-Methoden und Sonderabschreibung nach § 7 g Abs. 5 und 6 EStG

ÜBUNG 13

SACHVERHALT

Bernhard Diner (Bernhard) betreibt seit Jahren in Edenkoben eine Möbelhandlung. Seinen Gewinn ermittelt er nach § 5 Abs. 1 i. V. m. § 4 Abs. 1 Satz 1 EStG. Die Umsätze werden nach den allgemeinen Vorschriften des UStG versteuert. Bernhard ist zum vollen Vorsteuerabzug nach § 15 UStG berechtigt.

Am 01. 06. 2017 erwarb Bernhard per Bankzahlung einen neuen Pkw (Nutzungsdauer sechs Jahre), den er seitdem zu 49 % betrieblich und zu 51 % privat nutzte. Die Nutzung wurde durch ein ordnungsgemäßes Fahrtenbuch nachgewiesen.

Der Lieferant stellte Bernhard folgende ordnungsgemäße Rechnung aus:

»...

Modell Calibra 2.0 i (Listenpreis)	35 875 €
Zweischicht-Metallic-Lackierung	+ 700 €
Überführungskosten	+ 681 €
	37 256 €
Sonderausstattung	
Klimaanlage	+ 2 365 €
Stahlschiebedach	+ 1 375 €
Radio, SC 303	+ 205 €
Reifen 205/55 R 15–87 V	+ 210 €
Alu- Sportfelgen »Borbet«	+ 1 500 €
	42 911 €
19 % Umsatzsteuer	+ 8 153 €
gesamt	51 064 €

...«

AUFGABE

Nehmen Sie zu diesem Sachverhalt bilanzsteuerrechtlich Stellung und bilden Sie alle erforderlichen Buchungssätze. Gehen sie davon aus,

- dass Bernhard einen möglichst niedrigen Gewinn versteuern möchte,
- den Pkw soweit wie möglich bilanzieren will und
- den Pkw in vollem Umfang seinem Unternehmensvermögen zuordnet (§ 15 Abs. 1 Satz 2 UStG i. V. m. Abschn. 15.23 Abs. 2 UStAE).

LÖSUNG

Der neue Pkw wird nicht überwiegend betrieblich genutzt. Da der betriebliche Nutzungsanteil nicht unbedeutend ist, hat der Stpfl. nach R 4.2 Abs. 1 Satz 6 EStR die Möglichkeit, diesen Pkw als gewillkürtes Betriebsvermögen anzusetzen. Durch den Ausweis des Pkw in der Bilanz kann der Stpfl. deutlich machen, dass er den Pkw in vollem Umfang als gewillkürtes Betriebsvermögen behandelt hat. Der Pkw zählt zum beweglichen abnutzbaren Anlagevermögen, da er dazu bestimmt ist, dem Betrieb auf Dauer zu dienen (§ 247 Abs. 2 HGB sowie R 6.1 Abs. 1 Satz 1 EStR). Seine Bilanzierung zum 31. 12. 2017 erfolgt nach § 6 Abs. 1 Nr. 1 Satz 1 EStG mit den Anschaffungskosten abzüglich der vorzunehmenden AfA.

a) **Anschaffungskosten des neuen Pkw**
Die Anschaffungskosten bestimmen sich nach H 6.2 (Anschaffungskosten) EStH i. V. m. § 255 Abs. 1 HGB. Danach zählen neben dem Listenpreis, der Metallic-Lackierung und den Überführungskosten auch die Kosten der Sonderausstattung zu den Anschaffungskosten. Maßgebend für die Zuordnung zu den Anschaffungskosten ist, dass diese Kosten der Anschaffung des Pkw in dem Zustand dienten, in dem sich der Pkw zum Anschaffungszeitpunkt befand. Nicht entscheidend ist, dass der Stpfl. denselben Pkw auch ohne Sonderausstattung hätte erwerben können. Die ausgewiesene abzugsfähige USt i. H. v. 8 153 € ist nach § 9b Abs. 1 EStG nicht zu den Anschaffungskosten zu rechnen. Somit betragen die Anschaffungskosten insgesamt 42 911 €.

b) **AfA des neuen Pkw**
Da Bernhard den Pkw nach dem 31. 12. 2016 angeschafft hat, darf er ihn nicht mehr nach § 7 Abs. 2 EStG degressiv abschreiben. Die AfA erfolgt linear nach § 7 Abs. 1 EStG auf die Nutzungsdauer von sechs Jahren; die Jahres-AfA beträgt somit 7 152 € (gerundet). Nach § 7 Abs. 1 Satz 4 EStG ist die AfA für das Anschaffungsjahr 2017 zeitanteilig zu berechnen. Damit beträgt die AfA für 2017 4 172 € (7/12 von 7 152 €). Die Sonderabschreibung nach § 7 g Abs. 5 EStG ist nicht möglich, da der Pkw zu 51 % privat und damit nicht ausschließlich oder fast ausschließlich betrieblich genutzt wird (§ 7 g Abs. 6 Nr. 2 EStG).

c) **Ermittlung des Bilanzansatzes zum 31. 12. 2017**

Anschaffungskosten	42 911 €
AfA 2017	./. 4 172 €
Bilanzansatz	38 739 €

d) **Buchungssätze**

Buchung 01. 06. 2017		
Fuhrpark	42 911 €	
Vorsteuer	8 153 €	
an Bank		51 064 €
Buchung 31. 12. 2017		
AfA	4 172 €	
an Fuhrpark		4 172 €

ÜBUNG 14 Tausch mit Baraufgabe

SACHVERHALT

Bernhard Diner (siehe Übung 13) erwirbt einen neuen Lieferwagen, den er nur eigenbetrieblich nutzen will. Das Fahrzeug wird am 01. 10. 2017 in Edenkoben von dem dort ansässigen Autohändler Andy Hoflamm (Andy) übergeben.

Die ordnungsgemäße Rechnung sieht wie folgt aus:

»...

Lieferwagen, Typ »Carryvan«	50 000 €
19 % Umsatzsteuer	+ 9 500 €
	59 500 €
Inzahlungnahme Altfahrzeug	./. 11 900 €
verbleiben	47 600 €
	...«

Das Altfahrzeug (Nutzungsdauer vier Jahre) hatte Bernhard am 08. 01. 2014 für 20 452 € angeschafft und bisher nur betrieblich genutzt. Der Buchwert zum 31. 12. 2016 betrug 5 113 €. Bernhard übergibt Andy am 01. 10. 2017 einen Scheck über 40 000 € (betriebliches Konto). Den Rest zahlt er am 01. 11. 2017 durch Überweisung von einem Konto, das seiner Ehefrau gehört. Die betriebsgewöhnliche Nutzungsdauer des Neuwagens beträgt acht Jahre. Bernhard nahm in 2017 lediglich folgende Buchungen vor:

01. 10. 2017		
Fuhrpark	47 600 €	
an Bank		40 000 €
an Verbindlichkeiten		7 600 €
01. 11. 2017		
Verbindlichkeiten	7 600 €	
an Bank		7 600 €

AfA hat Bernhard nicht vorgenommen, weil der Fahrzeugtyp »Carryvan« zum großen Renner geworden ist und die Herstellerfirma deshalb nach Ablauf der Einführungszeit die Preise kräftig erhöht hat. Bernhard war daher der Meinung, dass das Fahrzeug keine Werteinbuße erlitten habe.

AUFGABE

1. Beurteilen Sie den Sachverhalt aus bilanzsteuerrechtlicher Sicht. Gehen Sie davon aus, dass
   - Bernhard einen möglichst niedrigen Gewinn versteuern möchte und
   - die Voraussetzungen zur Inanspruchnahme der Sonderabschreibung nach § 7 g Abs. 5 und 6 EStG nicht erfüllt sind.
2. Stellen Sie die sich ergebenden Änderungen zum 31. 12. 2017 von
   - Bilanzposten,
   - Entnahmen,
   - Einlagen,
   - Betriebsvermögen und
   - Gewinn

dar.

LÖSUNG

1. Bilanzsteuerrechtliche Stellungnahme

Neuwagen

Wegen der ausschließlichen eigenbetrieblichen Nutzung stellt der Lieferwagen notwendiges Betriebsvermögen dar (R 4.2 Abs. 1 Satz 1 EStR). Er zählt zum abnutzbaren Anlagevermögen, da er dazu bestimmt ist, dauernd dem Geschäftsbetrieb zu dienen (§ 247 Abs. 2 HGB, R 6.1 Abs. 1 Satz 1 EStR). Er ist somit nach § 6 Abs. 1 Nr. 1 Satz 1 EStG mit den Anschaffungskosten abzüglich AfA zu bewerten. Es liegt hier ein Tausch mit Baraufgabe vor. Zu den Anschaffungskosten gehört neben der Baraufgabe (Zuzahlung) auch der gemeine Wert des hingegebenen Wirtschaftsguts (§ 6 Abs. 6 Satz 1 EStG). Der gemeine Wert beträgt 11 900 €, da Andy den Altwagen zu diesem Preis in Zahlung genommen hat. Da Bernhard zum vollen Vorsteuerabzug berechtigt ist, gehört die abzugsfähige Vorsteuer (§ 15 UStG) nicht zu den Anschaffungskosten (§ 9 b Abs. 1 EStG). Zur umsatzsteuerrechtlichen Behandlung bei Andy vgl. § 3 Abs. 12 Satz 1 i. V. m. § 10 Abs. 1 Satz 2 (Baraufgabe) sowie Abs. 2 Satz 2 und 3 (Altwagen) UStG und Abschn. 10.5 Abs. 4 Satz 1 und 2 UStAE.

Die Anschaffungskosten betragen:

Scheckhingabe	40 000 €
Überweisung vom Konto der Ehefrau	+ 7 600 €
gemeiner Wert Altwagen	+ 11 900 €
	59 500 €
Vorsteuer	./. 9 500 €
Anschaffungskosten	50 000 €

Die AfA nach § 7 EStG ist zwingend vorzunehmen, auch wenn Bernhard der Meinung ist, das Fahrzeug habe keine Wertminderung erfahren. Die AfA hat nach § 7 Abs. 1 EStG linear zu erfolgen (Wegfall der degressiven AfA ab 2015). Bei einer betriebsgewöhnlichen Nutzungsdauer von acht Jahren beträgt der AfA-Satz bei der linearen AfA 12,5 % (§ 7 Abs. 1 Satz 1 und 2 EStG). Die Jahres-AfA beträgt 6 250 €.

Die AfA ist im Jahr der Anschaffung (2017) nach § 7 Abs. 1 Satz 4 EStG zeitanteilig zu berechnen. Sie beträgt für 2017 somit 1 563 € (3/12 von 6 250 €; gerundet).

Der Bilanzansatz Fuhrpark zum 31. 12. 2017 beträgt somit:

Anschaffungskosten	50 000 €
./. AfA	1 563 €
Bilanzansatz	48 437 €

2. Darstellung der Änderungen

Vorsteuer

Der Bilanzansatz »Vorsteuer« erhöht sich um 9 500 €.

Einlage

Die Überweisung der 7 600 € vom Konto der Ehefrau stellt eine Geldeinlage dar (§ 4 Abs. 1 Satz 8 i. V. m. § 6 Abs. 1 Nr. 5 Satz 1 EStG).

Bank

In seiner Buchführung hat Bernhard das Bankkonto zu Unrecht um 7 600 € gemindert.

Altwagen

Da der Altwagen in Zahlung gegeben wurde, darf er in der Buchführung nicht mehr ausgewiesen werden. Bis zum Ausscheiden ist allerdings noch AfA vorzunehmen (R 7.4 Abs. 8 Satz 1 EStR). Bei einer betriebsgewöhnlichen Nutzungsdauer von vier Jahren beträgt die lineare AfA 25 % = 5 113 €. Da der Wagen zum 31. 12. 2016 noch mit 5 113 € zu Buche steht, hat Bernhard in den drei Jahren der Nutzung auch tatsächlich 3 × 5 113 € = 15 339 € AfA in Anspruch genommen. Somit stehen ihm in 2017 noch für neun Monate = 3 835 € AfA zu. Der Buchwert beim Ausscheiden beträgt demnach 1 278 €.

Umsatzsteuer

Mit der Inzahlunggabe des Altwagens tätigt Bernhard eine steuerbare und steuerpflichtige Lieferung nach § 1 Abs. 1 Nr. 1 Satz 1 UStG (Hilfsgeschäft) im Rahmen eines Tauschs mit Baraufgabe (§ 3 Abs. 12 Satz 1 UStG). Die Umsatzsteuer beträgt 1 900 € (§ 10 Abs. 2 Satz 2 und 3 UStG i. V. m. Abschn. 10.5 Abs. 1 Satz 8 und 9 UStAE).

A. o. Ertrag

Bei Inzahlunggabe des Altfahrzeugs entsteht ein a. o. Ertrag, der sich wie folgt berechnet:

Anrechnungspreis	11 900 €
Umsatzsteuer	./. 1 900 €
Netto-Erlös	10 000 €
Buchwertabgang	./. 1 278 €
a. o. Ertrag	8 722 €

Position	**FA**	**Stpfl.**	**Unterschied**	**BV**	**Gewinn**
Altwagen	0 €	5 113 €	./. 5 113 €	./. 5 113 €	./. 5 113 €
Neuwagen	48 437 €	47 600 €	+ 837 €	+ 837 €	+ 837 €
Bank	0 €	./. 7 600 €	+ 7 600 €	+ 7 600 €	+ 7 600 €
Vorsteuer	9 500 €	0 €	+ 9 500 €	+ 9 500 €	+ 9 500 €
USt	1 900 €	0 €	+ 1 900 €	./. 1 900 €	./. 1 900 €
Einlagen	7 600 €	0 €	+ 7 600 €	0 €	./. 7 600 €
Gewinn					**+ 3 324 €**

Hinweis: Nach der G+V-Methode errechnet sich die gleiche Gewinnauswirkung:

AfA Neuwagen	./. 1 563 €
AfA Altwagen	./. 3 835 €
a. o. Ertrag	+ 8 722 €
Gewinn	**+ 3 324 €**

Übergang von der degressiven AfA zur linearen AfA

ÜBUNG 15

SACHVERHALT

Am 05. 01. 10 (Hinweis: es handelt sich um fiktive Jahre) hatte Fridolin Macwau (siehe Übung 6) einen Geschäfts-Kombi Marke »Opel Omega« (Nutzungsdauer sechs Jahre) zum Transport seiner Tiere gekauft. Die Anschaffungskosten betrugen damals 15 338 €.

Die Kontenentwicklung sah – unter Inanspruchnahme der damals gültigen degressiven AfA nach § 7 Abs. 2 EStG (25 %) – wie folgt aus:

Anschaffungskosten 10	15 338 €
AfA 10	./. 3 835 €
Buchwert 31. 12. 10	11 503 €
AfA 11	./. 2 876 €
Buchwert 31. 12. 11	8 627 €
AfA 12	./. 2 157 €
Buchwert 31. 12. 12	6 470 €

AUFGABE

Berechnen Sie die günstigste AfA für 13.

LÖSUNG

Da Fridolin 13 die günstigste AfA in Anspruch nehmen möchte, ist der Übergang von der degressiven AfA (§ 7 Abs. 2 Satz 1 bis 3 EStG), die Fridolin bisher gebucht hatte, zur linearen AfA nach § 7 Abs. 3 Satz 1 und 2 EStG zu empfehlen, da für die restlichen drei Jahre die lineare AfA (33,3 %) einen höheren Betrag ergibt, als die Fortführung der degressiven AfA (25 %).

Die AfA für 13 berechnet sich danach wie folgt:

Restbuchwert zum 31. 12. 12: Restnutzungsdauer = 6 470 € : 3 = 2 157 €

Buchung 31. 12. 13

AfA	2 157 €	
an Fuhrpark		2 157 €

ÜBUNG 16 Bilanzierung mit dem Teilwert

SACHVERHALT

In der Buchhaltung des Möbelhändlers Bernhard Diner (siehe Übung 13) befinden sich folgende zwei Eigenbelege:

1. – Geschäftsnotiz vom 05. 08. 2017 –

   Im Januar 2017 hatte ich in China vier rustikale Edelholz Schreibtische (Nutzungsdauer 16 Jahre) eingekauft, die alle zum Verkauf bestimmt waren. Die Anschaffungskosten betrugen damals insgesamt 51 048 €. Da ich bis heute nur drei dieser Schreibtische verkaufen konnte, habe ich den einen noch vorhandenen Schreibtisch in das Büro meiner Chefsekretärin zu deren Nutzung stellen lassen.

   Buchung

Entnahme	15 187 €	
an Warenverkauf		12 762 €
an Umsatzsteuer		2 425 €

2. – Geschäftsnotiz vom 31. 12. 2017 –

   Die Wiederbeschaffungskosten des Schreibtischs sind langfristig auf 10 000 € gesunken. Nichts zu buchen, da der Schreibtisch bereits über Entnahme ausgebucht wurde.

AUFGABE

Nehmen Sie zu den Eigenbelegen Stellung. Gehen Sie davon aus, dass der Einkauf der Schreibtische und der Verkauf der drei anderen Schreibtische korrekt verbucht wurde.

Bernhard möchte einen möglichst niedrigen Gewinn versteuern.

LÖSUNG

1. Durch die Nutzung des Schreibtisches als Büroausstattung wird dieser ab August 2017 zum abnutzbaren Anlagevermögen, da er nunmehr dem Betrieb auf Dauer dienen soll (R 6.1 Abs. 1 Satz 1 und 5 EStR).

   Es handelt sich hierbei um eine Umwidmung eines Wirtschaftsgutes vom Umlauf- zum Anlagevermögen mit der Folge, dass

a) durch Berichtigung des Wareneinkaufkontos (WEK) der Wareneinsatz um 12 762 € zu mindern ist. Umsatzsteuerlich liegt ein nichtsteuerbarer Innenumsatz vor.

   Buchung

BGA	12 762 €	
an WEK		12 762 €

b) der Schreibtisch zum 31. 12. 2017 zu bewerten und zu aktivieren ist. Nach § 6 Abs. 1 Nr. 1 Satz 1 EStG sind grundsätzlich die Anschaffungskosten abzüglich der AfA anzusetzen. Die Anschaffungskosten betragen 12762 €. Die AfA erfolgt aufgrund der Umwidmung (entspricht dem Zeitpunkt der Anschaffung) in 2017 linear nach § 7 Abs. 1 EStG. Die Jahres-AfA beträgt somit 798 (17 762€/16 Jahre; gerundet). Im Jahr der Anschaffung (hier: Umwidmung) ist die AfA nur zeitanteilig zu gewähren (§ 7 Abs. 1 Satz 4 EStG). Für 2017 ergibt sich ein AfA-Betrag i. H. v. 333 € (5/12 von 798 €; gerundet).
Vorläufiger Bilanzansatz zum 31. 12. 2017:

Anschaffungskosten	12762 €
AfA 2017	./. 333 €
Bilanzansatz	12429 €

Buchung 31. 12. 2017

AfA	333 €	
an BGA		333 €

2. Nach § 6 Abs. 1 Nr. 1 Satz 2 EStG ist zu beachten, dass der niedrigere Teilwert angesetzt werden kann, wenn eine voraussichtlich dauernde Wertminderung vorliegt. Der Teilwert (§ 6 Abs. 1 Nr. 1 Satz 3 EStG) entspricht den Wiederbeschaffungskosten des Schreibtisches zum 31. 12. 2017 i. H. v. 10000 €. Da die Wiederbeschaffungskosten lt. der Aussage im Sachverhalt langfristig gesunken sind, ist davon auszugehen, dass die Wertminderung voraussichtlich dauerhaft ist. Die in Tz. 8 des BMF-Schreibens vom 16. 07. 2014 (BStBl I 2014, 1162) angegebenen Prüfkriterien für eine voraussichtlich dauerhafte Wertminderung sind im vorliegenden Fall daher nicht mehr von Bedeutung.
Nach § 5 Abs. 1 Satz 1 Halbsatz 1 EStG ist grundsätzlich der handelsrechtlichen Bilanzierung zu folgen. Nach § 253 Abs. 3 Satz 3 HGB ist bei dauernder Wertminderung handelsrechtlich der niedrigere beizulegende Wert anzusetzen (entspricht hier ebenfalls 10000 €). Grundsätzlich ist daher wegen der Maßgeblichkeit des Handelsrechts für das Steuerrecht die Teilwertabschreibung vorzunehmen.
Zwar könnte der Stpfl. nach § 5 Abs. 1 Satz 1 Halbsatz 2 EStG das Wahlrecht des § 6 Abs. 1 Nr. 1 Satz 2 EStG auch dahingehend ausüben, auf die Teilwertabschreibung zu verzichten. Da Bernhard einen möglichst geringen Gewinn versteuern möchte, wird er jedoch die Teilwertabschreibung vornehmen.
Buchung 31. 12. 2017

Teilwertabschreibung	2429 €	
an BGA		2429 €

Anschaffung eines geringwertigen Wirtschaftsguts

ÜBUNG 17

SACHVERHALT

Bernhard Diner (siehe Übung 13) erwarb am 13. 02. 2017 einen gebrauchten Kopierer, den er ausschließlich betrieblich nutzte. Die Nutzungsdauer beträgt drei Jahre.

»...

Die ordnungsgemäße Rechnung lautete wie folgt:

Kaufpreis (netto)	390,00 €
Transportkosten	+ 25,00 €
Umsatzsteuer	+ 78,85 €

...«

Bernhard zahlte die Rechnung am 18. 02. 2017 per Bank unter Abzug von 2 % Skonto. In 2017 hat er keine weiteren Wirtschaftsgüter erworben, deren Anschaffungskosten (bzw. Herstellungskosten) maximal 1 000 € betragen haben.

AUFGABE

1. Nehmen Sie zu dem Sachverhalt Stellung und bilden Sie die erforderlichen Buchungssätze.
2. Welche Änderungen ergeben sich, wenn kein Skonto in Abzug gebracht werden kann?

LÖSUNG

1. Anschaffung mit Skontoabzug

Das Kopiergerät stellt notwendiges Betriebsvermögen dar, da es ausschließlich für betriebliche Zwecke genutzt wird (R 4.2 Abs. 1 Satz 1 EStR). Weiterhin ist es ein bewegliches abnutzbares Wirtschaftsgut des Anlagevermögens, da es dazu bestimmt ist, dem Betrieb auf längere Zeit zu dienen (R 6.1 Abs. 1 Satz 1 und 5 EStR). Die Anschaffungskosten betragen zunächst insgesamt 415 €, da die Transportkosten als Anschaffungsnebenkosten dazugehören (H 6.2 [Anschaffungskosten] EStH i. V. m. § 255 Abs. 1 Satz 1 und 2 HGB). Die in Rechnung gestellte abzugsfähige Vorsteuer zählt gem. § 9 b Abs. 1 EStG i. V. m. § 15 UStG nicht zu den Anschaffungskosten. Durch den in Anspruch genommenen Skontoabzug sind die Anschaffungskosten um 2 % (8,30 €) zu mindern (H 6.2 [Skonto] EStH und § 255 Abs. 1 Satz 3 HGB), sodass die endgültigen Anschaffungskosten nunmehr 406,70 € betragen. Die Vorsteuer ist gleichzeitig auch um 2 % (1,58 €) zu mindern, da sich die Bemessungsgrundlage geändert hat (entsprechend § 17 Abs. 1 Satz 2 i. V. m. Satz 1 und Satz 7 UStG, da Kauf und Berichtigung im gleichen Voranmeldungszeitraum). Das Kopiergerät ist auch einer selbständigen Nutzung fähig. Somit sind alle Voraussetzungen für die Inanspruchnahme der sog. »GWG-Regelung« des § 6 Abs. 2 EStG erfüllt.

Alternativ bestehen (seit 2010) weitere Möglichkeiten der steuerlichen Behandlung, da die Bewertungsfreiheit des § 6 Abs. 2 EStG als Wahlrecht ausgestattet ist:

- Bewertung nach § 6 Abs. 1 Nr. 1 EStG;
- Bildung eines Sammelpostens nach § 6 Abs. 2 a EStG (vgl. hierzu Nr. 2).

Da Bernhard einen möglichst geringen Gewinn versteuern möchte, wird er den Sofortabzug nach § 6 Abs. 2 EStG in Anspruch nehmen.

Buchung 13. 02. 2017		
BGA	415,00 €	
Vorsteuer	78,85 €	
an Verbindlichkeiten		493,85 €
Buchungen 18. 02. 2017		
Verbindlichkeiten	493,85 €	
an Bank		483,97 €
an BGA		8,30 €
an Vorsteuer		1,58 €
GWG (Aufwand)	406,70 €	
an BGA		406,70 €

2. Anschaffung ohne Skontoabzug

Ohne Skontoabzug betragen die Anschaffungskosten 415 €. Damit sind die Voraussetzungen für den Sofortabzug nach § 6 Abs. 2 EStG nicht mehr gegeben. Allerdings sind – weiterhin – die Voraussetzungen des § 6 Abs. 2 a EStG erfüllt, sodass die Möglichkeit besteht, das Kopiergerät in einen Sammelposten einzustellen und diesen ab dem Jahr der Anschaffung erfolgswirksam mit jährlich 20 % aufzulösen. Da die Nutzungsdauer des Kopiergeräts lediglich drei Jahre beträgt, ist jedoch eine Aktivierung und Bewertung nach § 6 Abs. 1 Nr. 1 Satz 1 EStG, auch unter Berücksichtigung der zeitanteilgen AfA, günstiger (AfA-Satz nach § 7 Abs. 1 EStG: 33,33 %). Der Stpfl. hat insoweit ein Wahlrecht; Bernhard wird das Kopiergerät daher aktivieren. Unbeachtlich ist die Regelung des § 6 Abs. 2 a Satz 5 EStG, wonach alle Wirtschaftsgüter mit Anschaffungskosten von mehr als 150 € bis maximal 1 000 € bezüglich des Sammelpostens einheitlich zu behandeln sind, da Bernhard nur dieses eine Wirtschaftsgut angeschafft hat.

Bilanzansatz zum 31. 12. 2017:

Anschaffungskosten		415 €
AfA 2017 (33,33 % von 415 €, davon 11/12)		./. 127 €
Bilanzansatz		288 €
Buchung 13. 02. 2017		
BGA	415,00 €	
Vorsteuer	78,95 €	
an Verbindlichkeiten		493,85 €
Buchung 18. 02. 2017		
Verbindlichkeiten		493,85 €
an Bank		493,85 €
Buchung 31. 12. 2017		
AfA	127 €	
an BGA		127 €

3 Bilanzierung des nicht abnutzbaren Anlagevermögens

Bilanzierung von unbebauten Grundstücken

ÜBUNG 18

SACHVERHALT

Kevin Kostna (Kevin) besitzt in Edenkoben ein Handelsgeschäft. Er ermittelt seinen Gewinn nach § 5 EStG und erstellt jährlich getrennt eine Handelsbilanz und eine Steuerbilanz.

Im Jahre 2015 erwarb er ein an seinen Betrieb angrenzendes unbebautes Grundstück umsatzsteuerfrei für 50 000 € (Gesamtbetrag der Anschaffungskosten). Er bilanzierte das Grundstück sowohl in der Handels- als auch in der Steuerbilanz zum 31. 12. 2015, 2016 und 2017 jeweils mit den Anschaffungskosten i. H. v. 50 000 €. Kevin nutzte das neben einem stillgelegten Flugplatzareal liegende Grundstück seit Erwerb als Kundenparkplatz.

In 2017 wurde auf dem stillgelegten Flugplatzareal der Flugbetrieb wieder aufgenommen. Dadurch sank der Wert (Teilwert) von Kevins Grundstück auf 10 000 €. Kevin bilanzierte das Grundstück trotzdem mit 50 000 €, da die Handelsbilanz bei seiner Hausbank als Kreditunterlage dienen sollte. Der Wert des Grundstücks wird voraussichtlich nicht mehr über 10 000 € steigen.

AUFGABE

Nehmen Sie zu diesem Sachverhalt Stellung.

LÖSUNG

Bei dem unbebauten Grundstück handelt es sich um ein Wirtschaftsgut des notwendigen Betriebsvermögens, da es als Kundenparkplatz ausschließlich eigenbetrieblichen Zwecken dient (R 4.2 Abs. 7 Satz 1 EStR).

Es gehört zum nicht abnutzbaren Anlagevermögen (R 6.1 Abs. 1 Satz 1 und 6 EStR, § 247 Abs. 2 HGB) und ist nach § 6 Abs. 1 Nr. 2 Satz 1 EStG grundsätzlich mit den Anschaffungskosten (50 000 €) zu bewerten. Durch die Aufnahme des Flugbetriebs auf dem benachbarten Gelände ist der Teilwert von Kevins Grundstück 2017 dauerhaft auf 10 000 € gesunken. Nach § 6 Abs. 1 Nr. 2 Satz 2 EStG kann ein dauerhaft niedrigerer Teilwert im Wege einer Teilwertabschreibung angesetzt werden (Wahlrecht).

Da Kevin seinen Gewinn nach § 5 EStG ermittelt, hat er grundsätzlich die handelsrechtlichen Ansatz- und Bewertungsvorschriften zu beachten (§ 5 Abs. 1 Satz 1 Halbsatz 1 EStG). Nach Handelsrecht ist Anlagevermögen, dessen beizulegender Wert gegenüber den Anschaffungskosten (regulärer Bilanzansatz nach § 253 Abs. 1 HGB) dauerhaft gemindert sind, zwingend mit dem niedrigeren Wert anzusetzen (§ 253 Abs. 3 Satz 3 HGB). Der Ansatz in der Handelsbilanz mit 50 000 € widerspricht somit den handelsrechtlichen Regelungen. Ein falscher Bilanzansatz in der Handelsbilanz entfaltet jedoch keine steuerlichen Wirkungen. Grundsätzlich müsste Kevin sein Grundstück mit 10 000 € bilanzieren.

Allerdings besteht nach § 5 Abs. 1 Satz 1 Halbsatz 2 EStG steuerrechtlich die Möglichkeit, das Wahlrecht auf Ansatz des niedrigeren Teilwerts abweichend vom Handelsrecht auszuüben (Einschränkung der sog. Maßgeblichkeit). Kevin dürfte sein Grundstück in seiner Steuerbilanz somit auch mit den Anschaffungskosten i. H. v. 50 000 € bilanzieren. Voraussetzung hierfür ist jedoch eine besondere Dokumentation nach § 5 Abs. 1 Satz 2 und 3 EStG. Nach dem Sachverhalt ist aber fraglich, ob Kevin eine solche Dokumentation erstellt hat. Da zwischen dem Ansatz des Grundstücks zum 31. 12. 2017 in der Steuerbilanz und in der Handelsbilanz keine Abweichung vorlag, bestand für Kevin kein Anlass für eine entsprechende Dokumentation. Nach Rz. 21 des BMF-Schreibens vom 12. 03. 2010, BStBl I 2010, 239, ist die laufende Führung des Verzeichnisses Voraussetzung für einen vom Handelsrecht abweichenden steuerrechtlichen Bilanzansatz. Da Kevin dieses Verzeichnis (wohl) nicht geführt hat, ist steuerrechtlich der sich aus dem Handelsrecht ergebende Bilanzansatz (10 000 €) maßgeblich.

Ob im vorliegenden Fall einer fehlerhaften handelsrechtlichen Bilanzierung und deren – mangels Dokumentation – auch fehlerhaften Übernahme in der Steuerbilanz bei Aufdeckung des (handelsrechtlichen) Fehlers ausnahmsweise eine Nachholung der Dokumentation erlaubt werden könnte, ist offen. Die Auffassung, dass erst nach Aufdeckung des handelsrechtlichen Fehlers eine vom Handelsbilanzansatz abweichende Wahlrechtsausübung erfolgen könne, erscheint diskussionswürdig.

ÜBUNG 19 Bilanzierung von unbebauten Ehegattengrundstücken

SACHVERHALT

Im Juni 2017 erwarb Fridolin Macwau (siehe Übung 6) zusammen mit seiner Ehefrau in der City von Trier ein Grundstück. Beide wurden am 15. 08. 2017 durch Eintragung in das Grundbuch je zur Hälfte Eigentümer. Fridolin beabsichtigt zu expandieren und will deshalb auf der einen Hälfte des Grundstücks ein Gebäude für seine Tierhandlung errichten. Die andere Hälfte soll mit einem Wohnhaus für Fridolin und seine Familie bebaut werden.

Die entsprechenden Baugenehmigungen wurden im Dezember 2017 erteilt. Mit der Bebauung soll im Frühjahr 2018 begonnen werden. Beim Kauf fielen folgende Kosten an:

Kaufpreis	120 000 €	
Grunderwerbsteuer	6 000 €	
Notargebühren	1 600 €	
Grundbuchkosten	400 €	

Die Rechnung des Notars enthielt keine ausgewiesene Umsatzsteuer, da der Notar als Kleinunternehmer dazu nicht berechtigt war (§ 19 Abs. 1 Satz 4 UStG).

Fridolin buchte:

Grundstück	120 000 €	
Grundstücksaufwand	8 000 €	
an Bank		128 000 €

Bis zur Bebauung wurde das Grundstück von einem benachbarten Bauunternehmer als Abstellplatz für seine Baumaschinen und -materialien genutzt. Ab 01. 08. 2017 zahlte er dafür 1 000 € Miete monatlich, die vollständig und pünktlich zum Monatsbeginn auf das private Bankkonto der Eheleute Macwau eingezahlt, aber nicht verbucht wurde.

AUFGABE

Nehmen Sie zu diesem Sachverhalt Stellung und bilden Sie alle erforderlichen Buchungssätze.

LÖSUNG

Das (unbebaute) Grundstück kann nur insoweit als Betriebsvermögen angesetzt werden, als es Fridolin gehört, also höchstens zu 1/2 (§ 240 Abs. 1 HGB, § 39 Abs. 1 AO, H 4.2 Abs. 7 [Miteigentum] EStH). Die Eigentumshälfte der Ehefrau hätte nicht erfasst werden dürfen.

Aber auch die Eigentumshälfte des Fridolin darf nicht in vollem Umfang als Betriebsvermögen angesetzt werden. Zum notwendigen Betriebsvermögen zählen nur solche Grundstücksteile, die ausschließlich eigenbetrieblichen Zwecken dienen (R 4.2 Abs. 7 Satz 1 EStR). Die betriebliche Veranlassung ist hier jedoch für den Teil, der mit dem Wohnhaus der Familie Macwau bebaut werden soll, nicht gegeben. Dieser Teil darf also nicht als Betriebsvermögen ausgewiesen werden; er stellt notwendiges Privatvermögen dar.

Lediglich 1/4 des gesamten Grundstücks ist somit als notwendiges Betriebsvermögen auszuweisen. Es ist unbeachtlich, dass der konkrete Einsatz im Betrieb erst in der Zukunft liegt. Denn hier liegt bereits die endgültige Funktionszuweisung vor, zumal auch die entsprechende Baugenehmigung bereits beantragt und erteilt ist (H 4.2 Abs. 7 [Zeitpunkt ...] EStH).

Es handelt sich dabei um nicht abnutzbares Anlagevermögen, da das Grundstück dazu bestimmt ist, dauernd dem Geschäftsbetrieb zu dienen (§ 247 Abs. 2 HGB und R 6.1 Abs. 1 Satz 1 und 6 EStR).

Es ist gem. § 6 Abs. 1 Nr. 2 Satz 1 EStG mit den Anschaffungskosten zu bewerten. Anschaffungskosten sind gem. H 6.2 [Anschaffungskosten] EStH i. V. m. § 255 Abs. 1 Satz 1 HGB die Aufwendungen, die geleistet werden, um das Wirtschaftsgut zu erwerben und in einen betriebsbereiten Zustand zu versetzen, soweit sie dem Wirtschaftsgut einzeln zugeordnet werden können. Hinzu kommen nach § 255 Abs. 1 Satz 2 HGB die Anschaffungsnebenkosten.

Zu den Anschaffungskosten zählen demnach der Kaufpreis und als Nebenkosten die Grunderwerbsteuer, die Notar- und Grundbuchgebühren, insgesamt i. H. v. 128 000 €, davon 1/4 = 32 000 €. Das Grundstück ist in der Bilanz zum 31. 12. 2017 lediglich mit diesem Betrag anzusetzen.

Der von Fridolin gebuchte Grundstücksaufwand ist falsch, da diese Kosten i. H. v. 2 000 € zu aktivieren, im Übrigen privat veranlasst sind. Da die gesamten Anschaffungskosten vom betrieblichen Bankkonto gezahlt wurden, liegt i. H. v. 96 000 € eine Geldentnahme nach § 4 Abs. 1 Satz 2 EStG vor, die mit dem Teilwert (Geldbetrag) zu erfassen ist (§ 6 Abs. 1 Nr. 4 Satz 1 EStG).

Buchung Juni 2017

Grundstück (Grund und Boden)	32 000 €	
Entnahmen	96 000 €	
an Bank		128 000 €

Die Mieteinnahmen aus dem Grundstück stellen aufgrund des Subsidiaritätsprinzips zu 1/4 Betriebseinnahmen dar (§ 21 Abs. 3 i. V. m. § 4 Abs. 4 EStG i. U. und R 4.7 Abs. 2 Satz 1 EStR). Da sie insgesamt auf das private Bankkonto geflossen sind, liegt i. H. v. 1 250 € eine Geldentnahme vor. Die restlichen 3/4 sind als Einnahmen im Rahmen der Einkünfte aus Vermietung und Verpachtung der Eheleute zu berücksichtigen (§ 21 Abs. 1 Satz 1 Nr. 1 EStG).

Buchung der Miete insgesamt

Entnahmen	1 250 €	
an Mietertrag		1 250 €

ÜBUNG 20 Bilanzierung von Wertpapieren

SACHVERHALT

Anfang Oktober 2017 beauftragte Fridolin Macwau (siehe Übung 6) seine Bank, für ihn jeweils 100 Aktien seines Hauptlieferanten, der Tiergroßhandlung Wolf AG (börsennotierte Aktiengesellschaft) in Bitburg, zu erwerben. Die Bank erteilte ihm einige Tage später folgende Abrechnung:

»...

100 Aktien der Wolf AG, Kurs 100 €/Stück	10 000 €
1 % Spesen und Provision	+ 100 €
Gesamtbetrag	10 100 €

...«

Fridolin überwies diesen Betrag vom betrieblichen Bankkonto und buchte korrekt:

Wertpapiere	10 100 €	
an Bank		10 100 €

Der Kurswert der Aktie schwankte in der Folgezeit ständig zwischen 90 € und 120 €/Stück. Am 31. 12. 2017 betrug er laut amtlicher Kursnotierung 97 €/Stück.

AUFGABE

Nehmen Sie zu diesem Sachverhalt Stellung und bilden Sie die erforderlichen Buchungssätze. Gehen Sie davon aus, dass Fridolin einen möglichst geringen Gewinn versteuern möchte.

LÖSUNG

Die Wertpapiere gehören dadurch, dass Fridolin diese auf dem Konto »Wertpapiere« in seine Buchführung aufgenommen hat, zum Betriebsvermögen seiner Tierhandlung. Zwar führt allein die Tatsache, dass Aktien des Hauptlieferanten erworben wurden, nicht dazu, dass diese zu notwendigem Betriebsvermögen werden. Insoweit reichen normale Geschäftsbeziehungen zwischen Lieferant und Abnehmer nicht aus. Die Aktien gehören aber zum gewillkürten Betriebsvermögen nach R 4.2 Abs. 1 Satz 3 EStR. Bei den Aktien der Wolf AG besteht ein objektiver Zusammenhang mit dem Betrieb des Fridolin und sie sind geeignet, den Betrieb zu fördern. Seinen Willen, die Anteile als Betriebsvermögen zu behandeln, hat Fridolin durch den

Erwerb mit betrieblichen Mitteln und den Bilanzausweis der Anteile dokumentiert (H 4.2 Abs. 1 [Wertpapiere, Spiegelstrich 1] EStH).

Bei den Wertpapieren handelt es sich um nicht abnutzbare Wirtschaftsgüter des Anlagevermögens (R 6.1 Abs. 1 Satz 1 und 6 EStR), die steuerrechtlich gem. § 6 Abs. 1 Nr. 2 Satz 1 und 2 EStG mit den Anschaffungskosten oder mit dem niedrigeren Teilwert anzusetzen sind. Voraussetzung für den Ansatz des niedrigeren Teilwerts ist, dass die Wertminderung voraussichtlich von Dauer ist. Der Kurswert der Aktien liegt zum Bilanzstichtag (97 €/Stück) unter den Anschaffungskosten (101 €/Stück). Nach dem BMF-Schreiben vom 16. 07. 2014, BStBl I 2014, 1162, Rz. 15 ist bei börsennotierten Aktien des Anlagevermögens von einer voraussichtlich dauernden Wertminderung auszugehen, wenn der Börsenwert zum Bilanzstichtag unter denjenigen im Zeitpunkt des Aktienerwerbs gesunken ist und der Kursverlust die Bagatellgrenze von 5 % der Notierung bei Erwerb überschreitet. Da der Kursverlust die Bagatellgrenze unterschreitet, ist nicht von einer voraussichtlich dauerhaften Wertminderung auszugehen. Steuerrechtlich entfällt damit die Möglichkeit, den niedrigeren Teilwert anzusetzen. Somit sind zum 31. 12. 2017 zwingend die Anschaffungskosten (10 100 €) anzusetzen. Dieser Betrag entspricht dem bei Erwerb gebuchten Betrag, sodass bei folgerichtigem Abschluss des Kontos »Wertpapiere« keine Korrekturen mehr vorzunehmen sind.

Handelsrechtlich sind die Aktien grundsätzlich ebenfalls mit den Anschaffungskosten anzusetzen (§ 253 Abs. 1 HGB). Bei zum Anlagevermögen gehörenden Finanzanlagen darf nach § 253 Abs. 3 Satz 4 HGB auch bei vorübergehender Wertminderung eine außerplanmäßige Abschreibung vorgenommen werden. Fridolin wäre somit berechtigt, aber nicht verpflichtet, in seiner Handelsbilanz die Aktien mit dem niedrigeren Kurswert anzusetzen.

4 Bilanzierung des Umlaufvermögens

Bilanzierung des Umlaufvermögens mit Anschaffungskosten/Teilwert

ÜBUNG 21

SACHVERHALT

Tom Book (Tom) betreibt eine Buchhandlung. Er ermittelt seinen Gewinn nach § 5 EStG. Seine Umsätze versteuert er nach den allgemeinen Vorschriften des UStG. Er ist zum vollen Vorsteuerabzug berechtigt.

2016

Für das Weihnachtsgeschäft hatte Tom 100 Exemplare eines Buches bestellt und hierfür vom Verlag am 16. 12. 2016 die Lieferung und folgende ordnungsgemäße Rechnung erhalten:

»...

100 Exemplare »Die Spinne«, je Stück 30 €	3 000,00 €
5 Freiexemplare	0,00 €
Versandkosten	+ 50,00 €
Umsatzsteuer, 7 %	+ 213,50 €
	3 263,50 €

...«

Tom buchte:

WEK	3 050,00 €	
Vorsteuer	213,50 €	
an Bank		3 263,50 €

Der Verkauf dieser Bücher war nicht so erfolgreich, sodass Tom am 31. 12. 2016 noch 60 Bücher aus dieser Lieferung auf Lager hatte.

Am 28. 12. 2016 teilte der Verlag mit, dass er Tom einen Restposten des Buches für netto 27,50 €/Stück (einschließlich Versandkosten) liefern könne. Seine Bilanz zum 31. 12. 2016 erstellte Tom am 02. 05. 2017.

2017

Im November 2017 wurde bekannt, dass die Kinoverfilmung des Buches »Die Spinne« geplant sei. Daraufhin nahm die Nachfrage nach diesem Buchtitel deutlich zu. Vom Verlag konnte Tom trotz mehrerer Anfragen keine Nachlieferungen mehr bekommen. Zwischenzeitlich hatten sich auch die Bezugspreise auf netto 35 €/Stück (einschließlich Versandkosten) erhöht. Am 31. 12. 2017 besaß Tom noch fünf dieser Bücher. Diese fünf hatte er bereits Stammkunden fest zugesagt, weshalb er auch diese Exemplare im Rahmen seiner Inventur nicht mehr erfasste.

Tom buchte deshalb:

Kundenforderungen	200 €	
an WVK		200 €

AUFGABE

1. Prüfen Sie, mit welchem Betrag Tom die am 31. 12. 2016 vorhandenen 60 Bücher ansetzen kann.
2. Welche Auswirkungen ergeben sich auf den Bilanzansatz der zum 31. 12. 2017 verbliebenen fünf Bücher, wenn Tom für die Bücher zum 31. 12. 2016 den steuerlich niedrigsten zulässigen Wert angesetzt hat?

Unterstellen Sie durchgehend, dass Tom einen möglichst niedrigen Gewinn versteuern will.

LÖSUNG

2016

Bei den eingekauften Büchern handelt es sich um Umlaufvermögen (R 6.1 Abs. 2 EStR). Der Bilanzansatz erfolgt nach § 6 Abs. 1 Nr. 2 Satz 1 EStG grds. mit den Anschaffungskosten. Hierzu gehören neben dem Kaufpreis von 3 000 € auch die Versandkosten i. H. v. 50 € (H 6.2 [Anschaffungskosten] EStH i. V. m. § 255 Abs. 1 Satz 1 und 2 HGB). Die nach § 15 UStG abzugsfähige Vorsteuer zählt nach § 9 b Abs. 1 EStG nicht dazu.

Bei den Freiexemplaren handelt es sich um einen sog. »Naturalrabatt«, der zunächst buchtechnisch nicht erfasst wird. Im Rahmen der Warenendbestandsbewertung zum 31. 12. 2016 wirkt er sich aber durch Verringerung der Anschaffungskosten je Buch aus. Die Anschaffungskosten je Buch betragen somit 3 050 €/105 Stück = 29 €. Somit hätte Tom die 60 Bücher bei Ansatz der Anschaffungskosten mit 1 740 € ansetzen müssen. Die Bewertung mit 1 800 € war auf jeden Fall unzutreffend.

Zum 31. 12. 12 sind die Wiederbeschaffungskosten (Teilwert) auf 27,50 € je Buch gesunken. Dieser gegenüber den Anschaffungskosten niedrigere Teilwert ist zum 31. 12. 2016 auch als voraussichtlich dauerhaft niedriger anzusehen, da sich diese Situation bis zur Bilanzaufstellung am 02. 05. 2017 nicht verändert hatte; erst im November 2017 kam es aufgrund der Veröffentlichung der Filmpläne zu einer Erhöhung der Wiederbeschaffungskosten und damit des Teilwerts (vgl. Rz. 22 des BMF-Schreibens vom 16. 07. 2014, BStBl I 2014, 1162). Daher kann Tom nach § 6 Abs. 1 Nr. 2 Satz 2 EStG den niedrigeren Teilwert in seiner Bilanz zum 31. 12. 2016 ansetzen.

Handelsrechtlich ist Tom nach § 253 Abs. 4 HGB unabhängig von einer Dauerhaftigkeit der Wertminderung verpflichtet, den niedrigeren Wert anzusetzen (strenges Niederstwertprinzip). Nach § 5 Abs. 1 Satz 1 Halbsatz 1 EStG ist Tom daher grds. verpflichtet, auch in seiner Steuerbilanz den niedrigeren Wert anzusetzen und eine Teilwertabschreibung vorzunehmen. Er könnte allerdings nach § 5 Abs. 1 Satz 1 Halbsatz 2 EStG – verbunden mit entsprechender Dokumentation – nach § 5 Abs. 1 Satz 2 und 3 EStG auch einen höheren Wert als den Teilwert, maximal die Anschaffungskosten ansetzen. Da Tom jedoch immer einen möglichst niedrigen Gewinn versteuern möchte, wird er die Bücher zum 31. 12. 2016 mit dem Teilwert und damit mit 1 650 € (60 Stück à 27,50 €) ansetzen.

2017

Ausgehend von Aufgabe 1 hat Tom die Bücher zum 31. 12. 2016 mit dem niedrigeren Teilwert (1 650 €) angesetzt.

Zum 31. 12. 2017 sind die Wiederbeschaffungskosten und damit der Teilwert der Bücher auf 35 €/Stück angestiegen. Nach § 6 Abs. 1 Nr. 2 Satz 3 i. V. m. Abs. 1 Nr. 1 Satz 4 EStG ist nach einer Teilwertabschreibung an jedem darauffolgenden Bilanzstichtag erneut zu prüfen, ob weiterhin ein dauerhaft niedrigerer Teilwert gegeben ist (sog. Wertaufholungsgebot). Da der Teilwert am 31. 12. 2017 die Anschaffungskosten sogar übersteigt, ist eine Teilwertminderung nicht mehr gegeben. Daher sind die noch vorhandenen fünf Bücher nach § 6 Abs. 1 Nr. 2 Satz 1 EStG mit den Anschaffungskosten (29 €/Stück) anzusetzen (Gesamtbetrag 145 €).

Auch handelsrechtlich darf die Wertminderung nicht beibehalten werden (§ 253 Abs. 5 Satz 1 HGB).

Durch Toms Zusage bezüglich der noch vorhandenen fünf Bücher an die Stammkunden sind noch keine Forderungen entstanden. Diese sind erst mit der Erfüllung des Verpflichtungsgeschäfts (Lieferung) einzubuchen. Zu diesem Zeitpunkt ist dann auch, durch die Verschaffung der Verfügungsmacht, umsatzsteuerrechtlich eine steuerbare und steuerpflichtige Lieferung anzunehmen.

5 Sonderprobleme der Bilanzierung

Bilanzierung von Gebäudeteilen, Grund und Boden undAußenanlagen — ÜBUNG 22

SACHVERHALT

Bauunternehmer Helge Schneida (Helge) ermittelt seinen Gewinn nach § 5 EStG. Seine Umsätze versteuert er nach den allgemeinen Vorschriften des UStG. Helge ist, soweit möglich, zum vollen Vorsteuerabzug berechtigt.

Helge hatte in 2015 ein 2 000 qm großes unbebautes Grundstück erworben (mit Vorsteuerbelastung) und in den Schlussbilanzen der Jahre 2015 und 2016 zutreffend jeweils mit den Anschaffungskosten i. H. v. 200 000 € aktiviert. Der Teilwert dieses Grundstücks betrug 2017 gleichbleibend 240 000 €.

Im Mai 2017 begann Helge mit der Errichtung eines Gebäudes auf diesem Grundstück (Bauantrag vom 16. 03. 2017). Das Gebäude hat eine Gesamtnutzfläche von 400 qm und wird wie folgt genutzt:

Erdgeschoss (100 qm): eigenbetrieblich für Bürozwecke

1. Obergeschoss (100 qm):	umsatzsteuerpflichtig (Option nach § 9 UStG) vermietet an einen selbständigen Rechtsanwalt als Kanzleiräume
2. Obergeschoss (100 qm):	zu fremden Wohnzwecken umsatzsteuerfrei vermietet
3. Obergeschoss (100 qm):	Nutzung zu eigenen Wohnzwecken

Die Nutzung des gesamten Gebäudes erfolgte unmittelbar ab Fertigstellung (01. 10. 2017).
Die Herstellungskosten des Gebäudes betragen 1 200 000 € zzgl. 228 000 € USt.
Neben diesen Herstellungskosten sind noch Kosten angefallen für:

- Bepflanzung und Begrünung der freien Flächen: 5 000 € + 950 € USt
- Umzäunung: 10 000 € + 1 900 € USt
- Hofbefestigung für Gehweg und Parkplätze: 20 000 € + 3 800 € USt

Die Nutzungsdauer dieser Außenanlagen beträgt jeweils 10 Jahre. Die Fertigstellung der Anlagen erfolgte ebenfalls zum 01. 10. 2017.

Helge möchte, wenn möglich, das gesamte Gebäude bilanzieren und die höchstmögliche AfA in Anspruch nehmen. Er hat das gesamte Grundstück seinem Unternehmen zugeordnet (§ 15 Abs. 1 Satz 2 UStG i. V. m. Abschn. 15.2 c Abs. 2 Nr. 2 b UStAE).

AUFGABE

Nehmen Sie zu diesem Sachverhalt Stellung.

LÖSUNG

1. **Vorbemerkung**
   Durch die unterschiedliche Gebäudenutzung ergeben sich vier selbständige Wirtschaftsgüter (sog. »Wirtschaftsgut I bis IV«, R 4.2 Abs. 3 Satz 3 Nr. 5 i. V. m. Abs. 4 Satz 1 EStR). Das Erdgeschoss ist dem notwendigen Betriebsvermögen zuzurechnen (R 4.2 Abs. 7 Satz 1 EStR). Das 1. und 2. Obergeschoss erfüllen die Voraussetzungen für die Behandlung als gewillkürtes Betriebsvermögen (R 4.2 Abs. 9 Satz 1 EStR). Das eigenen Wohnzwecken dienende 3. Obergeschoss ist zwingend notwendiges Privatvermögen.
   Der Grund und Boden ist entsprechend aufzuteilen (R 4.2 Abs. 7 Satz 2 und R 4.2 Abs. 9 Satz 6 EStR); d. h. der jetzt anteilig zum Privatvermögen gehörende Grund und Bodenanteil (25 % = 500 qm) wird durch die Bebauung in 2017 entnommen (H 4.3 Abs. 2 bis 4 [Grundstücke oder Grundstücksteile, Spiegelstrich 1] EStH).
   Die Grünanlagen, die Umzäunung und die Hofbefestigung stellen selbständige unbewegliche abnutzbare Wirtschaftsgüter des Anlagevermögens dar (R 6.1 Abs. 1 Satz 1 EStR und R 7.1 Abs. 1 Nr. 3 i. V. m. H 7.1 [Unbewegliche Wirtschaftsgüter, die keine Gebäude oder Gebäudeteile sind] EStH). Entsprechend der Gebäudenutzung entfallen 25 % auf das Privatvermögen.
2. **Bilanzierung der verschiedenen Gebäudeteile, des Grund und Bodens und der Außenanlagen**
   Die Gebäudeteile gehören zum abnutzbaren Anlagevermögen (R 6.1 Abs. 1 Satz 1 und 5 EStR) und sind nach § 6 Abs. 1 Nr. 1 Satz 1 EStG mit den Herstellungskosten abzüglich der AfA zu bilanzieren. Dabei kann jeder dieser Gebäudeteile gesondert abgeschrieben werden (§ 7 Abs. 5 a EStG i. V. m. R 7.1 Abs. 6 EStR). Aufgrund der gleichen steuerlichen Behandlung können aber das Erdgeschoss und das 1. Obergeschoss einheitlich behandelt werden (R 4.2 Abs. 6 Satz 3 EStR).

a) Gebäudeteile eigenbetriebliche Nutzung (Erdgeschoss) und fremdbetriebliche Nutzung (1. Obergeschoss)

AfA-Methode und AfA-Satz

Diese Gebäudeteile sind nach § 7 Abs. 4 Satz 1 Nr. 1 EStG linear mit 3 % abzuschreiben, da sie zum Betriebsvermögen gehören, nicht Wohnzwecken dienen und der Bauantrag nach dem 31. 03. 1985 gestellt wurde. Degressive Gebäude-AfA nach § 7 Abs. 5 EStG ist aufgrund Zeitablaufs nicht möglich.

Die auf die Herstellungskosten anteilig entfallende USt ist als Vorsteuer abziehbar und abzugsfähig, da insoweit ausschließlich steuerpflichtige Abzugsumsätze getätigt werden (§ 15 Abs. 1 Satz 1 Nr. 1 Satz 1 und 2, Abs. 2 Satz 1 Nr. 1 i. U. und § 15 Abs. 4 UStG). Diese Vorsteuer gehört nicht zu den Herstellungskosten (§ 9b Abs. 1 EStG).

AfA-Bemessungsgrundlage

Dazu zählen die anteiligen Herstellungskosten (§ 7 EStG; R 4.2 Abs. 6 Satz 1 und 2 EStR) = 600 000 €.

AfA-Betrag

600 000 € × 3 % = 18 000 € × 3/12 = 4 500 € (§ 7 Abs. 4 i. V. m. Abs. 1 Satz 4 EStG). Die beiden Gebäudeteile sind zum 31. 12. 2017 mit insgesamt 595 500 € zu bilanzieren.

b) Gebäudeteil Nutzung zu fremden Wohnzwecken (2. Obergeschoss)

Der zu fremden Wohnzwecken vermietete Gebäudeteil ist nach § 7 Abs. 4 Satz 1 Nr. 2 Buchst. a EStG mit 2 % linear abzuschreiben (2017: nur zeitanteilig). Der Gebäudeteil gehört zwar zum (gewillkürten) Betriebsvermögen, dient aber Wohnzwecken, sodass § 7 Abs. 4 Satz 1 Nr. 1 EStG keine Anwendung finden kann. Auch hier scheidet die degressive Gebäude-AfA nach § 7 Abs. 5 EStG durch Zeitablauf aus. Die anteilige Vorsteuer (25 %, § 15 Abs. 4 UStG) ist nicht abzugsfähig, da insoweit Ausschlussumsätze getätigt werden (§ 15 Abs. 2 Satz 1 Nr. 1 i. V. m. § 4 Nr. 12 Satz 1 Buchst. a UStG und gehört deshalb zu den Herstellungskosten (§ 9b Abs. 1 EStG i. U. und R 9b Abs. 1 Satz 1 EStR).

anteilige Herstellungskosten	300 000 €
nicht abzugsfähige Vorsteuer	+ 57 000 €
	357 000 €
AfA	./. 1 785 €
Bilanzansatz zum 31. 12. 2017	355 215 €

c) Gebäudeteil eigene Wohnzwecke (3. Obergeschoss)

Mit dem zum Privatvermögen gehörenden Gebäudeteil werden keine Einkünfte erzielt, sodass sich auch keine ertragsteuerlichen Folgen ergeben.

Der Vorsteuerabzug ist nach § 15 Abs. 1b UStG ausgeschlossen, da mit der Herstellung nicht vor dem 01. 01.2017 begonnen wurde (§ 27 Abs. 16 UStG).

d) Grund und Boden

Der anteilige Grund und Boden ist, soweit er dem zu eigenen Wohnzwecken dienenden Gebäudeteil zuzuordnen ist, in 2017 nach § 4 Abs. 1 Satz 2 EStG mit dem Teilwert (§ 6 Abs. 1 Nr. 4 Satz 1 EStG) zu entnehmen.

Entnahmewert 25 % von 240 000 €	60 000 €
anteiliger Buchwert	./. 50 000 €
Entnahmegewinn	10 000 €

Der restliche Grund und Boden, der zum nicht abnutzbaren Anlagevermögen zu rechnen ist (R 6.1 Abs. 1 Satz 1 und 6 EStR) ist zum 31. 12. 2015 mit den Anschaffungskosten i. H. v. 150 000 € zu aktivieren (§ 6 Abs. 1 Nr. 2 Satz 1 EStG).

e) Außenanlagen

Der Bilanzansatz erfolgt nach § 6 Abs. 1 Nr. 1 Satz 1 EStG mit den Herstellungskosten vermindert um die AfA. Die Abschreibung kann nur linear nach § 7 Abs. 1 Satz 1 und 2 EStG mit 10 % und in 2017 zeitanteilig (§ 7 Abs. 1 Satz 4 EStG) erfolgen, da es sich um unbewegliche Wirtschaftsgüter handelt.

Im Betriebsvermögen sind, analog der Gebäudenutzung, 75 % dieser Wirtschaftsgüter anzusetzen. Für den zum Betriebsvermögen gehörenden, zu Wohnzwecken fremdvermieteten Gebäudeteil (2. Obergeschoss) ist die Vorsteuer nicht abzugsfähig. Entsprechend sind jeweils 25 % der Vorsteuer zu aktivieren.

	Bepflanzung/ Begrünung	**Umzäunung**	**Hofbefestigung**
anteilige Herstellungskosten (netto)	3 750 €	7 500 €	15 000 €
zu aktivierende Vorsteuer	+ 238 €	+ 475 €	+ 950 €
Herstellungskosten	3 988 €	7 975 €	15 950 €
AfA	./. 100 €	./. 199 €	./. 399 €
Bilanzansatz zum 31. 12. 2017	3 888 €	7 776 €	15 551 €

ÜBUNG 23 Behandlung von Aufstockung, Erhaltungsaufwand und Betriebsvorrichtungen bei Gebäuden

SACHVERHALT

Zede Rom (Zede) betreibt in Offenbach einen Einzelhandel für Computerhard- und software. Er ermittelt seinen Gewinn nach § 5 EStG. Die Umsätze werden nach den allgemeinen Vorschriften des UStG versteuert. Zede ist zum vollen Vorsteuerabzug berechtigt.

1996 hatte Zede ein bebautes Grundstück in Offenbach, Cyberweg 12, erworben. Das Grundstück wird ausschließlich für seinen Einzelhandel genutzt (Verkaufs-, Büro- und Lagerräume). Die jeweiligen Bilanzansätze zum 31. 12. 2016 betragen:

- Grund und Boden 160 000 €. Dieser Wert entspricht den ursprünglichen Anschaffungskosten.
- Gebäude 330 000 €. Die AfA-Bemessungsgrundlage beträgt 500 000 €. Die AfA wird nach § 7 Abs. 4 Satz 1 Nr. 2 Buchst. a EStG berechnet.

Am 18. 11. 2017 erhält Zede von der Baufix AG in Darmstadt folgende ordnungsgemäße Rechnung:

»... Gemäß unserem Vertrag vom 23. 04. 2016 haben wir an Ihrem Grundstück in Offenbach, Cyberweg 12, verschiedene Baumaßnahmen durchgeführt. Nachdem wir mit Ihnen am 21. 09. 2017 die Bauabnahme durchgeführt haben und von Ihnen keine Mängel festgestellt wurden, stellen wir Ihnen in Rechnung:

1. Aufstockung des Ladengeschäfts um ein Geschoss zur Schaffung von zusätzlichem Büro- und Lagerraum	400 000 €
2. Austausch der Holzfenster im Erdgeschoss gegen neue isolierverglaste Fenster	+ 30 000 €
3. Erstmaliger Einbau eines Lastenaufzuges vom Kellergeschoss zum Erdgeschoss	+ 20 000 €
	450 000 €
19 % Umsatzsteuer	+ 85 500 €
Endpreis	535 500 €

...«

Nach der amtlichen AfA-Tabelle ist die Nutzungsdauer für einen Lastenaufzug mit zehn Jahren anzusetzen.

AUFGABE

Nehmen Sie zu diesem Sachverhalt Stellung. Unterstellen Sie dabei, dass Zede einen möglichst niedrigen Gewinn versteuern möchte. Die Voraussetzungen für die Sonderabschreibung nach § 7 g Abs. 5 und 6 EStG sind nicht erfüllt.

LÖSUNG

Das Grundstück wird von Zede ausschließlich betrieblich genutzt und stellt somit notwendiges Betriebsvermögen dar (R 4.2 Abs. 7 Satz 1 EStR).

Der Grund und Boden gehört zum unbeweglichen nicht abnutzbaren Anlagevermögen (R 6.1 Abs. 1 Satz 1 und 6 EStR) und ist deshalb gem. § 6 Abs. 1 Nr. 2 Satz 1 EStG mit den Anschaffungskosten von 160 000 € zu bewerten.

Das Gebäude ist ein Wirtschaftsgut des unbeweglichen abnutzbaren Anlagevermögens (R 6.1 Abs. 1 Satz 1 und 5 EStR) und ist nach § 6 Abs. 1 Nr. 1 Satz 1 EStG mit den Anschaffungskosten vermindert um die AfA anzusetzen.

Bemessungsgrundlage für die Gebäudeabschreibung sind die ursprünglichen Anschaffungskosten von 500 000 € erhöht um die Kosten der Aufstockung von 400 000 €. Es handelt sich insoweit um nachträgliche Herstellungskosten, da das Gebäude durch die Aufstockung erweitert wurde (R 21.1 Abs. 2 Satz 1 EStR und H 21.1 [Herstellungsaufwand nach Fertigstellung, Spiegelstrich 1] EStH i. V. m. BMF-Schreiben vom 18. 07. 2003 [BStBl I 2003, 386] unter Rz. 19 und 20). Die nach § 15 UStG abzugsfähige Vorsteuer gehört nicht zu den nachträglichen Herstellungskosten (§ 9 b Abs. 1 EStG).

Die Abschreibung beträgt demnach 2 % von 900 000 € = 18 000 € (H 7.3 [Nachträgliche Anschaffungs- oder Herstellungskosten, Spiegelstrich 1] EStH). Die nachträglichen Herstellungskosten sind so zu behandeln, als wären sie bereits zu Beginn des Jahres 2017 entstanden (R 7.4 Abs. 9 Satz 3 EStR).

Der Bilanzansatz des Gebäudes zum 31. 12. 2017 beträgt somit:

Bilanzansatz 31. 12. 2016	330 000 €
nachträgliche Herstellungskosten	+ 400 000 €
AfA 2017	./. 18 000 €
Bilanzansatz	712 000 €

Bei dem Austausch der Fenster handelt es sich um sofort als Betriebsausgaben (§ 4 Abs. 4 EStG) abzugsfähigen Erhaltungsaufwand (R 21.1 Abs. 1 Satz 1 EStR), wobei die Vorsteuer nicht hinzuzurechnen ist (§ 9 b Abs. 1 EStG entsprechend).

Der Lastenaufzug ist eine Betriebsvorrichtung i. S. d. § 68 Abs. 2 Nr. 2 BewG, da er der Betriebsanlage des Zede und nicht dem Gebäude selbst dient (vgl. auch gleich lautender Ländererlass vom 15. 03. 2006 [BStBl I 2006, 314] unter 3.5). Als Betriebsvorrichtung stellt er ein bewegliches abnutzbares Wirtschaftsgut des Anlagevermögens dar (R 7.1 Abs. 3 EStR und H 7.1 [Betriebsvorrichtungen] EStH). Es handelt sich nach R 4.2 Abs. 3 Satz 3 Nr. 1 EStR um einen selbständigen Gebäudeteil, der auch gesondert steuerlich zu beurteilen ist.

Der Lastenaufzug ist nach § 6 Abs. 1 Nr. 1 EStG zu bewerten; die Abschreibung erfolgt nach § 7 Abs. 1 EStG auf die Nutzungsdauer von 10 Jahren:

Anschaffungskosten	20 000 €
Jahres-AfA nach § 7 Abs. 1 Satz 1 und 2 EStG:	
20 000 € × 10 % = 2 000 €; 2017 zeitanteilig (§ 7 Abs. 1	
Satz 4 EStG)	./. 667 €
4/12 von 2 000 €	
Bilanzansatz zum 31. 12. 2017	19 333 €

ÜBUNG 24 Bilanzierung von Forderungen mit dem Nennwert/Teilwert

SACHVERHALT

Zede Rom (siehe Übung 23) ermittelt durch seine Inventur zum 31. 12. 2017 einen Bestand an Kundenforderungen i. H. v. 95 200 € brutto.

Eine Forderung gegenüber dem Kunden Schneida (11 900 € brutto) ist i. H. v. 2 000 € durch einen laufenden Prozess strittig. Es ist aber damit zu rechnen, dass Zede die Teilforderung verlieren wird.

Gegen den Kunden MacMayer besteht eine Forderung von 9 520 € brutto, die aber aufgrund eines außergerichtlichen Vergleichs i. H. v. 40 % ausfällt.

Zede wünscht, einen möglichst geringen Gewinn versteuern zu müssen.

AUFGABE

Nehmen Sie zu diesem Sachverhalt Stellung und bilden Sie alle erforderlichen Buchungssätze.

LÖSUNG

Kundenforderungen gehören zum notwendigen Betriebsvermögen und sind als Umlaufvermögen nach § 6 Abs. 1 Nr. 2 Satz 1 EStG grundsätzlich mit den Anschaffungskosten anzusetzen. Anschaffungskosten sind hier der Nennwert der Forderungen. Bei voraussichtlich dauerhafter Wertminderung kann nach § 6 Abs. 1 Nr. 2 Satz 2 EStG der Teilwert angesetzt werden. Zede wird, da er einen möglichst niedrigen Gewinn anstrebt, eine zulässige Teilwertabschreibung vornehmen.

Jede Forderung ist grds. einzeln zu bewerten. Dabei sind vollwertige Forderungen mit ihrem Nennwert zu aktivieren. Zweifelhafte Forderungen sind mit dem Wert anzusetzen, mit dem sie wahrscheinlich eingehen werden (niedrigerer Teilwert). Forderungen, die voraussichtlich teilweise oder vollständig uneinbringlich sind, werden mit dem niedrigeren Teilwert oder mit dem Wert Null angesetzt. Vorliegend ist auch davon auszugehen, dass die Wertminderungen dauerhaft sind (Prozessverlauf; Vergleich).

Da handelsrechtlich beim Umlaufvermögen auch eine außerplanmäßige Abschreibung geboten ist (§ 253 Abs. 4 HGB), ist eine gesonderte Dokumentation nach § 5 Abs. 1 Satz 2 und 3 EStG nicht erforderlich.

Soweit eine Forderung endgültig ganz oder teilweise ausfällt, muss auch eine Berichtigung der Umsatzsteuer vorgenommen werden (§ 17 Abs. 2 Nr. 1 i. V. m. § 17 Abs. 1 Satz 1 UStG). Ist eine Forderung zweifelhaft, so ist eine Korrektur der Umsatzsteuer nicht zulässig, da die Änderung der Bemessungsgrundlage noch nicht endgültig feststeht.

Der Bilanzansatz der Forderungen ermittelt sich wie folgt:

Summe der Forderungen zum 31. 12. 2017	95 200 €
zweifelhafte Forderung Schneida	./. 11 900 €
	83 300 €
uneinbringliche Forderung MacMayer	./. 3 808 €
Bilanzansatz vollwertige Forderungen	79 492 €
Bilanzansatz zweifelhafte Forderungen	9 900 €

Buchungssätze

Zweifelhafte Forderungen	11 900 €	
an Forderungen		11 900 €
Einzelwertberichtigung (Aufwand)	2 000 €	
an Zweifelhafte Forderungen		2 000 €
Forderungsausfall (Aufwand)	3 200 €	
Umsatzsteuer	608 €	
an Forderungen		3 808 €

Bilanzierung von Rückstellungen am Beispiel der Gewerbesteuerrückstellung — ÜBUNG 25

SACHVERHALT

Aus der Buchhaltung von Zede Rom (siehe Übung 23) ergeben sich folgende Werte:

Die voraussichtliche Gewerbesteuerschuld für die Jahre 2015 bis 2017 beträgt nach Ermittlungen von Zede für

2015	2 500 €
2016	7 000 €
2017	9 000 €

Als Vorauszahlungen wurden jährlich 3 000 € entrichtet und korrekt verbucht.

Die erforderlichen Gewerbesteuerrückstellungen wurden von Zede in den jeweiligen Jahren mit folgenden Beträgen passiviert:

2015	3 000 €
2016	2 000 €
2017	3 500 €

Zum 31. 12. 2014 wurde die Gewerbesteuerrückstellung mit 1 500 € angesetzt. Die Gewerbesteuerabschlusszahlung lt. Gewerbesteuerbescheid 2014 = 1 000 € wurde in 2017 vom betrieblichen Bankkonto überwiesen und als Aufwand verbucht. Im gleichen Jahr erfolgte auch die Gewerbesteuererstattung für 2015. Die Gemeinde überwies den Betrag von 500 € auf das private Bankkonto von Zede. Dieser nahm insoweit keine Buchung vor.

AUFGABE

Nehmen Sie zu diesem Sachverhalt für die Jahre 2015 bis 2017 Stellung und bilden Sie die erforderlichen Buchungssätze. § 4 Abs. 5 b EStG ist dabei nicht zu beachten (außerbilanzielle Korrektur).

LÖSUNG

Nach § 249 Abs. 1 Satz 1 HGB sind Rückstellungen für ungewisse Verbindlichkeiten zu bilden. Hierzu gehört auch die Gewerbesteuerrückstellung da die Gewerbesteuer trotz des Abzugsverbots in § 4 Abs. 5 b EStG als betrieblich veranlasst angesehen wird. Wegen des Maßgeblichkeitsgrundsatzes nach § 5 Abs. 1 Satz 1 EStG gilt das handelsrechtliche Passivierungsgebot auch für den steuerlichen Bilanzansatz.

Dieser ermittelt sich wie folgt:

31. 12. 2015	Rückstellung aus 2014	1 500 €
31. 12. 2016	Rückstellung aus 2014	1 500 €
	Rückstellung aus 2016	+ 4 000 €
		5 500 €
31. 12. 2017	Rückstellung aus 2016	4 000 €
	Rückstellung aus 2017	+ 6 000 €
		10 000 €

Zu den Bilanzstichtagen 31. 12. 2015 und 31. 12. 2016 ist jeweils eine Gewerbesteuerforderung von 500 € aus 2015 anzusetzen. Diese darf nicht mit einer Gewerbesteuerrückstellung verrechnet werden (§ 246 Abs. 2 HGB). Die Forderung ist mit Eingang der Erstattung wieder auszubuchen, wobei die Erstattung auf das private Bankkonto eine Geldentnahme nach § 4 Abs. 1 Satz 2 EStG darstellt, die mit dem Teilwert (§ 6 Abs. 1 Nr. 4 Satz 1 EStG, Geldbetrag) zu erfassen ist.

Buchungen

2015		
GewSt-Forderung 2015	500 €	
an GewSt-Aufwand 2015		500 €
2016		
GewSt-Aufwand 2016	4 000 €	
an GewSt-Rückstellung 2016		4 000 €
2017		
GewSt-Rückstellung 2014	1 500 €	
an Bank		1 000 €
an GewSt-Aufwand 2014		500 €
Entnahme	500 €	
an GewSt-Forderung 2015		500 €
GewSt-Aufwand 2017	6 000 €	
an GewSt-Rückstellung 2017		6 000 €

ÜBUNG 26 Bilanzierung von aktiven Rechnungsabgrenzungsposten

SACHVERHALT

Wulf Wolf (Wulf) betreibt einen Einzelhandel für Tiernahrung in einem angemieteten Gebäude. Er ermittelt seinen Gewinn nach § 5 EStG. Das Gebäude wird von Wulf zu 40 % für seinen Betrieb genutzt. Die übrigen 60 % dienen ihm als Wohnung.

Die monatliche Miete für das gesamte Gebäude beträgt 4 000 €. Wulf überweist diesen Betrag stets in vollem Umfang von seinem betrieblichen Bankkonto und bucht ihn in voller Höhe auf dem Konto »Mietaufwand«. Die Miete für die Monate Dezember 2017 und Januar 2018 bucht Wulf bei Zahlung am 20. 12. 2017 vollständig als Mietaufwand. Weitere Buchungen nahm er insoweit nicht vor.

AUFGABE

Nehmen Sie zu dem Sachverhalt Stellung und bilden Sie alle erforderlichen Buchungssätze für 2017.

LÖSUNG

Nur bei der Miete für die betrieblich genutzten Räume handelt es sich um Betriebsausgaben i. S. v. § 4 Abs. 4 EStG. Der Mietaufwand für 2017 beträgt somit lediglich 19 200 €. Die Januarmiete für 2018 stellt keinen Aufwand für das Jahr 2017 dar (Prinzip der periodengerechten Gewinnermittlung, § 252 Abs. 1 Nr. 5 HGB). Für den betrieblichen Teil der Januarmiete i. H. v. 1 600 € ist in der Bilanz zum 31. 12. 2017 ein aktiver Rechnungsabgrenzungsposten zu bilden (§ 5 Abs. 5 Satz 1 Nr. 1 EStG; handelsrechtlich nach § 250 Abs. 1 HGB), da es sich hier um eine Ausgabe vor dem Bilanzstichtag handelt, die Aufwand für eine bestimmte Zeit nach dem Stichtag darstellt (sog. transitorische Posten, R 5.6 Abs. 1 EStR).

Bei der Bezahlung der Miete für die Wohnung vom betrieblichen Bankkonto handelt es sich um eine Entnahme von Geld, d. h. eine Barentnahme nach § 4 Abs. 1 Satz 2 EStG, da Wulf hier seinem Betrieb Mittel für seinen Haushalt entnommen hat. Sie ist mit dem Teilwert (Geldbetrag) anzusetzen (§ 6 Abs. 1 Nr. 4 Satz 1 EStG). Die Entnahmen betragen für 2017 31 200 €; die Januarmiete für 2018 ist dabei mitzuerfassen.

Buchungen in 2017

a)	Mietaufwand	20 800 €	
	Entnahmen	31 200 €	
	an Bank		52 000 €
b)	aktiver RAP	1 600 €	
	an Mietaufwand		1 600 €

Behandlung von Gegenstandsentnahmen

ÜBUNG 27

SACHVERHALT

Am 01. 06. 2017 hatte sich Klausi Schluckspecht (Klausi) für seine Kneipe einen Großleinwandfernseher »Grundig Global« (Nutzungsdauer sechs Jahre) gekauft. Gebucht hatte er damals:

BGA	6 000 €	
Vorsteuer	1 140 €	
an Kasse		7 140 €

Am Abend des 31. 08. 2017 hatte er diesen Fernseher in den Gemeinschaftsraum seines an Privatpersonen umsatzsteuerfrei vermieteten Mehrfamilienhauses, Steuersackgasse 6 in Edenkoben, zur gemeinsamen Nutzung durch die Mieter gestellt und diesen Vorgang wie folgt verbucht:

Einlage	6 000 €	
an BGA		6 000 €

Nach Anfrage beim Fernsehhändler betrugen die Verkaufspreise (brutto) eines »Grundig Global« am:

01. 01. 2017 = 7 500 €
01. 06. 2017 = 7 140 €
31. 08. 2017 = 5 950 €
13. 09. 2017 = 5 800 €
31. 12. 2017 = 5 300 €

AUFGABE

Nehmen Sie zu diesem Sachverhalt Stellung und bilden Sie alle erforderlichen Buchungssätze.

LÖSUNG

Der Fernseher diente zunächst ausschließlich dem Betrieb und ist somit als Betriebsvermögen einzubuchen. Da nach Klausis Buchung der Fernseher längerfristig dem Betrieb dienen sollte (Buchung auf dem Anlagekonto BGA), gehörte er zum abnutzbaren Anlagevermögen (R 6.1 Abs. 1 Satz 1 und 5 EStR). Die in voller Höhe abzugsfähige Vorsteuer gehört nach § 9 b Abs. 1 EStG nicht zu den Anschaffungskosten. Die Verbuchung des Kaufs ist demnach nicht zu beanstanden.

Obwohl der Fernseher zum 31. 12. 2017 nicht bilanziert werden darf, muss für die Monate der Betriebszugehörigkeit im Jahr 2017 AfA gebucht werden. Bei einer Nutzungsdauer von sechs Jahren beträgt der AfA-Satz nach § 7 Abs. 1 EStG 16,67 %. Aufgrund der betrieblichen Nutzung nur in den Monaten Juni bis August ist die AfA zeitanteilig zu berücksichtigen (§ 7 Abs. 1 Satz 4 EStG, R 7.4 Abs. 2 Satz 1 EStR entsprechend für die Zeit nach Beendigung der betrieblichen Nutzung).

Die AfA 2017 beträgt:

16,67 % von 6 000 € = 1 000 € × 3/12 (Juni bis August) = 250 €. Ab September 2017 ist AfA nach § 7 Abs. 1 EStG als Werbungskosten im Rahmen der Einkünfte aus Vermietung und Verpachtung zu gewähren (§ 9 Abs. 1 Satz 3 Nr. 7 Satz 1 EStG).

Die Verwendung des Fernsehers im Mietshaus ist eine Entnahme, da Klausi den Fernseher für »...andere betriebsfremde Zwecke ...« entnommen hat (§ 4 Abs. 1 Satz 2 EStG). Diese Entnahme ist mit dem Teilwert (Wiederbeschaffungskosten zum Zeitpunkt der Entnahme = netto 5 000 €) anzusetzen (§ 6 Abs. 1 Nr. 4 Satz 1 EStG). Umsatzsteuer ist nicht zu buchen, da es sich hierbei um einen nichtsteuerbaren Innenumsatz handelt (kein Fall des § 3 Abs. 1 b Nr. 1 UStG). Der Rahmen des Unternehmens umfasst gem. § 2 Abs. 1 Satz 2 UStG die gesamte gewerbliche oder berufliche Tätigkeit des Unternehmers, also das Betreiben der Kneipe als auch die Vermietung des Mehrfamilienhauses.

Zu beachten ist aber, dass ab dem 01. 09. 2017 das Fernsehgerät nur noch zur Ausführung von Ausschlussumsätzen dient (§ 15 Abs. 2 Satz 1 Nr. 1 UStG i. V. m. § 4 Nr. 12 Satz 1 Buchst. a UStG). Es handelt sich somit um eine Nutzungsänderung i. S. d. § 15 a Abs. 1 Satz 1 UStG. Der Berichtigungszeitraum beginnt am 01. 06. 2017 und endet mit Ablauf des 31. 05. 2018. Der Vorsteuerbetrag ist auf fünf Jahre zu verteilen (§ 15 a Abs. 5 Satz 1 UStG). Auf das Jahr 2017 entfallen: 1 140 € × 1/5 × 7/12 = 133 € (Abschn. 15 a.4 Abs. 1 Satz 5 UStAE). Für 2017 berechnet sich die abzugsfähige Vorsteuer wie folgt:

3 Monate × 100 %	300	
4 Monate × 0 %	0	
	300	: 7 Monate = 43 %

Die Änderung gegenüber dem ursprünglichen Vorsteuerabzug (100 %) beträgt demnach ./. 57 % von 133 € = ./. 76 €. Dieser Betrag ist an das Finanzamt zurückzuzahlen. Da die auf die Anschaffungskosten entfallende Vorsteuer nicht mehr als 6 000 € beträgt, ist die Berichtigung des Vorsteuerabzugs für alle in Betracht kommenden Kj. einheitlich bei der Berechnung der Steuer für das Kj. vorzunehmen, in dem der Berichtigungszeitraum endet (§ 44 Abs. 3 UStDV).

Eine Vorsteuerberichtigung i. S. d. § 15 a UStG wirkt sich jedoch nicht nachträglich auf die Anschaffungskosten des Fernsehers aus (§ 9 b Abs. 2 EStG).

Buchungen am 31. 08. 2017

AfA	375 €	
an BGA		375 €
Entnahmen	5 000 €	
a. o. Aufwand	625 €	
an BGA		5 625 €

Behandlung von Nutzungsentnahmen

ÜBUNG 28

SACHVERHALT

Der Möbelhändler Bernhard Diner (siehe Übung 13) erstellt im Rahmen seiner Abschlussarbeiten für seinen Geschäftswagen Marke Opel Calibra zum 31. 12. 2017 folgende Kfz-Abrechnung:

a) Zusammenstellung der Fahrten lt. Fahrtenbuch

Geschäftsfahrten	10 780 km
Privatfahrten	+ 11 220 km
	22 000 km

b) Zusammenstellung der angefallenen Kfz-Kosten:

Treibstoffe, Reparaturen, Wartung – netto	4 500 €
Kfz-Steuer	+ 280 €
Kfz-Haftpflicht- und Vollkaskoversicherung	+ 2 000 €
	6 780 €

Die Kfz-Kosten wurden durch Belege nachgewiesen und korrekt verbucht. Die Fahrten sind durch ein ordnungsgemäßes Fahrtenbuch dokumentiert.

AUFGABE

Nehmen Sie zu diesem Sachverhalt unter Berücksichtigung der Übung 13 Stellung und bilden Sie die erforderlichen Buchungssätze.

LÖSUNG

a) Kfz-Kosten

Ohne Berücksichtigung des Privatanteils sind die Kfz-Kosten zunächst dem Grunde nach zutreffend als Betriebsausgaben behandelt worden. Zu beachten ist jedoch, dass der neu berechnete AfA-Betrag den Kfz-Kosten hinzuzurechnen ist, sodass sich der Höhe nach insgesamt folgende Kfz-Kosten für 2017 ergeben:

Kfz-Kosten (netto) lt. Bernhard	6 780 €
AfA (vgl. Lösung Übung 13)	+ 4 172 €
	10 952 €

b) Privatanteil

Die private Mitbenutzung des zum Betriebsvermögen gehörenden Pkw stellt einkommensteuerrechtlich eine Nutzungsentnahme i. S. d. § 4 Abs. 1 Satz 2 EStG dar. Diese Entnahme ist mit den tatsächlichen anteiligen Aufwendungen zu bewerten, da ein ordnungsgemäßes Fahrtenbuch geführt wurde (§ 6 Abs. 1 Nr. 4 Satz 3 analog i. V. m. Satz 1 EStG, da sich § 6 Abs. 1 Nr. 4 Satz 3 EStG als Abweichung von Satz 2 der genannten Vorschrift nur auf Kraftfahrzeuge bezieht, die zum notwendigen Betriebsvermögen gehören). Die Aufwendungen (AfA, sonstige Kfz-Kosten), die der privaten Nutzung zuzurechnen sind, stellen keine

Betriebsausgaben dar; vielmehr handelt es sich insoweit um nicht abzugsfähige Kosten der Lebensführung gem. § 12 Nr. 1 EStG i. V. m. R 4.7 Abs. 1 Satz 1 EStR.

Kfz-Kosten 2017	10 952 €
davon Privatanteil (51 %)	5 586 €

Umsatzsteuerrechtlich ist der Fall wie folgt zu behandeln: Alle Vorsteuern aus Anschaffung, laufenden Kosten sind in voller Höhe abzugsfähig (§ 15 UStG). Zum Ausgleich liegt eine steuerbare und steuerpflichtige fiktive sonstige Leistung vor, zu deren Bemessungsgrundlage alle anteiligen privat veranlassten Ausgaben gehören, soweit bei diesen ein Vorsteuerabzug möglich war (§ 3 Abs. 9 a Nr. 1 1. Alternative, § 3 f, § 1 Abs. 1 Nr. 1 Satz 1, § 10 Abs. 4 Satz 1 Nr. 2 UStG). Zur Berechnung der anteiligen Kosten vgl. auch Abschn. 15.23 Abs. 5 Nr. 3 UStAE:

Laufende Kfz-Kosten 2017 mit Vorsteuerabzug (§ 10 Abs. 4 Satz 1 Nr. 2 Satz 1 UStG)		4 500 €
Umsatzsteuerrechtliche AfA (§ 10 Abs. 4 Satz 1 Nr. 2 Satz 2 und 3 UStG):		
Anschaffungskosten	42 911 €	
Verteilung auf fünf Jahre (§ 15 a Abs. 1 Satz 1 UStG):		
auf 2017 entfallen 7/60 = 5 006 €		+ 5 006 €
		9 506 €
Privatanteil (51 %) = Bemessungsgrundlage		4 848 €
Umsatzsteuer 19 % (§ 12 Abs. 1 UStG)		921 €

Die entstehende Umsatzsteuer ist gewinnneutral als Entnahme zu verbuchen (§ 12 Nr. 3 EStG).

Buchung 31. 12. 2017

Privatentnahmen	6 507 €	
an Privatanteil Pkw (Ertragskonto)		5 586 €
an Umsatzsteuer		921 €

Die Möglichkeit, den privaten Nutzungsanteil nach der 1 %-Methode zu pauschalieren, besteht nicht, da der Pkw kein notwendiges Betriebsvermögen darstellt (§ 6 Abs. 1 Nr. 4 Satz 2 EStG).

ÜBUNG 29 Behandlung von Gegenstandseinlagen

SACHVERHALT

Aladin Disney (Aladin) besitzt eine Teppichhandlung in Saarbrücken. Er ermittelt seinen Gewinn nach § 5 EStG, versteuert seine Umsätze nach den allgemeinen Vorschriften des UStG und ist zum vollen Vorsteuerabzug berechtigt.

Aladin fährt jedes Jahr mehrmals zum Teppicheinkauf nach Marokko. Im Oktober 2014 glaubt er das Geschäft seines Lebens machen zu können. Es gelingt ihm, einer Beduinenfamilie einen wunderschönen handgefertigten Berberteppich abzukaufen. Er drückt dem Chef der Beduinenfamilie nach zähen Verhandlungen 2 400 € in die Hand und versichert ihm, dass er dafür auf der Bank in Marrakesch viele schöne Dirhams (marokkanische Währung) bekommen werde. Den Teppich versteckt Aladin bei seinem Heimflug in seinem Reisegepäck. Es gelingt ihm, den Teppich unverzollt nach Saarbrücken zu bringen.

Der Teppich gefällt Aladin so gut, dass er ihn für sich behalten will. Er legt ihn sofort nach seiner Rückkehr in sein Wohnzimmer. Im Frühjahr 2017 hat Aladin sich jedoch an dem Berberteppich »satt gesehen«. Er beschließt, ihn in seinem Geschäft zu verkaufen. Aladin zeichnet den

Teppich mit 10 000 € aus und legt ihn am 31. 03. 2017 in das Schaufenster seines Ladengeschäfts. Bei der Preisfindung ist Aladin korrekterweise davon ausgegangen, dass er einen solchen Teppich unter 5 000 € nicht mehr bekommen könnte. Da Aladin den ursprünglichen Erwerb des Teppichs als einen privaten Vorgang ansieht und deshalb auch nicht einsieht, dass er dafür ESt bezahlen soll, nimmt er keine Buchung vor.

Am 01. 04. 2017 nimmt Aladin zum Ausgleich einen »Afghanen« (Teppich), dem nun seine große Liebe gehört, aus dem Lager und legt ihn in sein Wohnzimmer. Dieser »Afghane« ist ebenfalls mit 10 000 € zum Verkauf ausgezeichnet. Aladin hat ihn im Dezember 2016 für 6 000 € (netto) erworben. Im Frühjahr 2017 hätte er für einen Teppich der gleichen Qualität bereits 7 500 € (netto) bezahlen müssen. Konsequenterweise hat Aladin auch diesen Vorgang nicht gebucht.

Die betriebsgewöhnliche Nutzungsdauer der beiden Teppiche kann mit 20 Jahren angenommen werden.

AUFGABE

Nehmen Sie zu diesem Sachverhalt für das Jahr 2017 Stellung und bilden Sie die erforderlichen Buchungssätze.

LÖSUNG

a) Berberteppich

Bis zum 31.03.2017 stellt der Berberteppich Privatvermögen dar, da ihn Aladin von Anfang an nur privat nutzte. Dadurch, dass Aladin den Teppich in seinem Geschäft verkaufen will und ihn im Schaufenster auslegt, wird der Teppichnotwendiges Betriebsvermögen (R 4.2 Abs. 1 Satz 1 EStR) und ist zum Umlaufvermögen zu rechnen (R 6.1 Abs. 2 EStR). Somit tätigt Aladin eine Gegenstandseinlage nach § 4 Abs. 1 Satz 8 EStG. Einlagen sind nach § 6 Abs. 1 Nr. 5 Satz 1 EStG grundsätzlich mit dem Teilwert anzusetzen. Der Teilwert entspricht i. d. R. den Wiederbeschaffungskosten. Diese betragen zum Einlagezeitpunkt 5 000 €. Da der Teppich jedoch innerhalb der letzten drei Jahre vor der Einlage angeschafft wurde, dürfen höchstens die Anschaffungskosten angesetzt werden (§ 6 Abs. 1 Nr. 5 Satz 1 Buchst. a EStG).

Da der Teppich ein abnutzbares Wirtschaftsgut ist, sind die Anschaffungskosten noch um die AfA zu kürzen, die auf den Zeitraum zwischen der Anschaffung und der Einlage entfallen (§ 6 Abs. 1 Nr. 5 Satz 2 EStG). Der Einlagewert berechnet sich wie folgt: Anschaffungskosten 2 400 €. AfA im Privatbereich 2 400 € : 240 Monate (20 Jahre) = monatliche AfA i. H. v. 10 €; Oktober 2014 bis März 2017 = 30 Monate × 10 € = 300 €. Die fortgeführten Anschaffungskosten betragen somit 2 100 €. Da der Teilwert mit 5 000 € höher ist, ist die Einlage des »Berbers« mit 2 100 € anzusetzen. Ein Vorsteuerabzug ist nicht möglich, da Aladin den Teppich in 2014 nicht für sein Unternehmen erworben hat (§ 15 Abs. 1 Satz 1 Nr. 1 Satz 1 UStG; außerdem wurde beim Erwerb keine deutsche Umsatzsteuer berechnet).

b) »Afghane«

Dadurch, dass Aladin den »Afghanen« in sein Wohnzimmer legt, tätigt er eine Gegenstandsentnahme nach § 4 Abs. 1 Satz 2 EStG, die nach § 6 Abs. 1 Nr. 4 Satz 1 EStG mit dem Teilwert anzusetzen ist. Der Teilwert ist identisch mit den Wiederbeschaffungskosten und beträgt 7 500 €.

Umsatzsteuerlich liegt eine steuerbare und steuerpflichtige fiktive Lieferung nach § 3 Abs. 1 b Satz 1 Nr. 1 und Satz 2 UStG vor. Bemessungsgrundlage sind auch hier im Ergebnis die Wiederbeschaffungskosten nach § 10 Abs. 4 Satz 1 Nr. 1 UStG. Die USt beträgt somit 19 % von 7 500 € = 1 425 €. Sie darf nach § 12 Nr. 3 EStG den Gewinn nicht mindern und ist somit ebenfalls als Entnahme zu behandeln.

Buchungen

31. 03. 2017		
WEK	2 100 €	
an Einlage		2 100 €
01. 04. 2017		
Entnahmen	8 925 €	
an Eigenverbrauch von Waren (Ertrag)		7 500 €
an Umsatzsteuer		1 425 €

Denkbar wäre auch, am 01. 04. 2017 folgendermaßen zu buchen:

Entnahmen	8 925 €	
an WEK (Anschaffungskosten)		6 000 €
an a. o. Ertrag		1 500 €
an Umsatzsteuer		1 425 €

Diese Buchung wäre zweckmäßig, da dadurch der Wareneinsatz richtig gestellt wird.

II Klausuren

1 Übungsklausur

Hilfsmittel:
Beck'sche Textausgaben:
Steuergesetze
Steuerrichtlinien

SACHVERHALT

Diggi Tal (Diggi) betreibt als Einzelunternehmer einen Handel mit Elektrogeräten in Meckenheim in der Pfalz. Die Firma ist im Handelsregister eingetragen. Das Wirtschaftsjahr entspricht dem Kalenderjahr. Seine Umsätze versteuert er nach den allgemeinen Vorschriften des UStG. Er ist zum vollen Vorsteuerabzug berechtigt.

Im Jahr 2017 ereignen sich unter anderem die folgenden **zwölf** Geschäftsvorfälle:

1. Die in der Bilanz auf den 31. 12. 2016 passivierte GewSt-Schuld i. H. v. 1 000 € wird über das betriebliche Bankkonto an die Stadtkasse überwiesen.
2. An GewSt-Vorauszahlungen werden über das betriebliche Bankkonto 3 000 € überwiesen.
3. Im Juli wird für das betriebliche Büro ein neuer Aktenschrank auf Ziel erworben. Die Rechnung der Möbelfirma lautet:

   »...

Büroschrank, Modell »Gnundro«	4 500 €
Transportkosten	+ 500 €
Umsatzsteuer	+ 950 €
Summe	5 950 €

   ...«

   Der Schrank hat eine Nutzungsdauer von fünf Jahren.
4. Diggi bezahlt die Rechnung der Möbelfirma (Geschäftsvorfall 3) unter Abzug von 3 % Skonto.
5. Im April ergeht der Einkommensteuerbescheid für 2016. Es ergibt sich eine Einkommensteuer-Erstattung für Diggi i. H. v. 1 000 €. Das Finanzamt verrechnet 500 € mit noch offenstehenden Umsatzsteuerbeträgen, der Restbetrag wird auf das betriebliche Bankkonto überwiesen.
6. Zur Begleichung der Augustmiete für seine Geschäftsräume i. H. v. 1 000 € (umsatzsteuerfreie Vermietung) übergibt Diggi den alten Büroaktenschrank an den Vermieter. Der Schrank hatte zu diesem Zeitpunkt einen Buchwert von 200 €. Die Miete für die anderen Monate i. H. v. jeweils 1 000 € wird über das betriebliche Bankkonto überwiesen.
7. Bei einem Kunden, gegen den Diggi eine Forderung i. H. v. 3 570 € hat, wird die Eröffnung eines Insolvenzverfahrens mangels Masse abgelehnt.
8. Diggi möchte seinen Betrieb erweitern. Er erwirbt deshalb ein unbebautes Grundstück. Kaufpreis 50 000 €, Grunderwerbsteuer 2 000 €, Notarkosten 1 000 € zzgl. 190 € USt, Grundbuchgebühr 200 €. Zur Finanzierung wird ein Darlehen i. H. v. 50 000 € aufgenommen, der Restbetrag wird über das betriebliche Bankkonto überwiesen.
9. Durch Barverkäufe hat Diggi 92 800 € eingenommen (bereits korrekt verbucht). 60 000 € davon zahlt er auf das betriebliche Bankkonto ein, den Rest verwendet er für den privaten Lebensunterhalt.

10. Durch einen Kurzschluss wird ein PC, der für das Rechnungswesen verwendet worden war (Anschaffungskosten 5 000 €, Buchwert 1 000 €, Teilwert 3 000 €), völlig zerstört.
11. Forderungen i. H. v. 5 800 € werden von Kunden durch Banküberweisungen auf das betriebliche Bankkonto beglichen.
12. Im Dezember überweist Diggi die erste Zins- und Tilgungsrate für das aufgenommene Darlehen (Geschäftsvorfall 8) i. H. v. 7 000 € über das betriebliche Bankkonto; davon stellen 2 500 € Zinszahlung und 4 500 € Darlehenstilgung dar.

AUFGABE

1. Bilden Sie jeweils die Buchungssätze zu den zwölf Geschäftsvorfällen. Falls sich beim Rechnen Cent-Beträge ergeben sollten, runden Sie bitte auf volle Euro ab.
2. Geben Sie bei jedem Buchungssatz die Gewinnauswirkung sowohl nach der Bilanzposten-Methode als auch nach der G+V-Methode an.
3. Verbuchen Sie dann die Buchungssätze auf den entsprechenden Konten unter Angabe der jeweiligen Nr. des Geschäftsvorfalls. Folgende Werte werden Ihnen dabei vorgegeben:

Konto	Soll		Haben	
Fuhrpark	AB	20 000		
Verbindlichkeiten			AB	5 800
			WEK/VorSt	34 800
Betriebs- und Geschäftsausstattung	AB	10 000		
Umsatzsteuer			AB	1 200
			Kasse	12 800
			Forderungen	3 200
Warenbestandskonto	AB	50 000	SBK	50 000
GewSt-Verbindlichkeiten			AB	1 000
Forderungen	AB	11 600		
	WVK/USt	23 200		
Bank			AB	5 000
Kasse	AB	500		
	WVK/USt	92 800		
Vorsteuer	Verbindlichkeiten	4 800		
Wareneinkauf	Verbindlichkeiten	30 000		
Warenverkauf			Forderungen	20 000
			Kasse	80 000
Kapital			AB	79 100

Führen Sie die vorbereitenden Abschlussbuchungen und dann alle Abschlussbuchungen mit Kontenruf durch. Erstellen Sie dann das Gewinn- und Verlustkonto sowie das Schlussbilanzkonto. Beachten Sie dabei Folgendes:

Die AfA auf den Fuhrpark beträgt 4 000 €. Die AfA auf die Geschäftseinrichtung beträgt – ohne Berücksichtigung des neuen Aktenschranks aus Geschäftsvorfall 3 – 2 000 €. Bilden

Sie auch für die Verbuchung der Abschreibungen Buchungssätze; Gewinnauswirkungen brauchen hier jedoch nicht angegeben zu werden.
Der Abschluss der Umsatzsteuerkonten ist netto vorzunehmen.

4. Ermitteln Sie den Gewinn für das Jahr 2017 nach § 4 Abs. 1 Satz 1 EStG.

LÖSUNG

Buchungssätze und Gewinnauswirkung

	Buchungssatz		**Bilanzposten-Methode**		**G+V-Methode**	
1	GewSt-Verbindl.	1 000	Verbindl. ./., BV	+ 1 000	Kein Erfolgskonto angesprochen	
	an Bank	1 000	Bank(schuld) +, BV	./. 1 000		
			Betriebsvermögen	0		
			Gewinn	0		
2	GewSt-Aufwand	3 000	Bank(schuld) +, BV	./. 3 000	Aufwand	+ 3 000
	an Bank	3 000	Betriebsvermögen	./. 3 000	Gewinn	./. 3 000
			Gewinn	./. 3 000		
3	BGA	5 000	BGA +, BV	+ 5 000	Kein Erfolgskonto angesprochen	
	Vorsteuer	950	Vorsteuer +, BV	+ 950		
	an Verbindlichkeiten	5 950	Verbindl. +, BV	./. 5 950		
			Betriebsvermögen	0		
			Gewinn	0		
4	Verbindlichkeiten	5 950	Verbindl. ./., BV	+ 5 950	Kein Erfolgskonto angesprochen	
	an BGA	150	BGA ./., BV	./. 150		
	an Vorsteuer	28	Vorsteuer ./., BV	./. 28		
	an Bank	5 772	Bank(schuld)	+, BV ./. 5 772		
			Betriebsvermögen	0		
			Gewinn	0		
5	Umsatzsteuer	500	Umsatzsteuer ./., BV	+ 500	Kein Erfolgskonto angesprochen	
	Bank	500	Bank(schuld) ./., BV	+ 500		
	an Einlagen	1 000	Betriebsvermögen	+ 1 000		
			Einlage	./. 1 000		
			Gewinn	0		
6	Mietaufwand	12 000	BGA ./., BV	./. 200	Mietaufwand	+ 12 000
	an BGA	200	Umsatzsteuer +, BV	./. 159	A.o. Ertrag	+ 641
	an Umsatzsteuer	159	Bank(schuld) +, BV	./. 11 000	Gewinn	./. 11 359
	an A. o. Ertrag	641	Betriebsvermögen	./. 11 359		
	an Bank	11 000	Gewinn	./. 11 359		

7	Forderungsverluste Umsatzsteuer an Forderungen	3 000 570 3 570	Umsatzsteuer ./., BV Forderungen ./., BV ./. Betriebsvermögen Gewinn	+ 570 3 570 ./. 3 000 ./. 3 000	Fo.verluste Gewinn	+ 3 000 ./. 3 000
8	Grund und Boden Vorsteuer an Darlehen an Bank	53 200 190 50 000 3 390	Grubo +, BV Vorsteuer +, BV Darlehen +, BV Bank(schuld) +, BV Betriebsvermögen Gewinn	+ 53 200 + 190 ./. 50 000 ./. 3 390 0 0	Kein Erfolgskonto angesprochen	
9	Bank Entnahmen an Kasse	60 000 32 800 92 800	Bank +, BV Kasse ./., BV Betriebsvermögen Entnahmen Gewinn	+ 60 000 ./. 92 800 ./. 32 800 + 32 800 0	Kein Erfolgskonto angesprochen	
10	A.o. Aufwand an BGA	1 000 1 000	BGA ./., BV Betriebsvermögen Gewinn	./. 1 000 ./. 1 000 ./. 1 000	A.o. Aufwand Gewinn	+ 1 000 ./. 1 000
11	Bank an Forderungen	5 800 5 800	Bank +, BV Forderungen ./., BV Betriebsvermögen Gewinn	+ 5 800 ./. 5 800 0 0	Kein Erfolgskonto angesprochen	
12	Darlehen Zinsaufwand an Bank	4 500 2 500 7 000	Darlehen ./., BV Bank ./., BV Betriebsvermögen Gewinn	+ 4 500 ./. 7 000 ./. 2 500 ./. 2 500	Zinsaufwand Gewinn	+ 2 500 ./. 2 500
13	AfA an Fuhrpark an BGA	6 000 4 000 2 000	Keine Angaben erforderlich.			
14	AfA Schrank an BGA (AK 5 000 ./. 150 Skonto/ 5 Jahre = 970 Jahres-AfA; § 7 Abs. 1 Satz 4 EStG: 485)	485 485	Keine Angaben erforderlich.			

Verbuchen der Geschäftsvorfälle und Abschluss der Konten

Soll	Fuhrpark		Haben
AB	20 000	AfA	4 000
		SBK	16 000
	20 000		20 000

Soll	Verbindlichkeiten		Haben
4)	5 950	AB	5 800
SBK	40 600	WEK/VorSt	34 800
		3)	5 950
	46 550		46 550

Soll	BGA		Haben
AB	10 000	4)	150
3)	5 000	6)	200
		10)	1 000
		AfA	2 000
		AfA Schrank	485
		SBK	11 165
	15 000		15 000

Soll	Umsatzsteuer		Haben
5)	500	AB	1 200
7)	570	Kasse	12 800
VorSt	5 912	Forderungen	3 200
SBK	10 377	6)	159
	17 359		17 359

Soll	Warenbestandskonto		Haben
AB	50 000	SBK	50 000
	50 000		50 000

Soll	GewSt Verbind.		Haben
1)	1 000	AB	1 000
	1 000		1 000

Soll	Forderungen		Haben
AB	11 600	7)	3 570
WVK, USt	23 200	11)	5 800
		SBK	25 430
	34 800		34 800

Soll	Bank		Haben
5)	500	AB	5 000
9)	60 000	1)	1 000
11)	5 800	2)	3 000
		4)	5 772
		6)	11 000
		8)	3 390
		12)	7 000
		SBK	30 138
	66 300		66 300

Soll	Kasse		Haben
AB	500	9)	92 800
WVK, USt	92 800	SBK	500
	93 300		93 300

Soll	Vorsteuer		Haben
Verb.	4 800	4)	28
3)	950	USt	5 912
8)	190		
	5 940		5 940

Soll	Darlehen		Haben
12)	4 500	8)	50 000
SBK	45 500		
	50 000		50 000

Soll	Grund und Boden		Haben
8)	53 200	SBK	53 200
	53 200		53 200

Soll	GewSt-Aufwand		Haben
2)	3 000	G+V	3 000
	3 000		3 000

Soll	A.o. Ertrag		Haben
G+V	641	6)	641
641		641	

Soll	Mietaufwand		Haben
6)	12 000	G+V	12 000
	12 000		12 000

Soll	Forderungsverluste		Haben
7)	3 000	G+V	3 000
	3 000		3 000

Soll	A.o. Aufwand		Haben
10)	1 000	G+V	1 000
	1 000		1 000

Soll	Zinsaufwand		Haben
12)	2 500	G+V	2 500
	2 500		2 500

Soll	Entnahmen		Haben
9)	32 800	Kapital	32 800
	32 800		32 800

Soll	Einlagen		Haben
Kapital	1 000	5)	1 000
	1 000		1 000

Soll	AfA		Haben
Fuhrpark	4 000	G+V	6 485
BGA	2 000		
BGA Schrank	485		
	6 485		6 485

Soll	Kapital		Haben
Entn.	32 800	AB	79 100
SBK	89 956	G+V	42 656
		Einlagen	1 000
	122 756		122 756

Soll	Wareneinkauf		Haben
Verbindlichkeiten	30 000	G+V	30 000
	30 000		30 000

Soll	Warenverkauf		Haben
G+V	100 000	Forderungen	20 000
		Kasse	80 000
	100 000		100 000

Soll	AfA		Haben
GewSt	3 000	WVK	100 000
Mietaufwand	12 000	A.o. Ertrag	641
Forderungsverluste	3 000		
A.o. Aufwand	1 000		
Zinsaufwand	2 500		
AfA	6 485		
WEK	30 000		
Kapital	42 656		
	100 641		100 641

Soll	Kapital		Haben
GruBo	53 200	Darlehen	45 500
Fuhrpark	16 000	Verbindlichkeiten	40 600
BGA	11 165	USt	10 377
Waren	50 000	Kapital	89 956
Forderungen	25 430		
Bank	30 138		
Kasse	500		
	186 433		186 433

Betriebsvermögensvergleich nach § 4 Abs. 1 Satz 1 EStG

Betriebsvermögen 31. 12. 2017	89 956 €
./. Betriebsvermögen 31. 12. 2016	79 100 €
Betriebsvermögensänderung	10 856 €
+ Entnahmen	32 800 €
./. Einlagen	1 000 €
Gewinn 2017 lt. Jahresabschluss	**42 656 €**
nicht abziehbare GewSt (§ 4 Abs. 5 b EStG)	3 000 €
endgültiger (steuerlicher) Gewinn 2017	**45 656 €**

Punktetabelle

	Punkte
Buchungssätze und Gewinnauswirkung	
Jeder Buchungssatz ein Punkt	**14**
Jede Gewinnauswirkung nach der Bilanzpostenmethode ein Punkt	**12**
Jede Gewinnauswirkung nach der G+V-Methode ein Punkt	**12**
Verbuchen der Geschäftsvorfälle und Abschluss der Konten	
Jedes Konto ein Punkt	**26**
Betriebsvermögensvergleich	
Betriebsvermögensänderung	**1**
Gewinn	**1**
	66

Notentabelle

Korrekturpunkte	**Punkte nach § 6 Abs. 1 StBAPO**	**Note**
66 – 63 62 – 60	15 14	1
59 – 57 56 – 54 53 – 51	13 12 11	2
50 – 48 47 – 45 44 – 42	10 9 8	3
41 – 39 38 – 36 35 – 33	7 6 5	4
32 – 26 25 – 20 19 – 13	4 3 2	5
12 – 7 6 – 0	1 0	6

2 Prüfungsklausur

Hilfsmittel:
- Beck'sche Textausgaben:
  - Steuergesetze
  - Steuerrichtlinien
- HGB

SACHVERHALT

Glüh Birne (Glüh) betreibt in St. Wendel (Saarland) einen Handel mit Elektrogeräten. Er ermittelt seinen Gewinn nach § 5 Abs. 1 EStG und versteuert seine Umsätze nach den allgemeinen Vorschriften des Umsatzsteuerrechts. Das Wirtschaftsjahr entspricht dem Kalenderjahr. Das Kapital in der Steuerbilanz auf den 31. 12. 2016 beträgt 200 000 €.

Folgende Geschäftsvorfälle sind u. a. vorgefallen:

1. Fahrzeuge

Glüh hatte im Mai 2016 einen neuen Pkw zum Preis von 35 000 € zzgl. 6 650 € Umsatzsteuer erworben. Dabei handelte er gegenüber dem Bruttolistenpreis von 43 970 € einen Preisnachlass von 2 320 € aus. Der Pkw hat eine Nutzungsdauer von fünf Jahren und wird laut dem ordnungsgemäß geführten Fahrtenbuch zu 80 % betrieblich und zu 20 % privat genutzt. In der Steuerbilanz auf den 31. 12. 2016 wies Glüh den Pkw mit einem Buchwert von 30 333 € aus. Durch den gebuchten Vorsteuerabzug hat Glüh den Pkw in vollem Umfang seinem Unternehmensvermögen zugeordnet (§ 15 Abs. 1 Satz 2 UStG i. V. m. Abschn. 15.2 Abs. 23 Abs. 2 UStAE).

Die Kfz-Steuer für die Monate Januar bis April 2017 betrug 100 € und wurde von Glüh zutreffend verbucht. Im Mai 2017 zahlte Glüh 300 € Kfz-Steuer für ein Jahr im Voraus und buchte:

Kfz-Aufwand	150 €	
Aktiver RAP	150 €	
an Bank		300 €

Im September 2017 erstattete das Finanzamt von den im Voraus bezahlten 300 € Kfz-Steuer 225 € zurück. Diesen Betrag vereinnahmte Glüh privat. Eine Buchung nahm er jedoch nicht vor. Die Versicherung für diesen Pkw betrug für 2017 insgesamt 700 €, die Benzinkosten beliefen sich auf 1 000 € zzgl. 190 € Umsatzsteuer. Diese Kosten wurden korrekt verbucht. Am 01. 08. 2017 erwarb Glüh vom Autohaus Grünimwald in Edenkoben einen neuen VW-Kleinbus. Dafür gab er seinen Pkw in Zahlung. Das Autohaus erstellte folgende ordnungsgemäße Rechnung:

»...

Kaufpreis Kleinbus »Variant«	60 000 €
Aluminiumfelgen	+ 1 000 €
Sonderlackierung	+ 2 000 €
Überführungskosten	+ 500 €
	63 500 €
USt 19 %	+ 12 065 €
	75 565 €
Anrechnung Pkw alt	./. 35 700 €
Zu zahlen	39 865 €

...«

Die zu leistende Zahlung erbrachte Glüh aus privaten Mitteln.

Er buchte:

Fuhrpark		39 865 €
an Pkw (alt)		30 333 €
an A. o. Ertrag		9 532 €

Die Zulassungskosten des Kleinbusses betrugen 120 €, die erste Tankfüllung kostete 100 € zzgl. 19 € Umsatzsteuer. Glüh nahm folgende Buchung vor:

Kfz-Aufwand	220 €	
Vorsteuer	19 €	
an Kasse		239 €

Die Kfz-Versicherung wurde im August 2017 i. H. v. 480 € für ein Jahr im Voraus bezahlt. Gebucht wurde:

Kfz-Aufwand	480 €	
an Bank		480 €

Die Benzin- und Inspektionskosten für den Kleinbus wurden zutreffend verbucht.

Zum Bilanzstichtag 31. 12. 2017 nahm Glüh Abschreibungen i. H. v. 25 % von 39 865 € = 9 966 € vor. Der Bilanzansatz des Kleinbusses zum 31. 12. 2017 betrug somit 29 899 €. Die Nutzungsdauer des Fahrzeugs, das von Glüh ausschließlich betrieblich genutzt wird, beträgt sechs Jahre.

Weitere Buchungen i. Z. m. den Fahrzeugen wurden nicht vorgenommen.

2. Stereoanlagen

Von einem US-amerikanischen Lieferanten hatte Glüh am 02. 10. 2017 10 Stereoanlagen zum Kaufpreis von 5000 Dollar pro Stück bezogen. Die Lieferung ist bis zum 31. 12. 2017 noch nicht bezahlt. Stand des Dollars am 02. 10. 2017 = 0,85 €. Am 31. 12. 2017 war der Stand des Dollars = 0,88 €.

Der Verkaufspreis der amerikanischen Stereoanlagen betrug am Bilanzstichtag 4900 Dollar pro Stück. Bei Glüh waren am 31. 12. 2017 im Lager noch zwei dieser Stereoanlagen vorhanden, die er zusammen mit 8 330 € in der Bilanz (4 165 € pro Stück) aktivierte.

Die Verbindlichkeit gegenüber dem amerikanischen Lieferanten passivierte er mit 42 500 €.

Der Wert des Dollars ist nach dem 31. 12. 2017 wieder gesunken. Der Kurs betrug im Februar 2018 ein Dollar = 0,84 €. Glüh tilgte die Lieferantenverbindlichkeit im März 2016. Den Jahresabschluss für 2017 hatte er zu diesem Zeitpunkt noch nicht aufgestellt.

AUFGABE

1. Nehmen Sie zu dem Sachverhalt für das Jahr 2017 und – soweit erforderlich auch für das Jahr 2018 – aus bilanzsteuerrechtlicher Sicht Stellung. Gehen Sie dabei davon aus, dass Glüh immer einen möglichst niedrigen Gewinn wünscht. Bestehen mehrere Möglichkeiten der steuerlichen Sachbehandlung, so stellen Sie diese Möglichkeiten dar und wählen sie die für Glüh günstigste Variante. Für den im Mai 2016 erworbenen Pkw wählte Glüh die lineare AfA.
   Die Sonderabschreibung nach § 7 g Abs. 5 und 6 EStGist nicht zu beachten. Begründen Sie Ihre Entscheidungen unter genauer Angaben der entsprechenden Vorschriften.
2. Erfassen Sie alle Änderungen von Bestandskonten zum 31. 12. 2017, Entnahmen und Einlagen sowie der Erfolgskonten und stellen Sie die gesamte Auswirkung dieser Änderungen auf den Gewinn dar.

Hinweis:

Bitte rechnen Sie grundsätzlich mit vollen Euro-Beträgen. Beträge bis 0,49 € sollen abgerundet, Beträge ab 0,50 € aufgerundet werden.

LÖSUNG

1. Fahrzeuge

Altwagen

Der im Jahr 2016 erworbene Pkw gehört zum notwendigen Betriebsvermögen nach R 4.2 Abs. 1 Satz 4 EStR, da er zu mehr als 50 % betrieblich genutzt wird. Er rechnet zum beweglichen, abnutzbaren Anlagevermögen (R 6.1 Abs. 1 Satz 1 EStR). Alle mit dem Pkw zusammenhängenden Kosten sind zunächst einmal als Betriebsausgaben zu erfassen (§ 4 Abs. 4 EStG).

Nach § 6 Abs. 1 Nr. 1 Satz 1 EStG muss für die Bilanzierung AfA berechnet werden. Da Glüh für den Pkw 2016 die lineare AfA gewählt hat (lt. Hinweis Aufgabenstellung), ergibt sich zum 31. 12. 2016 folgender Bilanzansatz:

Anschaffungskosten (der Preisnachlass ist direkt berücksichtigt)	35 000 €	
× 20 % = Jahres-AfA		7 000 €
× 8/12 (zeitanteilig nach § 7 Abs. 1 Satz 4 EStG)		4 667 €

Die nach § 15 UStG abzugsfähige Vorsteuer gehört nicht zu den Anschaffungskosten (§ 9 b Abs. 1 EStG), sondern ist als Vorsteuer zu buchen. Der Bilanzansatz zum 31. 12. 2016 ist also mit 30 333 € zutreffend.

Am 01. 08. 2017 scheidet der Pkw aus dem Betriebsvermögen aus. Im Jahr des Ausscheidens ist die AfA zeitanteilig bis zum Zeitpunkt des Ausscheidens nach R 7.4 Abs. 8 Satz 1 EStR vorzunehmen. Die zeitanteilige AfA beträgt hier 7/12 von 7 000 € = 4 083 €.

Änderungen	AfA	+ 4 083 €	**Gewinn**	./. 4 083 €

Der Buchwert des Pkw beträgt im Zeitpunkt des Ausscheiden 26 250 €.

Wegen des Abgangs wird die im Voraus gezahlte Kfz-Steuer für die Monate August 2017 bis April 2018 vom Finanzamt zurückerstattet. Der insoweit von Glüh gebuchte Aufwand ist rückgängig zu machen; ebenso entfällt der aktive RAP. Da Glüh die Erstattung privat vereinnahmte, liegt eine Geldentnahme vor (§ 4 Abs. 1 Satz 2 EStG), die mit dem Teilwert (Geldbetrag) zu erfassen ist (§ 6 Abs. 1 Nr. 4 Satz 1 EStG).

Änderungen	Entnahmen	+ 225 €		
	aktiver RAP	./. 150 €	**Gewinn**	+ 75 €
	Kfz-Aufwand	./. 75 €	**Gewinn**	+ 75 €

Der aus dem Betriebsvermögen ausgeschiedene Pkw wurde auch anteilig privat genutzt. Es ist eine Nutzungsentnahme nach § 4 Abs. 1 Satz 2 EStG zu erfassen.

Da das Fahrzeug zu mehr als 50 % betrieblich genutzt wurde, hat Glüh grundsätzlich das Wahlrecht, entweder die 1 %-Methode nach § 6 Abs. 1 Nr. 4 Satz 2 oder die Fahrtenbuch-Methode nach § 6 Abs. 1 Nr. 4 Satz 3 EStG anzuwenden. Im vorliegenden Fall wurde ein ordnungsgemäßes Fahrtenbuch geführt, sodass die Fahrtenbuch-Methode möglich ist. Da Glüh aber einen möglichst niedrigen Gewinn wünscht, muss die für ihn günstigere Regelung berechnet werden.

Im Rahmen der Fahrtenbuch-Methode ergibt sich durch den Ansatz der tatsächlichen Netto-Kosten (§ 9b Abs. 1 EStG entsprechend) folgende Rechnung:

AfA	4083 €
Benzin	+ 1000 €
Kfz-Steuer (100 € + 75 €)	+ 175 €
Versicherung	+ 700 €
Summe Kfz-Kosten	5958 €
Privatanteil 20 %	1192 €

Umsatzsteuerrechtlich ist der Fall wie folgt zu behandeln: Alle Vorsteuern aus Anschaffung, laufenden Kosten sind in voller Höhe abzugsfähig (§ 15 UStG). Zum Ausgleich liegt eine steuerbare und steuerpflichtige fiktive sonstige Leistung vor, zu deren Bemessungsgrundlage alle anteiligen privat veranlassten Ausgaben gehören, soweit bei diesen ein Vorsteuerabzug möglich war (§ 3 Abs. 9 a Nr. 1 1. Alternative, § 1 Abs. 1 Nr. 1, § 3 f, § 10 Abs. 4 Satz 1 Nr. 2 UStG). Zur Berechnung der anteiligen Kosten vgl. auch Abschn. 15.23 Abs. 5 Nr. 1 UStAE:

Laufende Kfz-Kosten 2017 mit Vorsteuerabzug (§ 10 Abs. 4 Satz 1 Nr. 2 Satz 1 UStG)	1000 €
Umsatzsteuerrechtliche AfA (§ 10 Abs. 4 Satz 1 Nr. 2 Satz 2 und 3 UStG): Anschaffungskosten 35000 € Verteilt auf fünf Jahre (§ 15 a Abs. 1 Satz 1 UStG): auf 2017 entfallen 7/60 = 4083 €	+ 4083 €
	5083 €
Privatanteil (20 %) = Bemessungsgrundlage	1017 €
Umsatzsteuer 19 % (§ 12 Abs. 1 UStG)	193 €

Die entstehende Umsatzsteuer ist gewinnneutral als Entnahme zu verbuchen (§ 12 Nr. 3 EStG).

Im Rahmen der 1 %-Methode kommt nach § 6 Abs. 1 Nr. 4 Satz 2 EStG pro Monat 1 % des Bruttolistenpreises im Zeitpunkt der Erstzulassung des Kfz als ertragsteuerlicher Entnahmewert zum Ansatz. Ohne Bedeutung sind der vom Stpfl. tatsächlich bezahlte Preis als auch die steuerlichen Anschaffungskosten.

Demnach beträgt der Privatanteil 1 % von 43970 € × 7 Monate = 3078 €.

Die Umsatzsteuer würde sich wie folgt ermitteln (Abschn. 15.23 Abs. 5 Nr. 1 a UStAE):

Einkommensteuerrechtlicher Privatanteil	3078 €
Nicht mit Vorsteuer belastete Kosten, 20 %	./. 616 €
Bemessungsgrundlage	2462 €
19 %	467 €

Der Ansatz der Fahrtenbuch-Methode erweist sich somit als die für Glüh günstigere Methode und kommt deshalb zum Ansatz.

Änderungen	Umsatzsteuer	+ 193 €		
	Entnahmen	+ 1385 €	**Gewinn**	+ 1192 €
	Privatanteil Pkw (oder ähnliches korrigierendes Erfolgskonto)	+ 1192 €	**Gewinn**	+ 1192 €

Neuwagen

Der erworbene Kleinbus stellt notwendiges Betriebsvermögen nach R 4.2 Abs. 1 Satz 1 EStR dar, da er ausschließlich betrieblich genutzt wird. Er gehört zum abnutzbaren Anlagevermögen, da er dazu bestimmt ist, auf Dauer dem Betrieb zu dienen (R 6.1 Abs. 1 Satz 1 EStR bzw. § 247 Abs. 2 HGB) und ist nach § 6 Abs. 1 Nr. 1 Satz 1 EStG zum Bilanzstichtag mit den Anschaffungskosten abzüglich der AfA zu bewerten.

Bei dem Erwerb des Kleinbusses unter Inzahlunggabe des bisher genutzten Pkw handelt es sich um einen Tausch mit Baraufgabe. Dieser Vorgang stellt ein Anschaffungsgeschäft bezüglich des erworbenen Fahrzeugs und ein Veräußerungsgeschäft bezüglich des abgegebenen Fahrzeugs dar. Die Anschaffungskosten des erworbenen Wirtschaftsgutes ermitteln sich wie folgt (§ 6 Abs. 6 Satz 1 EStG):

Gemeiner Wert des hingegebenen Pkw	35 700 €
Baraufgabe	+ 39 865 €
	75 565 €
abzüglich in Rechnung gestellte Vorsteuer	./. 12 065 €
Anschaffungskosten (vorläufig)	63 500 €

Die vom Autohändler berechneten Felgen und die Lackierung sind als Sonderausstattung Bestandteile der Anschaffungskosten. Bei den Überführungskosten handelt es sich um Anschaffungsnebenkosten i. S. v. § 255 Abs. 1 Satz 2 HGB. Ebenfalls um Anschaffungsnebenkosten handelt es sich bei den Zulassungskosten, während die erste Tankfüllung bereits zu den laufenden Kfz-Kosten zu zählen ist. Die in Rechnung gestellte und in vollem Umfang abziehbare und abzugsfähige Vorsteuer gehört nach § 9 b Abs. 1 EStG nicht zu den Anschaffungskosten (zur umsatzsteuerrechtlichen Behandlung beim Autohaus vgl. § 3 Abs. 12 Satz 1 i. V. m. § 10 Abs. 1 Satz 2 [Baraufgabe] sowie Abs. 2 Satz 2 und 3 [Altwagen] UStG und Abschn. 10.5 Abs. 4 Satz 1 und 2 UStAE). Die Anschaffungskosten für den Kleinbus betragen also insgesamt 63 620 €.

In Höhe der Vorsteuer besteht ein Erstattungsanspruch gegenüber dem Finanzamt, der zu aktivieren ist. Die aus privaten Mitteln erbrachte Baraufgabe ist als Geldeinlage zu erfassen (§ 4 Abs. 1 Satz 8 EStG) und mit dem Teilwert anzusetzen (§ 6 Abs. 1 Nr. 5 Satz 1 EStG). Der bezüglich der Zulassungskosten gebuchte Aufwand ist rückgängig zu machen.

Änderungen	Vorsteuer	+ 12 065 €		
	Einlagen	+ 39 865 €	**Gewinn**	./. 27 800 €
	Kfz-Aufwand	./. 120 €	**Gewinn**	+ 120 €

Der Kleinbus ist ebenfalls nach § 6 Abs. 1 Nr. 1 EStG zu bewerten. Die AfA ist nach § 7 Abs. 1 EStG zu ermitteln. Bei einer Nutzungsdauer von sechs Jahren beträgt der AfA-Satz 16,67 %. Wegen der Anschaffung im laufenden Jahr darf die AfA nach § 7 Abs. 1 Satz 4 EStG nur zeitanteilig berücksichtigt werden (ab August 2017 = fünf Monate).

Anschaffungskosten				63 620 €
Jahres-AfA, 16,67 %				10 603 €
davon 5/12				4 418 €
AfA 2017 lt. Glüh				9 966 €
Änderungen	AfA	./. 5 548 €	**Gewinn**	+ 5 548 €

Berechnung des Bilanzansatzes Kleinbus zum 31. 12. 2017:

Anschaffungskosten				63 620 €
AfA				./. 4 418 €
Bilanzansatz				59 202 €
Bilanzansatz Glüh				29 899 €
Änderungen	Fuhrpark	+ 29 303 €	**Gewinn**	+ 29 303 €

Die Inzahlunggabe des bisherigen betrieblichen Pkw stellt eine Veräußerung dieses Wirtschaftsguts dar, wobei der gesamte Veräußerungsgewinn zu erfassen ist (§ 4 Abs. 4 EStGi. U. i. V. m. H 4.7 [Veräußerung eines …] EStH). Der Veräußerungsgewinn (a. o. Ertrag, stille Reserven) berechnet sich hier wie folgt:

Anrechnungsbetrag Pkw alt = gemeiner Wert	35 700 €
abzuführende Umsatzsteuer	./. 5 700 €
Veräußerungserlös netto	30 000 €
Buchwert Pkw im Zeitpunkt des Ausscheidens	./. 26 250 €
A.o. Ertrag	3 750 €
A.o. Ertrag Glüh	9 532 €

Änderungen	a.o. Ertrag	./. 5 782 €	**Gewinn**	./. 5 782 €

Mit der Inzahlunggabe des Altwagens tätigt Glüh eine steuerbare und steuerpflichtige Lieferung nach § 1 Abs. 1 Nr. 1 Satz 1 UStG(Hilfsgeschäft) im Rahmen eines Tauschs mit Baraufgabe (§ 3 Abs. 12 Satz 1 UStG). Die Umsatzsteuer beträgt 5700€ (§ 10 Abs. 2 Satz2 und 3 UStGi.V. m. Abschn. 10.5 Abs. 1 Satz 8 und 9 UStAE).

Änderungen	Umsatzsteuer	+ 5 700 €	**Gewinn**	./. 5 700 €

Bezüglich der im August 2017 bezahlten Versicherungsbeiträge ist ein aktiver RAP nach § 5 Abs. 5 Satz 1 Nr. 1 EStGzu bilden, soweit der bezahlte Versicherungsanteil auf das Jahr 2018 entfällt (7/12).

Änderungen	Aktiver RAP	+ 280 €	**Gewinn**	+ 280 €
	Kfz-Aufwand	./. 280 €		+ 280 €

2. Stereoanlagen

Bilanzansatz Stereoanlagen

Die Stereoanlagen (notwendiges Betriebsvermögen) gehören, da sie zur Veräußerung bestimmt sind, als Waren zum Umlaufvermögen (R 6.1 Abs. 2 EStR). Sie werden mit den Anschaffungskosten (§ 6 Abs. 1 Nr. 2 Satz 1 EStG) oder dem niedrigeren Teilwert (§ 6 Abs. 1 Nr. 2 Satz 2 EStG) bewertet. Die Anschaffungskosten betragen hier 4 250 € (5 000 Dollar × 0,85 €) pro Anlage. Nach § 244 HGB muss eine Bewertung in € erfolgen. Maßgeblich für die Ermittlung der Anschaffungskosten und damit auch für die Umrechnung ist nach § 9 a EStDV der Zeitpunkt der Lieferung (02. 10. 2017).

Spätere Wertschwankungen des Dollar haben auf die Anschaffungskosten keinen Einfluss mehr, wohl aber auf den Teilwert, denn dieser bestimmt sich nach den Wiederbeschaffungskosten. Der Teilwert der Stereoanlage des gelieferten Typs am Bilanzstichtag 31. 12. 2017 berechnet sich demnach mit 4 900 Dollar × 0,88 € = 4 312 €. Der Teilwert einer Stereoanlage ist somit gegenüber den Anschaffungskosten gestiegen und darf deshalb nicht angesetzt werden.

Es bleibt also beim Ansatz der Stereoanlagen zu den Anschaffungskosten von 4 250 € je Anlage. Die zwei vorhandenen Exemplare sind mit 8 500 € zu aktivieren. Glüh bewertete die Stereoanlagen mit 8 330 €.

Änderungen	Warenendbestand	+ 170 €	**Gewinn**	+ 170 €
	Wareneinsatz	./. 170 €	**Gewinn**	+ 170 €
	oder			
	Bestandserhöhung	+ 170 €	**Gewinn**	+ 170 €
	oder			
	Bestandsminderung	./. 170 €	**Gewinn**	+ 170 €

Bilanzansatz der Valuta-Verbindlichkeit

Die Verbindlichkeit ist nach § 6 Abs. 1 Nr. 3 Satz 1 i. V. m. § 6 Abs. 1 Nr. 2 Satz 1 EStG mit dem Rückzahlungsbetrag zu bewerten (H 6.10 [Anschaffungskosten] EStH i. V. m. § 253 Abs. 1 Satz 2 HGB). Eine Abzinsung der Verbindlichkeiten ist nicht vorzunehmen, da bei Lieferantenverbindlichkeiten von einer Laufzeit von weniger als zwölf Monaten ausgegangen werden kann (§ 6 Abs. 1 Nr. 3 Satz 2 EStG).

Bei Fremdwährungsverbindlichkeiten kann sich der Rückzahlungsbetrag wegen der Kursschwankungen verändern. Im Zeitpunkt der Entstehung der Verbindlichkeit am 02. 10. 2017 betrug die Verbindlichkeit 50 000 Dollar × 0,85 € = 42 500 €. Am 31. 12. 2017 beträgt die Verbindlichkeit 50 000 Dollar × 0,88 € = 44 000 €.

Damit hat sich die Verbindlichkeit betragsmäßig erhöht. Es handelt sich hier um den sinngemäß niedrigeren Teilwert i. S. v. § 6 Abs. 1 Nr. 3 Satz 1 i. V. m. § 6 Abs. 1 Nr. 2 Satz 2 EStG, sodass das für Aktiva geltende Niederstwertprinzip bei Passiva zum »Höchstwertprinzip« wird.

Für die Handelsbilanz folgt aus dem Vorsichtsprinzip des § 252 Abs. 1 Nr. 4 HGB die Verpflichtung, einen höheren Schuldbetrag zu berücksichtigen (strenges Höchstwertprinzip).

Steuerlich gilt aber Folgendes: Handelt es sich um eine voraussichtlich dauernde Werterhöhung, so ist wegen des Maßgeblichkeitsgrundsatzes (§ 5 Abs. 1 Satz 1 EStG) dieser höhere Teilwert auch in der Steuerbilanz grundsätzlich anzusetzen, da das an sich bestehende Wahlrecht des § 6 Abs. 1 Nr. 2 Satz 2 EStG sich im Rahmen des handelsrechtlichen Bewertungsgebotes bewegt und somit der handelsrechtlich zwingende Wertansatz nicht gegen ein steuerliches Bewertungsgebot verstößt.

Liegt dagegen nur eine vorübergehende Werterhöhung vor, so ist der Ansatz des höheren Teilwerts nicht zulässig. Bei Verbindlichkeiten in fremder Währung ist in jedem Einzelfall darauf abzustellen, ob sich eine dauernde Werterhöhung, das heißt eine dauernde Kurssteigerung ergibt oder nicht. Im Falle eines am Bilanzstichtag nur vorübergehend gestiegenen Wechselkurses scheidet eine Teilwertzuschreibung auf den höheren Wechselkurs am Bilanzstichtag aus (H 6.10 [Fremdwährungsverbindlichkeiten] EStH i. V. m. BMF-Schreiben vom 16. 07. 2014 [BStBl 2014 I, 1162]). Da vorliegend die Werterhöhung im Zeitpunkt der Tilgung der Schuld wieder entfallen war (und Glüh seinen Jahresabschluss noch nicht erstellt hatte), war die Werterhöhung nicht voraussichtlich dauerhaft. Glüh hat die Verbindlichkeit also in der zutreffenden Höhe passiviert; eine Änderung ist nicht vorzunehmen.

Punktetabelle

	Punkte
Fahrzeuge	
Pkw (Altwagen) = notwendiges Betriebsvermögen, R 4.2 Abs. 1 Satz 4 EStR	1
Abnutzbares Anlagevermögen, R 6.1 Abs. 1 EStR (Alt.: § 247 Abs. 2 HGB)	2
§ 9 b Abs. 1 EStG	3
Lineare AfA, § 7 Abs. 1 Satz 1 und 2 EStG	4
§ 7 Abs. 1 Satz 4 EStG	5
4 667 €	6
Bilanzansatz 31. 12. 2016 ist korrekt	7
AfA bis 01. 08. 2017 = 4 083 €	8
AfA + 4 083 €; Gewinn ./. 4 083 €	9
Kfz-Steuererstattung führt zu einer Korrektur	10
Entnahmen + 225 €	11
Aktiver RAP ./. 150 €	12
Kfz-Aufwand ./. 75 €; Gewinn + 75 €	13
Nutzungsentnahme, § 4 Abs. 1 Satz 2 EStG	14
1 %-Methode oder Fahrtenbuch-Methode, § 6 Abs. 1 Nr. 4 Satz 2 und 3 EStG	15
1 %-Methode: 43 970 € × 1 % × 7 Monate = 3 078 €	16
Fahrtenbuch-Methode: Kfz-Kosten = 5 958 €	17
× 20 % = 1 192 €	18
Fiktive sonstige Leistung, § 3 Abs. 9 a Nr. 1 UStG	19
Bemessungsgrundlage, § 10 Abs. 4 Nr. 2 UStG	20
Berechnung	21
Berechnung, USt = 193 €	22
§ 12 Nr. 3 EStG	23
USt + 193 €	24
Entnahmen + 1 385 €	25
Privatanteil Pkw + 1 192 €; Gewinn + 1 192 €	26
Erfassung Veräußerungsgewinn Altwagen	27
Berechnung	28
A.o. Ertrag = 3 750 €	29
A.o. Ertrag ./. 5 782 €; Gewinn ./. 5 782 €	30
Pkw: Umsatzsteuerpflichtige Lieferung	31
Umsatzsteuer + 5 700 €; Gewinn ./. 5 700 €	32
Kleinbus (Neuwagen) nach § 6 Abs. 1 Nr. 1 Satz 1 EStGzu aktivieren	33
Tausch mit Baraufgabe	34

	Punkte
Anschaffungskosten (vorläufig) = 63 500 €	35
Felgen, Lackierung, Überführungskosten und Zulassungskosten = Anschaffungskosten, § 255 Abs. 1 HGB	36
Erste Tankfüllung = laufende Kfz-Kosten	37
Vorsteuer keine Anschaffungskosten	38
Anschaffungskosten gesamt = 63 620 €	39
Vorsteuer + 12 065 €; Gewinn + 12 065 €	40
Einlagen + 39 865 €; Gewinn ./. 39 865 €	41
Kfz-Aufwand ./. 120 €; Gewinn + 120 €	42
AfA nach § 7 Abs. 1 EStG	43
4 418 €	44
AfA ./. 5 548 €; Gewinn + 5 548 €	45
Bilanzansatz Kleinbus 31. 12. 2017 = 59 202 €	46
Kleinbus + 29 303 €; Gewinn + 29 303 €	47
Versicherungsbeitrag, soweit 2018 betroffen = aktiver RAP, § 5 Abs. 5 Nr. 1 EStG	48
Aktiver RAP + 280 €	49
Kfz-Aufwand ./. 280 €; Gewinn + 280 €	50
Stereoanlagen	
Umlaufvermögen, R 6.1 Abs. 2 EStR	51
§ 6 Abs. 1 Nr. 2 Satz 1 und 2 EStG	52
Anschaffungskosten = 42 500 €	53
Teilwert 31. 12. 2017 = 4 312 €	54
Kein Ansatz des höheren Teilwerts möglich	55
Bilanzansatz = 8 500 €	56
Warenendbestand + 170 €; Gewinn + 170 €	57
Wareneinsatz oder Bestandserhöhung oder Bestandsminderung; Gewinn + 170 €	58
Verbindlichkeiten nach § 6 Abs. 1 Nr. 3 Satz 1 EStGzu bewerten	59
Rückzahlungsbetrag (Anschaffungskosten) = 42 500 €	60
Teilwert der Verbindlichkeit 31. 12. 2017 = 44 000 €	61
Höherer Teilwert	62
Strenges Höchstwertprinzip nach HGB	63
Keine dauernde Werterhöhung	64
Begründung	65
Keine Teilwertzuschreibung; Bilanzansatz ist korrekt	66

Korrekturpunkte	**Punkte nach § 6 Abs. 1 StBAPO**	**Note**
66–63 62–60	15 14	1
59–57 56–54 53–51	13 12 11	2
50–48 47–45 44–42	10 9 8	3
41–39 38–36 35–33	7 6 5	4
32–26 25–20 19–13	4 3 2	5
12–7 6–0	1 0	6

Teil D Umsatzsteuer

I Übungen

ÜBUNG 1 Umsatzarten des UStG

AUFGABE

Nennen Sie die Umsatzarten des UStG.

LÖSUNG

1. Lieferungen und sonstige Leistungen gem. § 1 Abs. 1 Nr. 1 UStG.
2. Die Einfuhr von Gegenständen im Inland gem. § 1 Abs. 1 Nr. 4 UStG.
3. Der innergemeinschaftliche Erwerb gem. § 1 Abs. 1 Nr. 5 UStG.

ÜBUNG 2 Inland, Ausland, Gemeinschaftsgebiet, übriges Gemeinschaftsgebiet, Drittlandsgebiet

AUFGABE

1. Nennen Sie die Staaten des Gemeinschaftsgebietes.
2. Was ist übriges Gemeinschaftsgebiet?
3. Was ist Inland?
4. Was ist Ausland?
5. Was ist Drittlandsgebiet?
6. Ordnen Sie die folgenden Orte nach den Merkmalen: Inland, übriges Gemeinschaftsgebiet, Drittlandsgebiet, Zollanschlussgebiet.

a) Hamburg
b) Freihafen Hamburg
c) Insel Helgoland
d) Büsingen
e) Zürich
f) Monaco
g) Kopenhagen
h) Andorra
i) Vatikan
j) San Marino
k) Sylt
l) Insel Man
m) Amerikanische Kaserne in Heidelberg
n) Deutsche Botschaft in Paris
o) Französische Botschaft in Bonn
p) Deutsches Schiff auf hoher See
q) Amerikanisches Flugzeug auf der Strecke Frankfurt-Hamburg

LÖSUNG

1. Dazu: § 1 Abs. 2 a Satz 1 UStG i. V. m. Abschn. 1.10 Abs. 1 UStAE.
2. Das übrige Gemeinschaftsgebiet umfasst das Inlandsgebiet der Staaten der EU ohne das Inlandsgebiet der Bundesrepublik Deutschland (§ 1 Abs. 2 a Satz 1 und 2 UStG).
3. Dazu: § 1 Abs. 2 Satz 1 UStG i. V. m. Abschn. 1.9 Abs. 1 Satz 1 und 2 UStAE.
4. Ausland ist das Gebiet, das nach Nr. 3 nicht Inland ist (§ 1 Abs. 2 Satz 2 UStG i. V. m. Abschn. 1.9 Abs. 2 UStAE).
5. Drittlandsgebiet ist das Gebiet, das nicht Gemeinschaftsgebiet ist (siehe 1., § 1 Abs. 2 a Satz 3 UStG i. V. m. Abschn. 1.10 Abs. 2 UStAE).
6.

a) Hamburg ist Inland.
b) Freihafen Hamburg ist ausgenommenes Gebiet nach § 1 Abs. 2 Satz 1 UStG i. V. m. Abschn. 1.9 Abs. 1 Satz 2 UStAE und damit Ausland (Drittlandsgebiet, § 1 Abs. 2 Satz 2 i. V. m. Abschn. 1.9 Abs. 2 Satz 1 UStAE).
c) Insel Helgoland ist ausgenommenes Gebiet nach § 1 Abs. 2 Satz 1 UStG und damit Ausland (Drittlandsgebiet).
d) Büsingen ist ausgenommenes Gebiet nach § 1 Abs. 2 Satz 1 UStG und damit Ausland (Drittlandsgebiet).
e) Zürich gehört zu der Schweiz und ist Ausland (Drittlandsgebiet, da die Schweiz nicht zur EU gehört, § 1 Abs. 2 a Satz 1 und 3 UStG).
f) Monaco ist Ausland (übriges Gemeinschaftsgebiet, da es als Gebiet von Frankreich gilt, § 1 Abs. 2 a Satz 1 und 2 UStG i. V. m. Abschn. 1.10 Abs. 1 Satz 2 – Frankreich UStAE).
g) Kopenhagen gehört zu Dänemark und ist somit übriges Gemeinschaftsgebiet (§ 1 Abs. 2 a Satz 1 UStG i. V. m. Abschn. 1.10 Abs. 1 Satz2 – Dänemark UStAE).
h) Andorra ist Drittlandsgebiet (Abschn. 1.10 Abs. 2 Satz 1 UStAE).
i) Vatikan ist Drittlandsgebiet (Abschn. 1.10 Abs. 2 Satz 1 UStAE).
j) San Marino ist Drittlandsgebiet (Abschn. 1.10 Abs. 1 Satz 2 – Italien UStAE).
k) Sylt ist Inland.
l) Insel Man gilt als Gebiet von Großbritannien und ist somit übriges Gemeinschaftsgebiet (§ 1 Abs. 2 a Satz 1 und 2 UStG i. V. m. Abschn. 1.10 Abs. 1 Satz 2 – Vereinigtes Königreich ... UStAE).
m) Amerikanische Kaserne in Heidelberg ist Inland (Abschn. 1.9 Abs. 1 Satz 3 und 4 UStAE). Es gelten gewisse Sonderregelungen nach dem NATO-Truppenstatut.
n) Deutsche Botschaft in Paris gehört zu Frankreich und ist somit übriges Gemeinschaftsgebiet.
o) Französische Botschaft in Bonn ist Inland (Abschn. 1.9 Abs. 1 Satz 3 UStAE).
p) Deutsches Schiff auf hoher See ist Drittlandsgebiet.
q) Amerikanisches Flugzeug auf der Strecke Frankfurt-Hamburg gehört zum Inland.

ÜBUNG 3 Unternehmerbegriff, Rahmen des Unternehmens, Beginn der unternehmerischen Tätigkeit

AUFGABE

Entscheiden Sie, ob die nachfolgenden natürlichen Personen, juristischen Personen und Personenvereinigungen Unternehmer sind und bestimmen sie gegebenenfalls den Rahmen des Unternehmens.

a) Arbeitnehmer A verkauft an den Bekannten B seinen privaten Wohnzimmerschrank.
b) Möbelhändler M verkauft an Kunden K einen Wohnzimmerschrank.
c) Die X-GmbH, vertreten durch ihren angestellten Geschäftsführer C.
d) An der AB-OHG sind Herr A und B je zur Hälfte beteiligt. A ist Rentner, B hat darüber hinaus ein vermietetes Mietwohngrundstück.
e) Der vierjährige H ist Eigentümer eines vermieteten Einfamilienhauses, das von seinen Eltern verwaltet wird.
f) Die Steuerberater L und M betreiben gemeinsam eine Steuerberatungs-GmbH.
g) Die Eheleute O und P wohnen im Einfamilienhaus, das beiden je zur Hälfte gehört. O hat weiterhin zwei vermietete Eigentumswohnungen, P hat ein vermietetes Zweifamilienhaus. Die Eheleute betreiben gemeinsam die OP-OHG.
h) W betreibt eine Gaststätte und eine Metzgerei. Die Metzgerei eröffnet er am 01. 04. 01. Die Räume mietete er ab dem 01.12.00. Die Gaststätte eröffnete er am 01.07.01. Die Gaststätte bezieht das Fleisch von der Metzgerei. Am 01. 12. 01 verkauft W den in der Metzgerei unternehmerisch genutzten Pkw. Am 15.12.01 hält W als Metzgermeister einen Vortrag in der Volkshochschule über das Thema: »Schweinefleisch und die Gesundheit«.

LÖSUNG

a) Als Arbeitnehmer ist A kein Unternehmer, da die Tätigkeit nicht selbständig ausgeübt wird (§ 2 Abs. 2 Nr. 1 i. V. m. Abs. 1 Satz 1 UStG). Außerdem ist der einmalige Verkauf des Wohnzimmerschranks keine nachhaltige Tätigkeit i. S. d. § 2 Abs. 1 Satz 3 UStG. A ist demnach kein Unternehmer.
b) M ist Unternehmer gem. § 2 Abs. 1 Satz 1 und 3 UStG. Zum Rahmen des Unternehmens gehört die Möbelhandlung (§ 2 Abs. 1 Satz 2 UStG).
c) Die X-GmbH ist Unternehmer gem. § 2 Abs. 1 Satz 1 und 3 UStG (Abschn. 2.1 Abs. 1 Satz 1 bis 3 UStAE). Der Geschäftsführer C ist als Arbeitnehmer nicht selbständig und ist insoweit kein Unternehmer (§ 2 Abs. 2 Nr. 1 UStGi. V. m. Abs. 1 Satz 1 UStG).
d) Die AB-OHG ist als solche Unternehmer gem. § 2 Abs. 1 Satz 1 und 3 UStG(Abschn. 2.1 Abs. 1 Satz 1 bis 3 UStAE). In ihrer bloßen Eigenschaft als Mitunternehmer i. S. v. § 15 Abs. 1 Satz 1 Nr. 2 EStG und damit als Gesellschafter der OHG sind weder A noch B Unternehmer i. S. d. UStG, da sie insoweit keine gewerbliche Tätigkeit ausüben. B ist aber mit der Vermietung Unternehmer, da er die Vermietungstätigkeit selbständig und nachhaltig zur Erzielung von Einnahmen ausübt. Zum Rahmen seines Unternehmens gehört die Vermietungstätigkeit.
e) H ist durch die Vermietung Unternehmer und nicht die gesetzlichen Vertreter gem. § 2 Abs. 1 Satz 1 und 3 UStG i. V. m. Abschn. 2.1 Abs. 1 Satz1 bis 3 UStAE.
f) Unternehmer ist die GmbH. Zum Rahmen des Unternehmens gehört die Steuerberatung.
g) Unternehmer ist zum einen die OP-OHG. Auch O ist Unternehmer mit den vermieteten Eigentumswohnungen und P ist Unternehmer mit dem vermieteten Zweifamilienhaus.

Mit dem eigengenutzten Einfamilienhaus ist die Ehegattengemeinschaft kein Unternehmer, da das Haus nicht zur Erzielung von Einnahmen dient.

h) W ist Unternehmer. Sein Unternehmen umfasst die Gaststätte und die Metzgerei (§ 2 Abs. 1 Satz 2 UStG i. V. m. Abschn. 2.7 Abs. 1 Satz 1 UStAE). Die Unternehmereigenschaft beginnt am 01.12.00 (Abschn. 2.6 Abs. 1 Satz 1 und Abs. 2 Satz 1 und 2 UStAE). Die Lieferung des Fleisches von der Metzgerei an die Gaststätte ist ein nicht steuerbarer Innenumsatz (Abschn. 2.7 Abs. 1 Satz 3 UStAE). Der Verkauf des Pkws ist ein Hilfsgeschäft und gehört zur unternehmerischen Tätigkeit (Abschn. 2.7 Abs. 2 Satz 1 bis 4 UStAE). Auch die Vortragstätigkeit an der Volkshochschule gehört als sog. Nebengeschäft zum Rahmen seines Unternehmens.

Leistungsaustausch

ÜBUNG 4

AUFGABE

Unternehmer U betreibt seit Jahren eine Gaststätte. In welchen Fällen liegt ein Leistungsaustausch vor?

a) U verkauft im Kj. für insgesamt 450 000 € Speisen und Getränke. Viele Gäste geben U zusätzlich zum vereinbarten Preis ein Trinkgeld.

b) Anlässlich des 20-jährigen Geschäftsjubiläums verkauft er das Glas Bier für 0,25 €, obwohl er es für 0,50 € einkaufen musste.

c) Ab und zu verschenkt er an die Kinder seiner Kunden ein Eis zum Einkaufspreis von 0,25 €.

d) Gelegentlich ist es erforderlich, dass U seinen Stammkunden einen Schnaps spendiert; dabei muss er ab und an einen Schnaps mittrinken.

e) Er isst jeden Abend in seiner Gaststätte.

f) U verkauft auch selbst zubereitete Speisen im Heimservice. Das Bringen und die Verpackung berechnet er extra.

g) Ein Gast konnte sein Essen nicht bezahlen und gab U dafür seine Uhr.

h) Bei einer Schlägerei wurde ein Tisch zerstört. Der Schädiger gab U dafür 250 €; damit war der Schaden beglichen.

LÖSUNG

a) Mit dem Verkauf von Speisen und Getränken in der Gaststätte liegt ein Leistungsaustausch vor, da ein Leistender und ein Leistungsempfänger vorhanden sind und den sonstigen Leistungen (sog. Restaurationsleistung) eine Gegenleistung (Entgelt) gegenübersteht (Abschn. 1.1 Abs. 1 Satz 1 und 2 UStAE). Auch das Trinkgeld nimmt am Leistungsaustausch teil (Abschn. 1.1 Abs. 1 Satz 8 i. V. m. Abschn. 10.1 Abs. 5 UStAE).

b) Hinsichtlich des mit Verlust verkauften Bieres liegt ebenfalls ein Leistungsaustausch vor. Leistung und Gegenleistung brauchen sich nicht gleichwertig gegenüberzustehen (Abschn. 1.1 Abs. 1 Satz 9 UStAE).

c) Hinsichtlich des Eises liegt mangels Entgelt kein Leistungsaustausch, sondern ein innerbetrieblicher Verbrauch vor (Werbung). Wegen des geringen Wertes handelt es sich auch nicht um eine fiktive Lieferung i. S. d. § 3 Abs. 1b Satz 1 Nr. 3 UStG i. V. m. Abschn. 3.3 Abs. 10 und 11 UStAE.

d) Hinsichtlich des spendierten Schnapses liegt mangels Entgelt kein Leistungsaustausch, sondern ein innerbetrieblicher Verbrauch vor (Werbung). Bei dem selbstgetrunkenen

Schnaps handelt es sich mangels Entgelt auch nicht um einen Leistungsaustausch, sondern um eine fiktive Lieferung i. S. d. § 3 Abs. 1 b Satz 1 Nr. 1 UStG.

e) Das eigene Essen in der Gaststätte führt mangels Entgelt nicht zu einem Leistungsaustausch. Es handelt sich um eine fiktive sonstige Leistung (§ 3 Abs. 9 a Nr. 2 1. Alternative UStG)

f) Der Verkauf der Speisen im Heimservice vollzieht sich im Rahmen eines Leistungsaustauschs (Hauptleistung ist die Lieferung der Speisen, § 3 Abs. 1 UStG). Das Bringen und die Verpackung sind Nebenleistungen und teilen das Schicksal der Hauptleistung (Abschn. 3.10 Abs. 5 UStAE).

g) Der Leistungsaustausch umfasst alles, was Gegenstand des Rechtsverkehrs sein kann; die Gegenleistung muss nicht in Geld bestehen, sondern kann auch eine Lieferung sein (Abschn. 1.1 Abs. 3 Satz 1 UStAE). Hier liegt ein Leistungsaustausch in Form eines tauschähnlichen Umsatzes vor (§ 3 Abs. 12 Satz 2 UStG).

h) Bei der Geldzahlung (250 €) durch den Schädiger fehlt es an einem Leistungsaustausch. Es liegt eine echte Schadensersatzleistung vor (Abschn. 1.3 Abs. 1 Satz 1 bis 3 UStAE).

ÜBUNG 5 Lieferungen

AUFGABE

Der Gemischtwarenhändler Otto Krause (Otto) betreibt seit Jahren sein Unternehmen in Mannheim. Prüfen Sie, ob bei den folgenden Geschäftsvorfällen Lieferungen vorliegen. Gehen Sie dabei ein auf den Liefergegenstand und den Zeitpunkt der Verschaffung der Verfügungsmacht.

a) Am 15. 03. 01 schließt er vor dem Notar in Edenkoben mit Berta Bambel einen Kaufvertrag über sein privates Einfamilienhaus ab. Besitz, Nutzen und Lasten gehen laut Kaufvertrag am 01. 12. 01 über. Die Eigentumsübertragung wird am 11. 01. 02 ins Grundbuch eingetragen. Der Kaufpreis i. H. v. 400 000 € ist am 01. 12. 01 fällig.

b) Am 15. 04. 01 bestellt Kunde Kurz telefonisch einen »Guilde Clown«, den er am 02. 05. 01 bei Otto abholt und bezahlt.

c) Am 15. 05. 01 kauft der Kunde Bolte ein Tafelservice zum Preis von 1 400 €. 400 € zahlt er sofort bei Übergabe des Tafelservice, die restlichen 1 000 € in fünf Monatsraten à 200 € beginnend ab 01. 06. 01. Otto behält sich lt. Kaufvertrag bis zur vollständigen Bezahlung des Kaufpreises das Eigentum am Tafelservice vor.

d) Otto verkauft auch Armbanduhren. Am Abend des 15. 06. 01 stiehlt er die goldene Armbanduhr des Jürgen Arm und verkauft sie am 17. 06. 01 für 250 € in seinem Geschäft. Am 18. 06. 01 zeigt Otto Reue und überweist die 250 € an Jürgen Arm.

e) Zur Absicherung eines betrieblichen Darlehns hat Otto seiner Bank den betrieblichen Pkw sicherungsübereignet.

LÖSUNG

a) Mit dem Verkauf des privaten Grundstücks tätigt Otto eine Lieferung einer unbeweglichen Sache (§ 3 Abs. 1 UStG i. V. m. Abschn. 3.1 Abs. 1 Satz 1 und 2 UStAE). Die Verschaffung der Verfügungsmacht erfolgt mit Übergang von Besitz, Nutzen und Lasten am 01. 12. 01 (wirtschaftliches Eigentum nach § 39 Abs. 2 Nr. 1 Satz 1 AO). Die zivilrechtliche Eigentumsübertragung findet erst am 11. 01. 02 mit der Eintragung ins Grundbuch statt (§ 873 Abs. 1 BGB). Die Lieferung ist jedoch nicht steuerbar, da Otto das zum Privatvermögen gehörende Einfamilienhaus nicht im Rahmen seines Unternehmens liefert (§ 1 Abs. 1 Nr. 1 Satz 1 UStG i. U.).

b) Mit dem Verkauf des »Guilde Clown« tätigt Otto eine Lieferung. Liefergegenstand ist eine bewegliche Sache. Die Verschaffung der Verfügungsmacht erfolgt durch Einigung und Übergabe am 02. 05. 01 (Erfüllungsgeschäft, § 929 Satz 1 BGB i. V. m. Abschn. 3.1 Abs. 2 Satz 4 UStAE) und nicht am 15. 04. 01 (Verpflichtungsgeschäft, § 433 BGB).

c) Mit dem Verkauf des Tafelservice tätigt Otto eine Lieferung, nämlich die Lieferung einer Sachgesamtheit (Abschn. 3.1 Abs. 1 Satz 3 UStAE). Zivilrechtlicher Eigentümer wird der Kunde beim Eigentumsvorbehalt erst mit der Zahlung der letzten Rate (§ 449 Abs. 1 BGB). Umsatzsteuerrechtlich liegt dagegen eine Lieferung bereits mit Übergabe am 15. 05. 01 vor, da das wirtschaftliche Eigentum bereits dann übertragen wird (§ 39 Abs. 2 Nr. 1 Satz 1 AO i. V. m. Abschn. 3.1 Abs. 3 Satz 4 UStAE).

d) Mit dem Verkauf der gestohlenen Armbanduhr tätigt Otto eine Lieferung. Sie gilt mit Verschaffung der Verfügungsmacht am 17. 06.01 als ausgeführt. Obwohl zivilrechtlich an gestohlenen Sachen kein Eigentum übertragen werden kann, ist Otto Eigenbesitzer (§ 872 BGB) und damit wirtschaftlicher Eigentümer i. S. d. § 39 Abs. 2 Nr. 1 Satz 2 AO. Zwischen Jürgen Arm und Otto liegt kein Leistungsaustausch vor, da bei Jürgen Arm der Lieferwille fehlt. Die Überweisung des Geldes durch Otto ist als echter Schadensersatz anzusehen.

e) Durch die Sicherungsübereignung (zivilrechtliche Eigentumsübertragung nach § 930 BGB) des Pkws an die Bank wird umsatzsteuerlich keine wirtschaftliche Verfügungsmacht verschafft; es liegt daher keine Lieferung vor (§ 39 Abs. 2 Nr. 1 Satz 2 AO i. V. m. Abschn. 3.1 Abs. 3 Satz 1 UStAE).

Ort und Zeitpunkt einer Lieferung

ÜBUNG 6

AUFGABE

Nehmen Sie Stellung zu Ort und Zeitpunkt der folgenden Lieferungen des Autohändlers A.

a) Am 15.01.01 kauft Kunde K im Geschäft des A in Edenkoben einen Pkw für 10 000 € und nimmt ihn sofort mit.

b) Am 15. 02. 01 bringt A vereinbarungsgemäß einen Pkw nach Landau und übergibt ihn dort an den Kunden L. L zahlt 15 000 €.

c) Am 15.03.01 übergibt A einen Pkw der Spedition S. S transportiert den Pkw im Auftrag des A, auf Verlangen des Kunden M, nach Basel (Schweiz). Am 17.03.01 kommt S bei M in Basel an.

d) Am 15.04.01 verkauft A einen Pkw an den Kunden N. Dieser Pkw ist aber von A an B für die Dauer von 14 Tagen nach Kaiserslautern ausgeliehen. A und N einigen sich am 15.04.01 über den Eigentümerwechsel. A tritt den Herausgabeanspruch an N ab. N zahlt sofort 12 000 €.

e) O erwirbt am 15.05.01 von A einen gebrauchten Pkw. Sie einigen sich, dass das Eigentum an dem Pkw zwar sofort übergehen, der Pkw jedoch noch bis zum 31.05.01 bei A verbleiben soll.

f) P aus Mannheim erwirbt am 15. 06. 01 von A einen gebrauchten Pkw und nimmt ihn sofort mit nach Hause.

g) Q aus Mannheim erwirbt am 15.07.01 von A einen gebrauchten Pkw. Am 01.08.01 beauftragt Q das Abschleppunternehmen AS aus Mannheim, den Pkw in Edenkoben abzuholen um ihn nach Mannheim zu transportieren.

LÖSUNG

a) Die Lieferung an den Kunden K ist eine Abhollieferung, da der Gegenstand der Lieferung durch den Abnehmer befördert wird (§ 3 Abs. 5 Satz 2 UStG i. V. m. Abschn. 3.12 Abs. 1 Satz 2 UStAE). Ort der Lieferung ist dort, wo die Beförderung beginnt, somit in Edenkoben (§ 3 Abs. 6 Satz 1 UStG).
§ 3 Abs. 6 Satz 1 UStG bestimmt auch den Zeitpunkt der Lieferung. Danach gilt die Lieferung mit Beginn der Beförderung am 15.01.01 als ausgeführt (Lieferfiktion, Abschn. 3.12 Abs. 7 UStAE). Zivilrechtlich wird das Eigentum nach § 929 Satz 1 BGB zwar auch am 15. 01. 01 übertragen, ist aber für die umsatzsteuerrechtliche Bestimmung des Lieferzeitpunkts unbeachtlich.

b) Bei der Lieferung an den Kunden L liegt ein Befördern i. S. d. § 3 Abs. 6 Satz 2 UStG vor. Ort der Lieferung ist Edenkoben, da dort die Beförderung beginnt (§ 3 Abs. 6 Satz 1 UStG). Die Lieferung gilt mit Beginn der Beförderung als ausgeführt.

c) Bei der Lieferung an den Kunden M handelt es sich um ein Versenden gem. § 3 Abs. 6 Satz 3 UStG. Versenden liegt vor, da A die Beförderung durch einen selbständigen Beauftragten ausführen lässt. Die Lieferung gilt dort als ausgeführt, wo die Versendung an den Abnehmer beginnt. Die Versendung beginnt mit der Übergabe des Gegenstandes an den Beauftragten S (§ 3 Abs. 6 Satz 4 UStG). Der Ort der Lieferung befindet sich demnach in Edenkoben und sie gilt mit Beginn der Versendung als ausgeführt.

d) Am 15. 04. 01 wird das Eigentum am Pkw von A auf N durch Einigung und Abtretung des Herausgabeanspruchs nach § 931 BGB übertragen und somit Verfügungsmacht verschafft. Die Ortsvorschrift des § 3 Abs. 6 Satz 1 UStG kann nicht angewendet werden, da zu diesem Zeitpunkt weder ein Befördern noch ein Versenden (keine Warenbewegung) vorliegt. Für diese unbewegte Lieferung wird der Ort nach § 3 Abs. 7 Satz 1 UStG bestimmt (Abschn. 3.12 Abs. 6 Satz 1 und 2 UStAE). Die Lieferung wird dort ausgeführt, wo sich der Gegenstand zur Zeit der Verschaffung der Verfügungsmacht befindet. Der Ort befindet sich demnach in Kaiserslautern. Lieferzeitpunkt ist in Fällen einer unbewegten Lieferung der Tag, an dem die Verfügungsmacht verschafft wird, also hier der Abtretungszeitpunkt am 15. 04. 01.

e) Am 15. 05. 01 wird das Eigentum am Pkw von A auf O durch Einigung und Vereinbarung eines Besitzkonstituts nach § 930 BGB übertragen und somit Verfügungsmacht verschafft. Da eine unbewegte Lieferung vorliegt, bestimmt sich der Ort der Lieferung nach § 3 Abs. 7 Satz 1 UStG. Der Ort der Lieferung befindet sich in Edenkoben, da sich dort der Pkw zur Zeit der Verschaffung der Verfügungsmacht befindet. Lieferzeitpunkt ist in Fällen einer unbewegten Lieferung der Tag, an dem die Verfügungsmacht verschafft wird, also hier der Vereinbarungszeitpunkt über das Besitzkonstitut am 15. 05. 01.

f) Die Lieferung an P ist eine Abhollieferung, da der Gegenstand der Lieferung durch den Abnehmer befördert wird. Ort der Lieferung ist dort, wo die Beförderung beginnt, somit in Edenkoben. Die Lieferung gilt mit Beginn der Beförderung am 15. 06. 01 als ausgeführt.

g) Die Lieferung an Q ist eine Versendungslieferung. Versenden liegt vor, da Abnehmer Q die Beförderung durch einen selbständigen Beauftragten ausführen lässt. Ort der Lieferung ist dort, wo die Versendung beginnt, somit in Edenkoben. Die Lieferung gilt mit Beginn der Versendung am 01. 08. 01 als ausgeführt.

Kommissionsgeschäfte

ÜBUNG 7

SACHVERHALT

Weinkommissionär K aus Trier hat von einem Pfälzer Winzer P 100 000 Liter Wein übernommen, um diesen Wein im eigenen Namen aber für Rechnung von P für 1 €/Liter an der Mosel zu verkaufen. K erhält für den Verkauf 20 % Provision. Gleichzeitig hat K von P den Auftrag 80 000 Liter Wein an der Mosel für 1,50 €/Liter im eigenen Namen aber für Rechnung von P zu kaufen. Die Provision hierfür beträgt 15 %. K verkauft am 15. 06. 01 80 000 Liter und am 16. 07. 01 20 000 Liter an zwei Abnehmer an der Mosel. Am 17. 08. 01 kauft er 80 000 Liter von einem Winzer an der Mosel ein.

AUFGABE

Prüfen Sie, zwischen welchen Beteiligten Lieferungen vorliegen.

LÖSUNG

An der vertretbaren Sache »Wein« (§ 91 BGB) wird Verfügungsmacht verschafft (§ 3 Abs. 1 UStG). Ob zunächst einmal eine Lieferung oder mehrere Lieferungen vorliegen hängt davon ab, in welcher Form der Wein geliefert wird. Wird er in »Verpackungseinheiten« (z. B. in Flaschen oder in Fässern) geliefert, dann ist jede solche Einheit ein Liefergegenstand; es liegen dann mehrere Lieferungen vor (»so viele Gegenstände, so viele Lieferungen«). Wird der Wein aber »unverpackt« geliefert (z. B. im Tank eines Lkw), handelt es sich nur um einen Liefergegenstand. Im Folgenden wird aus Vereinfachung von »einer« Lieferung gesprochen.

Bei dem Verkauf des Weines liegt eine Verkaufskommission vor (§ 383 Abs. 1 HGB). Winzer P ist Kommittent. Gem. § 3 Abs. 3 i. V. m. Abs. 1 UStG liegt beim Kommissionsgeschäft zwischen dem Kommittenten und dem Kommissionär eine Lieferung vor. Die Lieferung des Kommittenten an den Kommissionär gilt aber erst im Zeitpunkt der Lieferung des Kommissionsgutes an den Abnehmer als ausgeführt (Abschn. 3.1 Abs. 3 Satz 7 UStAE). Am 15. 06. 01 und am 16. 07. 01 erfolgen somit Lieferungen zwischen P und K sowie zwischen K und den beiden Abnehmern (§ 3 Abs. 3 i. V. m. Abs. 1 UStG).

Bei dem Einkauf des Weines handelt es sich um eine Einkaufskommission (§ 383 Abs. 1 HGB). Der Verkäufer liefert an den Kommissionär, da zwischen diesen beiden der Kaufvertrag abgeschlossen wird und der Kommissionär liefert i. d. R. zeitgleich an den Kommittenten (§ 3 Abs. 3 i. V. m. Abs. 1 UStG). Alle Lieferungen gelten am 17. 08. 01 als ausgeführt.

Ort und Zeitpunkt von Lieferungen bei Kommissionsgeschäften

ÜBUNG 8

SACHVERHALT

Der Pfälzer Winzer P (siehe Übung 7) beauftragt am 15. 03. 01 den Weinkommissionär K aus Trier 100 000 Liter für 1 €/Liter im eigenen Namen aber für Rechnung des P zu verkaufen. Am 15. 06. 01 verkauft K diese 100 000 Liter an den Abnehmer Z in Zell an der Mosel.

a) P bringt den Wein am 15. 04. 01 zu K. K bringt den Wein am 17. 06. 01 zu Z.
b) P bringt den Wein am 15. 04. 01 zu K. Z holt den Wein am 17. 06. 01 bei K ab.

AUFGABE

Bestimmen Sie Ort und Zeitpunkt der Lieferungen.

LÖSUNG

a) Bei der Übergabe des Kommissionsgutes an den Verkaufskommissionär liegt (noch) keine Lieferung i. S. d. § 3 Abs. 1 UStG vor, da Kommittent P dem Verkaufskommissionär K nur den Besitz an dem Kommissionsgut mit der Ermächtigung überträgt, hierüber im eigenen Namen nach § 185 Abs. 1 BGB zu verfügen. Die Beförderung des Kommissionsguts durch P an den Kommissionär K ist daher lediglich ein rechtsgeschäftsloses Verbringen. Der Verkauf des Weins von K an Z ist eine bewegte Lieferung (§ 3 Abs. 1 UStG), da K den Wein zu Z befördert (§ 3 Abs. 6 Satz 2 UStG). Ort dieser Lieferung ist Trier (§ 3 Abs. 6 Satz 1 UStG). Sie gilt mit Beginn der Beförderung am 17. 06. 01 als ausgeführt (Lieferfiktion).
Im Innenverhältnis liegt zwischen P und K zivilrechtlich eine Geschäftsbesorgung (§ 675 BGB i. V. m. § 383 ff. HGB) vor. Nur über die Spezialregelung des § 3 Abs. 3 i. V. m. Abs. 1 UStG wird zwischen dem P und K eine Lieferung fingiert. Diese Lieferung findet aber erst im Zeitpunkt der Lieferung des Weins von K an den Abnehmer statt (Abschn. 3.1 Abs. 3 Satz 7 UStAE). Am 17. 06. 01 gilt demnach auch die Lieferung des Kommittenten P an den Verkaufskommissionär K als ausgeführt. Der Ort dieser unbewegten Lieferung bestimmt sich nach § 3 Abs. 7 Satz 1 UStG. Sie wird dort ausgeführt, wo sich der Gegenstand zur Zeit der Verschaffung der Verfügungsmacht befindet. Maßgebend ist die Verschaffung der Verfügungsmacht von P auf K, die zivilrechtlich nicht stattfinden kann, durch § 3 Abs. 3 UStG also auch fingiert werden muss. Über Abschn. 3.1 Abs. 3 Satz 7 UStAE lässt sich dieser Zeitpunkt auf den Zeitpunkt der Lieferung von K auf Z fingieren, also der 17. 06. 01. Ort der Lieferung ist demnach Trier.

b) Am 15. 04. 01 handelt es sich um ein rechtsgeschäftsloses Verbringen von P (siehe Lösung a). Der Ort der bewegten Lieferung des K an Z bestimmt sich nach § 3 Abs. 6 Satz 1 UStG. Der Gegenstand der Lieferung wird durch den Abnehmer Z befördert (Abhollieferung). Der Ort der Lieferung ist dort, wo die Beförderung beginnt, also Trier. Sie gilt mit Beginn der Beförderung am 17. 06. 01 als ausgeführt. Der Ort der unbewegten Lieferung des P an K befindet sich gem. § 3 Abs. 7 Satz 1 UStG ebenfalls in Trier. P liefert an K zum gleichen Zeitpunkt wie K an Z.

ÜBUNG 9 Reihengeschäft

SACHVERHALT

Unternehmer U1 aus Edenkoben verkauft im eigenen Namen und auf eigene Rechnung an Unternehmer U2 aus Trier 100 000 Liter Wein. Dieser verkauft den Wein an den Abnehmer Z in Zell (Mosel).

a) U1 befördert am 15. 06. 01 den Wein mit eigenem Lkw direkt von Edenkoben an den Abnehmer Z nach Zell.

b) U1 beauftragt einen Spediteur S den Wein direkt an den Abnehmer Z in Zell zu befördern. U1 übergibt den Wein am 15. 06. 01 an S.

c) Abnehmer Z aus Zell holt den Wein direkt am 15. 06. 01 mit eigenem Lkw bei U1 in Edenkoben ab.

d) U2 holt den Wein bei U1 ab und liefert unmittelbar an Z aus.

AUFGABE

Bestimmen Sie Ort und Zeitpunkt der Lieferungen.

LÖSUNG

An der vertretbaren Sache »Wein« (§ 91 BGB) wird Verfügungsmacht verschafft (§ 3 Abs. 1 UStG). Ob zunächst einmal eine Lieferung oder mehrere Lieferungen vorliegen hängt davon ab, in welcher Form der Wein geliefert wird. Wird er in »Verpackungseinheiten« (z. B. in Flaschen oder in Fässern) geliefert, dann ist jede solche Einheit ein Liefergegenstand; es liegen dann mehrere Lieferungen vor (»so viele Gegenstände, so viele Lieferungen«). Wird der Wein aber »unverpackt« geliefert (z. B. im Tank eines Lkw), handelt es sich nur um einen Liefergegenstand. Im Folgenden wird aus Vereinfachung von »einer« Lieferung gesprochen.

Es liegt ein Reihengeschäft vor, da mehrere Unternehmer (U1 und U2) über denselben Gegenstand (Wein) Umsatzgeschäfte (Kaufverträge) abschließen und der Gegenstand bei der Beförderung oder Versendung unmittelbar vom ersten Unternehmer (U1) an den letzten Abnehmer (Z) gelangt (§ 3 Abs. 6 Satz 5 UStG). Die Beförderung oder Versendung des Gegenstandes ist dabei nur einer der Lieferungen zuzuordnen.

a) **Lieferung U1 an U2**
U1 befördert den Wein zu Z. Der Ort der bewegten Lieferung bestimmt sich nach § 3 Abs. 6 Satz 1 und 2 UStG. Er ist dort, wo die Beförderung beginnt, somit in Edenkoben. Sie gilt mit Beginn der Beförderung als ausgeführt (Lieferfiktion).
Lieferung U2 an Z
Die Beförderung des Gegenstandes wird der Lieferung U1 an U2 zugeordnet. Bei der Lieferung U2 an Z handelt es sich daher um eine unbewegte Lieferung. Da diese Lieferung der Beförderungslieferung folgt, gilt sie nach § 3 Abs. 7 Satz 2 Nr. 2 UStG dort als ausgeführt, wo die Beförderung des Gegenstandes endet, somit in Zell. Dies ist auch der Lieferzeitpunkt (Lieferfiktion).

b) wie a), nur jetzt Versendung durch U1 (§ 3 Abs. 6 Satz 3 und 4 UStG).

c) **Lieferung U1 an U2**
Die Beförderung des Gegenstandes wird der Lieferung U2 an Z zugeordnet, da Z den Wein bei U1 abholt (Abhollieferung). Bei der Lieferung U1 an U2 handelt es sich daher um eine unbewegte Lieferung. Da diese Lieferung der Beförderungslieferung vorangeht, gilt sie nach § 3 Abs. 7 Satz 2 Nr. 1 UStG dort als ausgeführt, wo die Lieferung beginnt, somit in Edenkoben. Dies ist auch der Lieferzeitpunkt (Lieferfiktion).
Lieferung U2 an Z
Ort dieser bewegten Lieferung ist dort, wo die Beförderung beginnt, somit in Edenkoben. Sie gilt mit Beginn der Beförderung als ausgeführt (Lieferfiktion).

d) **Lieferung Ul an U2**
Hier wird der Liefergegenstand durch den Abnehmer U2 befördert, der zugleich Lieferer der Lieferung U2 an Z ist. Grundsätzlich wird die Beförderung der Lieferung U1 an U2 zugeordnet (§ 3 Abs. 6 Satz 6 1. Alternative UStG). Der Ort dieser bewegten Lieferung befindet sich nach § 3 Abs. 6 Satz 1 UStG in Edenkoben. Sie gilt mit Beginn der Beförderung als ausgeführt (Lieferfiktion).
Lieferung U2 an Z
Die Beförderung des Gegenstandes wird der Lieferung U1 an U2 zugeordnet. Bei der Lieferung U2 an Z handelt es sich daher um eine unbewegte Lieferung. Da diese Lieferung der Beförderungslieferung folgt, gilt sie nach § 3 Abs. 7 Satz 2 Nr. 2 UStG dort als ausgeführt, wo die Beförderung des Gegenstandes endet, somit in Zell. Dies ist auch der Lieferzeitpunkt (Lieferfiktion).

ÜBUNG 10 Reihengeschäfte innerhalb einer Verkaufskommission

SACHVERHALT

1. Der Pfälzer Winzer P (siehe Übung 7 und 8) aus Edenkoben beauftragt am 15. 05. 01 den Weinkommissionär K in Lindau (Bayern) 100 000 Liter Wein im eigenen Namen und für Rechnung des P zu verkaufen. K erhält eine Provision i. H. v. 15 %. K verkauft den Wein am 15.06.01 an eine Weinhandlung W in Bern (Schweiz) für 1,80 €/Liter. Nach Absprache mit K bringt P den Wein am 19. 06. 01 mit eigenem Lkw zu W nach Bern. W zahlt an P 180 000 €.
2. Wie 1. Fall, nur holt jetzt K den Wein bei P ab und liefert ihn unmittelbar an W aus; K weist nach, dass er als Lieferer befördert (Abschn. 3.14 Abs. 9 und 10 UStAE).

AUFGABE

Bestimmen Sie Ort und Zeitpunkt der jeweiligen Lieferungen.

LÖSUNG

1. Der Verkauf des Weines wird im Rahmen einer Verkaufskommission vollzogen (§ 383 Abs. 1 HGB). Winzer P ist Kommittent. Nur über die Spezialregelung des § 3 Abs. 3 i. V. m. Abs. 1 UStG wird zwischen dem P und K eine Lieferung fingiert. Die Lieferung P an K findet zum gleichen Zeitpunkt statt wie die Lieferung K an W (Abschn. 3.1 Abs. 3 Satz 7 UStAE). Da P (als Dritter) den Wein zu W befördert, gilt die Lieferung zwischen K und W mit Beginn der Beförderung am 19. 06. 01 als ausgeführt (Lieferfiktion).
   Es liegt hier auch ein Reihengeschäft vor, da mehrere Unternehmer (P und K) über denselben Gegenstand (Wein) Umsatzgeschäfte (Kaufverträge) abschließen und der Gegenstand bei der Beförderung unmittelbar vom ersten Unternehmer (P) an den letzten Abnehmer (W) gelangt (§ 3 Abs. 6 Satz 5 UStG). Die Beförderung des Gegenstandes ist dabei nur einer der Lieferungen zuzuordnen. Das Reihengeschäft »überlagert« die Verkaufskommission, mit der Folge, dass Ort und Zeitpunkt der jeweiligen Lieferungen, nach den Grundsätzen für Reihengeschäfte zu beurteilen sind.
   Lieferung P an K
   P befördert den Wein zu W. Der Ort der bewegten Lieferung bestimmt sich nach § 3 Abs. 6 Satz 1 und 2 UStG. Er ist dort, wo die Beförderung beginnt, somit in Edenkoben. Sie gilt mit Beginn der Beförderung am 19. 06. 01 als ausgeführt (Lieferfiktion). **(Hinweis:** Hier wäre die Steuerbefreiung nach § 4 Nr. 1 Buchst. a i. V. m. § 6 UStG »Ausfuhrlieferung« zu prüfen).
   Lieferung K an W
   Die Beförderung des Gegenstandes wird der Lieferung P an K zugeordnet. Bei der Lieferung K an W handelt es sich daher um eine unbewegte Lieferung. Da diese Lieferung der Beförderungslieferung folgt, gilt sie nach § 3 Abs. 7 Satz 2 Nr. 2 UStG dort als ausgeführt, wo die Beförderung des Gegenstandes endet, somit in Bern (Schweiz ist Drittlandsgebiet, § 1 Abs. 2 a Satz 3 UStG). Dies ist auch der Lieferzeitpunkt (Lieferfiktion). Diese Lieferung ist nicht steuerbar.
2. Es liegt auch hier ein Reihengeschäft vor. Die Beförderung des Gegenstandes ist dabei nur einer der Lieferungen zuzuordnen.
   Lieferung K an W
   Der Wein wird durch den Abnehmer K befördert, der zugleich Lieferer der Lieferung K an W ist. Grundsätzlich wird die Beförderung der Lieferung P an K zugeordnet (§ 3 Abs. 6

Satz 6 Halbsatz 1 UStG). Da aber K nachweisen kann, dass er den Wein als Lieferer befördert hat, ist seine Lieferung an W die bewegte Lieferung (§ 3 Abs. 6 Satz 6 Halbsatz 2 UStG). Der Ort dieser bewegten Lieferung befindet sich nach § 3 Abs. 6 Satz 1 und 2 UStG in Edenkoben. Sie gilt mit Beginn der Beförderung als ausgeführt (Lieferfiktion). (**Hinweis:** Hier wäre die Steuerbefreiung nach § 4 Nr. 1 Buchst. a i. V. m. § 6 UStG »Ausfuhrlieferung« zu prüfen.)

Lieferung P an K

Die Beförderung wird der Lieferung K an W zugeordnet. Bei der Lieferung P an K handelt es sich daher um eine unbewegte Lieferung. Sie gilt nach § 3 Abs. 7 Satz 2 Nr. 1 UStG als in Edenkoben ausgeführt, da dort die Beförderung beginnt. Dies ist auch der Lieferzeitpunkt (Lieferfiktion). (**Hinweis:** Eine Steuerbefreiung nach § 4 Nr. 1 Buchst. a i. V. m. § 6 UStG »Ausfuhrlieferung« kommt bei ruhenden Lieferungen nicht in Betracht.)

Lieferort nach § 3 Abs. 8 UStG — ÜBUNG 11

SACHVERHALT

1. Unternehmer S aus Bern in der Schweiz liefert an Unternehmer U in Frankfurt/Main Radiogeräte. Am 15. 06. 01 beauftragt S den Spediteur T die Radiogeräte nach Frankfurt zu befördern. T übergibt am 16. 06. 01 die Geräte an U in Frankfurt.

a) Die Lieferkondition lautet: »verzollt und versteuert«.

b) Die Lieferkondition lautet: »unverzollt und unversteuert«.

c) Abwandlung: U aus Frankfurt holt die Geräte am 15. 06. 01 mit eigenem Lkw bei S in der Schweiz ab und ist Schuldner der EUSt.

2. Unternehmer U aus Frankfurt/Main bestellt am 14. 05. 01 Radiogeräte bei Unternehmer F aus Frankfurt/Oder. Unternehmer F bestellt seinerseits die Radiogeräte bei Unternehmer K in Russland. K bringt am 15. 06. 01 die Radiogeräte mit eigenem Lkw direkt zu U nach Frankfurt/Main und übergibt sie dort am 16. 06. 01. K ist Schuldner der deutschen EUSt.

AUFGABE

Bestimmen Sie Ort und Zeitpunkt der Lieferungen. Auf die umsatzsteuerliche Behandlung der Einfuhr (§ 1 Abs. 1 Nr. 4 UStG) ist nicht einzugehen.

LÖSUNG

1.

a) Es liegen mehrere Lieferungen vor, da an mehreren Radiogeräten Verfügungsmacht verschafft wird (»so viele Gegenstände, so viele Lieferungen«, § 3 Abs. 1 UStG). Im Folgenden wird aus Vereinfachung von »einer« Lieferung gesprochen.

Die bewegte Lieferung von S an U gilt nach § 3 Abs. 6 Satz 1 UStG als in der Schweiz ausgeführt, da dort die Versendung beginnt (§ 3 Abs. 6 Satz 3 und 4 UStG). Demnach wäre die Lieferung in Deutschland nicht steuerbar. Hier sind aber die Voraussetzungen des § 3 Abs. 8 UStG erfüllt. Der Gegenstand der Lieferung gelangt bei der Versendung aus dem Drittlandsgebiet Schweiz (§ 1 Abs. 2 a Satz 3 UStG) in das Inland und der Lieferer S ist Schuldner der EUSt. Nach § 3 Abs. 8 UStG wird daher der Ort der Lieferung nach Deutschland verlagert. Die Lieferung ist also doch nach § 1 Abs. 1 Nr. 1 Satz 1 UStG in Deutschland steuerbar. Mit Abfertigung zum freien Verkehr beim Zoll wird die Ware im Inland geliefert; dies ist der Lieferzeitpunkt.

b) Schuldner der EUSt ist der Abnehmer U. Die Regelung des § 3 Abs. 8 UStG ist daher nicht anzuwenden, da nicht der Lieferer S Schuldner der EUSt ist. Der Ort der Lieferung befindet sich also gem. § 3 Abs. 6 Satz 1 UStG in der Schweiz. Die Lieferung ist somit nach § 1 Abs. 1 Nr. 1 Satz 1 UStG in Deutschland nicht steuerbar.
c) Lösung wie unter 1.b).

2. Es liegt ein Reihengeschäft vor, da mehrere Unternehmer (K und F) über denselben Gegenstand (Radiogeräte) Umsatzgeschäfte (Kaufverträge) abschließen und der Gegenstand bei der Beförderung unmittelbar vom ersten Unternehmer (K) an den letzten Abnehmer (U) gelangt (§ 3 Abs. 6 Satz 5 UStG). Die Beförderung des Gegenstandes ist dabei nur einer der Lieferungen zuzuordnen.

   Lieferung K an F

   Diese bewegte Lieferung gilt grundsätzlich nach § 3 Abs. 6 Satz 1 und 2 UStG in Russland als ausgeführt, da dort die Beförderung beginnt. Allerdings ist die Vorschrift des § 3 Abs. 8 UStG anzuwenden, da der Gegenstand der Lieferung bei der Beförderung aus dem Drittlandsgebiet in das Inland gelangt und der Lieferer K Schuldner der EUSt ist. Der Ort der Lieferung gilt als im Inland gelegen. K tätigt in Deutschland eine steuerbare Lieferung (s. a. Abschn. 3.14 Abs. 15 UStAE). Mit Abfertigung zum freien Verkehr beim Zoll wird die Ware im Inland geliefert; dies ist der Lieferzeitpunkt.

   Lieferung F an U

   Die Beförderung des Gegenstandes wird der Lieferung K an F zugeordnet. Bei der Lieferung F an U handelt es sich daher um eine unbewegte Lieferung. Da diese Lieferung der Beförderungslieferung folgt, gilt sie nach § 3 Abs. 7 Satz 2 Nr. 2 UStG dort als ausgeführt, wo die Beförderung des Gegenstandes endet, somit in Frankfurt/Main. Dies ist auch der Lieferzeitpunkt (Lieferfiktion). Die Lieferung ist in Deutschland steuerbar. § 3 Abs. 8 UStG findet bei unbewegten Lieferungen keine Anwendung, da der Gegenstand dieser Lieferung weder befördert noch versendet wird.

ÜBUNG 12 Abgrenzung Lieferung – sonstige Leistung

AUFGABE

Entscheiden Sie, ob in den nachfolgenden Fällen Lieferungen oder sonstige Leistungen vorliegen.

1. Architekt A fertigt einen Bauplan.
2. Busunternehmer B führt eine Busreise nach Spanien durch.
3. Eintrittskartenverkauf des 1. FC Kaiserslautern.
4. Spediteur S befördert Wein im Auftrag des Winzers P von Edenkoben zum Abnehmer Z nach Zell/Mosel.
5. Unternehmer U veräußert sein privat genutztes Einfamilienhaus an B.
6. Rentner R vermietet 2 Eigentumswohnungen.
7. Steuerberater S erstellt die USt-Erklärung eines Mandanten.
8. Das Elektrizitätswerk E liefert Strom.

LÖSUNG

1. A tätigt eine sonstige Leistung (Dienstleistung) gem. § 3 Abs. 9 Satz 1 UStG (Abschn. 3.1 Abs. 4 Satz 1 und 2 UStAE).
2. B tätigt eine sonstige Leistung (Reiseleistung).

3. Mit dem Verkauf der Eintrittskarte gewährt der 1. FC Kaiserslautern das Recht, das Fußballspiel zu besuchen. Es handelt sich um eine sonstige Leistung.
4. S tätigt eine sonstige Leistung (Beförderungsleistung).
5. Das Einfamilienhaus ist ein Gegenstand. U tätigt gem. § 3 Abs. 1 UStG eine unbewegte Lieferung, die aber nicht steuerbar ist, da das private Haus nicht zum Rahmen des Unternehmens gehört (§ 1 Abs. 1 Nr. 1 Satz 1 UStG i. U.).
6. R tätigt sonstige Leistungen (Vermietungsleistungen) gem. § 3 Abs. 9 Satz 1 und 2 UStG.
7. S tätigt eine sonstige Leistung (Dienstleistung).
8. E tätigt Lieferungen. Strom ist ein Wirtschaftsgut, das im Wirtschaftsverkehr wie eine körperliche Sache behandelt wird (Abschn. 3.1 Abs. 1 Satz 2 UStAE).

Ort der sonstigen Leistung

ÜBUNG 13

AUFGABE

Bestimmen Sie jeweils den Ort der sonstigen Leistung.

1. Arzt A behandelt Patienten in seiner Praxis in Edenkoben.
2. Notar N in Edenkoben beurkundet den Grundstückskauf für ein Grundstück in Landau. Vertragspartner sind die Unternehmer X und Y aus Neustadt.
3. Rechtsanwalt R aus Edenkoben berät

a) Unternehmer U aus München in dessen Scheidungsangelegenheit,
b) Unternehmer U mit Sitz in München wegen einer Schadensersatzforderung aufgrund einer Warenlieferung,
c) einen Schweizer Privatmann wegen einer Zivilrechtssache beim Amtsgericht Landau,
d) einen französischen Privatmann wegen einer Zivilrechtssache beim Amtsgericht Landau.

4. Ein französischer Rechtsanwalt berät

a) einen deutschen Unternehmer in Unternehmensfragen,
b) einen deutschen Privatmann.

5.

a) Ein Unternehmer aus Karlsruhe mietet bei einem in der Schweiz ansässigen Autovermieter für 20 Tage einen Pkw und nutzt ihn im Inland.
b) Ein Unternehmer aus Karlsruhe mietet bei einem in Frankreich ansässigen Autovermieter für 20 Tage einen Pkw und nutzt ihn im Inland.

6. Ein Amerikaner mietet sich für eine achtwöchige Rundreise durch Deutschland und die Benelux-Länder einen Pkw bei einer Firma in Frankfurt.
7. Unternehmer V aus Edenkoben vermietet Wohnwagen, die auf Campingplätzen in Frankreich aufgestellt sind zum ausschließlichen stationären Gebrauch.
8. Unternehmer W aus Landau vermietet kurzfristig Transportbetonmischer, Bagger und Planierraupen an verschiedene Unternehmer im Inland, im Gemeinschaftsgebiet und im Drittlandsgebiet.
9. Unternehmer B mit Sitz in Edenkoben vermietet Ferienwohnungen in Österreich.
10. Makler M aus Wiesbaden vermittelt den Verkauf eines Mietwohngrundstücks in München.
11. Die Zeitung »Rheinpfalz« mit Sitz in Ludwigshafen veröffentlicht eine Immobilienanzeige über den Verkauf des Mietwohngrundstücks in München.
12. Rechtsanwalt S aus Landau berät den Grundstückseigentümer G aus München in dessen Grundstücksangelegenheit.

13. Die Pop-Gruppe »Büttels« gibt aufgrund eines Vertrages mit einer inländischen Konzertagentur ein Konzert in Mannheim. Die amerikanische Schallplattenfirma zeichnet aufgrund eines Vertrages mit der Pop-Gruppe das Konzert auf.
14. Handelsvertreter H aus Stuttgart vermittelt für die Firma »Staubweg« aus Karlsruhe Kaufverträge für Staubsauger, die in Deutschland verkauft werden. Die Firma Staubweg versendet die Staubsauger an die jeweiligen Abnehmer.

LÖSUNG

1. Arzt A erbringt an seine Patienten sonstige Leistungen (§ 3 Abs. 9 Satz 1 UStG). Der Ort bestimmt sich nach § 3a Abs. 1 Satz 1 UStG und befindet sich in Edenkoben.
2. N tätigt eine sonstige Leistung, die mit der Veräußerung oder dem Erwerb von Grundstücken zusammenhängt (Abschn. 3a.3 Abs. 7 UStAE). Der Ort ist nach § 3a Abs. 3 Nr. 1 Satz 2 Buchst. b i. V. m. Satz 1 UStG dort, wo das Grundstück liegt, somit in Landau.
3. Der Rechtsanwalt tätigt eine Beratungsleistung.
§ 3a Abs. 4 Satz 2 Nr. 3 i. V. m. Satz 1 UStG sind im Fall a) nicht anzuwenden, da die Leistung zwar nicht für das Unternehmen des U ausgeführt wurde, aber U als Privatmann seinen Wohnsitz nicht in einem Drittland hat. Der Ort für die Beratungsleistung an U befindet sich daher gem. § 3a Abs. 1 Satz 1 UStG in Edenkoben. Im Fall b) befindet sich der Ort für die Beratungsleistung gem. § 3a Abs. 2 Satz 1 UStG am Empfängersitz des Unternehmers U in München.
Im Fall c) ist Empfänger ein Privatmann mit Wohnsitz in einem Drittland (§ 1 Abs. 2 a Satz 3 UStG). Der Ort befindet sich daher gem. § 3a Abs. 4 Satz 2 Nr. 3 i. V. m. Satz 1 UStG in der Schweiz.
Im Fall d) ist § 3a Abs. 4 Satz 2 Nr. 3 i. V. m. Satz 1 UStG nicht anzuwenden, da der Empfänger als Privatmann seinen Wohnsitz im übrigen Gemeinschaftsgebiet (§ 1 Abs. 2 a Satz 1 UStG) hat. Der Ort befindet sich gem. § 3a Abs. 1 Satz 1 UStG in Edenkoben.
4.

a) Der französische Rechtsanwalt tätigt eine sonstige Leistung. Da Empfänger dieser Leistung ein deutscher Unternehmer ist, liegt der Ort gem. § 3a Abs. 2 Satz 1 UStG in Deutschland.
b) Der Ort befindet sich gem. § 3a Abs. 1 Satz 1 UStG in Frankreich. Die sonstige Leistung ist nicht steuerbar.

5.

a) Es handelt sich um eine kurzfristige Vermietung i. S. d. § 3a Abs. 3 Nr.2 Satz 2 Buchst. b UStG. Der Ort richtet sich in diesen Fällen grundsätzlich nach § 3a Abs. 3 Nr. 2 Satz 1 UStG. Die Vermietungsleistung wäre demnach an dem Ort ausgeführt, an dem der Pkw tatsächlich zur Verfügung gestellt wird (Übergabeort, Abschn. 3a.5 Abs. 6 Satz 1 UStAE) = Schweiz. Nach der abweichenden Regelung des § 3a Abs. 6 Satz 1 Nr. 1 UStG ist die Leistung jedoch als im Inland ausgeführt zu behandeln.
b) Es handelt sich um eine kurzfristige Vermietung i. S. d. § 3a Abs. 3 Nr.2 Satz 2 Buchst. b UStG. Der Ort richtet sich nach § 3a Abs. 3 Nr. 2 Satz 1 UStG. Die Vermietungsleistung ist demnach an dem Ort ausgeführt, an dem der Pkw tatsächlich zur Verfügung gestellt wird (Übergabeort) = Frankreich. Die abweichende Regelung des § 3a Abs. 6 Satz 1 Nr. 1 UStG kommt nicht in Betracht, da der vermietende Unternehmer sein Unternehmen nicht von einem im Drittlandsgebiet liegenden Ort aus betreibt.

6. Es handelt sich nicht um eine kurzfristige Vermietung i. S. d. § 3a Abs. 3 Nr.2 Satz 2 Buchst. b UStG, da die Dauer der Vermietung 30 Tage überschreitet. Der Ort der langfris-

tigen Vermietung richtet sich nach § 3a Abs. 3 Nr. 2 Satz 3 UStG i. V. m. Abschn. 3a.5 Abs. 7 UStAE = Frankfurt. § 3a Abs. 4 Satz2 Nr. 10 i. V. m. Satz 1 UStG findet keine Anwendung, da die Vermietung von Beförderungsmitteln ausgenommen ist.

7. Es handelt sich um eine sonstige Leistung im Zusammenhang mit einem Grundstück (Abschn. 3a.3 Abs. 5 Satz 2 ff. UStAE). Der Ort befindet sich gem. § 3a Abs. 3 Nr. 1 Satz 2 Buchst. a i. V. m. Satz 1 UStG in Frankreich.
8. Die Vermietung des Transportbetonmischers ist eine Vermietung eines Beförderungsmittels (Abschn. 3a.5 Abs. 2 Satz 2 UStAE). Der Ort bestimmt sich daher grds. nach § 3a Abs. 3 Nr. 2 Satz 1 i. V. m. Satz 2 Buchst. b UStG. Vermietet aber ein Unternehmer, der sein Unternehmen vom Inland aus betreibt, kurzfristig ein ausschließlich zur Beförderung von Gegenständen bestimmtes Straßenfahrzeug, ist diese Leistung als im Drittland ausgeführt zu behandeln, wenn nach § 3a Abs. 7 Satz 1 UStG der Leistungsempfänger ein im Drittlandsgebiet ansässiger Unternehmer ist, das Straßenfahrzeug für das Unternehmen des Leistungsempfängers bestimmt ist und es im Drittlandsgebiet genutzt wird.
   Die Vermietung von Baggern und Planierraupen (keine Beförderungsmittel, Abschn. 3a.5 Abs. 2 Satz 3 UStAE) ist eine Vermietung körperlicher Gegenstände. § 3a Abs. 4 Satz 2 Nr. 10 i. V. m. Satz 1 UStG findet keine Anwendung, da es sich bei den Leistungsempfängern um Unternehmer handelt. § 3a Abs. 3 Nr. 2 und Abs. 7 UStG scheiden ebenfalls aus, da es sich nicht um Beförderungsmittel handelt. Demnach kommt es zur Grundregel nach § 3a Abs. 2 Satz 1 UStG (Empfängersitzprinzip).
9. Der Ort befindet sich gem. § 3a Abs. 3 Nr. 1 Satz 2 Buchst. a i. V. m. Satz 1 UStG in Österreich.
10. Der Ort befindet sich gem. § 3a Abs. 3 Nr. 1 Satz 2 Buchst. b i. V. m. Satz 1 UStG in München (Abschn. 3a.3 Abs. 7 Satz 1 UStAE).
11. Die Veröffentlichung von Immobilienanzeigen durch Zeitungen steht nicht im engen Zusammenhang mit einem Grundstück (Abschn. 3a.3 Abs. 10 Nr. 5 UStAE). § 3a Abs. 3 Nr. 1 UStG findet daher keine Anwendung. Es ist eine sonstige Leistung, die der Werbung dient, anzunehmen (§ 3a Abs. 4 Satz 2 Nr. 2 UStG), aber Leistungsempfänger ist ein Unternehmer, sodass § 3a Abs. 4 Satz 1 UStG nicht in Betracht kommen kann. Der Ort ist somit nach § 3a Abs. 2 Satz 1 UStG dort, wo der verkaufende Unternehmer sein Unternehmen betreibt. Vertretbar ist auch die Ansicht, dass die sonstige Leistung an die Betriebsstätte (Grundstück) erbracht wird und der Ort sich folglich nach § 3a Abs. 2 Satz 2 UStG (Belegenheitsort des Grundstücks = München) bestimmen würde.
12. Die Rechtsberatung in Grundstückssachen steht ebenfalls nicht im Zusammenhang mit einem Grundstück (Abschn. 3a.3 Abs. 10 Nr. 7 UStAE). § 3a Abs. 3 Nr. 1 UStG findet daher keine Anwendung. Es ist eine sonstige Leistung, i. S. d. § 3a Abs. 4 Satz 2 Nr. 3 UStG anzunehmen, aber Leistungsempfänger ist ein Unternehmer, sodass § 3a Abs. 4 Satz 1 UStG nicht in Betracht kommen kann. Der Ort ist somit nach § 3a Abs. 2 Satz 1 UStG dort, wo der Leistungsempfänger sein Unternehmen betreibt (München). Vertretbar ist auch die Ansicht, dass die sonstige Leistung an die Betriebsstätte (Grundstück) erbracht wird und der Ort sich folglich nach § 3a Abs. 2 Satz 2 UStG (Belegenheitsort des Grundstücks) bestimmen würde.
13. Die Pop-Gruppe erbringt zwar eine künstlerische Leistung i. S. d. § 3a Abs. 3 Nr. 3 Buchst. a UStG, aber Empfänger der Leistung ist ein Unternehmer, sodass § 3a Abs. 3 Nr. 3 Buchst. a UStG nicht greifen kann. Der Ort bestimmt sich demnach nach § 3a Abs. 2 Satz 1 UStG und befindet sich im Inland. Der Ort befindet sich in Mannheim. Mit der Aufzeichnung des Konzerts für eine Schallplattenproduktion überträgt die Pop-Gruppe

Nutzungsrechte an ihrem Urheberrecht. Es ist zwar eine sonstige Leistung, i. S. d. § 3a Abs. 4 Satz 2 Nr. 1 UStG anzunehmen, aber Leistungsempfänger ist ein Unternehmer, sodass § 3a Abs. 4 Satz 1 UStG nicht in Betracht kommen kann. Für den Ort dieser Leistung ist § 3a Abs. 2 Satz 1 UStG maßgeblich. Der Ort befindet sich somit in Amerika.

14. Zwischen H und der Firma »Staubweg« liegt ein Agenturgeschäft vor (§ 84 HGB). H handelt im Namen und für Rechnung der Firma. H erbringt daher eine sonstige Leistung. Der Ort bestimmt sich nicht nach § 3a Abs. 3 Nr. 4 UStG, da der Leistungsempfänger Unternehmer ist. Für den Ort dieser Leistung ist § 3a Abs. 2 Satz 1 UStG maßgeblich. Der Ort befindet sich somit in Karlsruhe.

ÜBUNG 14 Abgrenzung Werklieferung – Werkleistung

AUFGABE

Entscheiden Sie, ob in den nachfolgenden Fällen Werkleistungen oder Werklieferungen vorliegen.

1. Bauer B fährt seinen Weizen zur Mühle, wartet bis sein Weizen vermahlen ist und nimmt das Mehl mit. Er entrichtet einen Mahllohn.
2. Ein Kunde gibt bei einem Friedhofsgärtner
a) nur die Pflege eines Grabes,
b) nur die Grabbepflanzung,
c) die Bepflanzung und laufende Pflege in Auftrag.

LÖSUNG

1. Zwischen der Mühle und B wurde ein Werkvertrag geschlossen (§ 631 BGB). Es handelt es sich um eine Materialgestellung des B, da er den gesamten Hauptstoff stellt (Abschn. 3.8 Abs. 2 Satz 4 UStAE). Somit liegt eine Werkleistung der Mühle vor (§ 3 Abs. 4 Satz 1 i. U. i. V. m. Abs. 9 Satz 1 UStG).
2.
a) Es handelt sich um eine Werkleistung, da zwischen dem Kunden und dem Gärtner ein Werkvertrag über die Grabpflege abgeschlossen wurde, dabei aber keinerlei Hauptstoffe (Pflanzen) vom Unternehmer beschafft werden müssen (§ 3 Abs. 4 Satz 1 i. V. m. Abs. 9 Satz 1 UStG).
b) Es handelt sich um eine Werklieferung, da die Hauptstoffe (Pflanzen) durch den Gärtner selbst beschafft werden (§ 3 Abs. 4 UStG).
c) Es handelt sich um eine einheitliche Leistung (Abschn. 3.10 UStAE). Der Auftrag an den Friedhofsgärtner stellt sich wirtschaftlich gesehen als ein Ganzes dar, zumal sich Frühjahrs-, Sommer- und Herbstbepflanzung und Grabpflege abwechseln und aneinander anschließen. Insgesamt handelt es sich um eine Werklieferung.

ÜBUNG 15 Ort einer Werklieferung und Werkleistung

AUFGABE

Bestimmen Sie in den nachfolgenden Fällen den Ort der Werklieferung und Werkleistung.

1. Eine Gebäudereinigungsfirma aus Neustadt/Weinstraße reinigt Gebäude im Kreis Südliche Weinstraße und im nahen Frankreich.
2. Eine Firma aus Mannheim wartet bei der BASF in Ludwigshafen Betriebsvorrichtungen.

3. Kunde K aus Lindau (Bayern) bestellt bei Schreinermeister S aus Konstanz (Baden-Württemberg) einen Schrank, der speziell nach den Wünschen des K in seinem Schlafzimmer eingebaut werden soll. S baut bei K in Lindau die in seiner Schreinerei vorgefertigten Bretter zu der Schrankwand zusammen und passt die Schrankwand in die vorhandene Wandnische im Schlafzimmer des K ein. Noch am gleichen Tag nimmt K das fertige Werk ab.
4. Unternehmer A aus Hamburg bestellt bei Unternehmer B aus München Ballettkleidchen aus Seide »von der Stange«. B kauft die Stoffe bei Stoffhändler H in Bonn und lässt die Kleidchen bei Schneider S in Düsseldorf herstellen. H bringt die Stoffe zu S. Dieser bringt die fertigen Ballettkleidchen im Auftrag des B mit eigenem Lkw zu A nach Hamburg.

LÖSUNG

1. Die Gebäudereinigungsfirma tätigt Werkleistungen im Zusammenhang mit Grundstücken. Es handelt sich um eine Werkleistung, da zwischen der Reinigungsfirma und ihren Kunden ein Werkvertrag nach § 631 BGB abgeschlossen wurde, der in Erbringung einer Dienstleistung besteht (§ 3 Abs. 4 Satz 1 i. U. i. V. m. Abs. 9 Satz 1 UStG). Ort der Werkleistung ist gem. § 3 a Abs. 3 Nr. 1 Satz 1 UStG dort, wo sich das jeweilige Grundstück befindet (Abschn. 3 a.3 Abs. 9 Nr. 4 UStAE).
2. Die Firma aus Mannheim tätigt Werkleistungen (Dienstleistungen) an wesentlichen Bestandteilen von Grundstücken. Ort der Werkleistung ist gem. § 3 a Abs. 3 Nr. 1 Satz 1 UStG dort, wo sich das jeweilige Grundstück befindet (Abschn. 3 a.3 Abs. 9 Nr. 6 UStAE). Der Ort ist in Ludwigshafen.
3. S tätigt eine unbewegte Werklieferung, da Inhalt des Werkvertrags der Schrank ist, der vor Ort an die Gegebenheiten angepasst und dann eingebaut wird. Die Hauptstoffe dazu hat S selbst beschafft (§ 3 Abs. 4 Satz 1 UStG). Der Ort befindet sich gem. § 3 Abs. 7 Satz 1 UStG in Lindau (s. a. Abschn. 3.12 Abs. 4 Satz 1 und 2 UStAE). Die Verfügungsmacht am fertigen Werk »Einbauschrank« wird durch die Abnahme von K verschafft.
4. Es liegt kein Fall des Reihengeschäfts nach § 3 Abs. 6 Satz 5 UStG vor, da die Unternehmer H und B nicht über denselben Gegenstand Liefergeschäfte abgeschlossen haben. H tätigt an B eine Lieferung von Stoffen gem. § 3 Abs. 1 UStG. Der Ort befindet sich in Bonn (§ 3 Abs. 6 Satz 1 und 2 UStG).
   S tätigt an B eine Werkleistung (§ 3 Abs. 4 Satz 1 i. U. i. V. m. Abs. 9 Satz 1 UStG), da der Auftraggeber B den gesamten Hauptstoff stellt (Materialgestellung, Abschn. 3.8 Abs. 2 Satz 4 UStAE). Der Ort bestimmt sich nicht nach § 3 a Abs. 3 Nr. 3 Buchst. c UStG, da der Leistungsempfänger Unternehmer ist. Für den Ort dieser Leistung ist § 3 a Abs. 2 Satz 1 UStG maßgeblich. Der Ort befindet sich somit in München.
   B tätigt an A Lieferungen von Ballettkleidchen. Es liegt hier kein Werkvertrag sondern ein Kaufvertrag über (noch herzustellende) Ballettkleidchen zugrunde, da die Kleidchen nicht nach besonderen individuellen Vorstellungen des A gefertigt werden. Die Verfügungsmacht wird dem A durch einen Dritten (S) im Auftrag des B verschafft. Es handelt sich um ein Versenden gem. § 3 Abs. 6 Satz 3 und 4 UStG (S ist ein selbständiger Beauftragter des B). Der Ort ist nach § 3 Abs. 6 Satz 1 UStG dort, wo die Beförderung beginnt, somit in Düsseldorf.

ÜBUNG 16 Fiktive Lieferungen nach § 3 Abs. 1 b Satz 1 Nr. 1 UStG

AUFGABE

Untersuchen Sie, ob in den nachfolgenden Fällen fiktive Lieferungen i. S. d. § 3 Abs. 1 b Satz 1 Nr. 1 UStG vorliegen.

1. U betreibt in Edenkoben einen Getränkewareneinzelhandel. Seinen Sommerurlaub verbrachte U im Juli 01 in der Schweiz. U schmuggelte in seinem Gepäck 5 Flaschen Whisky in die Schweiz, um ihn dort zu verkaufen. Den Whisky hatte er am 30. 06. 01 seinem Laden entnommen. Es gelang U am 11. 07. 01 4 Flaschen Whisky an einen Gastwirt in Bern (Schweiz) für umgerechnet 160 € zu verkaufen. Eine Flasche musste er selbst verkonsumieren, da er sich nicht mehr traute weitere Abnehmer anzusprechen und auch ein Rücktransport nach Edenkoben als zu gefährlich erschien.
2. Möbelhändler M entnimmt seinem Warenlager einen Schreibtisch und stellt ihn in seine Büroräume.
3. Lebensmittelhändler L verschenkt an die Kinder seiner Kunden Bonbons. Die Anschaffungskosten der Bonbons betrugen jeweils 1 €.
4. Privatmann P erwirbt am 15. 03. 01 einen ausschließlich privat genutzten Computer. Ab 16.04.02 beginnt P eine unternehmerische Tätigkeit. Ab diesem Zeitpunkt wird der Computer ausschließlich unternehmerisch genutzt. Am 01. 05. 03 verschenkt P den Computer an seine Tochter.

LÖSUNG

1. Die Mitnahme des Whiskys erfolgte, um ihn zu verkaufen; somit fällt dieser Vorgang in den unternehmerischen Bereich. Da beim Transport noch kein Abnehmer feststand, handelt es sich insoweit um ein rechtsgeschäftsloses Verbringen. Mit dem Verkauf der 4 Flaschen tätigt U 4 Lieferungen nach § 3 Abs. 1 UStG. Der Ort befindet sich nach § 3 Abs. 6 Satz 1 und 2 UStG in der Schweiz. Die Lieferungen sind nicht steuerbar. Die Verkonsumierung der einen Flasche Whisky stellt eine fiktive Lieferung i. S. d. § 3 Abs. 1 b Satz 1 Nr. 1 und Satz 2 UStG dar.
2. Es handelt sich um einen nicht steuerbaren Innenumsatz (Abschn. 2.7 Abs. 1 Satz 3 UStAE). Es ist keine fiktive Lieferung nach § 3 Abs. 1 b Satz 1 Nr. 1 UStG anzunehmen, da der Schreibtisch das Unternehmen nicht verlässt.
3. Mangels Entgelt liegen nicht steuerbare Lieferungen vor. Der Vorgang ist unternehmerisch veranlasst (Werbung). Es liegen auch keine fiktiven Lieferungen nach § 3 Abs. 1 b Satz 1 Nr. 3 UStG vor, da es sich um Geschenke von geringem Wert handelt (Abschn. 3.3 Abs. 10 und 11 UStAE).
4. Erst ab dem 16. 04. 02 ist der Computer in vollem Umfang Unternehmensvermögen. Bei der Anschaffung des Computers war P als Privatmann nicht zum Vorsteuerabzug berechtigt (§ 15 Abs. 1 Satz 1 Nr. 1 Satz 1 UStG i. U.). Aufgrund der später eingetretenen ausschließlichen unternehmerischen Nutzung kommt P auch dann nicht in den Genuss des zumindest teilweisen Vorsteuerabzugs. Die Anwendung des § 15 a UStG ist dann ausgeschlossen, wenn Wirtschaftsgüter von einem Nichtunternehmer erworben und später für unternehmerische Zwecke verwendet werden (Abschn. 15 a.1 Abs. 6 Satz1 und 2 Nr. 1 UStAE). Da P bei der Anschaffung des Computers nicht zum Vorsteuerabzug berechtigt war, ist die Schenkung an die Tochter auch keine fiktive Lieferung (§ 3 Abs. 1 b Satz 2 UStG), sondern ein nicht steuerbarer Vorgang.

Unternehmensvermögen, Pkw-Entnahme

ÜBUNG 17

SACHVERHALT

Unternehmer U aus Edenkoben erwirbt am 15. 02. 00 einen Pkw für 50 000 € zzgl. USt, den er am 13. 11. 01 seinem Sohn schenkt. Der Einkaufspreis des Pkw im Zeitpunkt der Schenkung beträgt 35 000 €.

Die unternehmerische Nutzung beträgt:

a) 100 %,
b) 30 %,
c) 8 %.

AUFGABE

Prüfen Sie, unter welchen Voraussetzungen der Pkw als Unternehmensvermögen behandelt werden kann und nehmen Sie Stellung zur Schenkung des Pkw.

LÖSUNG

Unternehmensvermögen

Ob die Lieferung eines einheitlichen Gegenstandes für das Unternehmen bezogen wird oder nicht, entscheidet sich nach § 15 Abs. 1 Satz 1 Nr. 1 Satz 1 und Abs. 1 Satz 2 UStG.

a) In diesem Fall ist der PKW in vollem Umfang (zwingend) Unternehmensvermögen, da er ausschließlich unternehmerisch genutzt wird.
b) Hier handelt es sich um ein gemischt genutztes Fahrzeug. Für solche Fahrzeuge ist Abschn. 15.23 Abs. 1 Satz 1 und 2 i. V. m. Abschn. 15.2c Abs. 2 Satz 1 Nr. 2 Buchst. b Satz 1 UStAE zu beachten. Dort finden sich Ausführungen auf die Frage, wann und wie ein Fahrzeug dem Unternehmensvermögen zugeordnet werden kann. Unabhängig von der ertragsteuerlichen Behandlung als Betriebs- oder Privatvermögen, kann der Pkw in vollem Umfang dem Unternehmensvermögen zugeordnet werden, mit der Folge, dass ein voller Vorsteuerabzug möglich ist und die private Nutzung als fiktive sonstige Leistung (§ 3 Abs. 9 a Nr. 1 Halbsatz 1 1. Alternative UStG) der Besteuerung unterliegt (Abschn. 15.23 Abs. 3 Satz 1 – 3 UStAE).
   Möglich wäre aber auch keine Zuordnung oder nur i. H. d. unternehmerischen Nutzungsanteils, was aber in der Praxis der Ausnahmefall sein dürfte.
c) Eine Zuordnung zum Unternehmensvermögen ist nicht – auch nicht teilweise – möglich (§ 15 Abs. 1 Satz 2 UStG i. V. m. Abschn. 15.23 Abs. 2 Satz 1 UStAE). Die Vorsteuer aus der Anschaffung ist demnach nicht abziehbar und eine Besteuerung des Privatanteils kommt nicht in Betracht.

Schenkung

Im Fall a) und b) handelt es sich um eine steuerbare und steuerpflichtige fiktive Lieferung nach § 3 Abs. 1b Satz 1 Nr. 1 und Satz 2 UStG, deren Bemessungsgrundlage sich nach § 10 Abs. 4 Satz 1 Nr. 1 UStG bestimmt (35 000 €).

Im Fall c) kann eine fiktive Lieferung mangels Unternehmensvermögen nicht vorliegen. Es handelt sich um einen nicht steuerbaren Vorgang.

ÜBUNG 18 Fiktive sonstige Leistungen nach § 3 Abs. 9 a UStG

SACHVERHALT

1. Schreinermeister S repariert einen Tisch in der von ihm möbliert vermieteten Wohnung. Die dabei entstandenen Kosten betragen 4 €. Der anteilige Unternehmerlohn beträgt 40 €.
2. Gastwirt G nimmt in seiner Gaststätte regelmäßig sein Essen ein. Die Selbstkosten betragen 5 €.

AUFGABE

Untersuchen Sie, ob in den nachfolgenden Fällen eine fiktive sonstige Leistung i. S. d. § 3 Abs. 9 a UStGvorliegt und ermitteln Sie die Bemessungsgrundlage.

Lösung

1. Ein Unternehmer hat immer nur ein Unternehmen. Zum einheitlichen Unternehmen des S gehört sowohl die Schreinerei als auch die vermietete Wohnung (§ 2 Abs. 1 Satz 2 UStG). Das Reparieren des Tisches erfolgt insoweit nicht für außerunternehmerische Zwecke. Eine fiktive sonstige Leistung nach § 3 Abs. 9 a Nr. 2 1. Alternative UStG liegt daher nicht vor, es handelt sich um einen nicht steuerbaren Innenumsatz (Abschn. 2.7 Abs. 1 Satz 3 UStAE).
2. Bei der unentgeltlichen Wertabgabe handelt es sich um eine steuerbare und steuerpflichtige fiktive sonstige Leistung i. S. d. § 3 Abs. 9 a Nr. 2 1. Alternative UStG. Sie unterliegt als sonstige (Restaurations-)Leistung nicht dem ermäßigten Steuersatz nach § 12 Abs. 2 Nr. 1 UStG. Als Bemessungsgrundlage sind gem. § 10 Abs. 4 Satz 1 Nr. 3 UStG die bei der Ausführung dieses Umsatzes entstandenen Kosten anzusetzen, somit 5 €.

ÜBUNG 19 Private Nutzung des unternehmerischen Pkw

SACHVERHALT

Vgl. dazu:

1. Fach Einkommensteuer:
   Übung 14 »Gewinnermittlung nach § 4 Abs. 3 EStG«
2. Fach Buchführungstechnik und Bilanzsteuerrecht:
- Übung 28 »Behandlung von Nutzungsentnahmen«,
- Klausuren/Prüfungsklausur.

ÜBUNG 20 Steuerbefreiungen

SACHVERHALT

U besitzt in Edenkoben ein an private Mieter vermietetes Mietwohngrundstück. Am 15.03.01 schließt er mit Käufer K vor dem Notar in Edenkoben einen Kaufvertrag über sein Mietwohngrundstück ab. Der neue Eigentümer möchte das Gebäude abreißen und auf dem Grundstück ein eigenes Kaufhaus errichten. Besitz, Nutzen und Lasten gehen laut Vertrag am 01. 12. 01 über. Die Eigentumsübertragung wird am 11. 01. 02 ins Grundbuch eingetragen. Der Kaufpreis i. H. v. 500 000 € ist am 01.12.01 fällig.

AUFGABE

Nehmen Sie zu allen erkennbaren Umsätzen Stellung.

LÖSUNG

Die **Vermietungsleistungen** (§ 3 Abs. 9 Satz 1 und 2 UStG) werden nach § 3 a Abs. 3 Nr. 1 Satz 2 Buchst. a i. V. m. Satz 1 UStG dort ausgeführt, wo das Grundstück liegt. Der Ort befindet sich in Edenkoben. Die sonstige Leistung ist gem. § 1 Abs. 1 Nr. 1 Satz 1 UStG steuerbar. Sie ist nach § 4 Nr. 12 Satz 1 Buchst. a UStG steuerfrei. Eine Option ist mangels Unternehmereigenschaft der Mieter nicht möglich (§ 9 Abs. 1 UStG).

Mit dem **Verkauf** des Grundstücks tätigt U eine unbewegte Lieferung einer unbeweglichen Sache (§ 3 Abs. 1 UStG). Die Verschaffung der Verfügungsmacht erfolgt mit Übergang von Besitz, Nutzen und Lasten am 01. 12. 01 (wirtschaftliches Eigentum nach § 39 Abs. 2 Nr. 1 Satz 1 AO). Die zivilrechtliche Eigentumsübertragung findet erst am 11. 01. 02 mit der Eintragung ins Grundbuch statt (§ 873 Abs. 1 BGB). Der Ort für die Lieferung befindet sich in Edenkoben (§ 3 Abs. 7 Satz 1 UStG). Die Lieferung ist steuerbar, da U das zum Unternehmensvermögen gehörende Mehrfamilienhaus im Rahmen seines Unternehmens liefert (Hilfsgeschäft, § 1 Abs. 1 Nr. 1 Satz 1 UStG). Sie ist aber nach § 4 Nr. 9 Buchst. a UStG steuerfrei. Eine Option wäre zu prüfen (§ 9 Abs. 1 und 3 UStG).

Die sonstige Leistung des **Notars** (§ 3 Abs. 9 Satz 1 UStG) wird in Edenkoben ausgeführt (§ 3 a Abs. 3 Nr. 1 Satz 2 Buchst. b i. V. m. Satz 1 UStG i. V. m. Abschn. 3 a.3 Abs. 7 Satz 1 UStAE). Sie ist steuerbar und steuerpflichtig.

Bemessungsgrundlage bei Lieferungen und sonstigen Leistungen

ÜBUNG 21

SACHVERHALT

1. Maria Sorglos (M. S.) hat seit Jahren ein Maklerbüro für die Vermittlung von Grundstücken. Sie ermittelt ihren Gewinn zulässigerweise nach § 4 Abs. 3 EStG. Sie versteuert ihre Umsätze nach vereinbarten Entgelten. M. S. fügt ihrer Steuererklärung 01 folgende Aufstellung bei:
   a) Provisionseinnahmen 01 115 911 €
   b) Forderungen 31. 12. 01 11 750 €

   Es handelt es sich zu einem Drittel um in 01 getätigte Umsätze aus der Vermittlung von Grundstücken im Elsass (Frankreich); die anderen Grundstücke sind in der Pfalz gelegen. Die Kunden haben je zur Hälfte als Unternehmer bzw. Privatpersonen ihren (Wohn-) Sitz in der Pfalz.
2. M. S. nutzt seit Jahren ihr Grundstück in Edenkoben wie folgt:

Dachgeschoss	Vermietet an auswärtige Teilnehmer der Steueranwärterlehrgänge (Lehrgangsdauer jeweils unter sechs Monaten) für monatlich 300 €. Nutzfläche 40 qm.
2. Obergeschoss	Vermietet als Wohnung an Tierarzt Dr. Mett, Mietzins 700 € zzgl. USt und 160 € Nebenkosten jeweils pro Monat. Nutzfläche 120 qm.
1. Obergeschoss	Im Jahr 01 leer stehend. Davor für steuerpflichtige Umsätze genutzt. Es besteht nach wie vor die Absicht den Gebäudeteil weiterhin für steuerpflichtige Umsätze zu nutzen. Ab Januar 02 verlegt M. S. ihr Maklerbüro dorthin. Nutzfläche 120 qm.
Erdgeschoss	Vermietet als Praxisräume an Tierarzt Dr. Mett, Mietzins 2 000 € und 300 € Nebenkosten zzgl. USt jeweils pro Monat. Nutzfläche 120 qm.

AUFGABE

Ermitteln Sie jeweils Umsatzart, Ort, Steuerbarkeit, Steuerpflicht, Bemessungsgrundlage der von M. S. getätigten Umsätze.

LÖSUNG

1. M. S. erbringt als Immobilienmaklerin sonstige Leistungen gem. § 3 Abs. 9 Satz 1 UStG (Vermittlungsleistungen). Ob die Empfänger der Leistungen Unternehmer oder Privatleute sind, ist unmaßgeblich, da ausschließlich der Belegenheitsort der Grundstücke nach § 3 a Abs. 3 Nr. 1 Satz 2 Buchst. b i. V. m. Satz 1 UStG i. V. m. Abschn. 3 a.3 Abs. 7 Satz 1 UStAE entscheidend ist. Die Umsätze gelten daher zu zwei Drittel in der Pfalz (Inland, § 1 Abs. 2 Satz 1 UStG) als erbracht, der Rest im Elsass (Frankreich, übriges Gemeinschaftsgebiet, § 1 Abs. 2 a Satz1 UStG). Sie sind daher zu einem Drittel nicht steuerbar, ansonsten nach § 1 Abs. 1 Nr. 1 Satz 1 UStG steuerbar und steuerpflichtig.
   Bemessungsgrundlage ist das Entgelt

(§ 10 Abs. 1 Satz 1 und 2 UStG)	115 911 €
zuzüglich der Forderungen	+ 11 750 €
insgesamt	127 661 €
1/3 Entgelt für nichtsteuerbare Umsätze	./. 42 554 €
	85 107 €
USt, 19 %	./. 13 589 €
Entgelt	71 518 €

2. Die sonstigen Leistungen (§ 3 Abs. 9 Satz 1 und 2 UStG- Vermietungen -) im Zusammenhang mit dem Grundstück gelten nach § 3 a Abs. 3 Nr. 1 Satz2 Buchst. a i. V. m. Satz 1 UStG am Belegenheitsort Edenkoben als erbracht und sind daher steuerbar nach § 1 Abs. 1 Nr. 1 Satz1 UStG.
   Erdgeschoss
   Die Vermietung an den Tierarzt ist steuerpflichtig, da auf die Befreiung des § 4 Nr. 12 Satz 1 Buchst. a UStG durch Option wirksam nach § 9 Abs. 1 (an anderen Unternehmer für dessen Unternehmen) und Abs. 2 UStG (Tierarzt tätigt steuerpflichtige Abzugsumsätze, § 4 Nr. 14 a Satz 1 UStG i. U.) verzichtet wurde.
   Bemessungsgrundlage, monatlich:

Miete netto	2 000 €
Nebenkosten (Abschn. 3.10 Abs. 5 UStAE)	+ 300 €
Umsatzsteuer	+ 437 €
insgesamt	2 737 €
USt, 19 %	./. 437 €
Entgelt	2 300 €

   1. Obergeschoss
   Hier liegt 01 kein steuerbarer Vorgang vor. Ein Leistungsaustausch ist mangels Entgelt nicht anzunehmen. Auch kann eine fiktive sonstige Leistung i. S. d. § 3 Abs. 9 a Nr. 1 Halbsatz 1 1. Alternative UStG mangels außerunternehmerischer Nutzung nicht angenommen werden, da weiterhin die Absicht bestand, den Gebäudeteil unternehmerisch zu nutzen. Ab 02 handelt es sich um einen nicht steuerbaren Innenumsatz (§ 2 Abs. 1 Satz 2 UStG i. V. m. Abschn. 2.7 Abs. 1 Satz 3 UStAE).
   2. Obergeschoss
   Die Vermietung an den Tierarzt zu Wohnzwecken ist zwingend steuerfrei nach § 4 Nr. 12 Satz 1 Buchst. a UStG. Eine Option nach § 9 Abs. 1 UStG ist nicht zulässig, da die Leistung

nicht für dessen Unternehmen erfolgt. Die Ermittlung der Bemessungsgrundlage ist daher nicht erforderlich.
Die zu Unrecht in Rechnung gestellte USt schuldet M. S. nach § 14c Abs. 1 Satz 1 UStG (Abschn. 14c.1 Abs. 1 Satz 5 Nr. 3 UStAE).

Dachgeschoss

Die Vermietung an Steueranwärter ist steuerpflichtig nach § 4 Nr. 12 Satz 2 UStG, da die Wohnung nur zur kurzfristigen Beherbergung von Fremden bereitgehalten wird; keine Absicht des Unternehmers, die Räume auf Dauer zur Verfügung zu stellen (vgl. Abschn. 4.12.9 Abs. 1 UStAE).
Bemessungsgrundlage, monatlich:

Miete brutto	300 €
USt, 19 %	./. 48 €
Entgelt	252 €

Bemessungsgrundlage beim Kommissionsgeschäft

ÜBUNG 22

AUFGABE

Ermitteln Sie die Bemessungsgrundlagen aus Übung 7.

LÖSUNG

Verkaufskommission

Entgelt für die Lieferung des Kommissionärs K an die beiden Abnehmer ist alles, was diese aufwenden um den Wein zu erhalten (§ 10 Abs. 1 Satz 1 und 2 UStG).

Von den Abnehmern gezahlter Kaufpreis	100 000 €
USt 19 % (§ 12 Abs. 1 UStG)	./. 15 966 €
Entgelt	84 039 €

Entgelt für die Lieferung des Kommittenten P an den Kommissionär K ist alles, was K aufgrund des ausgeführten Kommissionsgeschäftes an P als Erlös herauszugeben hat.

Von den Abnehmern gezahlter Kaufpreis	100 000 €
abzüglich Provision K, 20 %	./. 20 000 €
	80 000 €
USt	./. 12 773 €
Entgelt	67 227 €

Einkaufskommission

Entgelt für die Lieferung des Winzers an Kommissionär K ist alles, was dieser aufwendet um den Wein zu erhalten.

Von K gezahlter Kaufpreis	120 000 €
USt	./. 19 160 €
Entgelt	100 840 €

Entgelt für die Lieferung des Kommissionärs K an den Kommittenten P ist alles, was P aufgrund des Kommissionsgeschäftes an K zu entrichten hat.

Von K gezahlter Kaufpreis	120 000 €
zuzüglich Provision K, 15 %	+ 18 000 €
	138 000 €
USt	./. 22 034 €
Entgelt	115 966 €

ÜBUNG 23 Bemessungsgrundlage beim Tausch

SACHVERHALT

Unternehmer P aus Koblenz kauft bei Kfz-Händler K in Bonn einen neuen Pkw für brutto 50 000 €. Am 15. 06. 01 fährt P mit seinem alten Pkw (Buchwert 12 000 €) nach Bonn und holt den neuen Pkw ab. Beide Pkw sind zu 100 % Unternehmensvermögen bei P. Vereinbarungsgemäß gibt P den alten Pkw in Zahlung und zahlt noch einen Differenzbetrag von 30 000 €.

AUFGABE

Bestimmen Sie Umsatzart, Ort, Zeitpunkt, Steuerbarkeit, Steuerpflicht und Bemessungsgrundlage der getätigten Leistungen.

LÖSUNG

P tätigt mit dem Verkauf des alten Pkw an K eine Lieferung gem. § 3 Abs. 1 UStG in Form eines Hilfsgeschäfts (Abschn. 2.7 Abs. 2 Satz 1 bis 4 UStAE). Das Entgelt besteht aus der Lieferung des Neuwagens abzüglich der erhaltenen Baraufgabe; es handelt sich somit um einen Tausch mit Baraufgabe gem. § 3 Abs. 12 Satz 1 UStG. Nach § 3 Abs. 6 Satz 2 UStG liegt ein Befördern vor. Der Ort befindet sich nach § 3 Abs. 6 Satz 1 UStG in Koblenz. Die bewegte Lieferung gilt mit Beginn der Beförderung am 15. 06. 01 als ausgeführt (Lieferfiktion). Koblenz ist Inland (§ 1 Abs. 2 Satz 1 UStG). Die Lieferung ist steuerbar (§ 1 Abs. 1 Nr. 1 Satz 1 UStG) und steuerpflichtig. Die Bemessungsgrundlage bestimmt sich wie folgt:

Gemeiner Wert Neuwagen (§ 10 Abs. 2 Satz 2 UStG i. V. m. Abschn. 10.5 Abs. 1 Satz 1 – 6 UStAE)	50 000 €
abzüglich hingegebener Baraufgabe (Abschn. 10.5 Abs. 1 Satz 8 und 9 UStAE)	./. 30 000 €
brutto	20 000 €
USt, 19 %	./. 3 193 €
Entgelt (§ 10 Abs. 2 Satz 3 UStG)	16 807 €

K erbringt ebenfalls eine bewegte Lieferung im Rahmen des Tauschs. Es handelt sich um eine Beförderung durch den Abnehmer P (Abhollieferung). Der Ort befindet sich in Bonn. Die bewegte Lieferung gilt mit Beginn der Beförderung am 15. 06. 01 als ausgeführt (Lieferfiktion). Bonn ist Inland. Die Lieferung ist steuerbar und steuerpflichtig. Bemessungsgrundlage:

Gemeiner Wert Altwagen (§ 10 Abs. 2 Satz 2 UStG)	20 000 €
zuzüglich Baraufgabe (§ 10 Abs. 1 Satz 2 UStG)	+ 30 000 €
brutto (Abschn. 10.5 Abs. 4 Satz 1 und 2 UStAE)	50 000 €
USt, 19 %	./. 7 983 €
Entgelt (§ 10 Abs. 1 Satz 2/Abs. 2 Satz 3 UStG)	42 017 €

ÜBUNG 24 Steuersätze

SACHVERHALT

Winzer W aus Edenkoben bestellt am 15.06.01 bei Metzger M, ebenfalls aus Edenkoben, Fleisch für eine Weinprobe.

Am 17. 06. 01 holt W das Fleisch bei M ab und gibt M dafür eine Kiste Wein (gemeiner Wert 60 €). Da gerade Mittagszeit war, nahm W das Mittagessen in der Imbissstube des M ein. M leistete dem W Gesellschaft und aß das gleiche Essen (Selbstkosten 5 €). Am 20.06.01 erteilte M dem W folgende Rechnung:

»...	
Lieferung 5 Kilo Fleisch à 8 €	40 €
1 Essen	+ 10 €
insgesamt	50 €
zuzüglich 19 % USt	+ 9 €
insgesamt	59 €
Der Betrag gilt mit der Kiste Wein als beglichen.	...«

W ist damit einverstanden.

AUFGABE

Bestimmen Sie Umsatzart, Ort, Steuerbarkeit, Steuerpflicht und Bemessungsgrundlage der getätigten Umsätze.

LÖSUNG

Es handelt sich für W um einen tauschähnlichen Umsatz nach § 3 Abs. 12 Satz 2 UStG, da er für seine Weinlieferung als Gegenleistung das Fleisch (Lieferung) und das Mittagessen (Restaurationsleistung) erhält.

W erbringt an M im Rahmen des tauschähnlichen Umsatzes eine bewegte Lieferung der Kiste Wein (§ 3 Abs. 1 UStG). Der Ort ist in Edenkoben (§ 3 Abs. 6 Satz 1 und 2 UStG) und somit im Inland (§ 1 Abs. 2 Satz 1 UStG). Die Lieferung ist steuerbar (§ 1 Abs. 1 Nr. 1 Satz 1 UStG) und steuerpflichtig. Die Bemessungsgrundlage bestimmt sich nach § 10 Abs. 2 Satz 2 und 3 UStG. Der Steuersatz beträgt 19 %, da die Lieferung von Alkohol nicht ermäßigt ist (§ 12 Abs. UStG).

Gemeiner Wert der Gegenleistungen	59 €
USt	./. 9 €
Entgelt	50 €

M erbringt im Rahmen des tauschähnlichen Umsatzes zwei getrennt voneinander zu beurteilende Umsätze (Abschn. 3.10 Abs. 1 und 2 UStAE). Die bewegte Lieferung des Fleischs gilt in Edenkoben als ausgeführt. Die Abgabe des Essens zum Verzehr an Ort und Stelle ist eine Restaurationsleistung. Der Ort für diese Leistung bestimmt sich nach § 3 a Abs. 3 Nr. 3 Buchst. b UStG und befindet sich auch in Edenkoben. Beide Leistungen sind somit steuerbar und steuerpflichtig. Die Bemessungsgrundlagen bestimmen sich gem. § 10 Abs. 2 Satz 2 UStG wie folgt:

Lieferung Fleisch

Gemeiner Wert des Weins	60 €
4/5 des Umsatzes entfallen auf die Lieferung von Fleisch	48 €

Der Steuersatz beträgt gem. § 12 Abs. 2 Nr. 1 UStG i. V. m. der Anlage 2 Nr. 2 = 7 %. Die USt gehört gem. § 10 Abs. 2 Satz 3 UStG nicht zur Bemessungsgrundlage und ist daher aus dem Bruttobetrag herauszurechnen. Sie beträgt somit 3,14€.

Mittagessen

1/5 des Umsatzes entfällt auf die Abgabe von Speisen zum Verzehr an Ort und Stelle = 12 €. Der Steuersatz beträgt gem. § 12 Abs. 1 UStG19 %. USt somit 1,92 €.

M hat in der Rechnung 9,00 € USt gesondert ausgewiesen. Die gesetzliche USt beträgt jedoch nur 5,06 €. Gem. § 14c Abs. 1 Satz 1 UStG i. V. m. Abschn. 14c.1 Abs. 1 Satz 5 Nr. 1 UStAE schuldet er auch den Mehrbetrag i. H. v. 3,94 €.

Mit der Einnahme des eigenen Mittagessens tätigt M eine fiktive sonstige Leistung i. S. d. § 3 Abs. 9 a Nr. 2 1. Alternative UStG. Der Ort befindet sich gem. § 3f Satz 1 UStG in Edenkoben. Die Leistung ist steuerbar und steuerpflichtig. Bemessungsgrundlage sind nach § 10 Abs. 4 Satz 1 Nr. 3 Satz 1 UStG die Selbstkosten i. H. v. 5 €. Der Steuersatz beträgt 19 %. USt somit 0,95 €.

ÜBUNG 25 Vorsteuerabzug

SACHVERHALT

Siehe Übung 21 Nr. 2.

Im Zusammenhang mit dem Grundstück sind M. S. im Jahr 01 folgende Aufwendungen entstanden und ordnungsgemäß in Rechnung gestellt worden:

1.	Reparatur des Daches	3 571 €
	zuzüglich USt	678 €
	M. S. hat es bisher versäumt, die Rechnung zu bezahlen.	
2.	Neuanstrich der Türen im 2. Obergeschoss	1 500 €
	zuzüglich USt	285 €
3.	Stromrechnung vom Elektrizitätswerk	
	wegen Außen- und Treppenhausbeleuchtung (eigener Zähler)	200 €
	zuzüglich USt	38 €
4.	Heizölrechnung für 50 000 Liter	30 000 €
	zuzüglich USt	5 700 €

M. S. ließ davon 30 000 Liter in die Tanks des Grundstücks in Edenkoben einfüllen, den Rest in den Tank ihres Einfamilienhauses in Speyer. Der Heizölverbrauch im Haus in Edenkoben wird durch Messgeräte ermittelt und betrug für das Erd- sowie für das 2. Obergeschoss je 35 % und für das 1. Ober- sowie für das Dachgeschoss je 15 %.

AUFGABE

Ermitteln Sie die Höhe der abzugsfähigen Vorsteuer.

LÖSUNG

Die Vorsteuerbeträge der Aufwendungen für das Haus in Edenkoben sind nach § 15 Abs. 1 Satz 1 Nr. 1 Satz 1 und 2 UStG abziehbar, da alle Voraussetzungen vorliegen; das ganze Haus zählt (zwingend) zum Unternehmensvermögen, da ausschließlich unternehmerische Umsätze damit getätigt werden. Die Vorsteuern sind jedoch nur insoweit abzugsfähig, als die Eingangsleistungen nicht mit Ausschlussumsätzen nach § 15 Abs. 2 Satz 1 Nr. 1 UStG im Zusammenhang stehen. Die Nutzung des Hauses ergibt folgende Ausschlussumsätze sowie Abzugsumsätze:

Erdgeschoss: Abzugsumsatz, da steuerpflichtig vermietet.

1. Obergeschoss: Abzugsumsatz, da 01 kein in § 15 Abs. 2 Satz 1 UStG genannter Ausschlussumsatz getätigt wird. Es besteht die Absicht weiterhin steuerpflichtige Abzugsumsätze auszuführen (Abschn. 15.12 Abs. 1 Satz 6 UStAE).

2. Obergeschoss: Ausschlussumsatz, wegen steuerfreier Vermietung (§ 15 Abs. 2 Satz 1 Nr. 1 UStG i. V. m. § 4 Nr. 12 Satz 1 Buchst. a UStG).

Dachgeschoss: Abzugsumsatz, da steuerpflichtig vermietet.

1. Die Dachreparatur betrifft das ganze Haus und steht somit sowohl mit Ausschluss- als auch mit Abzugsumsätzen im Zusammenhang. Der Vorsteuerbetrag ist daher nach § 15 Abs. 4 Satz 1 und 2 UStG aufzuteilen; als wirtschaftlich sachgerechter Aufteilungsschlüssel bietet sich hier das Verhältnis der Nutzflächen an (Abschn. 15.17 Abs. 7 Satz 4 i. V. m. Abs. 8 UStAE). Daher sind 70 % von 678 € abzugsfähig = 475 €. Auf die Bezahlung des Rechnungsbetrages kommt es für die Abziehbarkeit nach § 15 Abs. 1 Satz 1 Nr. 1 Satz 1 und 2 UStG nicht an. Die Vorsteuer ist in dem Voranmeldungszeitraum abzugsfähig, in dem erstmals alle Voraussetzungen nach § 15 Abs. 1 Satz 1 Nr. 1 Satz 1 und 2 UStG erfüllt sind (§ 16 Abs. 2 Satz 1 i. V. m. § 18 Abs. 1 Satz 3 UStG und Abschn. 15.2 Abs. 2 Satz 2 und Satz 8 UStAE).
2. Die Kosten des Neuanstrichs der Türen im 2. Obergeschoss sind direkt den Ausschlussumsätzen zuzuordnen, daher ist die Vorsteuer in voller Höhe nicht abzugsfähig (§ 15 Abs. 2 Satz 1 Nr. 1 UStG i. V. m. Abschn. 15.17 Abs. 1 Satz2 Nr.2 UStAE).
3. Bei der Stromrechnung ist – mangels anderer Angaben – wohl die Aufteilung nach der Geschosszahl (3 : 1) vorzuziehen (§ 15 Abs. 4 Satz2 UStG). Damit sind 3/4 = 75 % von 38 € = 29 € als Vorsteuer abzugsfähig.
4. Die Vorsteuer aus der Heizölrechnung ist zu 60 % (nur 30 000 von 50 000 Litern für das Unternehmen) abziehbar gem. § 15 Abs. 1 Satz 1 Nr. 1 Satz 1 UStG. Heizöl ist als vertretbare Sache aufteilbar (vgl. Abschn. 15.2 c Abs. 2 Satz 1 Nr. 1 Satz 1 UStAE). 60 % von 5 700 € = 3 420 €; hiervon sind – nach dem Verbrauch zugeordnet – abzugsfähig: Erdgeschoss (35 %) + 1. Obergeschoss (15 %) + Dachgeschoss (15 %) ergeben insgesamt 65 % von 3 420 € = 2 223 €.

Der innergemeinschaftliche Erwerb, die innergemeinschaftliche Lieferung

ÜBUNG 26

SACHVERHALT

Unternehmer A aus Lyon (Frankreich) liefert an Unternehmer B in Saarbrücken eine Stanzmaschine i. H. v. 100 000 €. A befördert die Maschine mit eigenem Lkw zu B nach Saarbrücken.

AUFGABE

Nehmen Sie zu den Umsätzen Stellung.

LÖSUNG

Es liegt eine bewegte Lieferung von A an B vor, da an der Stanzmaschine Verfügungsmacht verschafft wird (§ 3 Abs. 1 UStG). Es handelt sich um eine Beförderungslieferung, da A die Maschine befördert (§ 3 Abs. 6 Satz 2 UStG). Ort der Lieferung ist Lyon in Frankreich (§ 3 Abs. 6 Satz 1 UStG). Frankreich ist übriges Gemeinschaftsgebiet (§ 1 Abs. 2 a Satz 1 UStG). Die Lieferung ist somit in Deutschland nicht steuerbar (§ 1 Abs. 1 Nr. 1 Satz 1 UStG i. U.). A tätigt eine in Frankreich steuerbare und (wohl) steuerfreie innergemeinschaftliche Lieferung.

B tätigt einen innergemeinschaftlichen Erwerb (igE) in Deutschland. Die Maschine gelangt bei einer bewegten Lieferung an ihn aus dem übrigen Gemeinschaftsgebiet nach Deutschland (§ 1 a Abs. 1 Nr. 1 UStG). B ist ein Unternehmer, der die Maschine für sein Unternehmen erwirbt (§ 1 a Abs. 1 Nr. 2 Buchst. a UStG). Lieferer A ist Unternehmer, der gegen Entgelt im Rahmen seines Unternehmens liefert und er ist kein Kleinunternehmer (§ 1 a Abs. 1 Nr. 3 Buchst. a und b UStG). Der Ort des igE befindet sich in Deutschland (§ 3 d Satz 1 UStG) und damit im Inland (§ 1 Abs. 2 Satz 1 UStG). Der igE ist steuerbar (§ 1 Abs. 1 Nr. 5 UStG) und steuerpflichtig (kein § 4 b UStG). Das Entgelt beläuft sich auf 100 000 € (§ 10 Abs. 1 Satz 1 und 2 UStG). Die Umsatzsteuer beträgt 19 000 € (§ 12 Abs. 1 UStG). Steuerschuldner ist B (§ 13 a Abs. 1 Nr. 2 UStG). Die Umsatzsteuer auf den igE ist für B als Vorsteuer nach § 15 Abs. 1 Satz 1 Nr. 3 UStG abziehbar und abzugsfähig (unterstellt).

II Klausuren

1 Übungsklausur

Hilfsmittel:
- Beck'sche Textausgaben:
  - Steuergesetze
  - Steuerrichtlinien
- BGB

SACHVERHALT

Sachverhalt 1

Morio Mukat (M) ist Inhaber einer Weinhandlung in München. Laut Gewerbeanmeldung betreibt er den Verkauf von Wein, die Reparatur und die Vermietung von Volksfestbedarf (Zelte, Bestuhlung usw.). Er übernahm vor zehn Jahren das Unternehmen seines Vaters, der das Geschäft bis zu seinem Tode geführt hatte. Zudem ist M Eigentümer eines Einfamilienhauses in Bad Tölz, das von ihm vermietet ist. M und seine Ehefrau (E) sind gemeinsam Eigentümer des von ihnen bewohnten Zweifamilienhauses in Schwabing. An der Hauswand hat die Zigarettenfirma Husten GmbH (H) seinen Zigarettenautomaten aufgestellt. H zahlt dafür 500 € jährlich. Als Gesellschafterin ist E zu 30 % an der E, X, Y-OHG beteiligt, die eine Haushaltsartikel-Produktionsfirma betreibt.

Sachverhalt 2

Fall 1

Im Kalenderjahr 01 hat M (siehe Sachverhalt 1) in seinem Ladengeschäft insgesamt 34 800 Flaschen Wein an Privatkunden für insgesamt 348 000 € verkauft. Dieser Betrag stimmt mit den ordnungsgemäß aufgezeichneten Einnahmen seines Kassenbuches überein. Zweihundert Flaschen Wein (von den 34 800) hat M allerdings ohne Erteilung einer ordnungsgemäßen Rechnung verkauft. Die Einnahmen aus diesem Verkauf i. H. v. insgesamt 2 000 € hat M ordnungsgemäß als Kasseneinnahmen (in den 348 000 € enthalten) erfasst.

Fall 2

Der Münchner Rotweinclub »Munic Rouge e. V.« bestellte am 12.03.01 bei M 193 Flaschen Rotwein der Marke »Rote Pfalz« zum Stückpreis von je 20 €. Da M den Wein nicht vorrätig hatte, bestellte er ihn zum Preis von je 15 € direkt bei dem Pfälzer Winzer Heiko Stock-Sauer (S) in Edenkoben. Auftragsgemäß transportierte S den Wein mit eigenem Fahrzeug direkt zu dem Rotweinclub nach München. Der Fahrer des S fuhr am 11. 04. 01 um 22.00 Uhr in Hamburg los und übergab den Wein am 12.04.01 um 09.00 Uhr dem 1. Vorsitzenden des Rotweinclubs.

Fall 3

M verkaufte in seinem Weingeschäft im Kalenderjahr 01 im Namen und für Rechnung seines Freundes, dem Biobauer Karl Riesling (K aus Stuttgart), 30 Gläser Traubengelee zum Preis von 5 €. Durch einen Aufdruck auf den Gläsern war dies den Privatkunden des M bekannt. M erhielt vereinbarungsgemäß von K eine Provision von 20 %.

Fall 4

Seit dem 17. 08. 01 vertreibt M in seinem Geschäft die Zeitschrift »Promille«. Der Verkauf erfolgt im Namen des M und für Rechnung des Verlages (V). Die Zeitschrift kostet 3,50 €, wovon M eine Provision von 0,50 € erhält. Bis zum 31.12.01 hatte M 100 Zeitungen verkauft.

Fall 5

Schreinermeister Pumuckl (P) aus München fertigt für das eigengenutzte Zweifamilienhaus nach einer von M entworfenen Zeichnung einen Einbauschrank. Am 13. 05. 01 ist der Schrank in dem Haus des M fertig montiert.

Fall 6

Im Jahr 01 veräußert M sein vermietetes Einfamilienhaus an den Privatmann Putz, der es zu eigenen Wohnzwecken nutzen möchte, für 1 142 800 €. Den Verkauf vermittelte der Makler Salz (S) aus Salzburg (Österreich). S erhielt von M eine Provision von 40 000 €. Der Kaufvertrag wurde vor dem Notar Nolle (N ist Unternehmer) in Bad Tölz abgeschlossen. N berechnete die vorgeschriebene Gebühr. Nach dem Kaufvertrag gingen Besitz, Nutzen und Lasten zum 04. 12. 01 auf Putz über. Die Eigentumsübertragung im Grundbuch erfolgte am 15. 01. 02.

Fall 7

In den Sommerferien 01 vermietet M an den niederländischen Staatsbürger Tim van Buckelig (B) für eine Woche (22. bis 29. 08.) seinen Pkw für eine Rundfahrt um den Starnberger See. B entrichtet am 22. 08. den Mietpreis von 200 €. Der Pkw wird eigentlich nur für private Zwecke des M genutzt. Seinen Stammkunden der Weinhandlung vermietet er aber diesen Pkw gelegentlich.

Fall 8

M verbrachte seinen Urlaub 01 in einem Hotel in Portugal. Im selben Hotel verbringt auch der Schweizer Heimo Südler (S) seinen Urlaub. Schon nach zwei Tagen bittet S den M, ihm Unterricht im Weinverkosten zu geben. M kommt diesem Wunsch gerne nach. S stellt den zu verkostenden Rotwein zur Verfügung. M vermietet auch noch einen Korkenzieher »de luxe«, den er normalerweise bei seinen Weinproben benutzt, an den S. M berechnet dem S für 10 Weinstunden 500 € und für die Vermietung des Korkenziehers zusätzlich 5 €, da S den Korkenzieher nicht nur während des Unterrichts benutzen darf.

AUFGABE

Sachverhalt 1

Nehmen Sie bitte Stellung zur Unternehmereigenschaft der im Sachverhalt 1 genannten Personen bzw. Personenvereinigungen. Beschreiben Sie dabei den jeweiligen Rahmen des Unternehmens.

Sachverhalt 2

Bearbeiten Sie bitte die Fälle 1 bis 8 in folgender Reihenfolge:

- Art der Leistung,
- Umfang der Leistung,
- (soweit möglich) Zeitpunkt der Leistung,
- Ort der Leistung,
- Steuerbarkeit der Leistung,

- Steuerpflicht/Steuerbefreiung,
- Höhe und Entstehung der USt (**nur bei Fall 1 und 2**).

Begründen Sie Ihre Entscheidungen und geben Sie genau die einschlägigen umsatzsteuerrechtlichen Vorschriften an.

LÖSUNG

Sachverhalt 1

Morio Mukat

M ist Unternehmer, da er selbständig eine gewerbliche oder berufliche Tätigkeit ausübt (§ 2 Abs. 1 Satz 1 und 3 UStG). Mit dem Verkauf des Weines, der Reparatur und der Vermietung von Volksfestbedarf übt er eine typische gewerbliche Tätigkeit aus.

Auch die Vermietung des Einfamilienhauses wird nachhaltig ausgeübt, da die Vermietung auf Dauer zur Erzielung von Einnahmen angelegt ist.

Das Unternehmen des M umfasst seine gesamte unternehmerische Tätigkeit, nämlich die Weinhandlung und die Vermietung des Einfamilienhauses (§ 2 Abs. 1 Satz 2 UStG).

Eheleute M und E

Die Eheleute M und E sind als nicht rechtsfähige Personenvereinigung Unternehmer (Abschn. 2.1 Abs. 1 Satz 1 bis 3 UStAE). Die entgeltliche Nutzung der Hauswand des Zweifamilienhauses durch H stellt eine unternehmerische Tätigkeit in Form des fortgesetzten Duldens dar. Die Selbstnutzung des Hauses ist keine unternehmerische Betätigung, da es insoweit an der Erzielung von Einnahmen fehlt.

E, X, Y-OHG

Die E, X, Y-OHG ist als solche Unternehmer gem. § 2 Abs. 1 Satz 1 und 3 UStG (Abschn. 2.1 Abs. 1 Satz 1 bis 3 UStAE). Die an ihr beteiligten Gesellschafter sind zwar einkommensteuerrechtlich als Mitunternehmer anzusehen (§ 15 Abs. 1 Satz 1 Nr. 2 Satz 1 EStG); dies bewirkt aber nicht automatisch eine Unternehmerstellung i. S. d. § 2 Abs. 1 UStG, da sie als (nur) beteiligte Gesellschafter insoweit keine gewerbliche oder berufliche Tätigkeit ausüben.

Zigarettenfirma H

Mit der Herstellung und dem Verkauf der Zigaretten ist die GmbH Unternehmer.

Sachverhalt 2

Fall 1

M tätigt im Rahmen seines Unternehmens insgesamt 34 800 Lieferungen (§ 3 Abs. 1 UStG). Die jeweiligen Lieferungen gelten mit Abholung durch den jeweiligen Privatkunden als ausgeführt (Lieferfiktion). Der Ort der jeweiligen Abhollieferung bestimmt sich nach § 3 Abs. 6 Satz 1 und 2 UStG. Der Ort der Lieferungen befindet sich in München. München liegt im Inland (§ 1 Abs. 2 Satz 1 UStG). Da die Lieferungen auch gegen Entgelt erfolgen, sind diese nach § 1 Abs. 1 Nr. 1 Satz 1 UStG steuerbar und mangels Steuerbefreiung i. S. d. § 4 UStG auch steuerpflichtig.

Bemessungsgrundlage ist nach § 10 Abs. 1 Satz 1 und 2 UStG das Entgelt, jedoch abzüglich der Umsatzsteuer.

Einnahmen	348 000 €
USt, 19 % (§ 12 Abs. 1 UStG)	./. 55 563 €
Entgelt	292 437 €

Die Erteilung einer ordungsgemäßen Rechnung spielt für die Berechnung des Entgelts keine Rolle. Nach § 13 Abs. 1 Nr. 1 Buchst. a Satz 1 UStG entsteht diese USt mit Ablauf des jeweiligen Voranmeldungszeitraums, in dem die Leistungen ausgeführt worden sind.

Fall 2

Hier werden Lieferungen im Rahmen eines Reihengeschäfts ausgeführt (§ 3 Abs. 6 Satz 5 UStG). Der Pfälzer Winzer S und M haben sich zur Lieferung derselben Gegenstände verpflichtet und der Wein wird unmittelbar vom ersten Unternehmer S an den letzten Abnehmer (Verein) befördert (§ 3 Abs. 6 Satz 2 UStG). Im Rahmen des Reihengeschäfts werden ausgeführt:

a) 193 Lieferungen von S an M
Nach § 3 Abs. 6 Satz 5 UStG wird die Beförderung diesen Lieferungen zugeordnet (Lieferungen mit Warenbewegung). Der Ort der Lieferungen ist Edenkoben (§ 3 Abs. 6 Satz 1 UStG). Die Lieferungen sind steuerbar und steuerpflichtig. Die Lieferungen gelten am 11. 04. 01 als ausgeführt. Die Bemessungsgrundlage nach § 10 Abs. 1 Satz 1 und 2 UStG beträgt:
193 Flaschen × 15 € = 2 895 € : 119 × 100 = 2 433 €. Die USt i. H. v. 462 € entsteht mit Ablauf des Voranmeldungszeitraums April 2011 (§ 13 Abs. 1 Nr. 1 Buchst. a Satz 1 UStG).

b) 193 Lieferungen von M an den Verein
Dieses sind nachfolgende Lieferungen ohne Warenbewegung. Ort dieser Lieferungen ist München, da dort die Beförderung endet (§ 3 Abs. 7 Satz 2 Nr. 2 UStG). Sie gelten auch zu diesem Zeitpunkt als ausgeführt, Die Lieferungen sind steuerbar und steuerpflichtig. Die Bemessungsgrundlage beträgt: 193 Flaschen × 20 € = 3 860 € : 119 × 100 = 3 244 €. Die USt i. H. v. 616 € entsteht mit Ablauf des Voranmeldungszeitraums April 2011.

Fall 3

M erbringt gegenüber dem K Vermittlungsleistungen, also sonstige Leistungen (§ 3 Abs. 9 Satz 1 UStG). M handelt als Agent. Zeitpunkt ist der jeweilige Abschluss der Vermittlungsleistung (Abschn. 13.1 Abs. 3 Satz 1 UStAE).

Der Ort bestimmt sich nicht nach § 3a Abs. 3 Nr. 4 UStG, da der Leistungsempfänger Unternehmer ist. Für den Ort dieser Leistung ist § 3a Abs. 2 Satz 1 UStG maßgeblich. Der Ort befindet sich somit in Stuttgart.

Fall 4

M ist als Verkaufskommissionär tätig. Er erbringt 100 bewegte Lieferungen an seine Kunden (§ 3 Abs. 1 UStG). Die Lieferungen werden in München ausgeführt (§ 3 Abs. 6 Satz 1 und 2 UStG). Als Zeitpunkt gilt der Beginn der Beförderung (Lieferfiktion). Die Lieferungen sind somit steuerbar und steuerpflichtig. M hat 3,50 € (brutto) pro Zeitung zu versteuern; die USt ist mit 7 % herauszurechnen (§ 12 Abs. 2 Nr. 1 i. V. m. Anlage 2 Nr. 49). V tätigt 100 unbewegte Lieferungen als Kommittent an M (§ 3 Abs. 3 i. V. m. § 3 Abs. 1 UStG). Im Zeitpunkt der Lieferungen des M an die Kunden gelten auch die Lieferungen des Kommittenten V an den Verkaufskommissionär M als ausgeführt (Abschn. 3.1 Abs. 3 Satz 7 UStAE). Der Ort der Lieferungen zwischen V und M bestimmt sich nach § 3 Abs. 7 Satz 1 UStG. Sie werden dort ausgeführt, wo sich der Gegenstand zur Zeit der Verschaffung der Verfügungsmacht (M an Kunden) befindet. Der Ort dieser Lieferungen befindet sich somit ebenfalls in München. Die Lieferungen sind steuerbar und steuerpflichtig. V hat 3,00 € (brutto) pro Zeitung zu versteuern; die USt ist mit 7 % herauszurechnen.

Fall 5

P tätigt eine unbewegte Werklieferung, da Inhalt des Werkvertrags der (fertige) Schrank ist, der vor Ort an die Gegebenheiten angepasst und dann eingebaut wird (§ 3 Abs. 4 Satz 1 UStG). Er verwendet dabei nur selbst beschaffte Hauptstoffe. Die Zeichnung, die M dem P zur Verfügung stellt, scheidet aus dem Leistungsaustausch aus; es handelt sich um eine sonstige Beistellung (Abschn. 3.8 Abs. 2 Satz 1 und Satz 3 UStAE). Der Ort befindet sich gem. § 3 Abs. 7 Satz 1 UStG in Schwabing (s. a. Abschn. 3.12 Abs. 4 Satz 1 und 2 UStAE). Die Verfügungsmacht am fertigen Werk »Einbauschrank« wird durch die Abnahme von M am 13.05.01 verschafft. Die Werklieferung ist steuerbar und steuerpflichtig.

Fall 6

Verkauf des Grundstücks durch M

Der Verkauf des Grundstücks (Unternehmensvermögen) ist eine unbewegte Lieferung nach § 3 Abs. 1 UStG. Zeitpunkt der Lieferung ist der 04.12.01. Mit Übergang von Besitz, Nutzen und Lasten erhält der Erwerber als wirtschaftlicher Eigentümer die Verfügungsmacht an dem Grundstück (§ 39 Abs. 2 Nr. 1 Satz 1 AO). Der Ort der Lieferung ist gem. § 3 Abs. 7 Satz 1 UStG in Bad Tölz. Die Lieferung ist steuerbar aber nach § 4 Nr. 9 Buchst. a UStG steuerfrei. Ein Verzicht auf die Steuerbefreiung ist bei einem Verkauf an eine Privatperson nicht möglich (§ 9 Abs. 1 UStG).

Hinweis:

Im Rahmen der unternehmerischen Betätigung von M ist die Vermietung ein gesondert geführter Betrieb, dessen wesentliche Grundlage das Einfamilienhaus ist. Bei der Lieferung handelt sich aber nicht um eine Teilgeschäftsveräußerung, die nach § 1 Abs. 1 a Satz 1 und 2 UStG nicht steuerbar wäre, da der Käufer die Vermietungstätigkeit nicht fortsetzt (Abschn. 1.5 Abs. 1 Satz 2 UStAE).

Makler und Notar

Die Vermittlungsleistung des Maklers und die Beurkundungsleistung des Notars sind sonstige Leistungen i. S. d. § 3 Abs. 9 Satz 1 UStG im Zusammenhang mit der Veräußerung eines Grundstücks. Der Ort dieser sonstigen Leistungen befindet sich nach § 3a Abs. 3 Nr. 1 Satz 2 Buchst. b i. V. m. Satz 1 UStG in Bad Tölz (Abschn. 3a.3 Abs. 7 Satz 1 UStAE). Die Leistungen sind steuerbar und steuerpflichtig.

Fall 7

Mit der Vermietung des Pkw tätigt M eine sonstige Leistung nach § 3 Abs. 9 Satz 1 und 2 UStG. Es handelt sich um die Vermietung eines Beförderungsmittels. Die sonstige Leistung ist mit ihrer Vollendung am 29.08.01 ausgeführt (Abschn. 13.1 Abs. 3 Satz 1 UStAE). Es handelt sich um eine kurzfristige Vermietung i. S. d. § 3a Abs. 3 Nr. 2 Satz2 Buchst. b UStG. Der Ort richtet sich in diesen Fällen nach § 3a Abs. 3 Nr. 2 Satz 1 UStG. Die Vermietungsleistung ist demnach an dem Ort ausgeführt, an dem der Pkw tatsächlich zur Verfügung gestellt wird (Übergabeort, Abschn. 3a.5 Abs. 6 Satz 1 UStAE) = München. Die sonstige Leistung ist steuerbar und steuerpflichtig. Da der Pkw gelegentlich an Stammkunden vermietet wird, liegt Wiederholungsabsicht vor. Die Vermietung des Pkw gehört somit zum Rahmen seines Unternehmens (§ 2 Abs. 1 Satz 2 UStG).

Fall 8

Die Unterrichtserteilung des M ist eine sonstige Leistung (§ 3 Abs. 9 Satz 1 UStG), die nach § 3 a Abs. 3 Nr. 3 Buchst. a UStG am Tätigkeitsort in Portugal ausgeführt wird. Portugal ist gem. § 1 Abs. 2 Satz 2 UStG Ausland (Übriges Gemeinschaftsgebiet, § 1 Abs. 2 a Satz 1 UStG i. V. m. Abschn. 1.10 Abs. 1 UStAE). Die sonstige Leistung ist nicht steuerbar.

Bei der Vermietung des Korkenziehers handelt es sich nicht um eine Nebenleistung zu Hauptleistung (Weinunterricht), da sie üblicherweise nicht als wirtschaftliche Ergänzung zur Hauptleistung vorkommt (Abschn. 3.10 Abs. 5 Satz 3 UStAE) und M den Korkenzieher an S auch außerhalb des Unterrichts vermietet. Die Vermietung ist als Nebengeschäft, als Ausfluss des Grundgeschäfts (Weinhandlung) anzusehen, Es handelt sich um eine eigene sonstige Leistung, die in der Vermietung eines beweglichen körperlichen Gegenstandes besteht. § 3 a Abs. 4 Satz 2 Nr. 10 i. V. m. Satz 1 UStG findet Anwendung, da es sich bei dem Leistungsempfänger um eine Privatperson mit Wohnsitz im Drittlandsgebiet handelt. Der Ort befindet sich demnach in der Schweiz. Der Umsatz ist somit ebenfalls nicht steuerbar.

Punktetabelle

	Punkte
Sachverhalt 1	
Morio Muskat	
§ 2 Abs. 1 Satz 1 und 3 UStG	1
Verkauf von Wein, Reparatur und Vermietung von Volksfestbedarf	2
Vermietung des Einfamilienhauses mit Begründung	3
Eheleute M und E	
Unternehmer, da Vermietung Hauswand mit Begründung	4
Selbstnutzung des Zweifamilienhauses ist keine unternehmerische Betätigung mit Begründung	5
E, X, Y-OHG	
E, X, Y-OHG ist Unternehmer mit Begründung	6
Zigarettenfirma H	
Unternehmer mit Begründung	7
Sachverhalt 2	
Fall 1	
34 800 Lieferungen gem. § 3 Abs. 1 UStG	8
Lieferzeitpunkt mit Beginn der Beförderung	9
Ort, § 3 Abs. 6 Satz 1 und 2 UStG = München	10
München ist Inland, § 1 Abs. 2 Satz 1 UStG	11
Lieferungen sind steuerbar, § 1 Abs. 1 Nr. 1 UStG	12
Mangels Steuerbefreiung auch steuerpflichtig	13
Bemessungsgrundlage gem. § 10 Abs. 1 Satz 1 und 2 UStG = Entgelt	14

	Punkte
Abzüglich Umsatzsteuer = 55 563 €, § 12 Abs. 1 UStG	15
Entgelt 292 433 €	16
Entstehung der Umsatzsteuer gem. § 13 Abs. 1 Nr. 1 a Satz 1 UStG	17
Fall 2	
S und M (mehrere Unternehmer)	18
Mehrere Umsatzgeschäfte über denselben Gegenstand	19
Gegenstand gelangt unmittelbar vom ersten Unternehmer S an den letzten Abnehmer (Verein)	20
§ 3 Abs. 6 Satz 5 UStG(Reihengeschäft)	
Lieferungen von S an M	21
Beförderung wird diesen Lieferungen zugeordnet	22
Ort: Edenkoben § 3 Abs. 6 Satz 1 und 2 UStG	23
Steuerbare und steuerpflichtige Lieferungen am 11.04.	24
Bemessungsgrundlage 2 433 €	25
Lieferungen von M an den Verein	
§ 3 Abs. 7 Satz 2 Nr. 2 UStG	26
Steuerbare und steuerpflichtige Lieferungen am 12.04.	27
Bemessungsgrundlage 3 244 €	28
Fall 3	
Vermittlungsleistungen, § 3 Abs. 9 Satz 1 UStG	29
M handelt als Agent	30
Ort: § 3 a Abs. 2 Satz 1 UStG = Stuttgart	31
Begründung	32
§ 3 Abs. 6 Satz 1 UStG	33
Zu versteuern ist lediglich die Provision	34
Fall 4	
M ist Verkaufskommissionär	35
100 Lieferungen gem. § 3 Abs. 1 UStG	36
Ort: München, § 3 Abs. 6 Satz 1 UStG	37
Zu versteuern sind 3,50 € je Zeitung	38
V tätigt 100 Lieferungen als Kommittent an M	39
§ 3 Abs. 3 UStG	40
Zeitpunkt der Lieferungen M an Kunden ist Zeitpunkt der Lieferungen V an M	41
Abschn. 3.1 Abs. 3 Satz 7 UStAE	42
Ort, § 3 Abs. 7 Satz 1 UStG = München	43
V hat 3 € je Zeitung zu versteuern	44

	Punkte
Fall 5	
P tätigt Werklieferung, § 3 Abs. 4 Satz 1 UStG	**45**
Nur selbst beschaffte Hauptstoffe	**46**
Zeichnung ist sonstige Beistellung	**47**
Zeitpunkt: 13.05.	**48**
Ort, § 3 Abs. 7 Satz 1 UStG = Schwabing	**49**
Fall 6	
Lieferung, § 3 Abs. 1 UStG	**50**
Ort, § 3 Abs. 7 Satz 1 UStG = Bad Tölz	**51**
§ 4 Nr. 9 a UStG steuerfrei	**52**
Makler und Notar sonstige Leistungen gem. § 3 Abs. 9 Satz 1 UStG	**53**
Ort, § 3 a Abs. 3 Nr. 1 b UStG = Bad Tölz	**54**
Fall 7	
Vermietung eines Beförderungsmittels	**55**
Ort, § 3 a Abs. 3 Nr. 2 Satz 1, 2 UStG = München	**56**
Vermietung Pkw: Wiederholungsabsicht	**57**
Gehört zum Rahmen des Unternehmens des M	**58**
Fall 8	
Sonstige Leistung gem. § 3 Abs. 9 Satz 1 UStG	**59**
Ort, § 3 a Abs. 3 Nr. 3 a UStG = Portugal	**60**
§ 1 Abs. 2 Satz2 UStG Ausland/übriges Gemeinschaftsgebiet, § 1 Abs. 2 a Satz1 UStG	**61**
Nicht steuerbar	**62**
Vermietung Korkenzieher keine Nebenleistung + Begründung	**63**
Vermietung beweglicher körperlicher Gegenstand	**64**
Ort, § 3 a Abs. 4 Satz 1 i. V. m. Satz 2 Nr. 10 UStG	**65**
Empfänger ist Privatmann mit Wohnsitz im Drittlandsgebiet	**66**
Ort in der Schweiz	**67**
Umsatz ist nicht steuerbar	**68**

Notentabelle

Korrekturpunkte	Punkte nach § 6 Abs. 1 StBAPO	Note
68–65 64–62	15 14	**1**
61–59 58–56 55–53	13 12 11	**2**
52–49 48–46 45–43	10 9 8	**3**
42–40 39–37 36–34	7 6 5	**4**
33–27 26–20 19–14	4 3 2	**5**
13–7 6–0	1 0	**6**

2 Prüfungsklausur

Hilfsmittel:

- Beck'sche Textausgaben:
  - Steuergesetze
  - Steuerrichtlinien
- BGB

SACHVERHALT

Allgemeine Angaben

Karl Toffel (Karl) betreibt seit Jahren in Neustadt/Weinstraße einen Großhandel und in Edenkoben einen Einzelhandel mit Obst und Gemüse. Er ist außerdem Eigentümer eines in Edenkoben belegenen Wohn- und Geschäftshauses. Er versteuert seine Umsätze nach den allgemeinen Vorschriften des UStG und ist zur monatlichen Abgabe von Umsatzsteuervoranmeldungen verpflichtet. Karls Ehefrau Pan Toffel (Pan) betreibt in St. Martin das Lokal »Pan's Weinstube«. Sohn Tim führt für seinen Vater den Einzelhandel mit Obst und Gemüse in Edenkoben und erhält hierfür von Karl ein monatliches Gehalt von 1 500 €.

Wohn- und Geschäftshaus

Nutzung 01.01. bis 31.12.01:

Erdgeschoss

Ladenlokal I 150 qm	An einen Elektrohändler vermietet.	Miete pro Monat 2 000 € zuzüglich 380 € USt. Weiterbelastete Kosten für Strom, Heizung, Wasser etc. pro Monat 400 €.
Ladenlokal II 150 qm	Eigener Einzelhandel mit Obst und Gemüse.	Mietwert pro Monat 2 000 € (wie Ladenlokal I). Bewirtschaftungskosten (ohne AfA) pro Monat 400 €.

1. Obergeschoss

Büroräume I 150 qm	An einen Steuerberater vermietet.	Miete pro Monat 800 € zuzüglich 152 € USt. Weiterbelastete Kosten für Strom, Heizung, Wasser etc. pro Monat 200 €.
Büroräume II 150 qm	An Tochter Ina überlassen. Sie betreibt hier als Rechtsanwältin ihre Kanzlei.	Sie braucht vereinbarungsgemäß keine Miete zu zahlen, hat aber die Kosten für Strom, Heizung, Wasser etc. (auch 200 € pro Monat) ihrem Vater zu ersetzen.

2. Obergeschoss

Wohnung I **120 qm**	An Privatleute vermietet.	Miete pro Wohnung und Monat 450 €. Weiterbelastete Kosten für Strom, Heizung, Wasser etc. pro Wohnung/Monat 150 €.
Wohnung II **120 qm**		

Kosten 01. 01. bis 31. 12. 01:

1. Für Strom, Heizung, Wasser etc. hat Karl im Jahr 01 insgesamt 845 € Umsatzsteuer verausgabt. Ordnungsgemäße Rechnungen liegen vor.
2. Eine Rechnung vom 10. 12. 01 über eine Lieferung von Heizöl (Rechnungsdatum = Lieferdatum) hat Karl dagegen erst im Januar 02 überwiesen. In Rechnung gestellt waren 13 000 € zuzüglich 2 470 € Umsatzsteuer.
3. Im Sommer 01 setzte Karl gemeinsam mit seinem Sohn im 1. und 2. Obergeschoss neue Fenster ein, die von der Schreinerei Holzer, Edenkoben, angefertigt wurden. Holzer stellte für die Fenster 14 987 € zuzüglich Umsatzsteuer in Rechnung. Eingebaut wurden 22 gleich große Fenster (6 je Büro, 5 je Wohnung).

Groß- und Einzelhandel

1. Karl hat in 01 Obst und Gemüse für insgesamt 1 527 300 € verkauft, davon:
- im Großhandel775 750 €
- im Einzelhandel458 388 €
- an sein Geschäft in Edenkoben293 62 €

  Über die Verkäufe an sein Einzelhandelsgeschäft in Edenkoben erteilte er Rechnungen mit gesondertem Steuerausweis.
2. Karl beliefert auch Pan's Weinlokal in St. Martin mit Gemüse aus seinem Großhandel; allerdings unentgeltlich, damit seine Frau »besser kalkulieren« kann.
   Einem Fremden hätte er dafür insgesamt 32 500 € zuzüglich Umsatzsteuer in Rechnung gestellt. Er hat das Gemüse für 23 250 € zuzüglich Umsatzsteuer eingekauft.
3. Am 08. 03. 01 hatte Karl bei dem Autohaus Wogel, Landau, einen VW Lieferwagen, Listenpreis 49 820 €, bestellt. Da er das Fahrzeug dringend benötigte, schlug ihm Wogel vor, das Fahrzeug in Wolfsburg selbst abzuholen. Karl war einverstanden und ließ sich am 12. 03. 01 den Lieferwagen in Wolfsburg aushändigen. Da er seinen gebrauchten Lieferwagen in Zahlung gegeben hatte, musste Karl auf Grund der von Wogel ordnungsgemäß erteilten Rechnung noch 34 945 € an Wogel überweisen. Beide Fahrzeuge werden/wurden von Karl unstreitig ausschließlich für den Groß- und Einzelhandel genutzt. Eine Nutzung im Zusammenhang mit der Vermietung/Verpachtung erfolgt/erfolgte nicht.
4. Im August 01 bot der Händler Frutta del Oranga, Valencia/Spanien, Karl per Fax einen Posten Orangen zum Vorzugspreis von 25 000 € an. Da Karl im Augenblick keinen Bedarf an Orangen hatte, aber wusste, dass sein Freund Arti Schocke (Arti), Obsthändler in Leverkusen, eine günstige Quelle suchte, gab er das Angebot an Arti weiter. Dieser kaufte die Orangen und Frutta del Oranga überwies an Karl »für seine Hilfe« – wie üblich – 2 500 €.

AUFGABE

1. Prüfen Sie bitte zunächst **kurz** die Unternehmereigenschaft der in den allgemeinen Angaben genannten Personen und bestimmen Sie den Umfang des jeweiligen Unternehmens.
2. Beurteilen Sie dann die sich aus dem Wohn- und Geschäftshaus sowie aus dem Groß- und Einzelhandel in Neustadt für Karl ergebenden umsatzsteuerlichen Folgen. Bei Teilsachverhalt **Nr. 3** ist auf **alle** Beteiligten einzugehen.

Wählen Sie für Ihre Lösung folgende Gliederung:

- Umsatzart,
- Ort des Umsatzes,
- Steuerbarkeit,
- Steuerpflicht,
- Entgelt bzw. Bemessungsgrundlage steuerpflichtiger Umsätze,
- Umsatzsteuer,
- Entstehung der Umsatzsteuer.
- Soweit sich aus den Teilsachverhalten für Karl ein Vorsteuerabzug ergibt, ist auch hierzu Stellung zu nehmen.

Begründen Sie Ihre Entscheidungen kurz unter genauem Hinweis auf die entsprechenden Bestimmungen des UStG bzw. des UStAE.

Hinweise:

Soweit sich aus dem Sachverhalt nichts anderes ergibt, sind erteilte Rechnungen ordnungsgemäß.

Soweit möglich, möchte Karl alle bezogenen Leistungen seinem Unternehmen zuordnen.

LÖSUNG

1. **Unternehmereigenschaft, Umfang des Unternehmens**
   Karl ist Unternehmer, da er eine typische gewerbliche Tätigkeit (Groß- und Einzelhandel) selbständig ausübt (§ 2 Abs. 1 Satz 1 und 3 UStG). Auch mit der Vermietung (Wohn- und Geschäftshaus in Edenkoben) wird er nachhaltig zur Erzielung von Einnahmen tätig (Dauerschuldverhältnisse). Das Unternehmen umfasst Karls gesamte gewerbliche und berufliche Tätigkeit (§ 2 Abs. 1 Satz 2 UStG). Hierzu zählt der Großhandel in Neustadt, der Einzelhandel in Edenkoben sowie das Wohn- und Geschäftshaus in Edenkoben. Pan ist mit dem Lokal in St. Martin ebenfalls selbständig gewerblich tätig und damit Unternehmerin (§ 2 Abs. 1 UStG).
   Tim ist als Arbeitnehmer nicht selbständig und somit kein Unternehmer (§ 2 Abs. 2 Nr. 1 UStG).
2. **Umsatzsteuerliche Folgen**
   Wohn- und Geschäftshaus in Edenkoben Ausgangsumsätze
   Die eigengewerbliche Nutzung des Ladenlokals II ist ein nicht steuerbarer Innenumsatz (Abschn. 2.7 Abs. 1 Satz 3 UStAE). Mit der Vermietung der übrigen Räume führt Karl sonstige Leistungen nach § 3 Abs. 9 Satz 1 und 2 UStG aus. Ort der sonstigen Leistungen ist nach § 3a Abs. 3 Nr. 1 Satz 2 Buchst. a i. V. m. Satz 1 UStG der Belegenheitsort des Grundstücks = Edenkoben = Inland (§ 1 Abs. 2 Satz 1 UStG). Da die Leistungen gegen Entgelt ausgeführt werden, sind sie steuerbar nach § 1 Abs. 1 Nr. 1 Satz 1 UStG.
   Das gilt auch für die Vermietung an Tochter Ina, da sie vereinbarungsgemäß Entgelt zu entrichten hat. Die Höhe des Entgelts ist für die Steuerbarkeit ohne Bedeutung. Vertretbar ist aber auch die Ansicht, dass die Tochter für die Hauptleistung Vermietung kein Entgelt

zahlt, sondern lediglich die verbrauchsabhängigen Kosten erstattet. Die geduldete Nutzung der Büroräume wird also nicht vergütet; insoweit handelt es sich um eine nicht steuerbare sonstige Leistung. Die Nebenleistung würde dann deren Schicksal teilen. Deren Vergütung ist wirtschaftlich insoweit kein Entgelt für eine Leistung des Vermieters, sondern lediglich Kostenersatz. Folge dieser Ansicht wäre, dass § 15 Abs. 1 b UStG zu beachten und eine fiktive sonstige Leistung nach § 3 Abs. 9 a Nr. 1 Halbsatz 1 1. Alternative UStG nicht anzunehmen wäre (§ 3 Abs. 9 a Nr. 1 Halbsatz 2 UStG). Die sonstigen Leistungen sind grds. steuerfrei nach § 4 Nr. 12 Satz 1 Buchst. a UStG. Karl kann jedoch gemäß § 9 Abs. 1 UStG optieren, soweit er an andere Unternehmer für deren Unternehmen vermietet und die Mieter zum vollen Vorsteuerabzug berechtigt sind (§ 9 Abs. 2 UStG). Bei der Vermietung an den Elektrohändler und an den Steuerberater hat Karl durch Inrechnungstellung der Umsatzsteuer von der Optionsmöglichkeit zulässigerweise Gebrauch gemacht, diese Vermietungsleistungen sind somit steuerpflichtig. Das Entgelt ist nach § 10 Abs. 1 Satz 1 und 2 UStG zu bestimmen. Zum Entgelt der Vermietungs-leistung gehören auch die den Mietern weiterbelasteten Kosten, da es sich hier um typische Nebenleistungen handelt (Abschn. 3.10 Abs. 5 und Abschn. 4.12.1 Abs. 5 UStAE). Das Entgelt der steuerpflichtigen Umsätze beträgt:

Ladenlokal I	Miete pro Monat	2 380 €
	Umlagen pro Monat	+ 400 €
	Brutto	2 780 €
	Umsatzsteuer (§ 12 Abs. 1 UStG)	./. 444 €
	Netto	2 336 €
Büroräume I	Miete pro Monat	952 €
	Umlagen pro Monat	+ 200 €
	Brutto	1 152 €
	Umsatzsteuer	./. 184 €
	Netto	968 €

Da es sich bei den Vermietungen um Teilleistungen handelt, entsteht die Steuerschuld jeweils mit Ablauf eines Mietabrechnungszeitraumes = Kalendermonat (§ 13 Abs. 1 Nr. 1 Buchst. a Satz 1 bis 3 UStG). Zur falsch ausgewiesenen Umsatzsteuer vgl. Abschn. 14 c.1 Abs. 9 UStAE.

Vorsteuerabzug

Die persönlichen Voraussetzungen für den Vorsteuerabzug sind erfüllt, da Karl Unternehmer ist (§ 15 Abs. 1 Satz 1 Nr. 1 Satz 1 UStG). Die sachlichen Voraussetzungen für den Vorsteuerabzug sind dann gegeben, sobald Karl die entsprechenden Leistungen für sein Unternehmen bezogen hat und ihm ordnungsgemäß ausgestellte Rechnungen vorliegen (§ 15 Abs. 1 Satz 1 Nr. 1 Satz 1 und 2 UStG). Auf den Zeitpunkt der Bezahlung dieser Rechnungen kommt es nicht an.

Somit sind für das Jahr 01 abziehbar:

1.	Vorsteuern aus bezahlten Rechnungen für Strom etc.	845 €
2.	Vorsteuer aufgrund der Heizöllieferung 12/01	2 470 €
3.	Vorsteuer in Zusammenhang mit dem Kauf der Fenster	2 848 €

Die Vorsteuern sind jedoch nur insoweit abzugsfähig, soweit sie nicht mit Ausschlussumsätzen zusammenhängen. Da Karl sowohl Ausschlussumsätze nach § 15 Abs. 2 Satz 1 Nr. 1 UStG (steuerfreie Vermietung) als auch Abzugsumsätze (steuerpflichtige Vermietung bzw. gewerbliche Umsätze i. V. m. Ladenlokal II) ausgeführt hat, sind die mit diesen Umsätzen zusammenhängenden Vorsteuern nach § 15 Abs. 4 Satz 1 und 2 UStG aufzuteilen (wirtschaftliche Zuordnung).

Die Vorsteuern zu 1. und 2. sind nach dem Verhältnis der Umlagen aufzuteilen:

Umlagen steuerpflichtige Umsätze		**Umlagen steuerfreie Umsätze**	
Laden I und II	800 €	Büroräume II	200 €
Büroräume I	200 €	Wohnung I und II	300 €
	1 000 €		500 €

Die abzugsfähige Vorsteuer berechnet sich demnach wie folgt:
845 € + 2 470 € = 3 315 € × 1 000 €/1 500 € = 2 210 €.

Die Vorsteuer zu 3. steht in unmittelbarem Zusammenhang mit steuerpflichtiger und mit steuerfreier Vermietung, sodass die Vorsteueraufteilung nach § 15 Abs. 4 Satz 1 und 2 UStG nach der Anzahl der je Grundstücksteil eingebauten Fenster erfolgt. Auf den steuerpflichtig vermieteten Teil entfallen 6 Fenster, auf den steuerfreien Teil 16.

Die abzugsfähige Vorsteuer berechnet sich demnach wie folgt: 2 848 € × 6/22 = 777 €.

Groß- und Einzelhandel

1. Mit dem Verkauf von Obst und Gemüse an Dritte führt Karl steuerbare und steuerpflichtige bewegte Lieferungen aus (§ 3 Abs. 1 UStG). Lieferorte sind jeweils nach § 3 Abs. 6 Satz 1 und 2 UStG die Geschäftsräume in Neustadt und in Edenkoben (Inland, § 1 Abs. 2 Satz 1 UStG). Die Lieferungen sind steuerbar und steuerpflichtig.

Entgelte (§ 10 Abs. 1 Satz 2 und 2 UStG), brutto	1 234 138 €
netto	1 153 400 €
Umsatzsteuer, 7 % (§ 12 Abs. 2 Nr. 1 UStG i. V. m. Anlage 2 Nr. 10 und 11)	80 738 €

   Nach § 13 Abs. 1 Nr. 1 Buchst. a Satz 1 UStG entsteht diese mit Ablauf des Voranmeldungszeitraums, in dem die Lieferungen jeweils ausgeführt wurden (Beginn der Beförderung/Versendung = Lieferfiktion, Abschn. 13.1 Abs. 2 Satz 5 UStAE).
   Soweit das Obst und Gemüse für das Geschäft in Edenkoben bestimmt ist, liegt ein nicht steuerbarer Innenumsatz vor (Abschn. 2.7 Abs. 1 Satz 3 UStAE). Aus den von Karl erteilten Abrechnungen ergeben sich keine umsatzsteuerlichen Folgen: weder USt nach § 14 c Abs. 2 UStG noch Vorsteuerabzug, da keine Rechnungen i. S. v. § 14 Abs. 1 UStG vorliegen (Abschn. 14.1 Abs. 4 UStAE).
2. Die unentgeltliche Abgabe von Gemüse an Pan erfolgt aus außerunternehmerischen Gründen unentgeltlich. Diese Entnahmen gelten als Lieferungen gegen Entgelt (§ 3 Abs. 1 b Satz 1 Nr. 1 und Satz 2 UStG). Entnahmeort ist nach § 3 f Satz 1 UStG der Sitz des Unternehmens, Neustadt (Inland). Die fiktiven Lieferungen sind somit steuerbar (§ 1 Abs. 1 Nr. 1 Satz 1 UStG) und steuerpflichtig. Bemessungsgrundlage nach § 10 Abs. 4 Satz 1 Nr. 1 UStG ist der Einkaufspreis im Zeitpunkt der Entnahme (ohne USt), hier (netto) 23 250,00 €. Die Umsatzsteuer beträgt nach § 12 Abs. 2 Nr. 1 UStG 7 %, also 1 627,50 €. Entstehung nach § 13 Abs. 1 Nr. 2 UStG mit Ablauf des Voranmeldungszeitraums, in dem die jeweiligen Entnahmen getätigt wurden. Die auf den Einkauf entfallende USt kann Karl als Vorsteuer abziehen (§ 15 Abs. 1 Satz 1 Nr. 1 Satz 1 und 2 UStG).
3. Mit der Inzahlunggabe des Gebrauchtwagens führt Karl an Wogel eine bewegte Lieferung aus (§ 3 Abs. 1 UStG). Das Entgelt besteht aus der Lieferung des Neuwagens abzüglich der erhaltenen Baraufgabe; es handelt sich somit um einen Tausch mit Baraufgabe gem. § 3 Abs. 12 Satz 1 UStG. Lieferort ist nach § 3 Abs. 6 Satz 1 und 2 UStG Neustadt (Inland). Die Lieferung ist als Hilfsgeschäft (Abschn. 2.7 Abs. 2 Satz 1 bis 4 UStAE) steuerbar und steu-

erpflichtig. Da es sich um einen Tausch mit Baraufgabe handelt, ergibt sich die Bemessungsgrundlage aus § 10 Abs. 2 Satz 2 und 3 UStG und Abschn. 10.5 Abs. 1 Satz 1 bis 9 UStAE:

Gemeiner Wert erhaltener neuer Lieferwagen	49 820 €
abzüglich Baraufgabe	./. 34 945 €
brutto	14 875 €
netto	12 500 €
Umsatzsteuer, 19 %	2 375 €

Die Steuerschuld entsteht mit Ablauf März 01.

Karl bezieht den Neuwagen im Rahmen eines Reihengeschäftes (§ 3 Abs. 6 Satz 5 UStG). Mehrere Unternehmer (VW, Wogel) haben über denselben Gegenstand (Lieferwagen) Umsatzgeschäfte abgeschlossen und die Beförderung erfolgt unmittelbar vom ersten Lieferer VW an den letzten Abnehmer Karl. Es erfolgt somit eine unbewegte Lieferung von VW an Wogel sowie eine bewegte Lieferung von Wogel an Karl (§ 3 Abs. 1 UStG). Ort der Lieferung VW an Wogel ist nach § 3 Abs. 7 Satz 2 Nr. 1 UStG Wolfsburg (Inland). Die Lieferung ist steuerbar und steuerpflichtig.

Ort der Lieferung Wogel an Karl ist nach § 3 Abs. 6 Satz 1 und 2 UStG Wolfsburg. Die Lieferung ist steuerbar und steuerpflichtig. Da es sich um einen Tausch mit Baraufgabe handelt, bestimmt sich die Bemessungsgrundlage wie folgt (Abschn. 10.5 Abs. 4 Satz 1 und 2 UStAE):

Gemeiner Wert erhaltener alter Lieferwagen (§ 10 Abs. 2 Satz 2 UStG)	14 500 €
zuzüglich Baraufgabe (§ 10 Abs. 1 Satz 2 UStG)	+ 34 945 €
brutto	49 820 €
netto (§ 10 Abs. 1 Satz 2/Abs. 2 Satz 3 UStG)	41 866 €
Umsatzsteuer	7 954 €

Die Steuerschuld entsteht mit Ablauf März 01.

Für Karl ist die Vorsteuer i. H. v. 7 954 € im Voranmeldungszeitraum März 01 abziehbar und abzugsfähig (§ 16 Abs. 2 Satz 1 UStG).

4. Karl erbringt gegenüber Frutta del Oranga eine Vermittlungsleistung (Nebengeschäft, § 3 Abs. 9 Satz 1 UStG). Der Ort bestimmt sich nicht nach § 3 a Abs. 3 Nr. 4 UStG, da der Leistungsempfänger Unternehmer ist. Für den Ort dieser Leistung ist § 3 a Abs. 2 Satz 1 UStG maßgeblich. Der Ort befindet sich somit in Valencia. Da der Leistungsort im Ausland (§ 1 Abs. 2 Satz 2 UStG; hier = übriges Gemeinschaftsgebiet, § 1 Abs. 2 a Satz 1 UStG i. V. m. Abschn. 1.10 Abs. 1 UStAE) liegt, ist die Vermittlung nicht steuerbar.

Punktetabelle

	Punkte
Unternehmereigenschaft, Umfang des Unternehmens	
Karl = Unternehmer, § 2 Abs. 1 Satz 1 und 3 UStG	1
Vermietung = Dauerschuldverhältnis oder Ähnliches	2
Unternehmen = Handel Neustadt und Edenkoben sowie Wohn- und Geschäftshaus in Edenkoben, § 2 Abs. 1 Satz 2 UStG	3
Pan = Unternehmerin mit Lokal	4
Tim kein Unternehmer, § 2 Abs. 2 Nr. 1 UStG	5
Umsatzsteuerliche Folgen	
Ladenlokal II = nicht steuerbarer Innenumsatz	6
Vermietung = sonstige Leistung, § 3 Abs. 9 Satz 1 und 2 UStG	7
Belegenheitsort, § 3 a Abs. 3 Nr. 1 a UStG	8
Edenkoben = Inland, § 1 Abs. 2 Satz 1 UStG	9
Steuerbar, § 1 Abs. 1 Nr. 1 UStG	10
Leistung an Tochter Ina diskutieren	11
Grundsätzlich § 4 Nr. 12 a UStG	12
Option nach § 9 Abs. 1 und 2 UStG, soweit an Unternehmer für deren Unternehmen und Vorsteuerabzugsberechtigung	13
Bzgl. Elektrohändler und Steuerberater ist Option wirksam mit Begründung	14
Entgelt, § 10 Abs. 1 Satz 1 und 2 UStG	15
Zzgl. Nebenkosten, Abschn. 3.10 Abs. 5 oder Abschn. 4.12.1 Abs. 5 UStAE	16
Entgeltsberechnungen	17
Teilleistungen, § 13 Abs. 1 Nr. 1 a Satz 3 UStG	18
Umsatzsteuer entsteht monatlich, § 13 Abs. 1 Nr. 1 a Satz 2 und 1 UStG	19
Vorsteuer abziehbar, § 15 Abs. 1 Nr. 1 Satz 1 und 2 UStG	20
Ausschlussumsätze nach § 15 Abs. 2 Nr. 1 UStG	21
§ 15 Abs. 4 UStG = wirtschaftliche Zuordnung	22
845 € + 2 470 € nach Umlagen = 2 210 € abzugsfähig	23
2 848 € nach Anzahl Fenster	24
777 € abzugsfähig	25
Steuerbare und steuerpflichtige Lieferungen, § 3 Abs. 1 UStG	26
§ 3 Abs. 6 Satz 1 und 2 UStG = Neustadt/Landau	27
Berechnung brutto /netto Entgelt	28
Umsatzsteuer = 7 %, § 12 Abs. 2 Nr. 1 UStG i. V. m. Anlage 2 Nr. 10 und 11	29
Für Edenkoben = Innenumsatz	30
Aussage zu Abrechnung mit Edenkoben	31

	Punkte
Entnahmen = fiktive Lieferungen, § 3 Abs. 1 b Nr. 1 UStG	32
§ 3 f UStG = Neustadt, steuerbar und steuerpflichtig	33
§ 10 Abs. 4 Nr. 1 UStG = Wiederbeschaffungskosten	34
§ 13 Abs. 1 Nr. 2 UStG und Aussage	35
Vorsteuer auf Einkauf erkennen	36
Karl an Wogel steuerbare und steuerpflichtige Lieferung	37
Hilfsgeschäft	38
Tausch mit Baraufgabe, § 3 Abs. 12 Satz 1 UStG	39
§ 10 Abs. 2 Satz 2 UStG = gemeiner Wert Neuwagen	40
Abzüglich Baraufgabe	41
Umsatzsteuer folgerichtig berechnen	42
Entstehung Ablauf März 01	43
Reihengeschäft, § 3 Abs. 6 Satz 5 UStG	44
Mehrere Unternehmer – mehrere Umsatzgeschäfte	45
Derselbe Gegenstand – unmittelbare Auslieferung	46
Lieferung VW an Wogel und Wogel an Karl	47
VW an Wogel = § 3 Abs. 7 Satz 2 Nr. 1 UStG = Wolfsburg	48
Wogel an Karl = § 3 Abs. 6 Satz 1 UStG = Wolfsburg	49
Berechnung Entgelt (gemeiner Wert + Baraufgabe)	50
7 954 € und Ablauf März 01	51
Vorsteuer voll abzugsfähig	52
März 01, § 16 Abs. 2 Satz 1 UStG	53
Vermittlung = sonstige Leistung, § 3 Abs. 9 Satz 1 UStG	54
§ 3 a Abs. 2 Satz 1 UStG = Valencia	55
Vermittelte Lieferung = § 3 Abs. 6 Satz 1 UStG = Valencia	56
Vermittlung ebenfalls Valencia	57
Spanien = Ausland, § 1 Abs. 2 Satz 2 UStG; somit nicht steuerbar	58

Notentabelle

Korrekturpunkte	Punkte nach § 6 Abs. 1 StBAPO	Note
58 – 55 54 – 53	15 14	1
52 – 50 49 – 47 46 – 45	13 12 11	2
44 – 42 41 – 40 39 – 37	10 9 8	3
36 – 34 33 – 32 31 – 29	7 6 5	4
28 – 23 22 – 17 16 – 12	4 3 2	5
11 – 6 5 – 0	1 0	6

Teil E Bewertung/Grundsteuer/Erbschaftsteuer

I Übungen

1 Einheitsbewertung/Bedarfsbewertung

Wirtschaftsgut, wirtschaftliche Einheit, Vermögensart

ÜBUNG 1

SACHVERHALT

Kai Ahnung (K. A.) hat folgende Wirtschaftsgüter:

- drei Lkw für seinen Baustoffhandel,
- Lagerplatz für seinen Baustoffhandel,
- betriebliches Bankkonto,
- privates Bankkonto,
- Warenvorräte,
- Forderungen an Kunden,
- Forderung aufgrund eines privaten Darlehns an Paul Ahner,
- Verbindlichkeiten an Lieferanten,
- eigengenutztes Einfamilienhaus,
- vermietetes Mietwohngrundstück,
- Kassenbestand Baustoffhandel,
- Aktien im Betriebsvermögen des Baustoffhandels,
- Aktien im Privatvermögen,
- Schmuck,
- Münzsammlung,
- USt-Schulden aus dem Baustoffhandel,
- Weinbaubetrieb (Hobbywinzer).

AUFGABE

Welche Wirtschaftsgüter können zu einer wirtschaftlichen Einheit zusammengefasst werden? Bestimmen Sie die Vermögensart.

LÖSUNG

a) Zur wirtschaftlichen Einheit Gewerbebetrieb »Baustoffhandel« gehören:
- drei Lkw,
- der Lagerplatz ist eine wirtschaftliche Untereinheit – Betriebsgrundstück (§ 99 Abs. 1 Nr. 1 BewG),
- betriebliches Bankkonto,
- Warenvorräte,
- Kundenforderungen,
- Lieferantenverbindlichkeiten, Kassenbestand,
- Aktien im Betriebsvermögen,
- USt-Schulden.

Die wirtschaftliche Einheit Gewerbebetrieb stellt Betriebsvermögen dar (§ 18 Nr. 3 i. V. m. § 95 Abs. 1 BewG).

b) Das Einfamilienhaus und das Mietwohngrundstück bilden jeweils für sich eine wirtschaftliche Einheit bebautes Grundstück (§ 70 Abs. 1 BewG). Die Vermögensart ist das Grundvermögen (§ 18 Nr. 2 i. V. m. § 176 Abs. 1 Nr. 1 BewG).

c) Der Weinbaubetrieb ist die wirtschaftliche Einheit land- und forstwirtschaftlicher Betrieb (§ 158 Abs. 2 Satz 1 BewG), der zum land- und forstwirtschaftlichen Vermögen (§ 18 Nr. 1 i. V. m. § 158 Abs. 1 BewG) gehört.

d) Das private Bankkonto (eine wirtschaftliche Einheit), die Aktien (mehrere wirtschaftliche Einheiten), der Schmuck (mehrere wirtschaftliche Einheiten) und die Münzsammlung (eine wirtschaftliche Einheit) gehören zum übrigen Vermögen.

ÜBUNG 2 Bedarfswerte und Einheitswerte

AUFGABE

Welche Folgen hat die Zuordnung der Wirtschaftsgüter aus Übung 1 auf die Erbschaftsteuer und die Grundsteuer?

LÖSUNG

a) Für die Erbschaftsteuer ist das Betriebsvermögen nach § 12 Abs. 5 ErbStG mit dem Bedarfswert anzusetzen. Für die Grundsteuer hat diese Vermögensart keine Bedeutung; es ist insoweit kein Einheitswert festzustellen (§ 2 GrStG i. V. m. § 17 Abs. 2 und § 19 Abs. 1 BewG i. U.). Lediglich für das Betriebsgrundstück muss ein Einheitswert ermittelt werden.

b) Für die Erbschaftsteuer sind das Einfamilienhaus und das Mietwohngrundstück (Grundbesitz) nach § 12 Abs. 3 ErbStG jeweils mit dem Bedarfswert anzusetzen. Für die Grundsteuer ist jeweils ein Einheitswert festzustellen (§ 2 GrStG i. V. m. § 17 Abs. 2 und § 19 Abs. 1 BewG).

c) Für die Erbschaftsteuer ist das land- und forstwirtschaftliche Vermögen (Grundbesitz) nach § 12 Abs. 3 ErbStG mit dem Bedarfswert anzusetzen. Für die Grundsteuer ist ein Einheitswert festzustellen (§ 2 GrStG i. V. m. § 17 Abs. 2 und § 19 Abs. 1 BewG).

d) Für die Erbschaftsteuer sind die wirtschaftlichen Einheiten des übrigen Vermögens nach § 12 Abs. 1 ErbStG jeweils mit dem Bedarfswert anzusetzen. Für die Einheitsbewertung hat diese Vermögensart keine Bedeutung (§ 19 Abs. 1 BewG i. U.).

ÜBUNG 3 Feststellungsarten/Fortschreibungen bei der Einheitsbewertung

SACHVERHALT

Kai Ahnung (Kai) gründet am 01. 07. 2010 einen Baustoffeinzelhandelsbetrieb. Der dafür genutzte Lagerplatz gehörte bis zum 30. 06. 2010 (Einheitswert 01. 01. 1964 20 000 DM) als unbebautes Grundstück zum Grundvermögen.

Zum 01. 07. 2013 verkauft Kai den Gewerbebetrieb mit dem Lagerplatz an Claus Thaler (Claus). Claus nutzt den Lagerplatz nach dem Erwerb nicht mehr betrieblich, sondern errichtet darauf ein eigengenutztes Zweifamilienhaus, Fertigstellung am 15. 05. 2014. Das Finanzamt (Bewertungsstelle) ermittelt zum maßgeblichen Feststellungszeitpunkt für das Zweifamilienhaus einen Einheitswert von 86 200 DM.

AUFGABE

Führen Sie für Zwecke der für die Grundsteuer maßgebende Einheitsbewertung alle Feststellungen zu den jeweiligen Feststellungszeitpunkten durch.

LÖSUNG

Baustoffhandel

Für den Gewerbebetrieb selbst ist kein Einheitswert festzustellen (§ 2 GrStG i. V. m. § 17 Abs. 2 und § 19 Abs. 1 BewG i. U.).

Lagerplatz

Für die Grundsteuer ist ein Einheitswert festzustellen (§ 2 GrStG i. V. m. § 17 Abs. 2 und § 19 Abs. 1 BewG).

01. 01. 1964

Zum 01. 01. 1964 wurde für den Lagerplatz eine Hauptfeststellung durchgeführt (§ 21 Abs. 1 i. V. m. Abs. 2 BewG). Der Einheitswert beträgt 20 000 DM.

01. 01. 2011

Zum 01. 01. 2011 ist gem. § 22 Abs. 2 i. V. m. Abs. 4 Satz 3 Nr. 1 BewG eine Artfortschreibung durchzuführen. Aus dem Grundstück wird ein Betriebsgrundstück (Wechsel von Grundvermögen zum Betriebsvermögen).

01. 01. 2014

Zum 01. 01. 2014 ist, wegen des Verkaufs an Claus gem. § 22 Abs. 2 i. V. m. Abs. 4 Satz 3 Nr. 1 BewG, eine Zurechnungsfortschreibung vorzunehmen.

Der bisherige Einheitswert i. H. v. 20 000 DM bleibt bestehen. Der in DM ermittelte Einheitswert wird auf volle hundert DM nach unten abgerundet und danach in Euro umgerechnet: 20 000 DM = 10 225,84 € (Umrechnungsfaktor = 1,95583). Dieser umgerechnete Betrag wird auf volle Euro abgerundet. Der Einheitswert in Euro beträgt somit: 10 225 € (§ 30 BewG).

Weiterhin ist eine Artfortschreibung durchzuführen (Aus dem Betriebsgrundstück wird ein Grundstück, Wechsel vom Betriebsvermögen zum Grundvermögen).

01. 01. 2015

Zum 01. 01. 2015 ist nach § 22 Abs. 2 i. V. m. Abs. 4 Satz 3 Nr. 1 BewG eine Artfortschreibung vom unbebauten Grundstück zum Zweifamilienhaus durchzuführen. Weiterhin ist zum 01. 01. 2015 eine Wertfortschreibung gem. § 22 Abs. 1 i. V. m. Abs. 4 Satz 3 Nr. 1 BewG zu prüfen:

Neuer Einheitswert	86 200 DM
Alter Einheitswert	./. 20 000 DM
Abweichung nach oben	66 200 DM

Die Abweichung beträgt mehr als 10 % von 20 000 DM = 2 000 DM und mehr als 5 000 DM. Die Wertfortschreibung wird durchgeführt. Neuer Einheitswert 86 200 DM. Der Einheitswert in Euro beträgt 44 073 € (§ 30 BewG).

Bewertung eines unbebauten Grundstücks – Einheitswert und Bedarfswert

ÜBUNG 4

SACHVERHALT

Karl Schulz (Karl) hat ein unbebautes Grundstück (Bauplatz). Der Einheitswert zum 01. 01. 1964 wurde wie folgt ermittelt: 1 200 qm × 10 DM (Preis je qm) = 12 000 DM. Der Bodenrichtwert zum 01. 01. 2013 betrug 129 €.

Zum 01. 04. 2013 verkauft Karl 600 qm des Bauplatzes zum Verkaufspreis von 100 €/qm an Heide Fiedler (Heide).

AUFGABE

1. Welche Feststellungen sind zum 01. 01. 2014 für die Grundsteuer zu treffen?
2. Unterstellen Sie, Karl wäre am 08. 02. 2013 verstorben. Welche Folgen hätte dies für die Erbschaftsteuer?

LÖSUNG

1. Durch den Verkauf einer Teilfläche ist für Karl zum 01. 01. 2014 eine Wertfortschreibung nach unten zu prüfen (§ 22 Abs. 1 i. V. m. Abs. 4 Satz 3 Nr. 1 BewG). Die absolute Grenze von mehr als 5 000 DM (Abweichung 6 000 DM) ist überschritten. Der neue Einheitswert beträgt somit 6 000 DM; in Euro 3 067 € (§ 30 BewG). Für Heide ist nach § 23 Abs. 1 Nr. 1 BewG eine Nachfeststellung vorzunehmen. Maßgeblich sind gem. § 27 BewG die Wertverhältnisse im Hauptfeststellungszeitpunkt. Der Einheitswert beträgt 6 000 DM, umgerechnet 3 067 € (§ 30 BewG). Nachfeststellungszeitpunkt ist der 01. 01. 2014 (§ 23 Abs. 2 Satz 2 BewG).
2. Nach § 9 Abs. 1 Nr. 1 ErbStG entsteht für den/die Erben die ErbSt mit dem Tod des Erblassers Karl am 08. 02. 2013. Der Tag der Steuerentstehung ist auch der Bewertungsstichtag für die Wertermittlung des steuerpflichtigen Erwerbs (§ 11 ErbStG). Bei dem unbebauten Grundstück (§ 178 Abs. 1 Satz 1 BewG) handelt es sich um eine wirtschaftliche Einheit des Grundvermögens (§ 70 Abs. 1 i. V. m. § 176 Abs. 1 Nr. 1 BewG). Diese ist für sich zu bewerten; dabei gilt der Grundsatz der Gesamtbewertung (§ 2 Abs. 1 Satz 1 und 2 BewG). Dieser Grundbesitz i. S. d. § 19 Abs. 1 BewG ist nach § 12 Abs. 3 ErbStG mit dem Bedarfswert anzusetzen. Er ist durch die Bewertungsstelle des zuständigen Lagefinanzamts gesondert festzustellen (§ 151 Abs. 1 Satz 1 Nr. 1 i. V. m. § 152 Nr. 1 BewG). Maßgeblich für die Bedarfsbewertung sind die Wertverhältnisse und die tatsächlichen Verhältnisse zum 08. 02. 2013 (§ 157 Abs. 1 Satz 1 BewG).
   Der Grundbesitzwert (Bedarfswert) ermittelt sich nach § 157 Abs. 3 Satz 1 i. V. m. § 179 Satz 1 bis 3 BewG wie folgt: 1 200 qm × 129 € = 154 800 €.

ÜBUNG 5 Berechnung der Jahresrohmiete für die Einheitsbewertung

SACHVERHALT

Ein Grundstück in Edenkoben (Baujahr des Gebäudes 2003; Bauausführung: Massivbau) wird wie folgt genutzt:

Erdgeschoss:	vermietete Wohnung (80 qm) an den Sohn des Eigentümers zum monatlichen Mietpreis (»Inklusiv-Miete«) von 322 € .
1. Obergeschoss:	vermietete Zahnarztpraxis (140 qm), monatliche Kaltmiete 1 533 €.
2. Obergeschoss:	fremdvermietete Wohnung (80 qm), monatliche Kaltmiete 460 € (entspricht der üblichen Miete). Die Ausstattung ist in etwa die gleiche wie im Erdgeschoss und im 3. Obergeschoss.
3. Obergeschoss:	vom Eigentümer selbst genutzte Wohnung (80 qm).

An Nebenkosten fallen monatlich, pro Mietpartei, folgende Beträge an:

Wasser/Kanal	20 €
Fahrstuhl	5 €
Grundsteuerumlage	30 €
Heizung	38 €

Die Schönheitsreparaturen tragen die Mieter. Alle Wohnungen sind mit Heizung und Bad ausgestattet.

Das Grundstück hat eine Größe von 800 qm. Die vom zuständigen Gutachterausschuss ermittelten Bodenrichtwerte betragen:

- zum 01. 01. 1964 100 DM
- zum 01. 01. 2003 250 €
- zum 01. 01. 2013 300 €

Finanzamt Landau
Mietspiegel für die **Gemeinde Edenkoben.** Mietsätze in DM je qm Wohn-Nutzfläche im Jahr (Wertverhältnisse 01. 01. 1964). Tatsächliche Miete ist auch die übliche Miete.

Bauzeit	**Ausstattung**			**Einzel-garagen/ Doppel-garage**	**Einfamilienhaus und Zweifamilienhaus**
	ohne Heizung ohne Bad	ohne Heizung mit Bad	mit Heizung mit Bad		
Nachkriegsbauten	1	2	3	4	5
frei finanziert					1 / 2 / 3
21. 06. 1948 – 1956	15,90	16,85	18,25	200/350	23,40/26,40/31,20
1957 – 1959	15,90	16,85	18,25	200/350	23,40/26,40/31,20
1960	17,20	18,20	19,60	270/460	27,00/31,20/36,60
1961	17,20	18,20	19,60	270/460	27,00/31,20/36,60
1962	17,20	18,20	19,60	270/460	31,20/36,00/42,00
1963	17,20	18,20	19,60	300/500	31,20/36,00/42,00

Mietspiegel für gewerblich genutzte Räume zum 01. 01. 1964. Mietsätze in DM je qm Nutzfläche im Jahr. Tatsächliche Miete ist auch die übliche Miete.

Jahresrohmiete für Laden	Jahresrohmiete für gemischt genutzte Räume Büro und Praxis	Jahresrohmiete für Werkstatt	Jahresrohmiete für Lager
30,00	24,00	18,00	12,00

Edenkoben hat heute ca. 6 800 Einwohner. Zu Beginn des Jahres 1964 zählte Edenkoben dagegen nur 4 900 Einwohner.

AUFGABE

Berechnen Sie die Jahresrohmiete für die Einheitsbewertung nach § 79 BewG.

LÖSUNG

Die Jahresrohmiete zum 01. 01. 1964 ergibt sich aus dem Mietspiegel.

Erdgeschoss:	19,60 DM × 80 qm	1 568 DM
1. Obergeschoss:	24,00 DM/qm, insgesamt	3 360 DM
2. Obergeschoss:	19,60 DM × 80 qm	1 568 DM
3. Obergeschoss:	19,60 DM × 80 qm	1 568 DM
Gesamte Jahresrohmiete		8 064 DM

ÜBUNG 6 Bestimmung der Grundstücksart für die Einheitsbewertung

AUFGABE

1. Bestimmen Sie die Grundstücksart für das Grundstück in Übung 5.
2. Ein Grundstück wird wie folgt genutzt:

Kellergeschoss:	Eigene Steuerberaterpraxis (80 qm), anteilige Jahresrohmiete 1 000 DM.
Erdgeschoss:	Eigene Wohnung (100 qm), anteilige Jahresrohmiete 600 DM.
1. Obergeschoss:	Wohnung des Kindes (100 qm), anteilige Jahresrohmiete 600 DM.
2. Obergeschoss:	Wohnung des Hauspersonals (50 qm), anteilige Jahresmiete 300 DM.

   Das äußere Erscheinungsbild spricht für ein Wohngrundstück.
   Bestimmen Sie die Grundstücksart.
3. Die Jahresrohmiete für ein Grundstück beträgt insgesamt 8 500 DM, davon entfallen 6 970 DM für Wohnzwecke, der andere Teil entfällt auf gewerbliche Zwecke. Nach dem äußeren Erscheinungsbild ist es kein Ein- oder Zweifamilienhaus.
   Bestimmen Sie die Grundstücksart.

LÖSUNG

1.

Gewerbliche Jahresrohmiete (Beachte § 96 BewG)	3 360 DM
Jahresrohmiete für Wohnzwecke	4 704 DM
Gesamte Jahresrohmiete	8 064 DM

   Der gewerbliche Anteil an der gesamten Jahresrohmiete beträgt 41,66 %.
   Gem. § 75 Abs. 4 BewG handelt es sich um ein gemischtgenutztes Grundstück.
2. Es handelt sich nach § 75 Abs. 6 BewG um ein Zweifamilienhaus. § 75 Abs. 5 Satz 2 bis 4 BewG sind entsprechend anzuwenden. Die Wohnung des Hauspersonals zählt für die Bestimmung der Grundstücksart nicht mit. Da das äußere Erscheinungsbild für ein Wohngrundstück spricht und die innere Gestaltung dem nicht entgegensteht (mehr als 50 % der Fläche dient Wohnzwecken, siehe A 15 Abs. 3 letzter Satz BewRGr sinngemäß), handelt es sich um ein Zweifamilienhaus.

3. 82 % der gesamten Jahresrohmiete entfällt auf Wohnzwecke. Es handelt sich gem. § 75 Abs. 2 BewG um ein Mietwohngrundstück.

Bewertung eines bebauten Grundstücks für die Einheitsbewertung

ÜBUNG 7

AUFGABE

Ermitteln Sie den Einheitswert des Grundstücks aus Übung 5.

LÖSUNG

Der Grundstückswert ergibt sich nach § 78 Satz 2 BewG durch die Anwendung eines Vervielfältigers (VV, § 80 BewG) auf die Jahresrohmiete (§ 79 BewG). Die Jahresrohmiete beträgt 8 064 DM. Es handelt sich um ein gemischtgenutztes Grundstück mit einem gewerblichen Anteil an der Jahresrohmiete von 41,66 % (Lösung Übung 6 Aufgabe 1). Der VV lt. Anlage 4 BewG beträgt 9,6 (die Einwohnerzahl von Edenkoben zum 01. 01. 1964 betrug 4 900). Der Grundstückswert = gemeiner Wert beträgt: 8 064 DM × 9,6 = 77 414 DM. Nach § 30 Satz 1 BewG wird der Wert auf volle hundert DM nach unten abgerundet und danach in Euro umgerechnet: 77 400 DM entspricht in Euro 39 573,99 €. Nach § 30 Satz 2 BewG wird dieser Betrag auf volle Euro abgerundet. Der Einheitswert in Euro beträgt somit 39 573 €.

Erhöhung des Grundstückswerts wegen übergroßer Fläche bei der Einheitsbewertung

ÜBUNG 8

SACHVERHALT

Anton Meise (Anton) ist seit Jahren Eigentümer eines Zweifamilienhauses (Baujahr 1960, Massivbau). Die gesamte Grundstücksgröße beträgt 1 500 qm, die bebaute Fläche 200 qm. Der Grund- und Bodenpreis zum 01. 01. 1964 beträgt 20 DM/qm. Die Jahresrohmiete pro Wohnung zum 01. 01. 1964 beträgt 4 170 DM. Der Grundstückswert beläuft sich auf: 4 170 DM × 2 × 11,4 (VV) = 95 076 DM. Der Einheitswert beträgt somit 95 000 DM. Im Jahre 2013 wird das Grundstück um eine weitere Wohnung aufgestockt (Jahresrohmiete neue Wohnung 4170 DM).

AUFGABE

Führen Sie die in Betracht kommenden Feststellungen zum 01. 01. 2014 durch (Gemeindegrößenklasse bis 2000).

LÖSUNG

Zum 01. 01. 2014 handelt es sich gem. § 75 Abs. 2 BewG um ein Mietwohngrundstück. Nach § 22 Abs. 2 i. V. m. Abs. 4 Satz 3 Nr. 1 BewG ist eine Artfortschreibung vom Zweifamilienhaus zum Mietwohngrundstück durchzuführen.

Gleichzeitig ist gem. § 22 Abs. 1 i. V. m. Abs. 4 Satz 3 Nr. 1 BewG eine Wertfortschreibung zu prüfen.

Ermittlung des neuen Werts:

Jahresrohmiete (§ 79 BewG): 3 × 4 170 DM	12 510 DM
Vervielfältiger (§ 80 Abs. 1 BewG i. V. m. Anlage 3)	× 9,8
Vorläufiger Grundstückswert	122 598 DM

Überprüfung eines Zuschlags wegen übergroßer Fläche gem. § 82 Abs. 2 Nr. 1 BewG:		
Bodenwert des Grundstücks: 1 500 qm × 20 DM	30 000 DM	
Fünffache der bebauten Fläche: 200 qm × 5 × 20 DM	./. 20 000 DM	
Zuschlag	10 000 DM	+ 10 000 DM
Die 30 %-Grenze nach § 82 Abs. 3 Satz 1 BewG wurde beachtet.		
Grundstückswert		132 598 DM
Überprüfung Wertfortschreibung:		132 500 DM
Neuer Einheitswert		
Alter Einheitswert		./. 95 000 DM
Abweichung nach oben		37 500 DM

Die Abweichung beträgt mehr als 10 % von 95 000 DM und mehr als 5 000 DM. Die Wertfortschreibung wird durchgeführt. Der neue Einheitswert beträgt 132 500 DM. Dieser Wert wird nach § 30 Satz 1 BewG in Euro umgerechnet und beträgt danach 67 746,17 €. Der umgerechnete Betrag wird nach § 30 Satz 2 BewG auf volle Euro abgerundet = 67 746 €.

ÜBUNG 9 Mindestwert bei der Einheitsbewertung

SACHVERHALT

Der Einheitswert eines Einfamilienhauses (Baujahr 1962) beträgt 14 000 DM. Die Grundstücksgröße beträgt 1 500 qm. Der Bodenpreis zum 01. 01. 1964 beträgt 20 DM/qm, der Bodenrichtwert zum 01. 01. 2013 wurde mit 102 €/qm festgestellt.

AUFGABE

Ermitteln Sie den anzusetzenden Einheitswert des Grundstücks für Zwecke der Grundsteuer.

LÖSUNG

Nach § 77 BewG darf der für ein bebautes Grundstück anzusetzende Wert nicht geringer sein als 50 % des Werts, mit dem der Grund und Boden allein als unbebautes Grundstück zu bewerten wäre (Fußnote zu § 77 BewG).

Wert des unbebauten Grundstücks: 30 000 DM, davon 50 % =	15 000 DM
Anzusetzender Einheitswert für das Einfamilienhaus somit	15 000 DM

Bedarfsbewertung eines bebauten Grundstücks im Ertragswertverfahren

ÜBUNG 10

SACHVERHALT

Am 01. 04. 2016 wird ein 2014 erbautes Mehrfamilienhaus (800 qm großes Grundstück) vom Vater auf seine Tochter vererbt. Das Gebäude wird wie folgt genutzt:

Erdgeschoss (80 qm):	An fremde Familie vermietete Wohnung. Die lt. Mietvertrag vereinbarte Miete (netto) beträgt 8 €/qm.
Obergeschoss (80 qm):	Vom Vater eigengenutzte Wohnung.
Ausgebautes Dachgeschoss (45 qm):	Vom Vater an Tochter vermietete Wohnung. Im Mietvertrag wurde eine Miete (netto) i. H. v. 5 €/qm vereinbart.

Die Wohnungen haben eine ähnliche gleichwertige Ausstattung. Nach dem örtlichen Mietspiegel beträgt die übliche Miete (netto) für Wohnräume 8 €/qm.

Die Tochter kann ein Verkehrswertgutachten eines vereidigten und öffentlich bestellten Sachverständigen vorlegen, wonach das bebaute Grundstück zum Besteuerungszeitpunkt 335 740 € wert ist.

Der zuständige Gutachterausschuss hat folgende Werte festgestellt:

Bodenrichtwert 31. 12. 2013	300 €
Bodenrichtwert 31. 12. 2015	320 €
Erfahrungssatz Bewirtschaftungskosten	30 %
Liegenschaftszinssatz	4 %

AUFGABE

Ermitteln Sie den Grundbesitzwert (Bedarfswert) des Grundstücks zum 01. 04. 2016.

LÖSUNG

Bei dem bebauten Grundstück (§ 180 Abs. 1 Satz 1 BewG) handelt es sich um eine wirtschaftliche Einheit des Grundvermögens (§ 70 Abs. 1 BewG). Grund und Boden und das Gebäude sind Bestandteile der wirtschaftlichen Einheit (§ 176 Abs. 1 Nr. 1 BewG). Diese ist für sich zu bewerten; dabei gilt der Grundsatz der Gesamtbewertung (§ 2 Abs. 1 Satz 1 und 2 BewG).

Für Zwecke der Erbschaftsteuer ist ein Grundbesitzwert zu ermitteln (§ 12 Abs. 3 ErbStG i. V. m. BewG). Durch die Bewertungsstelle des zuständigen Lagefinanzamts ist eine gesonderte Feststellung durchzuführen (§ 151 Abs. 1 Satz 1 Nr. 1 i. V. m. § 152 Nr. 1 BewG). Maßgeblich für die Bedarfsbewertung sind die tatsächlichen Verhältnisse und die Wertverhältnisse zum Bewertungsstichtag (§ 157 Abs. 1 Satz 1 BewG). Bewertungsstichtag (Besteuerungszeitpunkt) ist der 01. 04. 2016 (§ 9 Abs. 1 Nr. 1 i. V. m. § 11 ErbStG). Bewertungsmaßstab ist der gemeine Wert (§ 177 BewG).

Das Bewertungsverfahren bestimmt sich nach der Art des Grundstücks. Das Mehrfamilienhaus dient ausschließlich Wohnzwecken. Ein Einfamilien- oder Zweifamilienhaus scheidet aufgrund drei vorhandener Wohnungen aus. Damit ist das Grundstück ein Mietwohngrundstück (§ 181 Abs. 1 Nr. 2 i. V. m. Abs. 3 sowie Abs. 2 Satz 1 i. V. m. Abs. 9 BewG). Der Bedarfswert ist demnach im Wege des Ertragswertverfahrens zu ermitteln (§ 182 Abs. 3 Nr. 1 BewG).

Nach § 184 Abs. 1 BewG ist vom Bodenwert und dem Gebäudeertragswert auszugehen. Der Bodenwert ist der Wert, der sich nach der Formel für unbebaute Grundstücke nach § 179

Satz 1 – 3 BewG ergibt (§ 184 Abs. 2 BewG): 800 qm × 320 € = 256 000 €. Der Gebäudeertragswert ermittelt sich nach § 185 BewG wie folgt:

Dach-geschoss	Vereinbarte Miete (netto)	5 €		
	übliche Miete	8 €		
	Differenz	./. 3 €		
	20 % der üblichen Miete	1,60 €		
	Differenz größer als 1,60 €; somit Ansatz der üblichen Miete: 45 qm × 8 € × 12 Monate		4 320 €	§ 186 Abs. 2 Satz 1 Nr. 2 BewG
1. Ober-geschoss	Ansatz übliche Miete: 80 qm × 8 € × 12 Monate		7 680 €	§ 186 Abs. 2 Satz 1 Nr. 1 1. Alternative BewG
Erd-geschoss	Vereinbarte Miete (netto)	8 €		§ 186 Abs. 1 BewG § 186 Abs. 2 Satz 2 BewG (Mietspiegel)
	übliche Miete	8 €		
	Differenz	0 €		
	Ansatz der vereinbarten Jahresmiete: 80 qm × 8 € × 12 Monate		7 680 €	
	Summe Rohertrag		**19 680 €**	
	Bewirtschaftungskosten Erfahrungssatz Gutachterausschuss	30 %		§ 187 Abs. 2 BewG
	19 680 € × 30 %		./. 5 904 €	
	Reinertrag		**13 776 €**	§ 185 Abs. 1 BewG
	Bodenwertverzinsung Liegenschaftszinssatz Gutachterausschuss	4 %		§ 185 Abs. 2 Satz 2 BewG § 188 Abs. 2 Satz 1 BewG
	256 000 € × 4 %		./. 10 240 €	
	Gebäudereinertrag		**3 536 €**	§ 185 Abs. 2 Satz 1 BewG
	Vervielfältiger		23,26	§ 185 Abs. 3 Satz 1, 2 BewG i. V. m. Anlage 21
	Gesamtnutzungsdauer		70 Jahre	Anlage 22
	Alter zum Besteuerungszeitpunkt		2 Jahre	
	Restnutzungsdauer		68 Jahre	§ 185 Abs. 3 Satz 3 BewG
	Liegenschaftszinssatz		4 %	
	Gebäudeertragswert		**82 247 €**	

Der Ertragswert des bebauten Grundstücks errechnet sich aus der Summe von Gebäudeertragswert und Bodenwert und beträgt demnach 338 247 € (§ 184 Abs. 3 Satz 1 BewG). Der Mindestwertansatz nach § 184 Abs. 3 Satz 2 BewG kommt nicht in Betracht. Da der nachgewiesene gemeine Wert des Grundstücks niedriger ist als der errechnete Ertragswert, ist der gemeine Wert anzusetzen (Öffnungsklausel, § 198 BewG). Der **Grundbesitzwert** (Bedarfswert, § 157 Abs. 3 Satz 1 BewG) beläuft sich somit auf **335 740 €**.

Der von der Bewertungsstelle zu erlassende Grundbesitzwertbescheid (Feststellungsbescheid) beinhaltet nach § 151 Abs. 2 Nr. 1 BewG neben dem Grundbesitzwert die Art der wirtschaftlichen Einheit (bebautes Grundstück/Mietwohngrundstück, Grundvermögen) und nach § 151 Abs. 2 Nr. 2 BewG die Zurechnung auf die erbende Tochter.

Auf der Besteuerungsebene (Erbschaftsteuerveranlagung) ist vom zuständigen Erbschaftsteuerfinanzamt zu prüfen, welche **Verschonungsregelungen** für das Grundstück möglich sind. Bzgl. der Obergeschosswohnung wäre die Befreiung nach § 13 Abs. 1 Nr. 4 c ErbStG zu prüfen. Der (nach Wohnfläche aufzuteilende) Bedarfswert für die beiden Wohnungen im Erd und Dachgeschoss wäre nur mit 90 % anzusetzen (§ 13 d Abs. 1 i. V. m. Abs. 3 ErbStG): 335 740 € × 125/205 = 204 719 € × 90 % = 184 247 €.

Bedarfsbewertung eines Gewerbebetriebs im vereinfachten Ertragswertverfahren

ÜBUNG 11

SACHVERHALT

Besteuerungszeitpunkt ist der 18. 08. 2016. Zur Erbmasse gehört ein bilanzierender Betrieb (Einzelunternehmen), der Relais für die Autoindustrie produziert.

Die Gewinne betragen in den Jahren:

2013	500 000 €
2014	460 000 €
2015	520 000 €

Der Gewerbesteueraufwand wurde jeweils in folgender Höhe verbucht:

2010	38 000 €
2011	34 960 €
2012	39 520 €

Als angemessener Unternehmerlohn wären 100 000 € anzusetzen.

Im gewillkürten Betriebsvermögen befindet sich ein vermietetes Mehrfamilienhaus, dessen nach § 182 Abs. 3 BewG i. V. m. §§ 184 bis 188 BewG gesondert festgestellter Grundbesitzwert (gemeiner Wert) 690 000 € beträgt und auf dem eine Hypothek i. H. v. 70 000 € lastet. Die Mieterträge belaufen sich jährlich (vereinfacht) auf 30 000 €; diesbzgl. Aufwendungen betragen jährlich 18 000 €.

Aus zum notwendigen Betriebsvermögen gehörenden Aktien (Beteiligungsquote = 8 %; Kurswert 200 000 €) wurden jährlich (vereinfacht) 3 000 € Dividenden verbucht.

Der Mindestwert wäre mit 3 200 000 € zu veranschlagen.

AUFGABE

Ermitteln Sie den Betriebsvermögenswert (Bedarfswert) des Gewerbebetriebs. Das vereinfachte Ertragswertverfahren i. S. d. BewG soll zur Anwendung kommen.

LÖSUNG

Die wirtschaftliche Einheit Gewerbebetrieb gehört zum Betriebsvermögen (§ 95 Abs. 1 BewG i. V. m. § 15 Abs. 1 Nr. 1 EStG). Alle zum ertragsteuerlichen Betriebsvermögen gehörenden (aktive und passive) Wirtschaftsgüter gehören zu der wirtschaftlichen Einheit. Sie ist für sich zu bewerten (§ 2 Abs. 1 Satz 1 BewG).

Für den Gewerbebetrieb ist ein Betriebsvermögenswert zu ermitteln (§ 12 Abs. 5 ErbStG i. V. m. BewG). Dieser ist durch das zuständige Betriebsfinanzamt (Veranlagungsbezirk) gesondert festzustellen (§ 151 Abs. 1 Satz 1 Nr.2 1. Alternative i. V. m. § 152 Nr.2 BewG). Bewertungsstichtag ist der Besteuerungszeitpunkt = 18.08.2016 (§ 157 Abs. 5 Satz 1 i. V. m. § 9 Abs. 1 Nr. 1 und § 11 ErbStG), dabei sind die tatsächlichen Verhältnisse und die Wertverhältnisse zum Bewertungsstichtag maßgebend.

Bewertungsmaßstab ist der gemeine Wert (§ 109 Abs. 1 Satz 1 BewG). Für die Ermittlung dieses Werts ist § 11 Abs. 2 BewG analog anzuwenden (§ 109 Abs. 1 Satz 2 BewG). Das vereinfachte Ertragswertverfahren kommt zur Anwendung (§ 11 Abs. 2 Satz 4 i. V. m. § 199 Abs. 2 BewG).

Grundsätzlich sind alle zum ertragsteuerlichen Betriebsvermögen gehörenden Wirtschaftsgüter in dem zu berechnenden Ertragswert abgegolten. Die ist Folge der Gesamtbewertung nach § 2 Abs. 1 Satz 2 BewG. Die Gesamtbewertung wird im vorliegenden Fall durch folgende Ausnahmen durchbrochen:

a) Das Mietwohngrundstück (Betriebsgrundstück, § 99 Abs. 1 Nr. 1 BewG) und die damit im Zusammenhang stehende Hypothek sind als nicht betriebsnotwendiges Vermögen i. S. d. § 200 Abs. 2 BewG zu qualifizieren. Sie sind im Rahmen einer Einzelbewertung (§ 2 Abs. 3 BewG) zu bewerten und zusätzlich zum Ertragswert zu erfassen. Das Mietwohngrundstück ist mit seinem festgestellten Grundbesitzwert und die Hypothek mit ihrem Nennwert (§ 12 Abs. 1 Satz 1 BewG) anzusetzen.
b) Die Aktien sind nach § 200 Abs. 3 BewG im Rahmen einer Einzelbewertung (§ 2 Abs. 3 BewG) zu bewerten (Kurswert, § 11 Abs. 1 Satz 1 BewG) und zusätzlich zum Ertragswert zu erfassen.

Das vereinfachte Ertragswertverfahren stellt sich wie folgt dar:

	2013	**2014**	**2015**	**(alle §§ = BewG)**
Gewinn (Ausgangswert)	500 000 €	460 000 €	520 000 €	§ 202 Abs. 1 Satz 1
Gewerbesteueraufwand	+ 38 000 €	+ 34 960 €	+ 39 520 €	§ 202 Abs. 1 Satz 2 Nr. 1e
Aufwendungen Mietwohngrundstück	+ 18 000 €	+ 18 000 €	+ 18 000 €	§ 202 Abs. 1 Satz 2 Nr. 1f
Unternehmerlohn	./. 100 000 €	./. 100 000 €	./. 100 000 €	§ 202 Abs. 1 Satz 2 Nr.2d
Erträge Mietwohngrundstück	./. 30 000 €	./. 30 000 €	./. 30 000 €	§ 202 Abs. 1 Satz 2 Nr.2f
Erträge Aktien	./. 3 000 €	./. 3 000 €	./. 3 000 €	§ 202 Abs. 1 Satz 2 Nr.2f
Betriebsergebnis vor Ertragsteueraufwand	423 000 €	379 960 €	444 520€	
Abgeltung Ertragsteueraufwand (30 %)	./. 126 900 €	./. 113 988 €	./. 133 356 €	§ 202 Abs. 3
Betriebsergebnis	296 100€	265 972 €	311 164 €	§ 201 Abs. 2 Satz 1
Summe			873 236 €	

	2013	2014	2015	(alle §§ = BewG)
Durchschnittlicher **Jahresertrag**			291 078	§ 201 Abs. 1 i. V. m. § 201 Abs. 2 Satz 3, 4
Kapitalisierungsfaktor			13,75	§ 203 Abs. 1
Ertragswert			4 002 322 €	§ 200 Abs. 1
Nicht betriebsnotwendiges Mietwohngrundstück			+ 690 000 €	§ 200 Abs. 2
Nicht betriebsnotwendige Hypothek Mietwohngrundstück			./. 70 000 €	§ 200 Abs. 2
Betriebsnotwendige Aktien			+ 200 000 €	§ 200 Abs. 3
Korrigierter Ertragswert			4 822 322 €	
Mindestwert			3 200 000 €	§ 11 Abs. 2 Satz 3
Bedarfswert Betrieb (Betriebsvermögenswert)			**4 822 322 €**	**§ 157 Abs. 5**

Der vom Betriebsfinanzamt zu erlassende Bedarfswertbescheid (Feststellungsbescheid) beinhaltet nach § 151 Abs. 2 Nr. 1 BewG neben dem Betriebsvermögenswert, die Art der wirtschaftlichen Einheit (Gewerbebetrieb, Betriebsvermögen) und nach § 151 Abs. 2 Nr. 2 BewG die Zurechnung auf den Erben oder die Erbengemeinschaft.

Auf der Besteuerungsebene (Erbschaftsteuerveranlagung) ist vom zuständigen Erbschaftsteuerfinanzamt zu prüfen, ob die **Verschonungsregelungen** nach §§ 13a und 13b ErbStG möglich sind.

Bewertung des übrigen Vermögens

ÜBUNG 12

SACHVERHALT

Im Nachlass des verstorbenen Egon befinden sich u. a. folgende Vermögenswerte:

- Hausrat im Wert von 47 500 €.
- Tagesgeldkonto i. H. v. 5 000 €.
- 500 Kanadische Dollar (Kurs 1 € = 1,5111 CAD).
- 324 Aktien der BMW-AG; Anschaffungskosten = 13 000 €, Kurswert 37,50 €.
- Pfandbriefe der Bayern-Vereinsbank mit einem Nennwert von 60 000 €, erworben im Jahr 2002 zum Kurs von 91,50 %; Kurswert aktuell 93,40 %.
- Zur Hochzeit seiner Nichte Nora schenkte ihr Egon als Patenonkel ein Kollier im Wert von 3 000 €. Egon hatte dies durch Ratenkauf finanziert. Seine Restschuld beträgt zum Todestag noch 1 900 €.

AUFGABE

Bestimmen Sie die Vermögensart und bewerten Sie die wirtschaftlichen Einheiten für Zwecke der Erbschaftsteuer.

LÖSUNG

Zum übrigen Vermögen gehören alle Wirtschaftsgüter, die nicht zu den in § 18 BewG genannten Vermögensarten gehören. Jedes einzelne Wirtschaftsgut stellt grundsätzlich eine wirtschaftliche Einheit dar. Es erfolgt eine Einzelbewertung einer jeden wirtschaftlichen Einheit (§ 2 Abs. 1 Satz 1). Die Bewertung ergibt sich aus § 12 Abs. 1 ErbStG i. V. m. den maßgebenden Bewertungsmaßstäben des BewG. Es gelten die tatsächlichen Verhältnisse und die Wertverhältnisse zum Besteuerungszeitpunkt (§ 11 i. V. m. § 9 Abs. 1 Nr. 1 ErbStG). Zuständig für die Ermittlung der jeweiligen Bedarfswerte ist die Erbschaftsteuerstelle des Finanzamts; es ist keine gesonderte Feststellung durchzuführen.

• Hausrat; gemeiner Wert (§ 9 Abs. 1 und 2 BewG) (Freibetrag nach § 13 Abs. 1 Nr. 1 Satz 1 Buchst. a oder c ErbStG)	47 500 €
• Tagesgeldkonto; Nennwert (§ 12 Abs. 1 Satz 1 BewG)	5 000 €
• CAD; umgerechneter Nennbetrag	330 €
• BMW-Aktien; Kurswert (§ 11 Abs. 1 Satz 1 BewG)	12 150 €
• Pfandbriefe; Kurswert	56 040 €

Die Restschuld bzgl. des Kolliers stellt eine Nachlassverbindlichkeit dar (Erblasserschuld, § 1967 Abs. 2 BGB und § 10 Abs. 5 Nr. 1 ErbStG). Sie ist mit dem Nennwert im Rahmen der Erbschaftsteuerveranlagung zu berücksichtigen (§ 10 Abs. 1 Satz 2 i. V. m. § 12 Abs. 1 ErbStG i. V. m. § 12 Abs. 1 Satz 1 BewG).

2 Erbschaftsteuer

ÜBUNG 13 Erbfolge nach BGB bei Ledigen ohne Kinder

SACHVERHALT

Irene ist ledig und hat keine Kinder. Irene stirbt.

AUFGABE

Stellen Sie die Erbfolge nach dem BGB dar.

LÖSUNG

Nach dem BGB wird die gesetzliche Erbfolge in bestimmte Ordnungen untergliedert.

1. Ordnung (§ 1924 BGB)

Gesetzliche Erben der ersten Ordnung sind die Abkömmlinge des Erblassers, also Kinder und Kindeskinder (§ 1924 Abs. 1 BGB). Da Irene keine Kinder hat, sind Erben der 1. Ordnung nicht vorhanden. Ein eventuell vorhandener Lebensgefährte hat kein gesetzliches Erbrecht.

2. Ordnung (§ 1925 BGB)

Die Eltern erben das gesamte Vermögen zu gleichen Teilen. Geschwister erben den Anteil eines verstorbenen Elternteils. Sind die Geschwister des Erblassers tot, erhalten deren Abkömmlinge ihren Anteil.

3. Ordnung (§ 1926 BGB)

Die Großeltern haben das Erbrecht auf das gesamte Vermögen, wenn Erben der zweiten Ordnung nicht vorhanden sind (§ 1930 BGB).

Erbfolge nach BGB bei Ledigen mit Kindern

ÜBUNG 14

SACHVERHALT

Irene ist ledig und hat drei Kinder: Maria, Mona und Klaus. Irene stirbt.

AUFGABE

Stellen Sie die Erbfolge nach dem BGB dar.

LÖSUNG

Gesetzliche Erben der ersten Ordnung sind die Kinder Maria, Mona und Klaus (§ 1924 Abs. 1 BGB). Sie erben zu gleichen Teilen, also jeweils 1/3 (§ 1924 Abs. 4 BGB). Andere Verwandte sind somit nicht mehr zur Erbfolge berufen (§ 1930 BGB).

Erbfolge nach BGB und Steuerklassen nach dem ErbStG bei Verheirateten ohne Kinder

ÜBUNG 15

SACHVERHALT

Albert und Berta sind verheiratet und leben

a) im gesetzlichen Güterstand der Zugewinngemeinschaft,
b) in Gütertrennung bzw.
c) in Gütergemeinschaft.

Albert und Berta haben keine Kinder. Am 15. 05. 01 stirbt Albert. Albert hatte zwei Brüder: Peter und Paul. Beide haben wiederum jeweils eine Tochter: Mona und Lisa. Peter ist am 14. 04. 01 gestorben. Am Todestag von Albert lebt noch dessen Mutter Maria.

AUFGABE

Stellen Sie die Erbfolge nach dem BGB und die jeweilige Steuerklasse nach dem ErbStG dar.

LÖSUNG

Nach dem BGB wird die gesetzliche Verwandtenerbfolge in bestimmte Ordnungen untergliedert:

1. Ordnung (§ 1924 BGB)

Gesetzliche Erben der ersten Ordnung sind die Abkömmlinge des Erblassers, also Kinder und Kindeskinder (§ 1924 Abs. 1 BGB). Da Albert keine Kinder hat, sind Erben der 1. Ordnung nicht vorhanden.

2. Ordnung (§ 1925 BGB)

Gesetzliche Erben der zweiten Ordnung sind die Eltern des Erblassers und deren Abkömmlinge (§ 1925 Abs. 1 BGB). Leben zur Zeit des Erbfalls die Eltern, so erben sie allein und zu gleichen Teilen (§ 1925 Abs. 2 BGB). Zur Zeit des Erbfalls lebt nur noch die Mutter des Erblassers. Da der Vater nicht mehr lebt, treten an die Stelle des Verstorbenen dessen Abkömmlinge nach den für die Beerbung in der 1. Ordnung geltenden Vorschriften (§ 1925 Abs. 3 Satz 1 BGB). Die Abkömmlinge des Vaters sind Peter und Paul (Alberts Brüder). Paul schließt die durch ihn mit dem Erblasser verwandten Abkömmlinge von der Erbfolge aus (Repräsentationsprinzip, § 1924 Abs. 2 BGB); sodass Nichte Lisa nicht zur Erbfolge berufen ist. An die Stelle des verstorbenen Peter treten die durch ihn mit dem Erblasser verwandten Abkömmlinge (Eintrittsrecht; § 1924 Abs. 3 BGB); an seine Stelle tritt also seine Tochter Mona (Alberts Nichte).

Gesetzliches Erbrecht des Ehegatten

Ehefrau Berta zählt nicht zu den gesetzlichen Erben innerhalb der Ordnungen. Sie hat ein eigenes Erbrecht nach § 1931 BGB.

a) Zugewinngemeinschaft
Nach § 1931 Abs. 1 Satz 1 Halbsatz 2 BGB ist Berta neben Verwandten der zweiten Ordnung zur Hälfte der Erbschaft als gesetzliche Erbin berufen. Zusätzlich erhält sie gem. § 1931 Abs. 3 i. V. m. § 1371 Abs. 1 BGB 1/4 als pauschaler Zugewinnausgleich. Insgesamt entfällt also auf Berta 3/4 der Erbschaft.

		verbleibender Anteil von 1/4 entfällt auf		
	Berta 3/4	Maria 1/8	Paul 1/16	Mona 1/16
Steuerklasse nach § 15 Abs. 1 ErbStG	I/1	I/4	II/2	II/3

b) und c) Gütertrennung bzw. Gütergemeinschaft
Nach § 1931 Abs. 1 Satz 1 Halbsatz 2 BGB ist Berta neben Verwandten der zweiten Ordnung zur Hälfte der Erbschaft als gesetzliche Erbin berufen. Ein Zugewinnausgleich findet bei diesen Güterständen nicht statt.

		verbleibender Anteil von 1/2 entfällt auf		
	Berta 1/2	Maria 1/4	Paul 1/8	Mona 1/8
Steuerklasse nach § 15 Abs. 1 ErbStG	I/1	I/4	II/2	II/3

ÜBUNG 16 Erbfolge nach BGB und Steuerklassen nach dem ErbStG bei Verheirateten mit einem Kind

SACHVERHALT

Albert und Berta sind verheiratet und leben

a) im gesetzlichen Güterstand der Zugewinngemeinschaft,
b) in Gütertrennung bzw.
c) in Gütergemeinschaft.

Albert und Berta haben eine Tochter Petra. Petra hat einen Sohn Karl. Am 15.05.01 stirbt Albert. Am Todestag von Albert lebt nur noch dessen Mutter Maria.

AUFGABE

Stellen Sie die Erbfolge nach dem BGB und die jeweilige Steuerklasse nach dem ErbStG dar.

LÖSUNG

Nach dem BGB wird die gesetzliche Verwandtenerbfolge in bestimmte Ordnungen untergliedert:

1. Ordnung (§ 1924 BGB)

Gesetzliche Erbin der ersten Ordnung ist Tochter Petra (§ 1924 Abs. 1 BGB). Sie schließt Karl von der Erbfolge aus (Repräsentationsprinzip, § 1924 Abs. 2 BGB). Mutter Maria (Erbin zweiter Ordnung) ist nicht zur Erbfolge berufen (§ 1930 BGB).

Gesetzliches Erbrecht des Ehegatten

a) Ehefrau Berta zählt nicht zu den gesetzlichen Erben innerhalb der Ordnungen. Sie hat ein eigenes Erbrecht nach § 1931 BGB.
b) Zugewinngemeinschaft
Nach § 1931 Abs. 1 Satz 1 Halbsatz 1 BGB ist Berta neben Petra zu einem Viertel der Erbschaft als gesetzliche Erbin berufen. Zusätzlich erhält sie gem. § 1931 Abs. 3 i. V. m. § 1371 Abs. 1 BGB 1/4 als pauschalen Zugewinnausgleich. Insgesamt entfällt also auf Berta 1/2 der Erbschaft.

	Berta 1/2	Petra 1/2
Steuerklasse nach § 15 ErbStG	I/1	I/2

c) Gütertrennung

Berta und Petra erben zu gleichen Teilen (§ 1931 Abs. 4 BGB). Ein Zugewinnausgleich findet nicht statt.

d) Gütergemeinschaft
Nach § 1931 Abs. 1 Satz 1 Halbsatz 1 BGB ist Berta neben Petra zu einem Viertel der Erbschaft als gesetzliche Erbin berufen. Ein Zugewinnausgleich findet nicht statt. Petra erhält die restlichen 3/4.

Erbfolge nach BGB und Steuerklassen nach dem ErbStG bei Verheirateten mit zwei Kindern

ÜBUNG 17

SACHVERHALT

Albert und Berta sind verheiratet und leben
a) im gesetzlichen Güterstand der Zugewinngemeinschaft,
b) in Gütertrennung bzw.
c) in Gütergemeinschaft.

Albert und Berta haben zwei Töchter; Petra und Paula. Petra hat einen Sohn Karl. Am 15.05.01 stirbt Albert. Am Todestag von Albert lebt nur noch dessen Mutter Maria.

AUFGABE

Stellen Sie die Erbfolge nach dem BGB und die jeweilige Steuerklasse nach dem ErbStG dar.

LÖSUNG

Nach dem BGB wird die gesetzliche Verwandtenerbfolge in bestimmte Ordnungen untergliedert:

1. Ordnung (§ 1924 BGB)

Gesetzliche Erbinnen der ersten Ordnung sind die Töchter Petra und Paula (§ 1924 Abs. 1 BGB). Sie erben zu gleichen Teilen (§ 1924 Abs. 4 BGB). Petra schließt Karl von der Erbfolge aus (Repräsentationsprinzip, § 1924 Abs. 2 BGB). Mutter Maria (Erbin zweiter Ordnung) ist nicht zur Erbfolge berufen (§ 1930 BGB).

Gesetzliches Erbrecht des Ehegatten

Ehefrau Berta zählt nicht zu den gesetzlichen Erben innerhalb der Ordnungen. Sie hat ein eigenes Erbrecht nach § 1931 BGB.

a) Zugewinngemeinschaft
Nach § 1931 Abs. 1 Satz 1 Halbsatz 1 BGB ist Berta neben den Töchtern zu einem Viertel der Erbschaft als gesetzliche Erbin berufen. Zusätzlich erhält sie gem. § 1931 Abs. 3 i. V. m. § 1371 Abs. 1 BGB 1/4 als pauschaler Zugewinnausgleich. Insgesamt entfällt also auf Berta 1/2 der Erbschaft.

	Berta 1/2	Petra und Paula je 1/4
Steuerklasse nach § 15 ErbStG	I/1	I/2

b) Gütertrennung
Berta, Petra und Paula erben zu gleichen Teilen; also jeder 1/3 (§ 1931 Abs. 4 BGB). Ein Zugewinnausgleich findet nicht statt.

c) Gütergemeinschaft
Nach § 1931 Abs. 1 Satz 1 Halbsatz 1 BGB ist Berta neben Petra und Paula zu einem Viertel der Erbschaft als gesetzliche Erbin berufen. Ein Zugewinnausgleich findet nicht statt. Petra und Paula erhalten je 3/8.

ÜBUNG 18 Erbfolge nach BGB und Steuerklassen nach dem ErbStGbei Verheirateten mit drei Kindern

Albert und Berta sind verheiratet und leben

a) im gesetzlichen Güterstand der Zugewinngemeinschaft,
b) in Gütertrennung bzw.
c) in Gütergemeinschaft.

Albert und Berta haben drei Kinder; Petra, Paula und Josef. Alle drei haben jeweils ein Kind; Karl, Kurt und Heiko. Petra ist am 19. 08. 00 verstorben. Am 15. 05. 01 stirbt Albert. Am Todestag von Albert lebt nur noch dessen Mutter Maria.

AUFGABE

Stellen Sie die Erbfolge nach dem BGB und die jeweilige Steuerklasse nach dem ErbStG dar.

LÖSUNG

Nach dem BGB wird die gesetzliche Verwandtenerbfolge in bestimmte Ordnungen untergliedert:

1. Ordnung (§ 1924 BGB)

Gesetzliche Erbin der ersten Ordnung sind die Kinder Petra, Paula und Josef (§ 1924 Abs. 1 BGB). Sie erben zu gleichen Teilen (§ 1924 Abs. 4 BGB). An die Stelle der verstorbenen Petra tritt ihr Sohn Karl (Eintrittsrecht; § 1924 Abs. 3 BGB). Paula und Josef schließen ihre Kinder von der Erbfolge aus (Repräsentationsprinzip, § 1924 Abs. 2 BGB). Mutter Maria (Erbin zweiter Ordnung) ist nicht zur Erbfolge berufen (§ 1930 BGB).

Gesetzliches Erbrecht des Ehegatten

Ehefrau Berta zählt nicht zu den gesetzlichen Erben innerhalb der Ordnungen. Sie hat ein eigenes Erbrecht nach § 1931 BGB.

a) Zugewinngemeinschaft

Nach § 1931 Abs. 1 Satz 1 Halbsatz 1 BGB ist Berta neben den Erben der ersten Ordnung zu einem Viertel der Erbschaft als gesetzliche Erbin berufen. Zusätzlich erhält sie gem. § 1931 Abs. 3 i. V. m. § 1371 Abs. 1 BGB 1/4 als pauschaler Zugewinnausgleich. Insgesamt entfällt also auf Berta 1/2 der Erbschaft.

		verbleibender Anteil von 1/2 entfällt auf		
	Berta 1/2	Paula 1/6	Josef 1/6	Karl 1/6
Steuerklasse nach § 15 ErbStG	I/1	I/2	I/2	I/3

b) Gütertrennung und

c) Gütergemeinschaft

Nach § 1931 Abs. 1 Satz 1 Halbsatz 1 BGB ist Berta neben Verwandten der ersten Ordnung zu einem Viertel der Erbschaft als gesetzliche Erbin berufen. Ein Zugewinnausgleich findet nicht statt. Die Vorschrift des § 1931 Abs. 4 BGB ist nur bei ein oder zwei Kindern anzuwenden.

		verbleibender Anteil von 3/4 entfällt auf		
	Berta 1/4	Paula 1/4	Josef 1/4	Karl 1/4
Steuerklasse nach § 15 ErbStG	I/1	I/2	I/2	I/3

Berechnung der Erbschaftsteuer bei Verheirateten mit drei Kindern

ÜBUNG 19

SACHVERHALT

Albert und Berta sind verheiratet und leben im gesetzlichen Güterstand der Zugewinngemeinschaft. Sie haben drei Kinder; Petra, Paula (32 Jahre) und Josef (39 Jahre). Alle drei haben jeweils ein Kind; Karl, Kurt und Heiko. Petra ist am 19. 08. 2012 verstorben. Am 15. 05. 2013 stirbt Albert. Am Todestag von Albert lebt nur noch dessen Mutter Maria.

Albert hatte einen Gewerbebetrieb, dessen anzusetzender Bedarfswert **nach** Berücksichtigung der §§ 13 a und 13 b ErbStG 1 153 750 € beträgt. Weiterhin hatte Albert Barvermögen von 100 000 €, Wertpapiere mit einem Kurswert von 500 000 € und ein Mietwohngrundstück, dessen anzusetzender Bedarfswert sich **nach** Berücksichtigung des § 13 c ErbStG auf 900 000 € beläuft.

AUFGABE

Ermitteln Sie die Erbschaftsteuer der Erben unter Berücksichtigung der Ergebnisse aus Übung 18. § 5 Abs. 1 Satz 1 ErbStG soll unbeachtet bleiben.

LÖSUNG

Nach dem Ergebnis aus Übung 18 ergibt sich folgende gesetzliche Erbfolge:

		verbleibender Anteil von 1/2 entfällt auf		
	Berta 1/2	Paula 1/6	Josef 1/6	Karl 1/6
Steuerklasse nach § 15 ErbStG	I/1	I/2	I/2	I/3

Nach § 3 Abs. 1 Nr. 1 1. Alternative ErbStG unterliegt der Erbanfall bei jedem Erben der ErbSt. Er unterliegt der unbeschränkten Steuerpflicht (§ 2 Abs. 1 Nr. 1 Satz 1 und Satz 2 Buchst. a ErbStG). Die ErbSt entsteht gem. § 9 Abs. 1 Nr. 1 ErbStG mit dem Tode von Albert am 15. 05. 2013. Als steuerpflichtiger Erwerb gilt die Bereicherung des Erwerbers, soweit sie nicht steuerfrei ist (§ 10 Abs. 1 Satz 1 und 2 ErbStG). Bewertungsstichtag für die Wertermittlung des steuerpflichtigen Vermögens ist nach § 11 ErbStG der Todestag.

Das Bargeld (Übriges Vermögen) wird mit dem Nennbetrag angesetzt.	100 000 €
Die Wertpapiere (Übriges Vermögen) sind nach § 12 Abs. 1 ErbStG i. V. m. § 11 Abs. 1 Satz 1 BewG mit dem Kurswert am Todestag zu bewerten.	500 000 €
Nach § 12 Abs. 3 ErbStG ist das Mietwohngrundstück (Grundvermögen) mit dem Bedarfswert anzusetzen (§ 13 c ErbStG ist bereits berücksichtigt).	900 000 €
Nach § 12 Abs. 5 ErbStG ist der Gewerbebetrieb (Betriebsvermögen) mit dem Bedarfswert anzusetzen (§§ 13 a und 13 b ErbStG sind bereits berücksichtigt).	1 153 750 €

		Berta 1/2	**Paula 1/6**	**Josef 1/6**	**Karl 1/6**
Übriges Vermögen	600 000 €	300 000 €	100 000 €	100 000 €	100 000 €
Grundvermögen	900 000 €	450 000 €	150 000 €	150 000 €	150 000 €
Betriebsvermögen	1 153 750 €	576 875 €	192 292 €	192 292 €	192 291 €
Vermögensanfall		**1 326 875 €**	**442 292 €**	**442 292 €**	**442 291 €**
Nachlassverbindlichkeiten (§ 10 Abs. 5 Nr. 3 Satz 2 ErbStG i. V. m. R E 10.9 Abs. 3 Satz 1 ErbStR): 10 300 €		./. 5 150 €	./. 1 717 €	./. 1 717 €	./. 1 716 €
Bereicherung (§ 10 Abs. 1 Satz 2 ErbStG)		**1 321 725 €**	**440 575 €**	**440 575 €**	**440 575 €**
Persönliche Freibeträge (§ 16 Abs. 1 Nr. 1 und 2 ErbStG)		./. 500 000 €	./. 400 000 €	./. 400 000 €	./. 400 000 €
Versorgungsfreibetrag (§ 17 Abs. 1 Satz 1 ErbStG)		./. 256 000 €			
Versorgungsfreibetrag (§ 17 Abs. 2 Satz 1 ErbStG)			Zu alt	Zu alt	Nicht möglich
Steuerpflichtiger Erwerb (§ 10 Abs. 1 Satz 1 ErbStG)		565 725 €	40 575 €	40 575 €	40 575 €
Abrundung (§ 10 Abs. 1 Satz 6 ErbStG)		565 700 €	40 500 €	40 500 €	40 500 €
Steuersatz (§ 19 Abs. 1 ErbStG)		15 %	7 %	7 %	7 %
Erbschaftsteuer		**84 835 €**	**2 835 €**	**2 835 €**	**2 835 €**

II Klausuren

1 Übungsklausur

Hilfsmittel:

- persönliche
  - Steuergesetze
  - Steuerrichtlinien

SACHVERHALT

Sachverhalt 1

Erblasser E aus Edenkoben hinterlässt u. a. folgende Vermögenswerte:

1. Einfamilienhaus in Edenkoben mit Gartenanlage und Schwimmbecken, einer Garage, Außenmauern in Natursandstein, Möbel und sonstigen Hausrat und einem Arbeitszimmer (inkl. Einrichtung, Fachbücher, PC. . .), das er für seine Lehrertätigkeit benötigt.
2. Eigentumsanteil an einer Wiese in Oberbayern.
3. Eigene Beinprothese.
4. Wertvolle Sammlung von »Elvis« Schallplatten.
5. Appartement (Eigentumswohnung) im Stubaital (Österreich).
6. Motorrad »Harley Davidson«.
7. Zwei Bauplätze in Mannheim-Käfertal.
8. Anteile am Investmentfond »UniFond«.
9. Tagesgeldkonto Online bei der BMW Bank.
10. Ein Paar Skier »Salomon«.
11. Eine offene Rechnung i. H. v. 1 234 €.
12. Hypothekendarlehen im Zusammenhang mit dem Kauf des Einfamilienhauses.

Sachverhalt 2

Am 01. 04. 2013 verstarb der ledige und kinderlose Emil Müller (**Emil**). Er lebte mit seiner Freundin Frida Zick (**Frida**) zusammen in seinem Haus in Edenkoben. Als einzige Verwandte sind Nils Müller (**Nils**) aus Maikammer, der Sohn seines am 21. 01. 2013 tödlich verunglückten Bruders Bernd Müller (**Bernd**), und Otto Meyer (**Otto**), der jüngere Bruder seiner verstorbenen Mutter verblieben.

In seinen Unterlagen befand sich ein mit dem PC erstelltes Privattestament mit folgendem (ausschließlichem) Inhalt:

> *»Meiner Freundin Frida Zick vermache ich all das,*
> *was bei meinem Tod noch da war.*
> *Alle anderen sollen leer ausgehen, weil sie sich nie um mich gekümmert haben.«*

Der Nachlass besteht aus folgenden Vermögenswerten:

Bauplatz Hainfeld

Der erschlossene Bauplatz umfasst eine Fläche von 980 qm. Er ist durch einen Maschendrahtzaun eingezäunt (Kosten 432 €) und 2 Stellplätze (20 qm) sind bereits mit Pflastersteinen befestigt (Kosten 200 €). Zum 01. 01. 2013 betrug der maßgebende Bodenrichtwert 260 €/qm.

Haus Edenkoben

Für das am 28.09.2006 in Edenkoben von einer Baufirma in Schnellbauweise fertig gestellte Haus (eine Wohnung mit einer Wohnfläche von 120 qm) mit Garage ergibt sich eine Grundstücksfläche von 950 qm mit einem Bodenrichtwert zum 01.01.2013 von 400 €/qm.

Der für Edenkoben zuständige Gutachterausschuss hat für Grundstücke dieser Art und Güte (Lage, Art und Maß der baulichen Nutzung, Größe, Alter des Gebäudes und Ausstattungsmerkmale) Vergleichspreise mit Hilfe von Kaufpreissammlungen ermittelt und mitgeteilt. Danach ergibt sich ein Vergleichspreis i. H. v. 300 000 €.

Nach dem Tod von Emil wird das Haus weiterhin von Frida bewohnt.

Geldvermögen

Emil besaß ein beträchtliches Geldvermögen von insgesamt 6 270 038 €, das sich aus Festgeldern, festverzinslichen Wertpapieren und Aktien zusammensetzt.

Erblasserschulden

Diese betragen 194 500 €.

AUFGABE

Sachverhalt 1

Entscheiden Sie – unter Angabe der gesetzlichen Vorschriften – für **jeden** Vermögenswert, zu welcher wirtschaftlichen Einheit und Vermögensart er gehört.

Sachverhalt 2

1. Bewerten Sie die sich aus dem Sachverhalt ergebenden wirtschaftlichen Einheiten aus Sicht der Erbschaftsteuer.
2. Berechnen Sie die Erbschaftsteuer für alle in Betracht kommenden Veranlagungen. Gehen Sie dabei zweckmäßigerweise wie folgt vor:

- Erbrechtliche Folgen nach dem BGB,
- Besteuerungstatbestände,
- Erbschaftsteuerveranlagungen.

Hinweis:

Der steuerpflichtige Erwerb soll unabhängig von Ihrem persönlichen Ergebnis **6 600 000 €** betragen.

Begründen Sie Ihre Ansichten unter Hinweis auf die einschlägigen gesetzlichen Vorschriften und – soweit erforderlich – Verwaltungsanweisungen.

LÖSUNG

Sachverhalt 1

	Vermögenswert	Wirtschaftliche Einheit	Vermögensart
1.	EFH, Gartenanlage, Schwimmbecken, Garage, Außenmauern und Arbeitszimmer Möbel, sonstiger Hausrat, Einrichtung Arbeitszimmer	Grundstück (§ 70 Abs. 1 BewG) Jedes Wirtschaftsgut	Grundvermögen, (§ 176 Abs. 1 Nr. 1 BewG) Übriges Vermögen
2.	Eigentumsanteil Wiese	L+F-Betrieb (§ 158 Abs. 2 Satz 1 BewG)	L+F-Vermögen (§ 158 Abs. 1 BewG)
3.	Eigene Beinprothese	Kein Wirtschaftsgut	-
4.	Sammlung »Elvis« Schallplatten	Sammlung	Übriges Vermögen
5.	Eigentumswohnung	Grundstück	Grundvermögen
6.	Motorrad	Motorrad	Übriges Vermögen
7.	Bauplätze	zwei Grundstücke	Grundvermögen
8.	Anteile Investmentfond	Jeder Anteil	Übriges Vermögen
9.	Tagesgeldkonto	Kapitalforderung	Übriges Vermögen
10.	Paar Skier	Paar Skier	Übriges Vermögen
11.	Offene Rechnung	Rechnung	Nachlassverbindlichkeit (§ 10 Abs. 5 Nr 1 ErbStG)
12.	Hypothek	Hypothek	Nachlassverbindlichkeit

Sachverhalt 2

Aufgabe 1

Bauplatz Hainfeld

Bei dem unbebauten Grundstück (§ 178 Abs. 1 Satz 1 BewG) handelt es sich um eine wirtschaftliche Einheit des Grundvermögens (§ 70 Abs. 1 BewG). Die Außenanlagen (Maschendrahtzaun, Pflastersteine) sind sonstige Bestandteile der wirtschaftlichen Einheit (§ 176 Abs. 1 Nr. 1 BewG). Diese ist für sich zu bewerten; dabei gilt der Grundsatz der Gesamtbewertung (§ 2 Abs. 1 Satz 1 und 2 BewG).

Dieser Grundbesitz ist nach § 12 Abs. 3 ErbStGi. V. m. BewG mit dem Bedarfswert anzusetzen. Er ist durch die Bewertungsstelle des zuständigen Lagefinanzamts gesondert festzustellen (§ 151 Abs. 1 Satz 1 Nr. 1 i. V. m. § 152 Nr. 1 BewG). Maßgeblich für die Bedarfsbewertung sind die Wertverhältnisse und die tatsächlichen Verhältnisse zum 01.04.2013 (§ 157 Abs. 1 Satz 1 BewG). Bewertungsmaßstab ist der gemeine Wert (§ 177 BewG).

Der Grundbesitzwert (Bedarfswert) ermittelt sich nach § 157 Abs. 3 Satz 1 i. V. m. § 179 Satz 1 bis 3 BewG wie folgt: 980 qm × 260 € = 254 800 €.

Haus Edenkoben

Bei dem bebauten Grundstück (§ 180 Abs. 1 Satz 1 BewG) handelt es sich um eine wirtschaftliche Einheit des Grundvermögens. Grund und Boden und das Gebäude sind Bestandteil der wirtschaftlichen Einheit. Diese ist für sich zu bewerten; dabei gilt der Grundsatz der Gesamtbewertung.

Dieser Grundbesitz ist mit dem Bedarfswert anzusetzen. Er ist durch die Bewertungsstelle des zuständigen Lagefinanzamts gesondert festzustellen. Maßgeblich für die Bedarfsbewertung sind die Wertverhältnisse und die tatsächlichen Verhältnisse zum 04. 04. 2013. Bewertungsmaßstab ist der gemeine Wert (§ 177 BewG).

Das Bewertungsverfahren bestimmt sich nach der Art des Grundstücks. Das Grundstück ist ein Wohngrundstück, das eine Wohnung enthält. Damit ist ein Einfamilienhaus anzunehmen (§ 181 Abs. 1 Nr. 1 i. V. m. Abs. 2 Satz 1 BewG). Der Bedarfswert ist demnach im Wege des Vergleichswertverfahrens zu ermitteln (§ 182 Abs. 2 Nr. 3 BewG). Nach § 183 Abs. 1 BewG sind Kaufpreise von Vergleichsgrundstücken heranzuziehen, die von dem zuständigen Gutachterausschuss mitgeteilt wurden. Somit ist der Grundbesitzwert (Bedarfswert, § 157 Abs. 3 Satz 1 BewG) mit 300 000 € anzusetzen.

Aufgabe 2

Erbrechtliche Folgen nach dem BGB

Das Testament (gewillkürte Erbfolge) ist formungültig (PC) und damit unwirksam (§ 1937, § 2231 Nr. 2, § 2247 Abs. 1 BGB). Somit greift die gesetzliche Erbfolge. Gesetzliche Erben der 1. Ordnung sind nicht vorhanden (§ 1924 Abs. 1 BGB). Nils ist als Abkömmling des verstorbenen Bruders gesetzlicher Erbe der 2. Ordnung (§ 1925 Abs. 1 und 3 i. V. m. § 1924 Abs. 3 BGB, Eintrittsrecht). Er schließt Otto als Erben der 3. Ordnung (§ 1926 Abs. 3 BGB) von der Erbfolge aus (§ 1930 BGB). Damit ist Nils Alleinerbe (Gesamtrechtsnachfolge, § 1922 Abs. 1 BGB).

Besteuerungstatbestände

Nils erwirbt den gesamten Nachlass durch Erbanfall (§ 3 Abs. 1 Nr. 1 1. Alternative ErbStG).

Erbschaftsteuerveranlagung Nils

Nils ist als Inländer i. S. v. § 2 Abs. 1 Nr. 1 Satz 1 und Satz 2 Buchst. a) ErbStG unbeschränkt erbschaftsteuerpflichtig. Die ErbSt entsteht zum Todestag (§ 9 Abs. 1 Nr. 1 ErbStG). Dies ist auch der Bewertungsstichtag (§ 11 ErbStG).

Grundvermögen	554 800 €
Übriges Vermögen	6 270 038 €
Vermögensanfall	**6 824 838 €**
§ 10 Abs. 5 Nr. 1 ErbStG	./. 194 500 €
§ 10 Abs. 5 Nr. 3 Satz 2 ErbStG	./. 10 300 €
Bereicherung (§ 10 Abs. 1 Satz 2 ErbStG)	**6 620 038 €**
§ 15 Abs. 1 Steuerklasse II Nr. 3 i. V. m. § 16 Abs. 1 Nr. 5 ErbStG	./. 20 000 €
Steuerpflichtiger Erwerb (§ 10 Abs. 1 Satz 1 ErbStG)	**6 600 038 €**
Abrundung (§ 10 Abs. 1 Satz 6 ErbStG)	6 600 000 €
ErbSt, 35 % (§ 19 Abs. 1 ErbStG)	2 310 000 €

Härteausgleich (§ 19 Abs. 3 Buchst. a ErbStG)		
ErbSt	2 310 000 €	
ErbSt vorhergehende Wertgrenze	./. 1 800 000 €	
6 000 000 € × 30 %		
Unterschied	**510 000 €**	
steuerpflichtiger Erwerb	6 600 000 €	
vorhergehende Wertgrenze	./. 6 000 000 €	
übersteigender Betrag	600 000 €	
× 1/2	**300 000 €**	
ErbSt durch Tabellensprung (510 000 €) ist nicht »gedeckt«, also Härteausgleich:		
ErbSt vorhergehende Wertgrenze	1 800 000 €	
»gedeckte« ErbSt	+ 300 000 €	
ErbSt	**2 100 000 €**	**2 100 000 €**

Punktetabelle

	Punkte
Sachverhalt 1	
Einfamilienhaus ist Grundstück, § 70 Abs. 1 BewG	1
Grundvermögen, § 176 Abs. 1 Nr. 1 BewG	2
Möbel usw. = jedes Wirtschaftsgut	3
Übriges Vermögen	4
Wiese = L+F Betrieb = L+F Vermögen, § 158 BewG	5
Prothese kein Wirtschaftsgüter	6
Elvis = Sammlung = übriges Vermögen	7
Eigentumswohnung = Grundstück = Grundvermögen	8
Motorrad = übriges Vermögen	9
Bauplätze = zwei Grundstücke = Grundvermögen	10
Fond = jeder Anteil = übriges Vermögen	11
Tagesgeld = Konto = übriges Vermögen	12
Skier = Paar = übriges Vermögen	13
Rechnung = Nachlassverbindlichkeit, § 10 Abs. 5 Nr. 1 ErbStG	14
Hypothek = Nachlassverbindlichkeit	15
Sachverhalt 2	
Bauplatz	
Wirtschaftliche Einheit = Grundstück = Grundvermögen	16
Außenanlagen = Bestandteil oder Ähnliches, § 176 Abs. 1 Nr. 1 BewG	17
Wirtschaftliche Einheit ist für sich zu bewerten + Gesamtbewertung, § 2 Abs. 1 Satz 1 und 2 BewG	18
Unbebautes Grundstück, § 178 Abs. 1 Satz 1 BewG	19

	Punkte
Bedarfswert ansetzen, § 12 Abs. 3 ErbStG	20
Gesonderte Feststellung, § 151 Abs. 1 Nr. 1 BewG	21
Lagefinanzamt, § 152 Nr. 1 BewG	22
Tatsächliche Verhältnisse und Wertverhältnisse zum 01. 04. 2013, § 157 Abs. 1 Satz 1 BewG	23
Bewertungsmaßstab = gemeiner Wert, § 177 BewG	24
§ 179 Satz 1 bis 3 BewG	25
980 qm × 260 € = 254 800 €	26
Grundbesitzwert/Bedarfswert = 254 800 €, § 157 Abs. 3 Satz 1 BewG	27
Einfamilienhaus Edenkoben	
Bebautes Grundstück, § 180 Abs. 1 Satz 1 BewG	28
Grundvermögen	29
Umfang: Grund und Boden, Gebäude	30
Gesamtbewertung	31
Verhältnisse zum 01. 04. 2013	32
Gemeiner Wert	33
Einfamilienhaus mit Begründung	34
§ 181 Abs. 1 Nr. 1 i. V. m. Abs. 2 Satz 1 BewG	35
Vergleichswertverfahren, § 182 Abs. 2 Nr. 3 BewG	36
Begründung	37
Bedarfswert = 300 000 €	38
BGB	
Testament ist unwirksam mit Begründung	39
§ 1937 i. V. m. § 2247 Abs. 1 BGB	40
Gesetzliche Erbfolge	41
Keine Erben 1. Ordnung, § 1924 Abs. 1 BGB	42
Nils = 2. Ordnung, § 1925 Abs. 1 und 3 BGB	43
Eintrittsrecht	44
Otto = 3. Ordnung = ausgeschlossen, § 1930 BGB	45
Nils = Gesamtrechtsnachfolger, § 1922 Abs. 1 BGB	46
Besteuerungstatbestände	
§ 3 Abs. 1 Nr. 1 1. Alternative ErbStG/Erbanfall	47
ErbSt-Veranlagung Nils	
Unbeschränkte Steuerpflicht mit Begründung	48
§ 2 Abs. 1 Nr. 1 a ErbStG	49
§ 9 Abs. 1 Nr. 1 i. V. m. § 11 ErbStG= 01. 04. 2013	50
Ansatz Grundvermögen	51

	Punkte
Ansatz übriges Vermögen	**52**
Vermögensanfall	**53**
§ 10 Abs. 5 Nr. 1 ErbStG= 194500€	**54**
§ 10 Abs. 5 Nr. 3 Satz 2 ErbStG = 10 300 €	**55**
Bereicherung, § 10 Abs. 1 Satz 2 ErbStG	**56**
§ 15 Abs. 1 Steuerklasse II Nr. 3 ErbStG	**57**
§ 16 Abs. 1 Nr. 5 ErbStG= 20 000 €	**58**
Steuerpflichtiger Erwerb, § 10 Abs. 1 Satz 1 und 6 ErbStG	**59**
ErbSt 35 %, § 19 Abs. 1 ErbStG	**60**
Härteausgleich, § 19 Abs. 3 a ErbStG	**61**
Berechnung	**62**
Berechnung	**63**
Berechnung	**64**

Notentabelle

Korrekturpunkte	Punkte nach § 6 Abs. 1 StBAPO	Note
64–61 60–58	15 14	**1**
57–55 54–52 51–49	13 12 11	**2**
48–47 46–44 43–41	10 9 8	**3**
40–38 37–35 34–32	7 6 5	**4**
31–26 25–19 18–13	4 3 2	**5**
12–6 5–0	1 0	**6**

2 Übungsklausur

Hilfsmittel:
- Beck'sche Textausgaben:
  - Steuergesetze
  - Steuerrichtlinien
- HGB

SACHVERHALT

Teil 1

Fall 1

Vermietete Wohnung
Eigengenutzte Wohnung

Erbe ist der Vater des Verstorbenen.

Fall 2

Wohnung Zahnarzt (120 m^2)	Praxis Zahnarzt (70 m^2)

Das Grundstück wurde vom Erblasser (Privatperson) an den Zahnarzt vermietet.

Fall 3

Wohnung 2	85 m^2
Wohnung 1	85 m^2
Praxis Steuerberater	90 m^2

Das Grundstück wurde vom Erblasser (Privatperson) vermietet.

Fall 4

Wohnung 2	85 m^2
Wohnung 1	85 m^2
Telefonladen »O2«	90 m^2

Das Grundstück wurde vom Erblasser (Privatperson) zu üblichen Mieten vermietet.

Fall 5

Wohnung 3
Wohnung 2
Wohnung f1

Das Grundstück wurde vom Erblasser (Privatperson) vermietet.

Teil 2

Bert Bellinghaus, geboren 1989 und wohnhaft in Taufkirchen (Bayern), begründete 2013 mit seinem langjährigen Weggefährten **Tristan** Hornisch eine Lebenspartnerschaft nach dem Lebenspartnerschaftsgesetz (gesetzlicher Güterstand).

Im August 2014 erwarb Bert einen Bauplatz im Neubaugebiet von Taufkirchen (Flurstück 842/3; 1450 m²; Bodenrichtwert am 31.12.2013 = 200 € und am 31.12.2015 = 230 €), der mit einem Mehrfamilienhaus bebaut werden sollte. Bert begann mit der Bauplanung im Mai 2015. Nach dem Festpreisangebot des Bauträgers kostete das Mehrfamilienhaus 680 000 €. Baubeginn war im September 2015. Die wesentlichen Bauarbeiten waren im April 2016 abgeschlossen. Da Bert nicht in der Lage war die gesamten Baukosten zu zahlen, bat er Tristan die Finanzierungslücke von 238 000 € zu tragen. Beide vereinbarten im Juni 2015 schriftlich, dass Tristan sich mit der Übernahme der Finanzierungslücke einverstanden erklärt und das Geld nach Erhalt der Bauträgerendrechnung auf das Bauabwicklungskonto von Bert überweist.

Das Mehrfamilienhaus wird seit April 2016 wie folgt genutzt:

3. Obergeschoss	40 m²	Kanzlei Steuerberater Kuntz	Vereinbarte mtl. Kaltmiete = 900 €
	40 m²	Appartement Freund Domian	Bert möchte Domian bei seinem Biologiestudium unterstützen und verzichtet daher auf die Miete. Domian trägt nur die Nebenkosten.
2. Obergeschoss	85 m²	Wohnung Familie Lutz	Vereinbarte mtl. Warmmiete = 952 € Darin enthaltene Nebenkosten = 12 %.
1. Obergeschoss	85 m²	Wohnung Herr Sasic	Vereinbarte mtl. Nettomiete = 828,75 €
Erdgeschoss	85 m²	Wohnung Familie Ehrman	Vereinbarte mtl. Bruttomiete = 675 € Darin enthaltene Umlagen = 80 €.

Die üblichen (Netto-)Mieten betragen für Gewerbeflächen 32 €/m², für freiberuflich genutzte Flächen 19 €/m² und für Wohnflächen 10 €/m². Das Grundstück ist zur Grundstückseingrenzung mit einer Buchshecke bepflanzt (Kosten 450 €). Die nicht gepflasterten und nicht bebauten Flächen sind gärtnerisch angelegt (Kosten Firma »Grünimland« 10 500 €).

AUFGABE

Teil 1

Bestimmen Sie in den jeweiligen Fällen:

1. die Grundstücksart,
2. das anzuwendende Bewertungsverfahren und
3. die in Betracht kommende(n) Verschonungsregelung(en).

Teil 2

Nehmen Sie zu den Vorgängen aus schenkungsteuerlicher Sicht Stellung. Die sich aus dem Sachverhalt ergebenden wirtschaftlichen Einheiten sind dabei zu bewerten. Berechnen Sie die anfallende Steuer für die in Betracht kommenden Veranlagungen. Auf den Härteausgleich ist **nicht einzugehen**.

LÖSUNG

Teil 1

	Grundstücksart	Bewertungsverfahren	Verschonungs-regelung
Fall 1	Zweifamilienhaus § 181 Abs. 1 Nr. 1 i. V. m. Abs. 2 Satz 1 und Abs. 9 BewG	• Vergleichswertverfahren, § 182 Abs. 1 i. V. m. Abs. 2 Nr. 3 sowie § 183 BewG • Sachwertverfahren § 182 Abs. 1 i. V. m. Abs. 4 Nr. 1 sowie §§ 189–191 BewG	• vermietete Wohnung: § 13 d ErbStG • eigengenutzte Wohnung: keine Verschonung möglich
Fall 2	Einfamilienhaus § 181 Abs. 1 Nr. 1 i. V. m. Abs. 2 Satz 1 und Abs. 9 BewG **Problem:** § 181 Abs. 2 Satz 2 BewG. Die Eigenart als Einfamilienhaus wird durch die Praxis (weniger als 50 % der Fläche) nicht wesentlich beeinträchtigt (äußeres Erscheinungsbild; lediglich Praxisschild).	• Vergleichswertverfahren, § 182 Abs. 1 i. V. m. Abs. 2 Nr. 3 sowie § 183 BewG • Sachwertverfahren § 182 Abs. 1 i. V. m. Abs. 4 Nr. 1 sowie §§ 189–191 BewG	• vermietete Wohnung: § 13 d ErbStG • Praxis: keine Verschonung möglich
Fall 3	Zweifamilienhaus § 181 Abs. 1 Nr. 1 i. V. m. Abs. 2 Satz 1 und Abs. 9 BewG **Problem:** vgl. Fall 2	• Vergleichswertverfahren, § 182 Abs. 1 i. V. m. Abs. 2 Nr. 3 sowie § 183 BewG • Sachwertverfahren, § 182 Abs. 1 i. V. m. Abs. 4 Nr. 1 sowie §§ 189–191 BewG	• vermietete Wohnungen: § 13 d ErbStG • Praxis: keine Verschonung möglich
Fall 4	Gemischt genutztes Grundstück § 181 Abs. 1 Nr. 5 i. V. m. Abs. 7 BewG **Problem:** § 181 Abs. 2 Satz 2 BewG. Die Eigenart als Zweifamilienhaus wird durch den Laden (weniger als 50 % der Fläche) wesentlich beeinträchtigt (äußeres Erscheinungsbild; Schaufenster, Leuchtreklame). Ein Mietwohn-/Geschäftsgrundstück liegt mangels Überschreitung der jeweiligen 80 %-Grenze nicht vor (§ 181 Abs. 3 und 6 BewG).	• Ertragswertverfahren, § 182 Abs. 1 i. V. m. Abs. 3 Nr. 2 sowie §§ 184–188 BewG	• vermietete Wohnungen: § 13 d ErbStG • Telefonladen: keine Verschonung möglich

	Grundstücksart	Bewertungsverfahren	Verschonungs-regelung
Fall 5	Mietwohngrundstück § 181 Abs. 1 Nr. 2 i. V. m. Abs. 3 BewG	• Ertragswertverfahren, § 182 Abs. 1 i. V. m. Abs. 3 Nr. 1 sowie §§ 184–188 BewG	• vermietete Wohnungen: § 13 d ErbStG

Teil 2

Allgemeines

Die Hingabe von Geld zur Errichtung eines bestimmten Gebäudes stellt eine mittelbare Grundstücksschenkung dar (§ 7 Abs. 1 Nr. 1 ErbStG i. V. m. R E 7.3 Abs. 1 Satz 1 ErbStR). Bereits bei Ausführung der Zuwendung besteht ein konkretes Bauvorhaben, belegt durch die Bauplanung. Nach R E 7.3 Abs. 1 Satz 4 ErbStR muss der Geldbetrag vom Schenker bereits bis zu dem Zeitpunkt des Beginns der Baumaßnahme zugesagt sein. Durch die schriftliche Vereinbarung zwischen Tristan und Bert im Juni 2015 ist diese Zusage vor Beginn der Baumaßnahme erteilt worden. Die (erst) nachträgliche Zahlung des vereinbarten Geldbetrags ist somit unbeachtlich (R E 7.3 Abs. 1 Satz 5 ErbStR). Eine mittelbare Grundstücksschenkung ist auch dann anzunehmen, wenn nicht die gesamten Kosten des Bauvorhabens vom Schenker getragen werden (R E 7.3 Abs. 1 Satz 2 ErbStR). In diesen Fällen liegt eine Schenkung des dem hingegebenen Geldbetrag entsprechenden Teils des Gebäudes vor (R E 7.3 Abs. 1 Satz 3 ErbStR). Wenn der Schenker die Kosten der Errichtung eines Gebäudes auf einem dem Beschenkten bereits gehörenden (unbebauten) Grundstück übernimmt, gilt der Teil des Bedarfswerts des bebauten Grundstücks als zugewendet, der auf das Gebäude entfällt. Der Gebäudewertanteil ermittelt sich aus der Differenz zwischen dem Grundbesitzwert des bebauten Grundstücks nach Bezugsfertigkeit des Gebäudes und dem Grundbesitzwert des unbebauten Grundstücks (HE 7.3 [Mittelbare Grundstücksschenkung – Einzelfälle Nr. 5] ErbStH). Übernimmt – wie im vorliegenden Fall – der Schenker nur einen Teil der Herstellungskosten, gilt der Gebäudebedarfswertanteil als zugewendet, der dem Verhältnis des zugewendeten Geldbetrags zu den Gesamtherstellungskosten entspricht (H E 7.3 [Mittelbare Grundstücksschenkung – Einzelfälle Nr. 6 i. V. m. Nr. 2] ErbStH).

Bedarfsbewertung

Bei dem bebauten Grundstück (§ 180 Abs. 1 Satz 1 BewG) handelt es sich um eine wirtschaftliche Einheit des Grundvermögens (§ 70 Abs. 1 BewG). Grund und Boden, Gebäude und die Außenanlagen (Buchshecke, Gartenanlage) sind Bestandteile der wirtschaftlichen Einheit (§ 176 Abs. 1 Nr. 1 BewG). Diese ist für sich zu bewerten; dabei gilt der Grundsatz der Gesamtbewertung (§ 2 Abs. 1 Satz 1 und 2 BewG).

Für Zwecke der Schenkungsteuer ist ein Grundbesitzwert (Bedarfswert) zu ermitteln (§ 12 Abs. 3 ErbStG i. V. m. BewG). Durch die Bewertungsstelle des zuständigen Lagefinanzamts ist eine gesonderte Feststellung durchzuführen (§ 151 Abs. 1 Satz 1 Nr. 1 i. V. m. § 152 Nr. 1 BewG). Maßgeblich für die Bedarfsbewertung sind die tatsächlichen Verhältnisse und die Wertverhältnisse zum Bewertungsstichtag (§ 157 Abs. 1 Satz 1 BewG). Dieser liegt nach R E 9.1 Abs. 2 Satz 3 ErbStR i. V. m. § 178 Abs. 1 Satz 2 und 3 BewG i. V. m. RB 178 Abs. 2 Satz 1–3 ErbStR im April 2016 (§ 9 Abs. 1 Nr. 2 i. V. m. § 11 ErbStG). Bewertungsmaßstab ist der gemeine Wert (§ 177 BewG).

Das Bewertungsverfahren bestimmt sich nach der Art des Grundstücks. Das Mehrfamilienhaus dient zu 88 % seiner Fläche Wohnzwecken. Ein Einfamilien- oder Zweifamilienhaus scheidet aufgrund vier vorhandener Wohnungen aus. Damit ist das Grundstück ein Mietwohngrundstück (§ 181 Abs. 1 Nr. 2 i. V. m. Abs. 3 BewG). Der Bedarfswert ist demnach im Wege des Ertragswertverfahrens zu ermitteln (§ 182 Abs. 3 Nr. 1 BewG).

Nach § 184 Abs. 1 BewG ist vom Bodenwert (Baustein 1) und dem Gebäudeertragswert (Baustein 2) auszugehen. Der **Bodenwert** ist der Wert, der sich nach der Formel für unbebaute Grundstücke nach § 179 Satz 1 – 3 BewG ergibt (§ 184 Abs. 2 BewG): 1 450 × 230 € = 333 500 €. Der **Gebäudeertragswert** ermittelt sich nach § 185 BewG wie folgt:

3. OG	Vereinbarte Raummiete (netto) übliche Raummiete Differenz 20 % der üblichen Miete Die Differenz beträgt weniger als 20 %; somit ist die tatsächliche Miete anzusetzen: 40 $m^2 \times 22{,}50$ € × 12	22,50 € 9,00 € + 3,50 € 3,80 € 10 800 €	
	Es ist die übliche Miete anzusetzen: $40m^2 \times 10$ € × 12	 4 800 €	§ 186 Abs. 2 Satz 1 Nr. 1 4. Alternative BewG
2. OG	Vereinbarte Raummiete (netto) übliche Raummiete Differenz Keine Differenz vorhanden; somit ist die tatsächliche Miete anzusetzen: 85 $m^2 \times 10$ € × 12	10 € 10 € 0 € 10 200 €	
1. OG	Vereinbarte Raummiete (netto) übliche Raummiete Differenz 20 % der üblichen Miete Die Differenz beträgt weniger als 20 %; somit ist die tatsächliche Miete anzusetzen: $85m^2 \times 9{,}75$ €× 12	9,75 € 10,00 € ./. 0,25 € 2 € 9 945 €	
EG	Vereinbarte Raummiete (netto) übliche Raummiete Differenz 20 % der üblichen Miete Die Differenz beträgt mehr als 20 %; somit ist die übliche Miete anzusetzen: 85 $m^2 \times 10$ € × 12	7 € 10 € ./. 3 € 2 € 10 200 €	§ 186 Abs. 1 BewG § 186 Abs. 2 Satz 1 Nr. 2 BewG
	Summe Rohertrag	**45 945 €**	
	Bewirtschaftungskosten Gesamtnutzungsdauer Alter zum Besteuerungszeitpunkt Restnutzungsdauer Pauschalierte Bewirtschaftungskosten 21 % × 45 945 €	 70 Jahre 0 Jahre 70 Jahre ./. 9 648 €	§ 187 Abs. 1 BewG § 185 Abs. 3 Satz 3 i. V. m. Anlage 22 § 187 Abs. 2 i. V. m. Anlage 23 BewG
	Reinertrag	**36 297 €**	§ 185 Abs. 1 BewG

	Bodenwertverzinsung Liegenschaftszinssatz: 5 % 333 500 € × 5 %	./. 16 675 €	§ 185 Abs. 2 Satz 2 BewG § 188 Abs. 2 Satz 2 Nr. 1 BewG
	Gebäudereinertrag	**19 622 €**	§ 185 Abs. 2 Satz 1 BewG
	Vervielfältiger Restnutzungsdauer = 70 Jahre Liegenschaftszinssatz: 5 %	19,34	§ 185 Abs. 3 Satz 1, 2 i. V. m. Anlage 21 BewG
	Gebäudeertragswert	**379 489 €**	
	Gebäudeertragswert Bodenwert Ertragswert **Grundbesitzwert**	379 489 € + 333 500 € 712 989 € **712 989 €**	§ 184 Abs. 3 Satz 1 und 3 BewG
	Kein Mindestwertansatz		§ 184 Abs. 3 Satz 2 BewG
	Grundbesitzwert bebautes Grundstück Grundbesitzwert unbebautes Grundstück Gebäudewertanteil Davon 35 % unentgeltlich Zugewendeter **Grundbesitzwert Gebäude**	712 989 € ./. 333 500 € 379 489 € 132 821 € **132 821 €**	

Im Bedarfswertbescheid ist nach § 151 Abs. 2 BewG u. a. enthalten:

Grundbesitzwert: **134 606 €**

Das Lagefinanzamt hat die gesamte Wohn-/Nutzfläche des Grundstücks und die zu Wohnzwecken vermietete Fläche zu ermitteln und bei der Feststellung des Grundbesitzwerts nachrichtlich mitzuteilen:

Nutzungen	**Anteilige Fläche (in qm)**	**Anteiliger Bedarfswert**
Vermietete Kanzlei	40	15 859 €
Appartement	40	15 859 €
Fremde Wohnzwecke	255	101 103 €
Gesamt	**335**	**132 821 €**

Art: bebautes Grundstück/Mietwohngrundstück, Grundvermögen
Zurechnung: Bert

Schenkungsteuerveranlagung Bert

Die mittelbare Grundstücksschenkung ist eine Schenkung unter Lebenden. Bert ist als Inländer unbeschränkt schenkungsteuerpflichtig (§ 2 Abs. 1 Nr. 1 Satz 1 und Satz 2 Buchst. a ErbStG). Die Schenkung wird im April 2016 ausgeführt.

Grundvermögen (MWG)		
davon vermietete Kanzlei	15 859 €	15 859 €
davon Appartement*	15 859 €	15 859 €
davon vermietete Wohnungen	101 103 €	
§ 13 d Abs. 1 und 3 ErbStG: × 90 %	90 992 €	90 992 €
Bereicherung		122 710 €
Persönlicher Freibetrag		
(§ 15 Abs. 1 Steuerklasse I i. V. m. § 16 Abs. 1 Nr. 1 ErbStG)		./. 500 000 €
Steuerpflichtiger Erwerb		**0 €**
(§ 10 Abs. 1 Satz 1 ErbStG)		

* Die unentgeltliche Überlassung des Appartements ist zivilrechtlich als Leihe zu qualifizieren (§ 598 BGB) und führt mangels entgeltlicher Vermietung insoweit zur Versagung der Verschonungsregelung, RE 13 c Abs. 3 Satz 3 ErbStR.

Punktetabelle

	Punkte
Teil 1	
Fall 1: Zweifamilienhaus, § 181 Abs. 1 Nr. 1 i. V. m. Abs. 2 Satz 1 BewG	1
Vergleichswertverfahren, § 182 Abs. 2 Nr.3 BewG	2
Sachwertverfahren, § 182 Abs. 4 Nr. 1 BewG	3
Vermietete Wohnung, § 13 d ErbStG	4
Eigengenutzte Wohnung keine Verschonung möglich	5
Fall 2: Einfamilienhaus und Problem, § 181 Abs. 2 Satz 2 BewG	6
Begründung	7
Vergleichs-Sachwertverfahrenen	8
Vermietete Wohnung, § 13 d ErbStG	9
Praxis keine Verschonung möglich	10
Fall 3: Zweifamilienhaus und Problem, § 181 Abs. 2 Satz 2 BewG	11
Vergleichs-Sachwertverfahren	12
Vermietete Wohnungen, § 13 d ErbStG	13
Praxis keine Verschonung möglich	14
Fall 4: Gemischt genutztes Grundstück, § 181 Abs. 1 Nr. 5 i. V. m. Abs. 7 BewG	15
Begründung	16
Ertragswertverfahren, § 182 Abs. 3 Nr. 2 BewG	17
Vermietete Wohnungen, § 13 d ErbStG	18
Telefonladen keine Verschonung möglich	19
Fall 5: Mietwohngrundstück, § 181 Abs. 1 Nr. 2 i. V. m. Abs. 3 BewG	20
Ertragswertverfahren, § 182 Abs. 3 Nr. 1 BewG	21
Vermietete Wohnungen, § 13 c ErbStG	22

	Punkte
Teil 2	
Mittelbare Grundstücksschenkung, R E 7.3 Abs. 1 Satz 1 ErbStR	23
Begründung »konkretes Bauvorhaben«	24
Begründung »Zusage Geld«	25
Problem erkennen »Teilkostenübernahme«	26
Lösungsansatz	27
Bedarfsbewertung	
Bebautes Grundstück, § 180 Abs. 1 Satz 1 BewG	28
Wirtschaftliche Einheit im Grundvermögen, § 70 Abs. 1 BewG	29
Buchshecke, Gartenanlage, § 176 Abs. 1 Nr. 1 BewG	30
Gesamtbewertung, § 2 Abs. 1 Satz 2 BewG	31
§ 12 Abs. 3 ErbStG	32
gesonderte Feststellung, § 151 Abs. 1 Nr. 1 BewG	33
Bewertungsstelle Lage-FA, § 152 Nr. 1 BewG	34
Tats. und Wertverhältnisse zum Bewertungsstichtag, § 157 Abs. 1 Satz 1 BewG	35
April 2016 und Abschluss der wesentlichen Bauarbeiten	36
§ 178 Abs. 1 Satz 2, 3 BewG i. V. m. R B 178 Abs. 2 Satz 3 ErbStR	37
§ 9 Abs. 1 Nr. 2 i. V. m. § 11 ErbStG i. V. m. R E 9.1 Abs. 2 Satz 3 ErbStR	38
Bewertungsmaßstab = gemeiner Wert, § 177 BewG	39
Mietwohngrundstück, § 181 Abs. 1 Nr. 2 i. V. m. Abs. 3 BewG	40
Ertragswertverfahren, § 182 Abs. 3 Nr. 1 BewG	41
Bodenwert = 333 500 €, § 184 Abs. 2 i. V. m. § 179 Satz 1, 3 BewG	42
EG: § 186 Abs. 1 BewG	43
Betriebskosten herausrechnen	44
Vergleich mit üblicher Miete, § 186 Abs. 2 Nr. 2 BewG	45
Entscheidung	46
1. OG: Vergleich mit üblicher Miete	47
Entscheidung	48
2. OG: Vergleich mit üblicher Miete	49
Entscheidung	50
3. OG (Appartement): Ansatz übliche Miete mit Begründung, § 186 Abs. 2 Nr. 1 BewG	51
Berechnung	52
3. OG (Kanzlei): Vergleich mit üblicher Miete	53
Entscheidung und Rohertrag berechnen	54
Bewirtschaftungskosten, § 187 Abs. 2 BewG i. V. m. Anlage 23 = 21 %	55
Restnutzungsdauer berechnen, § 185 Abs. 3 Satz 3 BewG i. V. m. Anlage 22	56

	Punkte
Reinertrag, § 185 Abs. 1 BewG	57
Bodenwertverzinsung, § 185 Abs. 2 Satz 2 BewG	58
Liegenschaftszinssatz = 5 %, § 188 Abs. 2 Nr. 1 BewG	59
Gebäudereinertrag, § 185 Abs. 2 Satz 1 BewG	60
Vervielfältiger, § 185 Abs. 3 Satz 1, 2 BewG	61
VV 19,34, Anlage 21	62
Gebäudeertragswert + Bodenwert = Ertragswert, § 184 Abs. 1 und Abs. 3 Satz 1 BewG	63
Gebäudewertanteil berechnen	64
Davon 35 % = unentgeltlich = maßgebender Grundbesitzwert	65
§ 151 Abs. 2 BewG und Inhalt	66
Aufteilung Grundbesitzwert nach Flächen	67
Schenkungsteuerveranlagung Bert	
§ 7 Abs. 1 Nr. 1 ErbStG	68
Unbeschränkte Steuerpflicht, § 2 Abs. 1 Nr. 1 a ErbStG	69
§ 13 d Abs. 1 und Abs. 3 BewG	70
Berechnung	71
Bereicherung	72
§ 15 Abs. 1 Steuerklasse I i. V. m. § 16 Abs. 1 Nr. 1 ErbStG	73
Steuerpflichtiger Erwerb, § 10 Abs. 1 Satz 1 ErbStG	74

Notentabelle

Korrekturpunkte	Punkte nach § 6 Abs. 1 StBAPO	Note
74–71 70–67	15 14	1
66–64 63–61 60–57	13 12 11	2
56–54 53–50 49–47	10 9 8	3
46–44 43–40 39–37	7 6 5	4
36–30 29–22 21–15	4 3 2	5
14–7 6–0	1 0	6

Teil F Lohnsteuer

ÜBUNG 1 Ermittlung des Arbeitslohns

SACHVERHALT

Elke Korsa (Elke) arbeitet seit dem 01. 04. 2016 als Bedienung in der »Mehlinger Dorfschenke«. Ihren monatlichen Nettolohn i. H. v. 1 036 € erhält sie grundsätzlich zum ersten eines Monats im Voraus auf ihr Girokonto überwiesen. Der Chef zahlt zusätzlich zum laufenden Monatslohn ein Weihnachtsgeld in Höhe eines 13. Monatsgehalts.

Wegen Hochbetriebs zum Jahreswechsel wird der Überweisungsauftrag für das Dezembergehalt erst am 06. 01. 2017 zur Bank gebracht und am 12. 01. 2017 auf Elkes Girokonto gutgeschrieben. Das Weihnachtsgeld überreichte ihr der Chef an der kleinen betrieblichen Weihnachtsfeier am 22. 12. 2016 per Scheck.

Außerdem muss ihr ArbG monatlich einen Gesamtsozialversicherungsbeitrag von 424 € (aus Vereinfachungsgründen: ArbG-Anteil: 212 €, ArbN-Anteil: 212 €) an die örtliche Krankenkasse sowie 30,16 € Lohnsteuer und 2,71 € Kirchenlohnsteuer für den laufenden Arbeitslohn (Lohnsteuer für das Weihnachtsgeld 55,13 €) an das Finanzamt Kaiserslautern überweisen.

Anlässlich ihres 30-jährigen Geburtstags im Oktober 2016 überreicht ihr der Chef einen Betrag von 60 €. Zu ihrer Hochzeit im Dezember 2016 schenkt er ihr ein Buch »Vier Hochzeiten und ein Todesfall«, wofür sie im Buchladen 28,50 € hätte bezahlen müssen.

AUFGABE

Ermitteln Sie den zu versteuernden Bruttoarbeitslohn von Elke für 2016.

LÖSUNG

Elke bezieht ab dem 01. 04. 2016 Einkünfte aus nichtselbständiger Arbeit nach § 19 Abs. 1 Nr. 1 EStG, da sie als Arbeitnehmerin (§ 1 LStDV) beschäftigt ist und aus diesem Dienstverhältnis Arbeitslohn (§ 2 LStDV) bezieht.

Einnahmen (§ 8 Abs. 1 EStG, § 2 LStDV)

• ausgezahlter Nettolohn von April bis Dezember: 9 × 1 036 € =	9 324,00 €
• Der Dezemberlohn ist zwar erst am 12. 01. 2017 mit der Gutschrift auf dem Girokonto zugeflossen. Gem. § 11 Abs. 1 Satz 4 i. V. m. § 38 a Abs. 1 Satz 2 EStG gilt er jedoch als im Kalenderjahr 2016 bezogen, da der Lohnzahlungszeitraum (Monat Dezember) in diesem Kalenderjahr endet.	
• Arbeitnehmeranteil Gesamtsozialversicherung: 9 × 212 € =	1 908,00 €
Zum zu versteuernden Arbeitslohn gehört auch der Arbeitnehmeranteil am Gesamtsozialversicherungsbeitrag (§ 12 Nr. 1 EStG). Der Arbeitgeberanteil ist gem. § 3 Nr. 62 EStG steuerfrei.	
• Lohn- und Kirchensteuersteuer gem. § 12 Nr. 3 EStG: 9 × 32,87 € =	295,83 €
• Weihnachtsgeld: 1 036 € + 212 € + 55,13 € =	1 303,13 €
Zufluss (§ 11 Abs. 1 Satz 4 i. V. m. § 38 a Abs. 1 Satz 3 i. V. m. § 11 Abs. 1 Satz 1 EStG) am 22. 12. 2016 mit der Übergabe des Schecks (vgl. H 11 [Scheck Nr. 1] EStH).	

- Geldgeschenk zum Geburtstag. Geldzuwendungen sind unabhängig von ihrer Höhe Arbeitslohn (R 19.6 Abs. 1 Satz 3 LStR) = 60,00 €
- Buchgeschenk. Kleine Aufmerksamkeiten bis zu 60 € sind steuerfreier Arbeitslohn (R 19.6 Abs. 1 Satz 1 und 2 LStR).

Somit beträgt der zu versteuernde Bruttoarbeitslohn für 2014 **12 890,96 €**

Ermittlung der Einkünfte aus nichtselbständiger Arbeit I

ÜBUNG 2

SACHVERHALT

Reinhold Gayer (Reinhold) ist als beamteter Dozent an der Landesfinanzschule in Edenkoben beschäftigt. Nach den Lohnsteuerabzugsmerkmalen 2016 ergab sich ein Bruttoarbeitslohn i. H. v. 31 000 €.

Aufwendungen für 2016

a) Fahrten Wohnung – Tätigkeitsstätte:
- mit eigenem Motorrad »BMW 1000 i«,
- 180 Tage, 720 gefahrene Kilometer,
- Verwarnungsgeld i. H. v. 40 € wegen Parken des Motorrads auf dem Bürgersteig gegenüber der Landesfinanzschule.

b) Exklusivkleidung Marke »Poss« i. H. v. 1 250 € für die Dozententätigkeit.

c) Kosten eines Steuerstrafverfahrens wegen Hinterziehung der Einkommensteuer 2013:

– Rückzahlung der hinterzogenen Einkommensteuer	2 000 €
– Hinterziehungszinsen (§ 235 AO)	400 €
– Geldstrafe durch Gerichtsbeschluss	4 000 €
– Gerichtskosten	600 €

d) Fachliteratur für die Dozententätigkeit 900 € (die einzelnen Fachbücher kosteten jeweils nicht mehr als 410 €).

AUFGABE

Ermitteln Sie die Einkünfte von Reinhold für den Veranlagungszeitraum 2016.

LÖSUNG

Als beamteter Dozent erzielt Reinhold Einkünfte aus nichtselbständiger Arbeit (§ 19 Abs. 1 Nr. 1 EStG). Nach § 2 Abs. 2 Nr. 2 EStG ist dabei der Überschuss der Einnahmen über die Werbungskosten zu ermitteln.

Bruttoarbeitslohn 31 000 €

Werbungskosten

a) Die Fahrten mit dem eigenen Motorrad sind nach § 9 Abs. 1 Nr. 4 und Abs. 2 EStG wie folgt zu berücksichtigen:

180 Tage × 2 km × 0,30 € = 108 €

Das Verwarnungsgeld fällt zwar unter den allgemeinen Werbungskostenbegriff des § 9 Abs. 1 Satz 1 EStG, ist jedoch vom Abzug nach § 9 Abs. 5 i. V. m. § 4 Abs. 5 Nr. 8 EStG ausgeschlossen.

b) Kosten für bürgerliche Kleidung stellen keine Werbungskosten dar, auch wenn sie ausschließlich im Beruf getragen wird. Vielmehr handelt es sich insoweit um nicht abzugsfähige Kosten der Lebensführung gem. § 12 Nr. 1 Satz 1 EStG, siehe auch R 9.1 Abs. 2 Nr. 3

LStR, und H 9.1 [Bürgerliche Kleidung] LStH und Rz. 4 des BMF-Schreibens vom 06.07.2010 (BStBl I 2010, 614).

c) Die im Rahmen des Steuerstrafverfahrens wegen Hinterziehung der Einkommensteuer 2013 angefallenen Kosten sind folgendermaßen zu beurteilen:
- Die Rückzahlung der hinterzogenen Einkommensteuer sowie die Hinterziehungszinsen gehören zu den nicht abzugsfähigen Kosten nach § 12 Nr. 3 EStG.
- Die Geldstrafe ist nach § 12 Nr. 4 EStG steuerlich nicht abzugsfähig.
- Auch die Gerichtskosten zählen zu den nicht abzugsfähigen Kosten (§ 12 Nr. 1 EStG), da die Tat auf privaten Gründen beruhte (vgl. auch H 12.3 [Kosten des Strafverfahrens] EStH).

d) Die Kosten für die Fachliteratur sind als Arbeitsmittel nach § 9 Abs. 1 Nr. 6 i. V. m. § 9 Abs. 1 Nr. 7 Satz 2 EStG und § 6 Abs. 2 EStG analog zu berücksichtigen: 900 €
Die Einkünfte aus § 19 EStG betragen demnach:

Einnahmen	31 000 €
Werbungskosten (108 € + 900 €)	./. 1 008 €
Einkünfte	**29 992 €**

ÜBUNG 3 Ermittlung der Einkünfte aus nichtselbständiger Arbeit II

SACHVERHALT

Vanessa Doll (Vanessa) und Theobald Troll (Theobald) leben seit November 2016 in einer eheähnlichen Lebensgemeinschaft zusammen. Die Einkommensverhältnisse der beiden stellen sich wie folgt dar:

1. Vanessa

Als Studentin erhielt sie mtl. Leistungen nach dem BAföGi. H. v. 250 €, die jeweils zur Hälfte als Zuschuss und als Darlehen gewährt wurden.

In der Zeit von April bis Dezember 2016 jobbte Vanessa nebenbei als Mitarbeiterin für die Zeitschrift »Findling«. Die Einnahmen betrugen lt. Lohnsteuerbescheinigung 6 000 €.

An Kosten fielen ihr an:

a) Fahrten von ihrer Wohnung zur Tätigkeitsstätte
- 1. April bis Oktober 2016: von Saarbrücken (eigenes Appartement in der Stadt) zum Verlagshaus, insgesamt 100 gefahrene Kilometer mit eigenem Fahrrad. In diesen Zeitraum entfallen insgesamt 50 Arbeitstage.
- November bis Dezember 2016: von Homburg (gemeinsame Wohnung von Vanessa und Theobald) zum Verlagshaus, insgesamt 1 200 gefahrene Kilometer mit einem geleasten Pkw (Leasingrate je Monat 165 €). In diesen Zeitraum entfallen insgesamt 30 Arbeitstage.

b) Bewerbungskosten für die Anstellung beim »Findling« 100 €.

c) Verpflegungsmehraufwand wegen mehr als zwölfstündiger Abwesenheit von der Wohnung 200 €.

2. Theobald

Er ist als Steueramtmann beim Finanzamt Saarbrücken im Vollstreckungsbereich beschäftigt.

Arbeitsvergütungen:

ausgezahlte Nettobezüge	25 460 €
einbehaltene Lohnsteuer	7 661 €
einbehaltener Solidaritätszuschlag	421 €
an Bank abgeführte vermögenswirksame Leistungen	78 €

Aufwendungen

a) Fahrten Wohnung zur Tätigkeitsstätte

- Januar bis Oktober: von Homburg (dort hatte Theobald vor dem Zusammenziehen mit Vanessa eine eigene Wohnung) nach Saarbrücken mit dem Zug: 125 €, vom Bahnhof Saarbrücken zum Finanzamt mit dem Taxi: 35 €. Auf diesen Zeitraum entfallen insgesamt 178 Arbeitstage. Die kürzeste Straßenverbindung beträgt 42 km.
- November bis Dezember: mit eigenem Pkw: 45 Tage × 42 km (Entfernung) × 0,39 € (lt. ADAC-Tabelle) = 737 €.

b) Fachtagung: »Vollstreckungswesen« am 09. 09. 2016. Veranstaltung in den Räumen der OFD Saarbrücken (Entfernung vom Finanzamt: 1 km).

Abfahrt Homburg	06.30 Uhr	Ankunft OFD	07.30 Uhr
Abfahrt OFD	17.00 Uhr	Ankunft Homburg	18.10 Uhr

gefahrene Kilometer mit eigenem Pkw: 83 km

c) Fortbildungslehrgang »Vollstreckung« an der Hochschule für Finanzen in Edenkoben

Entfernung:	von Saarbrücken:	130 km	
	von Homburg:	98 km	
Dauer:	1. Abfahrt Homburg:	01. 10. 2016	07.00 Uhr
	Ankunft Pirmasens:	01. 10. 2016	07.45 Uhr
	Abfahrt Pirmasens:	01. 10. 2016	07.50 Uhr
	Ankunft Edenkoben:	01. 10. 2016	09.20 Uhr
	2. Abfahrt Edenkoben:	05. 10. 2016	13.00 Uhr
	Ankunft Pirmasens:	05. 10. 2016	14.30 Uhr
	Abfahrt Pirmasens:	05. 10. 2016	14.50 Uhr
	Ankunft Homburg:	05. 10. 2016	16.00 Uhr

- Fahrtkosten:
  - mit eigenem Pkw von Homburg nach Pirmasens und zurück (54 km Entfernung).
  - in Pirmasens Pkw abgestellt und unentgeltliche Mitnahme durch Kollegen nach Edenkoben.
- Übernachtung:
  - Kostenlos bei ehemaliger Lehrgangskollegin.
  - Als »Dankeschön«: Einladung zum Essen für insgesamt 120 €.

AUFGABE

Ermitteln Sie jeweils für Vanessa und Theobald die Einkünfte für den Veranlagungszeitraum 2016.

LÖSUNG

1. Einkünfte Vanessa

Als Studentin erzielt Vanessa keine steuerpflichtigen Einkünfte. Die ihr monatlich zufließenden Leistungen nach dem Bundesausbildungsförderungsgesetz sind wie folgt zu beurteilen:

- BAföG-Zuschuss: steuerfreie Einnahme (§ 3 Nr. 11 EStG).
- BAföG-Darlehen: Die Darlehenszuflüsse liegen auf der nichtsteuerbaren Vermögensebene, da bereits bei Zufluss der Darlehensbeträge eine Rückzahlungsverpflichtung besteht.

Als angestellte Mitarbeiterin der Zeitschrift »Findling« bezieht Vanessa Einkünfte aus nichtselbständiger Arbeit nach § 19 Abs. 1 Nr. 1 EStG. Nach § 2 Abs. 2 Nr. 2 EStG ist dabei der Überschuss der Einnahmen über die Werbungskosten zu ermitteln.

Bruttoarbeitslohn 6 000 €

Werbungskosten:

a) Fahrten Wohnung zur Tätigkeitsstätte
April bis Okt. 2016: insgesamt 1 Entfernungskilometer an 50 Arbeitstagen: 1 km × 0,30 € × 50 = 15 € (§ 9 Abs. 1 Nr. 4 und Abs. 2 EStG);
November bis Dezember 2016: Auf 30 Arbeitstage entfallen 20 Entfernungskilometer: 20 km × 0,30€ × 30 = 180€
Nach § 9 Abs. 1 Nr. 4 Satz 2 EStG sind Aufwendungen für Fahrten zwischen Wohnung und Tätigkeitsstätte auch mit einem zur Nutzung überlassenen Kraftfahrzeug (Leasing, vgl. R 9.10 Abs. 2 LStR) nur i. H. d. gesetzlichen Pauschbetrags abzugsfähig.

b) Die Bewerbungskosten sind gem. § 9 Abs. 1 Satz 1 EStG als sog. »vorweggenommene« Werbungskosten anzuerkennen: 100 €.

c) Mehraufwendungen für Verpflegung, die wegen berufsbedingter überdurchschnittlich langer Abwesenheit von der Wohnung entstehen, sind weder in tatsächlicher Höhe noch in Höhe eines Pauschbetrags als Werbungskosten abzugsfähig. Mehraufwendungen für Verpflegung sind nur nach Maßgabe des § 9 Abs. 4 a EStG zu berücksichtigen. Insoweit handelt es sich um nichtabziehbare Kosten der Lebensführung (§ 12 Nr. 1 EStG i. V. m. R 9.1 Abs. 2 Nr. 4 Satz 1 und 2 LStR).
Die Einkünfte aus § 19 EStG betragen somit:

Einnahme	6 000 €	
Arbeitnehmer-Pauschbetrag	./. 1 000 €	(§ 9 a Nr. 1 Buchst. a EStG)
Einkünfte	**5 000 €**	

2. Einkünfte Theobald

Theobald bezieht als Beamter Einkünfte aus nichtselbständiger Arbeit nach § 19 Abs. 1 Nr. 1 EStG.

Bruttoarbeitslohn (§ 2 LStDV)		
ausgezahltes Nettogehalt		25 460 €
+ einbehaltene Lohnsteuer	(§ 12 Nr.3 EStG)	7 661 €
+ einbehaltener Solidaritätszuschlag	(§ 12 Nr. 3 EStG)	421 €
+ vermögenswirksame Leistungen	(§ 2 Abs. 6 Satz 1, 5. VermBG)	78 €
steuerpflichtiger Arbeitslohn		33 620 €

Werbungskosten

a) Fahrten Wohnung zur Tätigkeitsstätte

Januar bis Oktober 42 km × 0,30 € × 178 Arbeitstage =	2 243 €	
November bis Dezember 42 km × 0,30 € × 45 Arbeitstage =	567 €	
insgesamt 2810€ (§ 9 Abs. 1 Nr. 4 und Abs. 2 EStG)	2 810 €	2 810 €

b) Fachtagung »Vollstreckungswesen«

Hierbei handelt es sich um eine Auswärtstätigkeit, da Theobald vorübergehend außerhalb seiner Wohnung und seiner regelmäßigen Arbeitsstätte tätig wird (§ 9 Abs. 4 a Satz 2 EStG; R 9.4 Satz 1 LStR). Die dabei entstandenen Aufwendungen sind im Wege von Reisekosten als Werbungskosten abzugsfähig.

Im Einzelnen ergeben sich nach R 9.4 Satz 1 LStR folgende Reisekosten:

- Fahrtkosten (§ 9 Abs. 1 Satz 3 Nr. 4 a EStG; R 9.5 LStR): 83 km × 0,30 € = 25 € (§ 9 Abs. 1 Satz 3 Nr. 4 a Satz 2 EStG; H 9.5 [Pauschale Kilometersätze Nr. 1] LStH) — 25 €
- Verpflegungsmehraufwendungen (§ 9 Abs. 4 a EStG; R 9.6 LStR): Nach § 9 Abs. 4 a Satz 3 Nr. 3 EStG ist ein Pauschbetrag von 12 € anzusetzen. — 12 €

c) Fortbildungslehrgang in Edenkoben

Die Voraussetzungen für eine mehrtägige Auswärtstätigkeit sind erfüllt, so dass folgende Reisekosten angesetzt werden können:

- Fahrtkosten: 108 km × 0,30 € = — 32 €
- Verpflegungsmehraufwendungen:

01. 10. 2016 (Anreisetag, § 9 Abs. 4 a Satz 3 Nr. 2 EStG) =	12 €
02. 10. 2016 bis 04. 10. 2014: 3 × 24 € = (§ 9 Abs. 4 a Satz 3 Nr. 1 EStG).	72 €
05. 10. 2016 (Abreisetag, § 9 Abs. 4 a Satz 3 Nr. 2 EStG) =	12 €

Übernachtungskosten: Es sind keine tatsächlichen Aufwendungen entstanden. Die Kosten für die Einladung zum Essen stellen nicht abzugsfähige Kosten der privaten Lebensführung nach § 12 Nr. 1 EStG dar.

Einkünfte **30 645 €**

Ermittlung der Einkünfte aus nichtselbständiger Arbeit III

ÜBUNG 4

SACHVERHALT

Hans Dampf (Hans), mit einem Grad der Behinderung von 70, bezieht aus seiner Tätigkeit als Gymnasiallehrer (Sport, Geschichte und Mathematik) in 2016 einen Bruttoarbeitslohn von 45 000 €.

Er beantragt in seiner Einkommensteuererklärung 2016 den Abzug folgender Kosten:

1. Fahrten zwischen Wohnung und Tätigkeitsstätte

   Hans hat für seine Fahrten zwischen Wohnung und Tätigkeitsstätte an insgesamt 222 Arbeitstagen den eigenen Pkw benutzt; die Entfernung zwischen seinem Wohnort und seiner Arbeitsstätte beträgt 42,6 km.

   Den Pkw (Nutzungsdauer sechs Jahre) hatte Hans im April 2014 für 17 640 € erworben und mit einem Darlehen finanziert. Der monatliche Abzahlungsbetrag beläuft sich auf 460 €, wovon 10 % auf Zinsen entfallen.

Im Zusammenhang mit dem Pkw (Jahresfahrleistung 25000 km) sind 2016 folgende Kosten entstanden:

Benzin	2 170 €
Reparaturen	942 €
Inspektionen	261 €
Winterreifen	245 €
Haftpflichtversicherung	318 €
Teilkaskoversicherung	235 €
Kfz-Steuer	210€
Insassenunfallversicherung	42 €
nachträglicher Einbau eines Sportlenkrads	322 €
Protokoll wegen Geschwindigkeitsüberschreitung auf der Fahrt zum Gymnasium	60 €.

2. Computeranlage
   Im September 2015 hat sich Hans eine Computeranlage (Nutzungsdauer drei Jahre) für insgesamt 1 914 € angeschafft.
   Die Anlage wurde wie folgt genutzt:
- von September 2015 bis 15. 08. 2016: 40 % beruflich, Rest privat (nach Schätzung von Hans),
- vom 16. 08. 2016 bis heute 100 % beruflich (unstreitig). Die monatlichen Gebühren betragen im Durchschnitt 67 €.
3. Schreibtischstuhl und Keilkissen
   Seit dem Bandscheibenvorfall im Juli 2014 hat Hans mit starken Rückenschmerzen zu tun. Auf Empfehlung seines Arztes hat sich Hans im Februar 2016 einen nach neuesten orthopädischen Erkenntnissen konstruierten Schreibtischstuhl (384 €) und ein dazugehörendes Keilkissen (57 €) für sein Arbeitszimmer im Gymnasium angeschafft; die Nutzungsdauer beträgt jeweils vier Jahre.
4. Arbeitszimmer
   Hans hat sich auch in seiner eigenen Wohnung ein Arbeitszimmer (16 qm) eingerichtet; die gesamte Wohnfläche beträgt 133 qm. Es handelt sich um einen abgeschlossenen Raum, der neben der beruflichen Nutzung auch als Durchgangszimmer zum Schlafzimmer dient.
   Hans sind 2016 folgende Kosten entstanden:

Gebäude-AfA	1 630 €
Nebenkosten (Strom, Wasser, Heizung etc.)	1 900 €
Grundsteuer und Gebäudeversicherung	600 €
Dachreparatur	2 650 €
Bücherregal für das Wohnzimmer (private Bücher)	150 €
Bücherregal für das Arbeitszimmer	230 €
Tapeten für die gesamte Wohnung	580 €
Hausratversicherung	225 €

Seit März 2016 befindet sich im Arbeitszimmer ein »antiker« Schrank (Wert 12 000 €), den Hans von seinem Onkel (O) geerbt hatte. O hatte den damals 150 Jahre alten Schrank im Kalenderjahr 1980 für umgerechnet 6 000 € angeschafft.

Im September ließ Hans dieses alte Erbstück für 1 000 € restaurieren und stellte ihn anschließend wieder in seinem Arbeitszimmer auf, wo er wie zuvor der Aufbewahrung von beruflichen Unterlagen dient.

Nach dem Gutachten eines Sachverständigen handelt es sich bei diesem Schrank um ein »antikes« Liebhaberstück, dessen Wert am Markt ständig steigt.

5. Sportkleidung
   Hans hatte sich spezielle Hallenturnschuhe für 110 € und Trainingskleidung für 90 € gekauft, die er ausschließlich im Sportunterricht trägt.
6. Bewirtung
   Aus Anlass seiner Beförderung zum Schulrat hatte Hans das gesamte Lehrerkollegium zu einem kalten Buffet zu sich nach Hause eingeladen. Die Kosten betrugen 1 400 €.
7. Fachliteratur
   Hans legte dem Finanzamt folgende Belege vor:

»Stretching-Aufwärmprogramm«	20 €
»Kicker«, Sportmagazin	110 €
»Spiegel«	125 €
»Saarbrücker-Zeitung«	110 €
»Steuertipps für Lehrer«	20 €
»Lexikon der Weltgeschichte«	49 €
Belege ohne Buchtitel	325 €

AUFGABE

Ermitteln Sie für 2016 die geringst möglichen Einkünfte von Hans. Gehen Sie bitte davon aus, dass die berufliche Nutzung des Arbeitszimmers weniger als 50 % der gesamten beruflichen Tätigkeit beansprucht.

LÖSUNG

Hans erzielt als beamteter Lehrer an einem Gymnasium Einkünfte aus nichtselbständiger Arbeit nach § 19 Abs. 1 Nr. 1 EStG, die nach § 2 Abs. 2 Nr. 2 EStG als Überschuss der Einnahmen über die Werbungskosten zu ermitteln sind. Die Einnahmen betragen lt. Sachverhalt 45 000 €.

Die von Hans beantragten Werbungskosten sind im Einzelnen zu überprüfen:

1. Fahrten zwischen Wohnung und Tätigkeitsstätte

Mit einem Grad der Behinderung von 70 kann Hans anstelle der Entfernungspauschalen die tatsächlichen Aufwendungen ansetzen (§ 9 Abs. 2 Satz 3 Nr. 1 und 2 EStG). Die Ermittlung der tatsächlichen Aufwendungen erfolgt nach R 9.5 Abs. 1 und H 9.5 [Einzelnachweis] LStH:

Schuldzinsen 46 € × 12	552 €	
AfA nach § 7 Abs. 1 EStG	2 940 €	(17 640 € × 16,66 %)
Benzin	2 170€	
Reparaturen	942 €	
Inspektionen	261 €	
Winterreifen	245 €	
Haftpflichtversicherung	318 €	
Teilkasko	235 €	
Steuer	210 €	
Sportlenkrad	322 €	
Gesamtkosten	8 195 €	

Nicht zu diesen Gesamtkosten rechnen die Kosten für die Insassenunfallversicherung sowie das Protokoll.

Die tatsächlichen Aufwendungen betragen demnach:

8 195 € / 25 000 km = 0,3 278 € × 222 Arbeitstage × 86 km (zugunsten aufgerundet) = 6 258 €.

2. Computeranlage

Bei gemischt veranlassten Aufwendungen besteht kein generelles Aufteilungs- und Abzugsverbot (H 9.1 [Gemischte Aufwendungen] LStH; BMF-Schreiben vom 06.07.2010, BStBl I 2010, 614).

Nach dem BFH-Urteil vom 19.02.2004 (VI R 135/01, BStBl II 2004, 958) gibt es keine generelle Vermutung dafür, dass ein privat angeschaffter und in der privaten Wohnung aufgestellter häuslicher PC weit überwiegend privat genutzt wird. Kann der Stpfl. eine nicht unwesentliche berufliche Nutzung des Gerätes nachweisen oder zumindest glaubhaft machen, sind die Aufwendungen anteilig zu berücksichtigen. Bei einer privaten Mitbenutzung von nicht mehr als etwa 10 % ist der PC ein Arbeitsmittel (§ 9 Abs. 1 Nr. 6 EStG), sodass die gesamten Aufwendungen steuerlich geltend gemacht werden können. Gegebenenfalls ist der berücksichtigungsfähige Umfang der beruflichen Nutzung zu schätzen. Dabei kann unter bestimmten Voraussetzungen von einer hälftigen privaten bzw. beruflichen Nutzung ausgegangen werden (s. a. BFH-Urteile vom 10.03.2004, VI R 44/02, BFH/NV 2004, 1242 und VI R 19/02, BFH/NV 1386).

Nach R 9.1 Abs. 5 LStR sind Telekommunikationsaufwendungen Werbungskosten, soweit sie beruflich veranlasst sind. Für den Zeitraum 01.01. bis 15.08.2016 ist kein Einzelnachweis erfolgt. Da aber erfahrungsgemäß beruflich veranlasste Telekommunikationsaufwendungen anfallen, können aus Vereinfachungsgründen ohne Einzelnachweis bis zu 20 % des Rechnungsbetrages, jedoch höchstens 20 € monatlich als Werbungskosten anerkannt werden. Von Januar bis einschließlich Juli sind 20 % der Aufwendungen als Werbungskosten zu berücksichtigen. 20 % von 67 € = 13,40 € × 7 Monate = **93,80 €.**

Die Computeranlage stellt ein Arbeitsmittel i. S. v. § 9 Abs. 1 Nr. 6 EStG dar, dessen Anschaffungskosten im Wege der linearen AfA (§ 7 Abs. 1 EStG) als Werbungskosten nach § 9 Abs. 1 Nr.7 Satz 1 EStG berücksichtigt werden können (s. a. R 9.12 LStR). Die AfA beträgt 1 914 € :3 = 638 €/Jahr × 7/12 = 372 € davon 50 %= **186 €** = anteilige AfA bis einschließlich Juli (50 % nach dem BFH-Urteil vom 19.02.2004, a. a. O.).

Aus Vereinfachungsgründen sind ab August 2016 100 % der Aufwendungen als Werbungskosten zu berücksichtigen: 67 € × 5 Monate = **335 €.** Von der AfA sind zu berücksichtigen: 638 € × 5/12 = **266 €.** Die abzugsfähigen Werbungskosten für die Computeranlage betragen insgesamt **881 €.**

3. Schreibtischstuhl und Keilkissen

Beide Gegenstände sind steuerlich als einheitliches Wirtschaftsgut zu sehen; das Keilkissen kann ohne den Schreibtischstuhl nicht entsprechend seiner Zweckbestimmung genutzt werden.

Da das Wirtschaftsgut ausschließlich zu beruflichen Zwecken genutzt wird, handelt es sich um ein Arbeitsmittel nach § 9 Abs. 1 Nr. 6 EStG. Die Anschaffungskosten ohne die USt betragen 441 €/119 × 100 = 370,59 € und somit weniger als 410 €. Der Gesamtbetrag von **441 €** ist in 2016 in voller Höhe als Werbungskosten abzugsfähig und nicht über die AfA zu verteilen (§ 9 Abs. 1 Nr. 7 Satz 2 i. V. m. § 6 Abs. 2 EStG und R 9.12 Satz 1 LStR).

Außergewöhnliche Belastungen nach § 33 EStG liegen insoweit nicht vor, da der Werbungskostenabzug vorgeht (sog. »Subsidiaritätsprinzip«, § 33 Abs. 2 Satz 2 EStG).

4. Arbeitszimmer

Die Aufwendungen für ein häusliches Arbeitszimmer sind nach § 4 Abs. 5 Nr. 6b EStG nur dann steuerlich anzuerkennen, wenn für die berufliche Tätigkeit kein anderer Arbeitsplatz zur Verfügung steht. Da Hans im Gymnasium ein Arbeitsplatz zur Verfügung steht, sind die anteiligen Gebäudekosten sowie die Ausstattungskosten des Arbeitszimmers in voller Höhe vom Abzug ausgeschlossen. Das BMF-Schreiben vom 02. 03. 2011 (BStBl I 2011, 195) nimmt zur Behandlung der Aufwendungen für ein häusliches Arbeitszimmer Stellung.

Keine Aufwendungen i. S. d. § 4 Abs. 5 Satz 1 Nr. 6b EStG sind die Aufwendungen für Arbeitsmittel (BFH-Urteil vom 21. 11. 1997, VI R 4/97, BStBl II 1998, 351). Diese werden daher von § 4 Abs. 5 Satz 1 Nr. 6b EStG nicht berührt (Rz. 8 des BMF-Schreibens vom 02. 03. 2011, BStBl I 2011, 195; H 9.14 [Ausstattung] LStH).

Das Bücherregal für das Wohnzimmer betrifft ausschließlich privat genutzten Wohnraum und dient zum Abstellen der privaten Bücher; es ist daher nicht zu berücksichtigen (§ 12 Nr. 1 EStG).

Der antike Schrank stellt ein Arbeitsmittel nach § 9 Abs. 1 Nr. 6 EStG dar. Zur Berücksichtigung der AfA ist das BFH-Urteil vom 26.01.2001 (VI R 26/98, BStBl II 2001, 194) - AfA bei einer über 300 Jahre alten Meistergeige – zu beachten. Danach unterliegt eine über 300 Jahre alte Meistergeige, die im Konzertalltag regelmäßig bespielt wird, einem technischen Verschleiß, der eine AfA auch dann rechtfertigt, wenn es wirtschaftlich zu einem Wertzuwachs kommt. Wird das BFH-Urteil auf den antiken Schrank analog angewendet, so bedeutet das, dass bei Wirtschaftsgütern, die bereits über 100 Jahre alt sind und die regelmäßig im Berufsleben genutzt werden, die Restnutzungsdauer mit 100 Jahren angesetzt werden kann, sofern der Stpfl. keine kürzere Nutzungsdauer darlegt und nachweist bzw. zumindest glaubhaft macht.

Nach § 11d EStDV bemisst sich die AfA bei einem unentgeltlichen Erwerb nach den Anschaffungskosten des Rechtsvorgängers und nach dem AfA-Satz, der für den Rechtsvorgänger maßgebend sein würde, wenn er noch Eigentümer des Wirtschaftsguts wäre. Der Rechtsnachfolger führt also die AfA des Rechtsvorgängers fort. Bei einer Nutzungsdauer von 100 Jahren und einer Anschaffung im Kj. 1980 endet der AfA-Zeitraum mit Ablauf des Kj. 2080. Die jährliche AfA beträgt 1 % von 6 000 € = 60 €. Da der Schrank ab März im Arbeitszimmer genutzt wird, ist im Kj. 2016 eine AfA von 60 € : 12 × 10 = **50 €** zu berücksichtigen.

Die Restaurationskosten (1 000 €) sind als Werbungskosten anzuerkennen, da sie einen ausschließlich beruflich genutzten Gegenstand betreffen. Es handelt sich insoweit um voll abzugsfähigen Erhaltungsaufwand (§ 9 Abs. 1 Satz 1 EStG).

Die Aufwendungen für das Bücherregal stellen Aufwendungen für ein Arbeitsmittel dar, welche sofort als Werbungskosten nach § 9 Abs. 1 Nr. 6 und Nr. 7 i. V. m. § 6 Abs. 2 EStG und R 9.12 Abs. 1 LStR berücksichtigt werden können (GWG-Regelung).

Im Zusammenhang mit dem Arbeitszimmer ergeben sich insgesamt folgende abzugsfähigen Kosten:

Bücherregel	230 €
Restauration	1 000 €
AfA Schrank	50 €
Als Werbungskosten zu berücksichtigen	**1 280 €**

5. Sportkleidung

Diese gehört zur typischen Berufskleidung, da sie ausschließlich beruflich getragen wird (§ 9 Abs. 1 Nr. 6 EStG i. V. m. R 9.1 Abs. 2 Nr. 1 LStR); **200 €**.

6. Bewirtung

Die Bewirtungskosten i. H. v. 1 400 € sind als Werbungskosten zu berücksichtigen (siehe H 9.1 [Bewirtungskosten] LStH).

7. Fachliteratur

Die entsprechenden Aufwendungen rechnen zu den Werbungskosten nach § 9 Abs. 1 Nr. 6 EStG, wenn die Bücher oder Zeitschriften nachweislich ausschließlich oder fast ausschließlich der Berufsausübung dienen, hier insbesondere dem Unterricht in den Fächern Sport und Geschichte.

Danach zählen folgende Aufwendungen zu den Werbungskosten:

»Stretching-Aufwärmprogramm«	20 €
»Lexikon der Weltgeschichte«	49 €
	69 €

Alle anderen im Sachverhalt genannten Zeitschriften sind entweder mangels beruflichen Zusammenhangs (Kicker, Spiegel und Saarbrücker-Zeitung) oder mangels Fachtitelbezeichnung nicht als Werbungskosten anzuerkennen.

Bücher und Zeitschriften werden als Arbeitsmittel angesehen, wenn sichergestellt ist, dass die erworbenen Bücher und Zeitschriften ausschließlich oder ganz überwiegend beruflichen Zwecken dienen (H 9.12 [Fachbücher und Fachzeitschriften] LStH). Für jedes angebliche Fachbuch muss durch die genaue Angabe des Titels feststellbar sein, wofür es angeschafft und wie es verwandt wurde (BFH-Beschluss vom 22. 12. 2000, IV B 4/00, BFH/NV 2001, 774). Die Quittung des Buchhandels muss den Namen des Erwerbers und den Titel des angeschafften Buches enthalten; dazu gehört naturgemäß der Nachweis, dass der Kaufpreis im jeweiligen VZ geleistet worden ist (BFH-Beschluss vom 04. 12. 2003, VI B 155/00, BFH/NV 2004, 488).

Aufwendungen für steuerliche Fachbücher und Steuertabellen sind als Steuerberatungskosten ab 2006 nicht mehr als Sonderausgaben zu berücksichtigen.

Ermittlung der Einkünfte von Hans für 2016

Einnahmen	45 000 €
Werbungskosten:	
Fahrten	6 258 €
Computer	881 €
Stuhl und Kissen	441 €
Bücherregal	230 €
Restauration	1 000 €
AfA Schrank	50 €
Arbeitszimmer	–
Sportkleidung	200 €
Bewirtung	1 400 €
Fachliteratur	69 €
Einkünfte	**34 471 €**

Teil G Gewerbesteuer

ÜBUNG 1

Ermittlung des Hinzurechnungsbetrags nach § 8 Nr. 1 Buchst. a bis f GewSt

SACHVERHALT

Der Gewerbetreibende Kain Bock hat im Erhebungszeitraum 2016 folgende gewinnmindernde Aufwendungen gebucht:

• Schuldzinsen nach § 8 Nr. 1 Buchst. a GewStG	100 000 €
• Renten und dauernde Lasten nach § 8 Nr. 1 Buchst. b GewStG	80 000 €
• Gewinnanteile des stillen Gesellschafters nach § 8 Nr. 1 Buchst. c GewStG	20 000 €
• Miet- und Pachtzinsen für bewegliche WG des Anlagevermögens nach § 8 Nr. 1 Buchst. d GewStG	40 000 €
• Miet- und Pachtzinsen für unbewegliche WG des Anlagevermögens nach § 8 Nr. 1 Buchst. e GewStG	60 000 €
• § 8 Nr. 1 Buchst. f GewStG	40 000 €
Summe	340 000 €

AUFGABE

Ermitteln Sie bitte unter Hinweis auf die entsprechenden Bestimmungen den Hinzurechnungsbetrag nach § 8 Nr. 1 Buchst. a bis f GewSt.

LÖSUNG

Tatbestände des § 8 Nr. 1 GewStG	Gewinnmindernde Aufwendungen	Anzusetzen in Prozent	Anzusetzender Betrag
Schuldzinsen nach § 8 Nr. 1 Buchst. a GewStG	100 000 €	100 %	100 000 €
Renten und dauernde Lasten nach § 8 Nr. 1 Buchst. b GewStG	80 000 €	100 %	80 000 €
Gewinnanteile des stillen Gesellschafters nach § 8 Nr. 1 Buchst. c GewStG	20 000 €	100 %	20 000 €
Miet- und Pachtzinsen für bewegliche WG des Anlagevermögens nach § 8 Nr. 1 Buchst. d GewStG	40 000 €	20 %	8 000 €
Miet- und Pachtzinsen für unbewegliche WG des Anlagevermögens nach § 8 Nr. 1 Buchst. e GewStG	60 000 €	50 %	30 000 €

Tatbestände des § 8 Nr. 1 GewStG	Gewinn-mindernde Aufwendungen	Anzusetzen in Prozent	Anzusetzender Betrag
Aufwendungen für die Überlassung von Rechten (Lizenzen) nach § 8 Nr. 1 Buchst. f GewStG	40 000 €	25 %	10 000 €
Summe	340 000 €		248 000 €
Freibetrag			./. 100 000 €
verbleibende Aufwendungen			148 000 €
davon 25 % hinzurechnen			**37 000 €**

Zu Anwendungsfragen zur Hinzurechnung von Finanzierungsanteilen nach § 8 Nr. 1 GewStG s. das BMF-Schreiben vom 02. 07. 2012 (BStBl I 2012, 654).

ÜBUNG 2 Ermittlung des Gewerbesteuermessbetrags

SACHVERHALT

Poli Tur (Poli) betreibt in Trier einen Handel für Kfz-Zubehör. Der für das Wirtschaftsjahr = Kalenderjahr 2016 aufgrund ordnungsgemäßer Buchführung ermittelte Gewinn beträgt zutreffend 60 000 €.

Aus der Buchführung ergeben sich folgende Angaben:

- Das Grundstück, auf dem das Geschäft betrieben wird, gehört Poli und seiner Ehefrau je zur Hälfte. Es wird zu 60 % eigengewerblich genutzt (berechnet nach der Nutzfläche = Verhältnis der Jahresrohmieten), der restliche Teil ist vermietet.
  In der Bilanz ist nur der notwendigerweise zu bilanzierende Teil ausgewiesen. Der Einheitswert zum 01. 01. 2006 betrug 123 000 DM.
- Bei der Trierer Volksbank unterhält Poli ein Kontokorrentkonto. Dieses wies seit Juni bis Ende 2016 einen täglich wechselnden Schuldenstand auf.
  2016 wurden dafür an die Volksbank entrichtet:
- – Zinsen (durchschnittl. Zinssatz 8 %) 4 215 €
- – Kreditprovision (0,5 %) 1 093 €
- Zum Betriebsvermögen gehört auch eine 5 %ige Beteiligung an der Kratz GmbH in Bitburg. 2016 hatten sich 2 500 € (brutto) Gewinnausschüttungen auf den ertragsteuerrechtlichen Gewinn ausgewirkt.
- Infolge von Lieferschwierigkeiten einer Lieferwagenhandlung, mit der Poli seit langem in Geschäftsbeziehungen steht, konnten verschiedene zur Auslieferung von Zubehörteilen erforderliche Transporter nicht rechtzeitig beschafft werden. Poli mietete deshalb Anfang Februar 2016 bis Mai 2016 einen Transporter für 600 € von dem befreundeten Unternehmer Maier, der seinen Betrieb bereits 2013 aufgegeben hatte. Einen weiteren Transporter mietete Poli im Juni 2016 für 250 € von der Firma Matz KG in Hermeskeil.

AUFGABE

Ermitteln Sie bitte unter Hinweis auf die entsprechenden Bestimmungen den Gewerbeertrag 2016 und den betreffenden Steuermessbetrag. Nehmen Sie dabei auch kurz Stellung zur gewerbesteuerlichen Gewinnermittlung.

LÖSUNG

Poli unterliegt gem. § 2 Abs. 1 GewStG der Gewerbesteuer.

Ermittlung des Gewerbeertrags

Grundlage für die Ermittlung des Gewerbeertrags ist gem. § 7 GewStG der Gewinn aus Gewerbebetrieb. Für gewerbesteuerliche Zwecke ist der Gewinn verfahrensrechtlich selbständig zu ermitteln. In der Regel wird der für die ESt bzw. KSt maßgebende Gewinn mit dem für die Ermittlung des Gewerbeertrags festzustellenden Gewinn übereinstimmen. Eine rechtliche Bindung besteht aber nicht (H 7.1 (1) [Eigenständige Ermittlung des Gewerbeertrags] GewStH).

Gem. § 10 Abs. 1 GewStG ist der Gewinn aus 2016 zugrunde zu legen. 60 000 €

Hinzurechnungen § 8 GewStG

- Entgelte für Schulden nach § 8 Nr. 1 Buchst. a GewStG
  Entgelte für Schulden sind die Gegenleistung für die eigentliche Nutzung von Fremdkapital und die vorzeitige Zurverfügungstellung von Kapital (R 8.1 Abs. 1 Satz 1 GewStR). Auf die Dauerhaftigkeit der Schulden kommt es nicht an; auch Verbindlichkeiten des laufenden Geschäftsverkehrs fallen unter die Hinzurechnung (Rz. 10 des BMF-Schreibens vom 02.07.2012, BStBl I 2012, 654; s. a. H 8.1 (1) [ABC der als Entgelt für Schulden anzusehenden Leistungen] GewStH). Anzusetzender Betrag: 100 % = 4 215 €
  Kreditprovision 1 093 €
- Miet- und Pachtzinsen nach § 8 Nr. 1 Buchst. d GewStG für die Benutzung von beweglichen Wirtschaftsgütern des Anlagevermögens (R 8.1 Abs. 4 GewStR).
  Die Miet- und Pachtzinsen sind unabhängig von der gewerbesteuerlichen Behandlung beim Empfänger hinzuzurechnen.

Anzusetzender Betrag 20 % von 850 €	170 €
Summe § 8 Nr. 1 Buchst. a bis f GewStG	5 478 €
Abzüglich Freibetrag (100 000 €)	./. 5 478 €
Verbleibt als Hinzurechnungsbetrag 0 €	0 €

- Hinzurechnung nach § 8 Nr. 5 GewStG
  Die nach § 3 Nr. 40 Buchst. d EStG außer Ansatz gebliebene Dividende i. H. v. 40 % ist nach § 8 Nr. 5 GewStG hinzuzurechnen, da die Anteile an der GmbH nicht die Voraussetzungen des § 9 Nr. 2a GewStG erfüllen. Die Beteiligung muss danach zu Beginn des Erhebungszeitraums mindestens 15 % betragen.
  2 500 € : 60 × 40 + 1 667 €

Kürzungen (§ 9 GewStG)

- Für Grundbesitz, § 9 Nr. 1 GewStG
  Die Kürzung beträgt 1,2 % des maßgebenden Einheitswerts des zum Betriebsvermögen gehörenden Grundbesitzes. Ob und inwieweit Grundbesitz zum Betriebsvermögen gehört, bestimmt sich nach den Vorschriften des Einkommensteuerrechts (§ 20 Abs. 1 GewStDV). Nach R 4.2 Abs. 7 Satz 1 und 2 EStR gehören jeweils 30 % des Grund und Bodens sowie des Gebäudes zum Betriebsvermögen. Demnach ist die Kürzung auch nur vom entsprechenden Teil des maßgebenden Einheitswerts zu berechnen (§ 20 Abs. 2 GewStDV): Einheitswert 123 000 DM; umgerechnet in Euro 62 888 € × 140 % (§ 121a BewG) = 88 043 € × 30 % = 26 412€, davon 1,2 % = (R 9.1 Abs. 2 GewStR) ./. 316 €

- Gewinnanteile an Kapitalgesellschaften, § 9 Nr. 2 a GewStG
  Eine Kürzung unterbleibt, weil nicht eine mindestens 15 %ige Beteiligung vorliegt.

Gewerbeertrag	**61 351 €**
gerundet (§ 11 Abs. 1 Satz 3 GewStG)	61 300 €
Freibetrag (§ 11 Abs. 1 Nr. 1 GewStG)	./. 24 500 €
verbleiben	36 800 €
Steuermesszahl für den Gewerbeertrag nach § 11 Abs. 2 GewStG:	
3,5 % von 36 800 € = Steuermessbetrag	1 288 €

ÜBUNG 3 Berechnung der Gewerbesteuer

SACHVERHALT

Der Einzelgewerbetreibende Tupfer betreibt in Edenkoben eine Farbengroßhandlung. Er macht Ihnen für das Geschäftsjahr die folgenden Angaben:

• Gewinn aus Gewerbebetrieb	42 000 €
• Beteiligung an einer OHG: Gewinnanteil	800 €
• Kontokorrentkonto bei einer Sparkasse: Ein dauernder Mindestkredit ist nicht vereinbart worden. Dennoch hat Tupfer einmal das Konto mit	10 000 €
für die Dauer von 34 Tagen überzogen und dafür Zinsen gezahlt i. H. v.	90 €
• Seit Jahren ist in den Büchern eine Grundschuld von 50 000 € ausgewiesen. Die Zinsen hierauf betrugen	2 700 €
• Einheitswert Grundbesitz umgerechnet	35 000 €
Das Grundstück wird zu 70 % eigenbetrieblich genutzt.	
• Miete für eine Spezialmaschine i. H. v.	460 €
Die Maschine wurde für 4 Monate angemietet.	
• Miete für ein Lagergebäude i. H. v.	4 000 €

AUFGABE

Wie hoch ist die Gewerbesteuer für den Erhebungszeitraum 2016, wenn der Hebesatz 480 % beträgt? Gehen Sie bitte davon aus, dass Vermieter der Spezialmaschine wie auch des Lagergebäudes jeweils eine Privatperson ist.

LÖSUNG

Gewinn aus Gewerbebetrieb		**42 000 €**
Hinzurechnungen		
• Schuldzinsen (§ 8 Nr. 1 Buchst. a GewStG)		
– für Grundschuld; anzusetzen 100 %	2 700 €	
– für Kontokorrent; anzusetzen 100 %	90 €	
• Miet- und Pachtzinsen nach § 8 Nr. 1 Buchst. d GewStG für die Benutzung von beweglichen Wirtschaftsgütern. Die Miet- und Pachtzinsen sind unabhängig von der gewerbesteuerlichen Behandlung beim Empfänger hinzuzurechnen. Anzusetzender Betrag: 20 % von 460 €	92 €	

- Miet- und Pachtzinsen nach § 8 Nr. 1 Buchst. e GewStG für die Benutzung der unbeweglichen Wirtschaftsgüter. Die Miet- und Pachtzinsen sind unabhängig von der gewerbesteuerlichen Behandlung beim Empfänger hinzuzurechnen.

Anzusetzender Betrag 50 % von 4 000 €	2 000 €	
Summe § 8 Nr. 1 Buchst. a bis f GewStG	4 882 €	
abzüglich Freibetrag (100 000 €)	./. 4 882 €	
Verbleibt als Hinzurechnungsbetrag	0 €	0 €
Kürzungen (§ 9 GewStG)		
Anteiliger Einheitswert Grundstück (§ 9 Nr. 1 GewStG) 70 % von 35000€ × 1,4 = 49000€ × 1,2 % =		./. 588 €
Gewinnanteil an der OHG (§ 9 Nr. 2 GewStG)		./. 800 €
Gewerbeertrag		**40 612 €**
gerundet		40 600 €
Freibetrag		./. 24 500 €
verbleiben		16 100 €
Steuermesszahl für den Gewerbeertrag nach § 11 Abs. 2 GewStG:		
3,5 % von 16 100 € = Steuermessbetrag		563,50 €
Hebesatz (§ 16 Abs. 1 GewStG)		× 480 %
Gewerbesteuer		2 254 €

Zerlegung des Gewerbesteuermessbetrags

ÜBUNG 4

SACHVERHALT

Lilli Putt betreibt in gemieteten Räumen eine Großhandlung für Spirituosen in Edenkoben und eine Filiale im Saarland. Sie ist mit 80 % ihrer Arbeitszeit in Edenkoben und mit 20 % im Saarland tätig.

Folgende Zahlen liegen Ihnen vor:

Gewerbeertrag	59 028 €
Arbeitslöhne Edenkoben	117 284 €
Arbeitslöhne Saarland	33 946 €

AUFGABE

1. Bestimmen Sie den Gewerbesteuermessbetrag.
2. Nehmen Sie die Zerlegung vor.

LÖSUNG

Gewerbeertrag	59 028 €
abrunden	59 000 €
Freibetrag	./. 24 500 €
verbleiben	34 500 €
Steuermesszahl für den Gewerbeertrag nach § 11 Abs. 2 GewStG:	
3,5 % von 34 500 € = Steuermessbetrag	1 207,50 €

Zerlegung

§ 28 Abs. 1 Satz 1, § 29 Abs. 1 Nr. 1, Abs. 2 und Abs. 3, § 31 Abs. 5 GewStG i. V. m. R 31.1 Abs. 6 Satz 4 GewStR:

Edenkoben:	117 000 €	
(anteiliger) Unternehmerlohn (§ 31 Abs. 5 GewStG)	+ 20 000 €	
	137 000 €	
Saarland:	33 000 €	
(anteiliger) Unternehmerlohn	+ 5 000 €	
	38 000 €	
Der Zerlegungsanteil am Messbetrag beträgt insgesamt	**175 000 €**	
davon entfällt auf Edenkoben 137 000 € bzw. 78,28 €		
und auf das Saarland 38 000 € bzw. 21,72 %		
Zerlegungsanteil am Messbetrag Edenkoben		
1 207,50 € × 78,28 % =		**945,23 €**
Zerlegungsanteil am Messbetrag Saarland		
1 207,50 € × 21,72 % =		**262,27 €**